Lukas entfaltet sein theologisches Programm von Anfang an mithilfe der kontrastierenden Gegenüberstellung von Jesus und Johannes dem Täufer. Dabei grenzt er sich einerseits apologetisch von Gruppen im Umfeld seiner Gemeinde ab, die den Täufer besonders verehren, will diese andererseits aber auch für das Evangelium Jesu Christi gewinnen.

In „Jesus und der Täufer" wird nun nachgewiesen, daß Lukas in seinem Doppelwerk in Aufnahme und Modifizierung der Themen der Täuferpredigt eine eigene für das Evangelium Jesu Christi werbende Theologie der Befreiung entfaltet. Mit der hier aufgezeigten Sichtweise der lukanischen Hintergründe gelingt ein faszinierender Blick auf eine erzählerische Theologie von großer systematischer Geschlossenheit.

Es steht nun ein hermeneutischer Schlüssel zur Verfügung, der nicht nur zahlreiche neue und exegetisch weiterführende Beobachtungen an den lukanischen Texten zuläßt, sondern eben auch hilft, Ethik und Systematik des neben Paulus bedeutendsten Theologen des Neuen Testaments zu verstehen.

SOCIETY FOR NEW TESTAMENT STUDIES

MONOGRAPH SERIES

General Editor: Richard Bauckham

99

JESUS UND DER TÄUFER

Jesus und der Täufer

Schlüssel zur Theologie und Ethik des Lukas

PETER BÖHLEMANN

CAMBRIDGE
UNIVERSITY PRESS

PUBLISHED BY THE PRESS SYNDICATE OF THE UNIVERSITY OF CAMBRIDGE
The Pitt Building, Trumpington Street, Cambridge CB2 1RP,
United Kingdom

CAMBRIDGE UNIVERSITY PRESS
The Edinburgh Building, Cambridge CB2 2RU, United Kingdom
40 West 20th Street, New York, NY 10011–4211, USA
10 Stamford Road, Oakleigh, Melbourne 3166, Australia

First published 1997

Printed in the United Kingdom at the University Press, Cambridge

Typeset in 10pt Times New Roman

A catalogue record for this book is available from the British Library

Library of Congress cataloguing in publication data

Böhlemann, Peter.
Jesus und der Täufer: Schlüssel zur Theologie und Ethik des Lukas
/ Peter Böhlemann.
    p.   cm. — (Monograph series / Society for New Testament
Studies; 99)
Revision of the author's thesis – Kirchliche Hochschule Bethel,
Bielefeld, Germany, 1993, originally presented under the title:
Jesus und Johannes.
Includes bibliographical references and indexes.
ISBN 0 521 59421 9 (hardback)
1. Bible. N.T. Luke – Theology. 2. Bible. N.T. Acts – Theology.
3. Jesus Christ – Friends and associates. 4. John, the Baptist,
Saint. 5. Christian ethics – Biblical teaching. I. Title.
II. Series: Monograph series (Society for New Testament Studies);
99.
BS2589.B64   1997
232.9´4–dc21   97-1224   CIP

ISBN 0 521 59421 9 hardback

BS2589

.B64

1997

AU

INHALTSVERZEICHNIS

vii

VORWORT

Die vorliegende Arbeit wurde unter dem Titel „Jesus und Johannes - Motive lukanischer Theologie" im Oktober 1993 bei der Kirchlichen Hochschule Bethel in Bielefeld eingereicht und 1994 als Inauguraldissertation angenommen. Für den Druck wurde sie gekürzt.

Die Idee einer kontrastierenden Gegenüberstellung von Jesus und Johannes bei Lukas als Schlüssel zu seiner Theologie und Ethik kam mir bei der Vorbereitung einer Predigt zu Lk 13,1-9, dem Gleichnis vom Feigenbaum. So entstand während meines Vikariates eine wissenschaftliche Arbeit, deren Früchte mir nun in der Praxis des Pfarramtes wertvolle Dienste leisten.

Herr Professor Dr. Andreas Lindemann hat diese Untersuchung von Anfang an wohlwollend und kritisch gefördert und begleitet. Er hat mir auch den Freiraum gegeben, um sie während eines dreisemestrigen Hochschulvikariats als sein Assistent anzufertigen. Seinen Anregungen und seiner kritischen Exegese verdanke ich viel. Zu danken habe ich außerdem Frau Professorin Dr. Petra von Gemünden (jetzt Genf) und Herrn Pfarrer Berthold Becker für ihre zahlreichen Anregungen und ihre Kritik, Herrn Professor Dr. François Vouga, der das Korreferat zu meiner Dissertation geschrieben hat, und meiner Mutter für ihre Hilfe bei der Korrektur. Frau Dr. Margaret Thrall und Frau Ruth Parr haben die Herausgabe dieser Monographie in der Monograph Series unterstützt und ermöglicht, dafür gilt ihnen mein besonderer Dank.

EINLEITUNG

1. Intention

Die beiden Bücher des Lukas, sein Evangelium und die Apostelgeschichte, umfassen mehr als ein Viertel des gesamten Neuen Testaments[1]. Dies mag erklären, warum gerade in den letzten Jahrzehnten
die Sekundärliteratur zu Lukas zur unüberschaubaren Legion geworden ist[2]. Doch zeigen die vielen Veröffentlichungen auch, daß die
Theologie des Lukas bis heute nichts von ihrer Faszination verloren
hat.

Um diese Theologie angemessen zu erfassen, müßten wir die Zeitumstände kennen, in denen sie entstanden ist. Glücklicherweise berichtet Lukas selbst in seiner Apostelgeschichte mehr als jeder andere Autor des Neuen Testaments über die Geschichte des frühen Christentums. Obwohl die Apostelgeschichte mit dem Aufenthalt des Paulus in
Rom endet, zeichnet sie doch indirekt auch ein Bild der theologischen
Landschaft zur Zeit des Lukas. Es ist anzunehmen, daß Lukas in seiner
Berichterstattung über die Ausbreitung des frühen Christentums gerade
dort theologische Akzente setzt, wo ihm dies aktuelle Gegebenheiten
im Umfeld seiner Gemeinde notwendig erscheinen ließen.

Ein Motiv spielt dabei eine besondere Rolle. Lukas beschreibt in
der Apostelgeschichte mehrfach, wie die Taufe mit heiligem Geist auf
den Namen Christi die Wassertaufe des Johannes ablöst (vgl. Apg 1,5;
8,14-24; 11,16; 19,1-7). Besonders die Situation der Gemeinde in
Ephesus (vgl. Apg 18,24-19,7) läßt vermuten, daß es im Gesichtskreis
der christlichen Gemeinden Gruppen und auch einzelne „Missionare"
wie Applaus gab, die die Lehre von der Umkehrtaufe zur Vergebung

---

[1]   Der griechische Text der lukanischen Schriften benötigt im Computer 394.752
    Bytes, das sind im Verhältnis zum gesamten Neuen Testament (1.447.936
    Bytes) 27,3 Prozent.
[2]   VAN SEGBROECK, Gospel, nennt in seiner Bibliographie für die Zeit von 1973-
    1988 allein 2759 zum Lukasevangelium veröffentlichte Titel.

1

des Sünden verbreiteten und möglicherweise Johannes und nicht Jesus favorisierten.

Wenn im folgenden von „Gruppen, die Johannes den Täufer favorisierten" oder von „Täuferanhängern" die Rede ist, soll dabei nicht an eine „Täufersekte" gedacht werden[3]. Johannes hatte Schüler[4], aber er war kein Gemeindegründer. Seine Predigt richtete sich an das ganze Volk. Dennoch wird es nach seinem Tod so etwas wie eine „palästinische Täuferbewegung"[5] und auch einzelne Gruppen im kleinasiatischen Raum gegeben haben, in denen Johannes der Täufer besonders verehrt wurde[6]. Es ist anzunehmen, daß solche Gruppen auch zur Zeit des Lukas existierten und daß er gerade ihnen gegenüber sowohl missionarische als auch apologetische Absichten hatte. Einerseits werden sie empfänglich für die christliche Botschaft gewesen sein[7], andererseits machten sie es notwendig, die eigene Lehre theologisch abzugrenzen. Die Gemeinde in Ephesus könnte ein Paradigma für diese apologetische Situation des Lukas sein.

Das Anliegen dieser Arbeit ist es nachzuweisen, daß sich die Auseinandersetzung des Lukas mit Gruppen, die Johannes den Täufer favorisierten, durch sein ganzes Werk zieht. Darüber hinaus soll gezeigt werden, wie die lukanische Theologie und Ethik in Abgrenzung von diesen Gruppen ihr Profil gewinnen.

Das primäre Ziel meiner Arbeit ist dabei nicht die historische Rekonstruktion der Zeitumstände, sondern die systematische Erschließung der lukanischen Theologie und Ethik.

2. Hermeneutische Schwierigkeiten

Bei der Erarbeitung der Theologie des Lukas mit Hilfe der lukanischen Texte ergeben sich hermeneutische Schwierigkeiten.

So ist es eigentlich schon hermeneutisch nicht angemessen, von einer lukanischen Christologie, Eschatologie, Ekklesiologie oder ähnli-

---

[3] BACKHAUS hat in seiner Studie „Die ‚Jüngerkreise' des Täufers Johannes" die historische Wahrscheinlichkeit der Existenz einer solchen Täufersekte überzeugend widerlegt.

[4] Vgl. Mk 2,18 par Mt 9,14 u. Lk 5,33; Mt 11,2 par Lk 7,18; Lk 11,1; Joh 1,35; 3,22.25; 4,1.

[5] BACKHAUS, „Jüngerkreise", 368.

[6] Vgl. BACKHAUS, „Jüngerkreise", 368-370.

[7] Dies läßt das Johannesevangelium vermuten, wenn dort berichtet wird, daß die ersten Jünger Jesu ursprünglich Täuferjünger waren (vgl. Joh 1,35-51).

chem zu sprechen, da dies die Verwendung moderner Kriterien impliziert, die nicht die Kriterien des Lukas waren. Doch können wir die Kategorien, in denen sich unser theologisches Denken bewegt, nicht einfach ablegen, um Lukas aus seiner Zeit heraus zu verstehen. Deshalb ist es sinnvoll, die Kategorien zu benennen, dann aber die Texte selbst zu befragen, inwieweit sie eigene Maßstäbe bieten und Rückschlüsse auf ihren damaligen Sitz im Leben zulassen.

Lukas bezeichnet in Apg 1,1 sein erstes Buch als „Wort" (λόγος) von dem, was Christus lehrte und tat. Insofern ist es also Wort von Christus, Christo-logie. Und weil Christus bei Lukas die Herrschaft *Gottes* verkündigt[8] und repräsentiert[9], ist es auch Wort von Gott, also Theo-logie. Man mag dieses Wort-Spiel nicht ernster nehmen, als es gemeint ist. Aber es verdeutlicht, daß Lukas, wenn auch nicht in unserem modernen Sinn, doch Theologie betrieb. Niemand käme auf die Idee, das Werk Platons nicht als Philosophie zu bezeichnen, nur weil er gelegentlich Geschichten erzählte, statt theoretische Abhandlungen zu schreiben. Deshalb mag es durchaus angemessen sein, von der Theologie des Lukas, der ein meisterlicher Geschichtenerzähler war, zu reden und zu schreiben[10].

Das Ergebnis meiner Analyse der Texte lautet in aller Regel, daß Lukas seine Theologie in Abgrenzung von Gruppen entwickelt hat, die Johannes den Täufer favorisierten. Dieses Ergebnis war aber zugleich auch Voraussetzung der Analyse. Um den sich daraus ergebenden hermeneutischen Zirkel konstruktiv nutzen zu können, sollen zwei Dinge berücksichtigt werden. Erstens: Der Analysierende muß sich dessen *bewußt* sein, daß er die Texte durch die Brille seiner Voraussetzungen liest. Daraus folgt zweitens: Das jeweilige Ergebnis der Analyse eines Textes muß an weiteren Texten überprüft werden. Es darf dabei aber nicht Prämisse, sondern lediglich Arbeitshypothese sein. Erst wenn diese Arbeitshypothese durch weitere Ergebnisse gestützt wird, sich

---

[8] Vgl. Lk 4,43; 8,1 und dazu in dieser Arbeit unter 8.2.1 (S.282-289).

[9] Vgl. Lk 11,20; 17,21 und dazu unter 8.2.2.c, S.296f.

[10] Vgl. hierzu auch LINDEMANNS „Erwägungen zum Problem einer ,Theologie der synoptischen Evangelien'". LINDEMANN zeigt dort in Auseinandersetzung mit BULTMANNS Definition von Theologie (vgl. BULTMANN, Theologie, 1f), daß der reflektierte Umgang der Evangelien mit theologischen Traditionen bereits Theologie ist. Daraus leitet er die Aufgabe ab, der sich diese Arbeit in Bezug auf das lukanische Werk stellen will: „Es ist also legitim und m. E. geradezu unumgänglich, ausdrücklich von einer ,Theologie des Markus (Matthäus, Lukas)' zu sprechen und sie in der gebotenen Ausführlichkeit darzustellen." (LINDEMANN, Problem, 32).

die Texte also mit ihrer Hilfe besser verstehen lassen, mag sie zur
These erhoben werden.

Eine solche Vorgehensweise ermöglicht zwar historische Hypothesen, zwingt jedoch zur zurückhaltenden Formulierung der Ergebnisse.
Es mag daher nicht verwundern, wenn in dieser Arbeit gelegentlich
vorsichtige Konjunktive verwendet werden, wo indikativische und the-
tische Ergebnisse erwartet werden könnten. Ich möchte das Urteil über
die Plausibilität meiner Deutungen den Lesern selbst überlassen. Sie
mögen entscheiden, ob der angebotene hermeneutische Schlüssel paßt
und geeignet ist, Räume im Haus der lukanischen Theologie zu erschließen.

3. Tradition und Redaktion

Wenn Lukas seine Theologie und Ethik wirklich in Abgrenzung von
Anhängern des Täufers entwickelt, beziehungsweise diese für das
Evangelium Christi gewinnen will, dann wird seine Darstellung des
Täufers bereits eine theologische Tendenz haben. Es ist damit zu rechnen, daß in seinem Evangelium nicht ein Bild des Täufers begegnet,
von dem sich Lukas abgrenzt, sondern eines, das bereits ein Produkt
dieser Abgrenzung ist. Lukas wird Johannes so darstellen, wie er ihn
aus apologetischen Gründen gerne hätte. Es wird also auch nach der
Gestalt und dem theologischen Umfeld des Täufers zu fragen sein, die
hinter der Darstellung des Lukas stehen. Glücklicherweise sind wir dabei nicht völlig auf Vermutungen angewiesen, weil Lukas mit Quellen
sehr sorgfältig umgeht und einige seiner Quellen wohl aus dem Umfeld
des Täufers stammen dürften. Darüber hinaus geben die Texte von
Qumran guten Einblick in eine theologische Gedankenwelt, die der des
Täufers sehr nahestand. Im theologischen Umfeld der Gemeinschaft
aus Qumran und im Erwartungshorizont des chassidischen Judentums
wäre durchaus eine Gruppe vorstellbar, die Johannes den Täufer als
messianischen Propheten aus der Wüste favorisierte, aber auch der
Person und der Verkündigung Jesu gegenüber aufgeschlossen war.

Schließlich kann der synoptische Vergleich helfen, tendenziöse Darstellungen des Täufers bei Lukas besser zu erkennen. Dabei gehe ich
davon aus, daß Lukas das Markusevangelium als schriftliche Quelle
vorliegen hatte und ebenso wie Matthäus die Überlieferungen der sogenannten Logienquelle kannte. Gerade bezüglich des Herkunfts-
milieus der Logienquelle ließe sich an eine Gruppe denken, in der

neben Jesus auch Johannes besonders verehrt wurde[11]. Spekulationen über das Traditionsgefälle von Quellen und Überlieferungen aus Täuferkreisen bis hin zum lukanischen Doppelwerk sind in meiner Arbeit jedoch nur ein gelegentliches Nebenprodukt der Analyse.

Im Mittelpunkt meines Interesses steht die Theologie des Lukas, und nicht das Ziel, ein historisches Bild des Täufers oder der Täuferbewegung zu zeichnen[12]. In der Regel ist deshalb auch, wenn von Johannes die Rede ist, der „lukanische" und nicht der historische Johannes gemeint. Dies gilt auch grundsätzlich: Ausgangspunkt und Ziel meiner Arbeit ist der lukanische Text und nicht die Rekonstruktion vorlukanischer Traditionen. Dabei bezieht sich meine grundlegende historische Hypothese auf die Situation der lukanischen Gemeinde. Ausgehend von dieser Hypothese, die ja weder allzu neu noch allzu schwer zu verifizieren ist, besteht dann das eigentliche Anliegen meiner Arbeit darin zu zeigen, wie sich erst mit Hilfe dieses historischen „Schlüssels" als methodischer „Brille" zahlreiche Texte des lukanischen Doppelwerkes angemessen verstehen lassen und sich so ein Gesamtbild der Theologie und Ethik des Lukas andeutet.

4. Aufbau und Textauswahl

Der Aufbau dieser Arbeit ergibt sich aus den bereits erwähnten Überlegungen. Zunächst werden in einem zusammenfassenden 1. Kapitel die ersten vier Kapitel des Evangeliums in Hinblick auf die Frage nach einer lukanischen Auseinandersetzung mit Täuferanhängern betrachtet. Und dann wird diese Frage in Bezug auf die sich aus der Analyse von Lk 1-4 ergebenden theologischen Motive diagonal durch das lukanische Doppelwerk weiterverfolgt. Die Ergebnisse des ersten Kapitels dieser Arbeit werden also in den übrigen Kapiteln - ganz im Sinne der hermeneutischen Vorüberlegungen - angewandt und vertieft. Die sich aus den Anfangskapiteln ergebende historische Hypothese führt so zu grundlegenden systematisch-theologischen Erkenntnissen bezüglich der lukanischen Theologie.

Eine alternative Vorgehensweise wäre es gewesen, mit der Analyse solcher Texte anzufangen, in denen die Gegenüberstellung von Jesus und Johannes besonders offensichtlich ist, also etwa mit Lk 1,5-80; 7,18-35 und Apg 18,24-19,7. Doch beginnt der intendierte Leser (vgl. Lk 1,3) ja auch nicht mit diesen Stellen, sondern mit dem Prolog des

---

[11] Vgl. ERNST, Johannes, 80, und die Arbeit von KATZ, Beobachtungen.

[12] Hier sei auf die hilfreichen Paderborner Arbeiten: ERNST, Johannes, und BACKHAUS, „Jüngerkreise", verwiesen.

Evangeliums, und dann läßt er sich bei der Rezeption des Inhalts die Themen von Lukas vorgeben.

Indem Lukas im Prolog seines Evangeliums betont, sorgfältig und *von Anfang an* zu berichten, verweist er die Leser besonders auf die Anfangskapitel. Deshalb bietet es sich an, zunächst diese Kapitel näher zu betrachten. Das geschieht in dieser Arbeit durch einen knappen Vergleich der Kindheitserzählungen des Johannes und Jesu (1.2) und einen zusammengefaßten Vergleich des Beginns der öffentlichen Tätigkeit der beiden (1.3). Hierbei zeigt sich, daß die Gegenüberstellung von Johannes und Jesus in den ersten vier Kapiteln des Evangeliums beherrschendes Thema und bestimmendes Strukturprinzip ist. Lukas beschreibt in Lk 1-4 die Geschichte Jesu in überbietender Parallelität zu der des Johannes. Auf jeden Bericht über Kindheit, Heranwachsen und Predigttätigkeit des Johannes folgt ein vergleichbarer Jesus-Bericht. Die Betrachtung der ersten vier Kapitel in dieser Arbeit hat das Ziel, Motive und Themen der lukanischen Theologie zu erarbeiten, an denen sich auch im übrigen Werk die Auseinandersetzung mit Kreisen, die den Täufer favorisierten, zeigen läßt.

In den folgenden Kapiteln wird dann anhand dieser theologischen Motive untersucht, wie sehr Theologie und Ethik des Lukas von der genannten Auseinandersetzung beeinflußt sind. Hierbei bezieht sich die Analyse besonders auf die Texte, in denen Johannes direkt oder indirekt eine Rolle spielt. Die Reihenfolge, in der die einzelnen theologischen Motive behandelt werden, entspricht der Reihenfolge, in der sie in dem Bericht über das Auftreten und die Predigt des Täufers in Lk 3 begegnen.

Im Schlußteil folgt nur eine kurze Zusammenfassung der wichtigsten Ergebnisse, wobei auf einzelne längere Textblöcke verwiesen wird, in denen die lukanische Auseinandersetzung mit Johannes dem Täufer besonders relevant ist. Ein Blick auf eine mögliche Auseinandersetzung mit Täufergruppen in den übrigen neutestamentlichen Schriften und eine abschließende Würdigung der Bedeutung des Täufers für die lukanische Theologie bilden schließlich das Ende dieser Arbeit.

1

LUKAS 1-4

1.1 Die Vorworte (Lk 1,1-4 und Apg 1,1-8)

Es gibt wenige Passagen im Neuen Testament, die auf einem so hohen stilistischen Niveau stehen wie der einleitende Satz zu Beginn des Lukasevangeliums (Lk 1,1-4)[1]. Dennoch ist es nicht die sprachliche Qualität[2], die diese Worte wertvoll erscheinen läßt, sondern die Tatsache, daß hier ein Autor Rechenschaft gibt über die Intention seines Werkes. Indem Lukas in V.1 auf die Vielzahl derer hinweist, die bereits ähnliches wie er selbst versucht haben, relativiert er die Bedeutung jedes einzelnen dieser Versuche. Er stellt den Versuchen der „vielen" die Augenzeugenberichte derjenigen entgegen, die von Anfang an dabei waren und selbst von den Ereignissen berichten konnten (V.2). Mit καθεξῆς (V.3) verdeutlicht Lukas sein literarisches Konzept[3]. Er bringt die Überlieferungen in die *richtige* Reihenfolge, um dem Leser das rechte theologische Verstehen zu eröffnen. Durch seine Formulierung in V.4 deutet er an, daß es unzuverlässigere Darstellungen oder Interpretationen der Ereignisse gibt, nämlich Lehren, die einen „zu Fall bringen" können (σφάλλειν)! Und er überläßt es seinen Lesern, daraus zu schließen, daß die Berichte der „vielen" als solche unzuverlässigen „Worte" zu verstehen sind. Es geht Lukas um das Wort Gottes, das zum sicheren Grund der *Theo-logie* werden kann.

Ein Blick auf den Anfang der Apostelgeschichte (Apg 1,1,-8) hilft, das Verständnis von Lk 1,1-4 zu präzisieren. Die Tatsache, daß Lukas zu Beginn der Apostelgeschichte sein Evangelium als πρῶτον λόγον

---

[1] Vgl. NORDEN, Agnostos Theos, 316, und BOVON, Evangelium I, 31.

[2] Vgl. etwa die Vorworte in JOSEPHUS, Ant 1,1-26; Bell 1,1-30; LIVIUS, Geschichte, 6-9; 2 Makk 2,20-33; und Arist 1,1-8.

[3] Vgl. hierzu VÖLKEL, Erwägungen; anders MUSSNER, Καθεξῆς, 255. SCHNEIDER, Bedeutung, plädiert dafür, καθεξῆς hier im Sinne einer „intendierten Gewißheit" (a.a.O. 32) zu verstehen; ähnlich auch MOESSNER, Meaning, 1527: "To read καθεξῆς is to 'get the story straight' ".

bezeichnet (Apg 1,1), verdeutlicht die Intention, die Lukas bereits im Prolog zu seinem Evangelium erkennen ließ. Er stellt sich in die Tradition derer, die „Diener des Wortes" sind. Die „Worte", in denen Theophilus unterrichtet worden ist, haben nun durch das Wort Gottes selbst ihren festen Grund erhalten[4]. Inhaltlich gefüllt wird dieses *„erste Wort"* durch das, *„was Jesus von Anfang an getan und gelehrt hat".* Dies steht in einer gewissen Diskrepanz zum Beginn des Evangeliums, das ja mit der Ankündigung der Geburt des Johannes einsetzt. Für Lukas entscheidend dürfte jedoch die theologische Gewichtung sein. Er berichtet nämlich, von Anfang an vom Leben und der Lehre Jesu, allerdings indirekt, indem er Geburt, Taufe, Predigt und Wirken Jesu mit der Geschichte des Täufers verwebt und gleichzeitig von ihr absetzt. Von *„Anfang an"* dient die Beschreibung des Täufers nur als Hintergrund für die sie überbietende Beschreibung Jesu.

In ähnlicher Weise, wie die besondere Qualifikation der Zeugen in Lk 1,2 hervorgehoben wurde, betont Lukas in Apg 1,2 die Erwählung der Apostel durch den heiligen Geist. Und mit Apg 1,21f macht Lukas deutlich, daß es die Apostel selbst sind, die für die Richtigkeit seines Berichts bürgen, denn sie waren von Anfang an dabei. Eine kleine Unstimmigkeit ergibt sich allerdings aus der Tatsache, daß in Apg 1,21f die Taufe des Johannes als „Anfang" angesehen wird. Doch nimmt Lukas so die Autorität der apostolischen Zeugen für seine beiden Bücher insgesamt in Anspruch, behauptet aber nicht, sie seien bereits bei Jesu Geburt dabei gewesen. Es ergibt sich damit zwar theoretisch ein gewisses Defizit für die Glaubwürdigkeit der Kindheitserzählung Jesu; doch wird dies von Lukas dadurch kompensiert, daß er in Lk 1f entsprechend viele andere Zeugen aufführt.

Mit V.8 faßt Lukas das nun folgende Buch zusammen. Die Ausgießung des heiligen Geistes und der Weg des Glaubens in alle Welt sind die maßgebenden Themen der Apostelgeschichte. Die Beobachtung, daß dabei die Abgrenzung von Johannes dem Täufer eine wesentliche Rolle spielt, legt die Vermutung nahe, daß diese Auseinandersetzung auch für das Verständnis weiterer Texte innerhalb des lukanischen Doppelwerkes von Relevanz ist.

Bereits die beiden Prologe des lukanischen Doppelwerks lassen also wesentliche Aspekte der lukanischen Theologie erkennen:

1. Lukas möchte mit seinem Werk sorgfältig und von Anfang an von den Ereignissen berichten, die er als Erfüllung der Verheißungen

---

[4]   Vgl. Lk 1,4 und die gleiche Metaphorik in Lk 6,47-49 und Apg 15,24.

Gottes ansieht, um so angesichts der „Lehren vieler" die rechte Theologie als solide Basis des Glaubens zu vermitteln[5].

2. Mit seinem Bericht grenzt Lukas sich von anderen Versuchen ab, die entweder nicht von Anfang an oder nicht sorgfältig oder zuverlässig genug berichten. Der apologetische Charakter seiner Schriften ist nicht zu verkennen. Man hat unter Hinweis auf Apg 8,9-24 und 20,29f gnostisierende Irrlehrer als intendierte Gegner des Lukas vermutet[6]. Talbert meint, antidoketische Tendenzen bei Lukas zu erkennen[7]. Dagegen äußerte Tolbert die Ansicht, das „Hauptinteresse" des Lukas sei ein apologetisches gegenüber dem römischen Staat und dem zeitgenössischem Judentum gewesen[8]. Lukas selbst verzichtet darauf, diejenigen, von denen er sich abgrenzt, ausdrücklich zu nennen oder zu widerlegen. Die gut bezeugten πράγματα, die er selbst berichtet, sprechen eben für sich. Sein Ziel ist es, mögliche Gegner nicht zu verlieren, sondern sie zu gewinnen. Alles, was wir über diejenigen erfahren, von denen sich Lukas abgrenzt, ist, daß sie auch Berichte über die Ereignisse, die als Erfüllung göttlicher Verheißungen angesehen werden, verfaßt haben und daß sie bestimmte „Lehren" vertreten. Die einzige in den Prologen genannte Person, von der allerdings Jesus persönlich die apostolische Gemeinde abgrenzt, ist *Johannes der Täufer* (Apg 1,5)!

3. Der Inhalt des Lukasevangeliums sind die Taten und die Lehre Jesu. Dies ist die Grundlage der lukanischen Theologie. Lukas selbst faßt den Inhalt seines „ersten Buches" mit „Jesu Reden und Tun" zusammen (Apg 1,1). Auf der anderen Seite betont er, daß er die Ereignisse „von Anfang an" berichtet; dadurch wird die Aufmerksamkeit des Lesers auf die „Anfangsgeschichten" um die Geburt und das erste Auftreten von Jesus und Johannes gelenkt (vgl. Lk 1-4)[9].

4. Die Lehre Jesu, und damit die Essenz des lukanischen Doppelwerkes, ist die Verkündigung des Reiches Gottes. Die zentrale Frage nach der Art dieses Reiches wird im Prolog der Apostelgeschichte durch den Hinweis auf das Empfangen des heiligen Geistes beantwor-

---

5 Vgl. GUEURET, L'engendrement, 258, die in ihrer semiotischen Analyse von Lk 1f zu einem ähnlichen Ergebnis kommt: „Le but de l'évangéliste serait de transmettre l'interprétation assurée contre toute déviation."

6 Vgl. BARRETT, Luke, 62f, und SCHMITHALS, Evangelium, 15: „Die lukanische Redaktion dient vor allem der Auseinandersetzung mit diesem «Prämarcionitismus», der in der Gemeinde des Evangelisten eindringt."

7 Vgl. TALBERT, Frontstellung, 354-377.

8 Vgl. TOLBERT, Hauptinteressen, 337-353.

9 Vgl. zu ἀπ᾽ ἀρχῆς und ἄνωθεν in Lk 1,2f HAENCHEN, „Wir", 261-263, und dessen überzeugende Widerlegung von CADBURY, 'We', 130f.

tet. Dieser Geistempfang der Gemeinde wird in Abgrenzung zur johanneischen Wassertaufe als Taufe mit heiligem Geist bezeichnet. Das heißt, daß Lukas bereits hier sein theologisches Programm, nämlich Christologie, Eschatologie, Pneumatologie und damit auch Ekklesiologie, in Abgrenzung von Johannes dem Täufer zusammenfaßt.

1.2 Die Kindheitserzählungen (Lk 1,5 - 2,52)

Durch die beiden folgenden Tabellen sollen die zahlreichen inhaltlichen, sprachlichen und strukturellen Entsprechungen zwischen den beiden Hauptsträngen der Erzählung veranschaulicht werden. Sie zeigen wie eng die Kindheitsgeschichte Jesu mit der des Täufers verwoben ist[10]. Die Form von Lk 1,5 - 2,52 ist die der Synkrisis.

Jede einzelne Szene in Lk 1-2 beginnt mit einer Zeitangabe (vgl. 1,5.26.39.57; 2,1.8.21.22.41f). Der Wortlaut entspricht oder ähnelt der Formel καὶ ἐγένετο ἐν ταῖς ἡμέραις ... Rechnet man dann nach, erschließt sich die heilsgeschichtliche Symbolik der Zeitangaben[11]. Wenn Lukas Jesus am Ende dieser angedeuteten 70 Wochen im Tempel erscheinen läßt, deutet der Evangelist so schon durch den Zeitrahmen an, daß die Geburt Jesu als „Erfüllung" der Prophetie zu verstehen ist (vgl. 2,29-32). So demonstriert Lukas auch durch die Zeitangaben in den Kindheitsgeschichten eine heilsgeschichtliche Überordnung Jesu gegenüber Johannes.

---

[10]   LAURENTIN, Struktur, 50, spricht von dem „Diptychon Johannes-Jesus" als einem kompositorischen Gesetz der beiden lukanischen Kapitel.

[11]   Von der Ankündigung der Geburt des Täufers bis zur Ankündigung der Geburt Jesu vergehen 6 Monate (vgl. Lk 1,24.26.36), dem entsprechen biblisch gerechnet (6 x 30) 180 Tage. Es folgen die 9 Monate Schwangerschaft der Maria, 270 Tage, die Woche bis zur Beschneidung, 7 Tage, und nach 33 Tagen die Reinigung (vgl. Lev 12,2-4). Der Zeitraum von der Ankündigung der Geburt des Täufers bis zur Darstellung Jesu im Tempel beträgt also genau 490 Tage, das sind 70 Wochen mit jeweils 7 Tagen. Dies erinnert an Dan 9,24-27, wo der Erzengel die „Salbung des Allerheiligsten" nach 70 Wochen ankündigt. Vgl. LAURENTIN, Struktur, 56-65.

I. ANKÜNDIGUNG DER GEBURT ...	... DES JOHANNES (Lk 1,5-25)	... JESU (Lk 1,26-38)
1. EINLEITUNG	**(1,5-10)**	**(1,26-27)**
(Vorstellung von Zeit, Ort und Eltern)	5b: καὶ γυνὴ αὐτῷ ἐκ τῶν θυγατέρων Ἀαρών καὶ τὸ ὄνομα αὐτῆς Ἐλισάβετ	27: ... ἀνδρὶ ᾧ ὄνομα Ἰωσὴφ ἐξ οἴκου Δαυὶδ καὶ τὸ ὄνομα τῆς παρθένου Μαριάμ
2. HAUPTTEIL	**(1,11-20)**	**(1,28-37)**
2.1 Angelophanie	**(1,11-13a)**	**(1,28-30)**
a) Engelerscheinung	(11)	(28a)
b) Erschrecken	(12) ... ἐταράχθη ...	(29) ... διεταράχθη ...
c) „Fürchte dich nicht!"	(13a) εἶπεν δὲ πρὸς αὐτὸν ὁ ἄγγελος, Μὴ φοβοῦ, Ζαχαρία...	(30) καὶ εἶπεν ὁ ἄγγελος αὐτῇ, Μὴ φοβοῦ, Μαριάμ ...
2.2 Verheißungen	**(1,13b-17)**	**(1,31-33)**
a) Verheißung eines Sohnes	(13b) ... καὶ ἡ γυνή σου Ἐλισάβετ γεννήσει υἱόν σοι ...	(31a) καὶ ἰδοὺ συλλήμψῃ ἐν γαστρὶ καὶ τέξῃ υἱὸν ...
b) Auftrag zur Namensgebung	(13c) ... καὶ καλέσεις τὸ ὄνομα αὐτοῦ Ἰωάννην	(31b) ... καὶ καλέσεις τὸ ὄνομα αὐτοῦ Ἰησοῦν
c) Verheißungen für den Sohn	(14-17) 15· ἔσται γὰρ μέγας ἐνώπιον ἀτοῦα κυρίου ... (vgl. 1,76)	(32-33) 32: οὗτος ἔσται μέγας καὶ υἱὸς ὑψίστου ληθήσεται
2.3 Einwand	**(1,18-20)**	**(1,34-37)**
a) Einwand	(18) καὶ εἶπεν Ζαχαρίας πρὸς τὸν ἄγγελον, Κατὰ τί γνώσομαι τοῦτο; ...	(34) εἶπεν δὲ Μαριὰμ πρὸς τὸν ἄγγελον, Πῶς ἔσται τοῦτο ...;
b) Antwort des Engels	(19) καὶ ἀποκριθεὶς ὁ ἄγγελος εἶπεν αὐτῷ ...	(35) καὶ ἀποκριθεὶς ὁ ἄγγελος εἶπεν αὐτῇ ...
c) Zeichen	(20) καὶ ἰδοὺ ...	(36f) καὶ ἰδοὺ ...
3. SCHLUSS	**(1,21-25)**	**(1,38)**
(Verschwinden eines Beteiligten und Logion der Frau)	23:... ἀπῆλθεν (Ζαχαρίας) 25: ... οὗτός μοι πεποίηκεν κύριος ...	38a: ... ἰδοὺ ἡ δούλη κυρίου ... 38b:...ἀπ-ῆλθεν (ἄγγελος)

II. TREFFEN DER MÜTTER (Lk 1,39-56)	a) Elisabeth preist Maria und deren Kind (Lk 1,41-45)	b) Maria preist Gott in einem Lied (Lk 1,46-55)
III. GEBURT UND KINDHEIT...	... DES JOHANNES (Lk 1,57-80)	... JESU (Lk 2,1-52)

1. GEBURT	(1,57-58)	(2,1-20)
a) Zeit des Gebärens	(57a) [vgl. 1,5: ἐγένετο ἐν ταῖς ἡμέραις ...]	(1-6) 1: ἐγένετο δὲ ἐν ταῖς ἡμέραις ...
b) Geburt	57a: ... <u>ἐπλήσθη</u> ὁ χρόνος <u>τοῦ τεκεῖν αὐτὴν</u> .	6:<u>ἐπλήσθησαν</u> αἱ ἡμέραι <u>τοῦ τεκεῖν αὐτήν</u>
	(57b) ...<u>καὶ</u> ἐγέννησεν <u>υἱόν</u>	(7) <u>καὶ</u> ἔτεκεν τὸν <u>υἱὸν</u>
c) Öffentliche Freude	(58) Nachbarn und Verwandte	(8-20) Engel, Hirten und alle Welt

2. BESCHNEIDUNG	(1,59-66)	(2,21-24)
a) Beschneidung und Namensgebung	(59-64) 59: <u>καὶ</u> ἐγένετο ἐν τῇ <u>ἡμέρᾳ τῇ ὀγδόῃ</u> ἦλθον <u>περιτεμεῖν</u> τὸ παιδίον <u>καὶ ἐκάλουν</u> αὐτὸ ἐπὶ <u>τῷ ὀνόματι</u> τοῦ πατρὸς	(21-24) 21: <u>καὶ</u> ὅτε ἐπλήσθησαν <u>ἡμέραι ὀκτὼ</u> τοῦ <u>περιτεμεῖν</u> αὐτὸν, <u>καὶ ἐκλήθη</u> τὸ <u>ὄνομα</u> αὐτοῦ Ἰησοῦς
b) Bekanntwerden	(65-66)	(vgl. 2,17-19)

3. LOBGESANG	(1,67-79)	(2,25-39)
a) Einleitung	(67) Zacharias, vom heiligen Geist erfüllt	(25-28) Simon, vom heiligen Geist geführt
b) Psalm(en)	(68-79) 76: ... προφήτης ὑψίστου κληθήσῃ, προπορεύσῃ γὰρ ἐνώπιον κυρίου ...	(29-32) Simon (36-39) Hanna (vgl. 1,76 mit 1,15.32)

4. HERANWACHSEN	(1,80)	(2,40-52)
a) Starkwerden	(80a) <u>τὸ δὲ παιδίον ηὔξανεν καὶ ἐκραταιοῦτο</u> πνεύματι ...	(40) <u>τὸ δὲ παιδίον ηὔξανεν καὶ ἐκραταιοῦτο</u> ...
b) Aufenthalt in der Wüste	(80b) ... καὶ ἦν ἐν ταῖς ἐρήμοις ἕως ἡμέρας ἀναδείξεως αὐτοῦ πρὸς τὸν Ἰσραήλ	(vgl. 4,1-13: Auch Jesus tritt erst nach einem Aufenthalt in der Wüste vor Israel.)

Bei der Untersuchung von Lukas 1-2 fallen zahlreiche semitisch erscheinende Sprachformen und Konstruktionen auf, die wohl als „Septuagintismen" zu verstehen sind[12]. Möglicherweise hielt Lukas diesen „Septuaginta-Stil" für angemessen, um von den *Dingen*, die sich *von Anfang an* ereigneten und die er als Erfüllung der Schrift (vgl. Lk 1,1.3) ansah, zu berichten. Zudem finden sich in den ersten beiden Kapiteln erstaunlich viele Schriftzitate[13]. Das Schema Verheißung-Erfüllung wird hier zum gestalterischen Prinzip.

Die beiden großen Hymnen der lukanischen Kindheitserzählungen, das Magnifikat (Lk 1,46-55) und das Benediktus (1,68-79), wahrscheinlich von Lukas aus der Tradition übernommen worden, denn in beiden Stücken lassen sich keine deutlich lukanischen Stilelemente ausmachen. Die Engelreden in Lk 1,30b-33.35b-36 und Lk 1,13-17.19f sind wieder durch typische Septuagintismen gekennzeichnet[14]. Die Perikope über das Auftreten der Engel in der „Weihnachtsgeschichte" Lk 2,8-15 enthält traditionelle Stilelemente. Der liturgische Charakter des Engelchores ist unverkennbar. Schließlich muß das *Nunc dimittis*, das frei von spezifisch lukanischen Formulierungen als Gebet im Parallelismus membrorum verfaßt wurde, in diesem Zusammenhang genannt werden.

Lukas nimmt offensichtlich den stilistischen Kontrast von Lk 1,5-2,52 mit den für griechische Ohren ungewohnten Anklängen an die Sprache der Septuaginta zu seinem kunstvoll formulierten Prolog in KauF. Dadurch stellt er einerseits seinen, im Prolog ja angekündigten, sorgfältigen Umgang mit den Quellen unter Beweis und unterstreicht auf der anderen Seite die „Schrifttreue" seiner Darstellung der Ereignisse. Die Überordnung Jesu über Johannes erscheint so auch sprachlich als gottgewollt.

---

[12] Vgl. dazu Joachim JEREMIAS, Sprache; zur Problematik von dessen Unterscheidung von Redaktion und Tradition, vgl. KAUT, Befreier, 23-28.

[13] Man vergleiche nur 1 Sam 1,1-2,26 mit Lk 1,5 - 2,40; Dan 9,20f mit Lk 1,19; Jes 7,14 u. 9,5f mit Lk 1,31-35; Mi 5,1-5 mit Lk 2,4-14; Mal 2,6 u. 3,1.23f mit Lk 1,16f.76 und die Gesetzeszitate in Lk 2,22-24. LAURENTIN interpretiert den ganzen Erzählkreis um die Geburt Jesu und Johannes als Midrasch-artige Entfaltung und Weiterführung der Weissagungen in Daniel 9 und Maleachi 3 (LAURENTIN, Struktur, 182 u.ö.).

[14] In der zweiten Engelrede (Lk 1,30b-33.35b-36) anläßlich der Ankündigung der Geburt Jesu sind aber auch typisch lukanische Stilelemente wieder zu erkennen (der Gebrauch des Optativs, die Verwendung von χάρις).

1.2.1 Ankündigung der Geburten (1,5-38)

Während sich redaktionelle Formulierungen in den Eingangs- und Schlußteilen von Lk 1,5-25 häufen, finden sich zum Zentrum, der eigentlichen Engelrede (Lk 1,13-17), hin stärker traditionelle Formulierungen mit Anklängen an die Septuaginta[15].

Die Rede des Engels in Lk 1,13-17 bietet zwar kein historisch zuverlässiges Material über Johannes den Täufer, dafür ist die ganze Erzählung zu legendarisch, aber sie kann aufgrund ihres traditionellen Stils als wichtige Quelle, möglicherweise aus dem Umfeld des Täufers, gewertet werden. Lukas selbst scheint ihre Bedeutung so hoch anzusetzen, daß er die Engelrede in dieser Form überliefert und sich mehrfach indirekt auf sie bezieht. Man vergleiche nur Lk 1,26-38.

Das substantivische πολλοί begegnet gleich zweimal in der Engelrede (V.14 u. 16). Bereits in Lk 1,1 hatte sich Lukas ja behutsam von den „vielen" abgegrenzt. Interessant sind nun die übrigen Stellen, an denen er πολλοί substantivisch verwendet:

- Lk 2,34f: Der geisterfüllte Simeon verheißt der Maria, daß Jesus zum Fall und zum Aufstehen gesetzt sei und daß durch ihn die Gedanken der Herzen „vieler" enthüllt würden.
- Lk 7,21: Gegenüber der Logienquelle (vgl. Mt 11,2-6) ergänzt Lukas im Zusammenhang mit der Täuferanfrage, ob Jesus der Kommende sei, daß Jesus zu der Zeit „viele" von ihren Krankheiten und Plagen „geheilt" (ἐχαρίσατο) habe[16]. Daraufhin erst läßt Jesus bei Lukas dem Johannes, über den sich viele freuen sollten, ausrichten: „Selig, wer sich nicht über mich ärgert." (Lk 7,23).
- Lk 13,24: Auf die Frage, ob nur wenige gerettet werden, antwortet Jesus bei Lukas ähnlich wie bei Matthäus beziehungsweise Q (vgl. Mt 7,13f): πολλοί, λέγω ὑμῖν, ζητήσουσιν εἰσελθεῖν ... doch dann ergänzt Lukas: καὶ οὐκ ἰσχύσουσιν. Offensichtlich betont er also, daß die „vielen", die versuchen, in das Reich Gottes zu kommen, gerade dies nicht vermögen. Das erinnert an Lk 16,16!
- Lk 14,16: Wieder mit charakteristischen Unterschieden zu Q beziehungsweise Mt 22,1-3 schreibt Lukas in dem Gleichnis vom Gastmahl, daß ein Mensch „viele" zum Abendmahl eingeladen hätte und keiner dieser „vielen" gekommen sei.

---

[15] Vgl. hierzu etwa JEREMIAS, Sprache, 15-46, FITZMYER, Gospel I, 107-127, und BENOIT, L'enfance, 169-194 (bes. 169-176).

[16] Vgl. HOFFMANN, Studien, 192

- Lk 21,8: Das Logion Jesu, in dem er die Jünger mahnt, weil „viele" in seinem Namen kommen würden, wird bei Lukas unter Hinweis auf die Endzeit (ὁ καιρὸς ἤγγικεν) durch eine wohl redaktionelle[17] zweite Mahnung ergänzt: μὴ πορευθῆτε ὀπίσω αὐτῶν. Offensichtlich versteht Lukas unter πολλοί eine Gruppe, bei der er betont, daß Jesus sich von ihr abgrenzt. Dabei gebraucht er πολλοί beinahe wie einen Namen. Es wäre also durchaus denkbar, daß es im Umfeld der lukanischen Gemeinde eine von der Naherwartung des Gottesreiches geprägte Gruppe gab, die sich selbst als πολλοί bezeichnete[18]. Ob diese Gruppe identisch ist mit den „vielen", die sich über Johannes den Täufer freuen sollten und die er bekehren wird (1,14), kann nur vermutet werden. Der lukanische Sprachgebrauch legt dies jedenfalls nahe[19]. Die Abgrenzung von den „vielen" im Prolog des Evangeliums könnte sich also auch auf Tradierungsversuche in Täuferkreisen beziehen; immerhin erwähnt Lukas im Prolog der Apostelgeschichte ausdrücklich die Distanzierung Jesu von der Johannestaufe (Apg 1,5)[20].

Der Engel verheißt für Johannes, er werde „vor dem Herrn" groß sein (V.15: ἔσται γὰρ μέγας ἐνώπιον [τοῦ] κυρίου). Dies scheint eine traditionelle Wendung zu sein, die „Herr" (κύριος) auf Gott bezieht[21]. Der christliche Leser wird in diesem Wort allerdings auch die Bedeutung: „Johannes wird nach dem Urteil *unseres* Herrn *Jesus* groß sein." mitschwingen gehört haben (vgl. Lk 7,28). Die Auseinander-

---

[17] Vgl. DÖMER, Heil, 23, Anm. 35.

[18] Auf „viele" als Selbstbezeichnung der Qumran-Gruppe verweisen GRUNDMANN, Evangelium nach Lukas, 50, und BOVON, Evangelium I, 55; vgl. הרבים in CD XIII,7; 1 QS VI,7ff u.ö..

[19] Die Hypothese, daß es sich bei den „vielen" um eine Selbstbezeichnung der Täuferanhänger handeln könnte, wird auch durch das Johannesevangelium gestützt. Dort werden in Joh 10,40-42 ehemalige Anhänger des Täufers, die zum Glauben an Jesus kommen, gleich zweimal hintereinander πολλοί genannt (Joh 10,41f; vgl. zu dieser Stelle OTTILLINGER, Vorläufer, 208). Auch in Joh 4,39-41 ist in Anschluß an eine auf Johannes den Täufer und seine Anhänger zu beziehende Anspielung Jesu (Joh 4,37f) von „vielen", die Jesus glaubten, die Rede (V.39.41); πολλοί wird hier allerdings nicht substantivisch gebraucht.

[20] Das einzige substantivisch gebrauchte πολλοί in der Apostelgeschichte könnte diese Deutung stützen: Apg 9,42. Dort heißt es im Zusammenhang mit der Auferweckung einer Toten (Apg 9,36-43: Petrus und Tabita) und der einsetzenden Heidenmission (vgl. 8,26-40: der äthiopische Eunuch; 10f: der römische Hauptmann Kornelius), daß „viele" zum Glauben gekommen seien. Dies deutet ein theologisch durchdachtes Konzept an: Erst die Überwindung des Todes durch die Auferstehung ermöglicht den „vielen" den Glauben (vgl. Lk 16,30).

[21] Vgl. JEREMIAS, Sprache, 36.

setzung mit dieser Thematik der Größe des Johannes im übrigen Evangelium (vgl. auch Lk 1,32; 16,15f)[22] läßt dieses Logion mit recht hoher Wahrscheinlichkeit als vorlukanische Tradition erscheinen. Es wäre denkbar, daß es ein von Täuferkreisen überliefertes Wort über die Größe des Johannes gab, das zum Anlaß für Auseinandersetzungen in der lukanischen Gemeinde wurde. Lukas zitiert nun dieses Logion, um es dann in seinem Evangelium durch die Autorität Jesu zurechtrücken zu lassen.

Da καὶ οἶνον καὶ σίκερα οὐ μὴ πίῃ in V.15b ein Zitat aus Num 6,3 (LXX) ist, kann wohl an ein für Johannes den Täufer überliefertes Nasiräat gedacht werden (vgl. Num 6,1-21). Obwohl auch ein Bezug unserer Stelle zu der Priesterregel in Lev 10,9 denkbar wäre[23], legt die Parallelität von Lk 1-2 mit 1 Sam 1-3 eher eine Verbindung zum Nasiräat nahe (vgl. 1 Sam 1,11.15). Auch das Motiv des enthaltsamen Täufers wird mehrfach im Evangelium aufgegriffen (Lk 5,33-39; 7,33)[24].

Während der erste Teil von V.15c (καὶ πνεύματος ἁγίου πλησθή-σεται) eine typisch lukanische Formulierung ist (vgl. Lk 1,41.67; Apg 2,4; 4,8.31; 9,17; 13,9), erinnert der zweite Teil (ἔτι ἐκ κοιλίας μητρὸς αὐτοῦ) an Formulierungen der Septuaginta (vgl. Ri 13,3-5; 16,17; Jes 44,2). Es ist nach den bisher angestellten Beobachtungen sehr wahrscheinlich, daß Lukas hier mit eigenen Worten eine ihm vorgegebene Überlieferung wiedergibt. Die übrigen Stellen bei Lukas, in denen der heilige Geist im Zusammenhang mit dem Täufer begegnet, bestätigen dies (vgl. Lk 3,16 und Apg 1,5; 19,1-7) [25]. Außerhalb des Kapitel 1-2 wird im ganzen Evangelium und in der Apostelgeschichte die Geisterfülltheit des Täufers nicht mehr erwähnt. Wenn der Täufer wie andere Propheten auch vom Geist erfüllt gewesen war, so unterscheidet ihn von Jesus, daß er nicht in der Lage war, diesen weiterzugeben. Das heißt: Für Lukas war der Täufer zwar erfüllt mit der *prophetischen* Kraft des Geistes[26], nicht aber mit seiner schöpferischen und soteriologischen Kraft[27]. Diese Dimensionen des Geistes blieben der Taufe auf den Namen Christi als völlig neue Qualitäten vorbehalten. Lukas billigt dem Johannes also nur soviel Geist zu, wie dieser

---

[22] Zum Motiv *Groß und klein* vgl. in dieser Arbeit unter 4.3 (S.143-147).

[23] Vgl. BOVON, Evangelium I, 55.

[24] Zur Askese des Täufers und den genannten Stellen vgl. 6.3.1.a-b (S.202-204).

[25] Vgl. auch S.68-71 (2.1.1 - *Johannes und der heilige Geist*) und S.79-84.

[26] Vgl. dazu auch TILLY, Johannes, 125-127, der durch einen Vergleich mit den biblischen Prophetengestalten zeigt, wie Lukas Johannes heilsgeschichtlich ein- und unterordnet.

[27] Vgl. TATUM, Zeit, 321-328.

braucht, um schon im Mutterleib Jesus als den Herrn zu erkennen.
In deutlich geprägten Formulierungen wird in der (nachgeahmten) Sprache der Septuaginta die Funktion des Täufers verheißen, als Werkzeug Gottes „viele" aus seinem Volk zur Umkehr zu bewegen (V.16). Daß der Aufruf zur Umkehr auch im übrigen Evangelium im Zusammenhang mit Johannes dem Täufer steht, ist offensichtlich. Wahrscheinlich ist neben der Tauftätigkeit die Bußpredigt des Täufers das zuverlässigste historische Detail, das von ihm überliefert ist. Eine subtile theologische Auseinandersetzung damit, was der Täufer auf der einen und Jesus auf der anderen Seite unter Umkehr verstehen, durchzieht aber das ganze lukanische Doppelwerk[28].

Es überrascht ein wenig, daß der Engel von „ihrem" und nicht von „unserem" Gott spricht (V.16). Sollte hier eine gewisse Distanzierung des Lukas zu dem Gottesbild der „vielen", die von Johannes bekehrt wurden, vorliegen? Möglich wäre das, notwendig ist es aber nicht.

Wahrscheinlich handelt es sich auch in V.17a um die behutsame redaktionelle Überarbeitung tradierten Materials. So ließe sich auch die seltsame Formulierung „im Geist und der Kraft Elias" erklären. Lukas wird die volkstümliche Gleichsetzung des Elias redivivus mit Johannes dem Täufer gekannt haben, aber er vermeidet sie bewußt[29]. Die Verbindung „Geist und Kraft" scheint traditionell zu sein[30]. Lukas greift sie in Lk 1,35; 4,14; Apg 1,8 und 10,38 auf, bezieht sie dort aber ausdrücklich auf Jesus und die Apostel. Die Beobachtung, daß auch diese Stellen im Zusammenhang mit der Abgrenzung von Johannes stehen[31], bestätigt die zum Geistbesitz des Täufers angestellten Überlegungen. Lukas wird diese Formulierung aus den Traditionskreisen im Umfeld des Johannes übernommen und auf Jesus angewandt haben.

Lukas will zeigen, daß auch die Ankündigung der Geburt des Täufers in den Heilsplan Gottes gehört. Deshalb bewahrt er sehr alte Überlieferungen über Johannes und setzt sich in seinem Werk ausführlich und dezidiert mit den sich daraus ergebenden Themen (Freude, Großsein, heiliger Geist, Umkehr) auseinander. Alle in der Engelrede angedeuteten Prädikationen des Täufers werden im Evangelium im Zusammenhang mit Johannes aufgegriffen und relativiert. Es deutet sich also ein theologisches Programm des Lukas an, das sowohl von der theolo-

---

[28] Vgl. etwa Lk 13,1-9, die Umkehrgleichnisse in Lk 15 und Apg 8,26-40, vgl. dazu in dieser Arbeit auch 3. (*Das Motiv der Umkehr*), S.96-123.

[29] Vgl. HAHN, Hoheitstitel, 380, und in dieser Arbeit 7.2.2.c, S.250-253.

[30] Vgl. 1 QH VII, 6f und dazu GRUNDMANN, Evangelium nach Lukas, 52.

[31] Vgl. Lk 1,35 mit 1,17; 4,1.14 mit 1,80 und 3,3; Apg 1,8 mit 1,5; 10,38 mit 10,37.

gischen Abgrenzung als auch vom Aufzeigen historischer Gemeinsamkeiten mit den Anhängern des Täufers geprägt ist[32].

Die Grundstruktur von Lk 1,5-25 wiederholt sich in Lk 1,26-38:

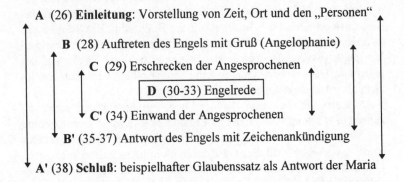

A (26) **Einleitung**: Vorstellung von Zeit, Ort und den „Personen"

    B (28) Auftreten des Engels mit Gruß (Angelophanie)

        C (29) Erschrecken der Angesprochenen

                D (30-33) Engelrede

        C' (34) Einwand der Angesprochenen

    B' (35-37) Antwort des Engels mit Zeichenankündigung

A' (38) **Schluß**: beispielhafter Glaubenssatz als Antwort der Maria

Wahrscheinlich ahmt Lukas also in Lk 1,26-38 Struktur und Sprache von Lk 1,5-25 nach[33], ohne daß ihm dafür eine besondere Quelle vorlag. Dies bestätigt sich auch inhaltlich.

Die Zeitangabe (V.26) stellt den Bezug zur vorhergehenden Erzählung her. Wie in Lk 1,5 werden die zukünftigen Eltern und ihre Herkunft mit gleichartigen Formulierungen vorgestellt. Jesus wird aus dem königlichen Geschlecht Davids stammen, Johannes stammte aus dem Priestergeschlecht Aarons. Die in V.26 erwähnte Sendung Gabriels durch Gott entspricht der Formulierung in Lk 1,19. Die Plazierung dieser Bemerkung an den Beginn bewirkt eine Betonung des göttlichen Wirkens. Das Erscheinen des Engels, das Erschrecken der Maria und

---

[32] TILLY, Johannes, 117-127, kommt bei seiner Analyse von Lk 1,5-25 bezüglich der Überlieferungen von der Geistbegabung und vom Alkoholverzicht des Johannes zu dem Ergebnis: „Für Lukas ist von vorrangiger Bedeutung, daß sich diese Überlieferungen in seine Darstellung der Heilsgeschichte einordnen lassen, ohne daß einer (mit dem christlichen Kerygma konkurrierenden) Täuferverehrung der Boden bereitet wird und ohne ehemalige Täuferschüler von vornherein auszuschließen." (a.a.O. 127).

[33] Vgl. VON BAER, Geist, 53, der zum Verhältnis von Lk 1,5-25 und 1,26-38 schreibt: „Am reinsten hat sich das spezifisch jüdische Gepräge im ersten Teil des Täuferberichts [sc.: Lk 1,5-25] erhalten. Im Marienbericht [sc.: Lk 1,26-38] dagegen finden sich manche Unebenheiten, die auf eine bewußte Bearbeitung der ursprünglichen Fassung hinweisen. Wir werden also anzunehmen haben, daß der Marienbericht dem Täuferbericht zur Durchführung des Parallelismus angeglichen ist, und nicht umgekehrt".

die Reaktion des Engels darauf sind in einer solchen Parallelität zu Lk 1,11-13 beschrieben, daß die Niederschrift und Bildung dieses Abschnitts nicht denkbar ist, ohne jenen schriftlich vorliegen zu haben. Da aber schon dort redaktionelle Arbeit des Lukas zu erkennen war, kann Lk 1,28-31 in dieser Form nur von Lukas verfaßt sein. Die Ankündigung eines Sohnes und der Auftrag zur Namensgebung in Lk 1,31, ist in starker Anlehnung an V.13b konstruiert. Dagegen fallen die Unterschiede von V.32f zu Lk 1,15-17 stärker ins Gewicht: Das gegenüber Lk 1,15a zusätzliche οὗτος in V.32a betont nachträglich noch einmal, daß die Größe des Johannes ja gewissen „Einschränkungen" unterlag. Das οὗτος läßt eigentlich keinen Raum mehr für die Größe eines anderen. Größe als absolute Eigenschaft ohne jede weitere Beifügung ist im Alten Testament Gott vorbehalten[34]. Doch entspricht dem die in der Verheißung des Engels folgende Prädikation: „Sohn des Höchsten", auf deren titularen Gebrauch κληθήσεται hinweist. Der christologische Bezug ist offensichtlich, auch wenn der Titel „Sohn Gottes" seine Herkunft im Inthronisationsvorgang der Königspsalmen haben mag (vgl. Ps 2,7)[35]. „Sohn des Höchsten" könnte einer der ältesten Titel Jesu gewesen sein. Er kommt im Neuen Testament außer bei Lukas[36] nur noch in Mk 5,7 vor. Es gibt allerdings eine erstaunliche Parallele in einem Fragment aus der Höhle IV in Qumran, wo sowohl vom *Sohn Gottes* als auch vom *Sohn des Höchsten* und vom *Groß-sein-auf-der-Erde* die Rede ist[37]. Es wäre also vorstellbar, daß Lukas hier eine Redewendung aus dem theologischen Umfeld Qumrans übernimmt und sie auf Christus anwendet[38]. Inhaltlich gesehen greifen die Verse 32f die Verheißungen an Johannes auf und überbieten diese theologisch.

---

[34] Vgl. LAURENTIN, Struktur, 42, dort unter Anm. 8 zahlreiche Belegstellen.

[35] Vgl. HAHN, Hoheitstitel, 247.284-287, der zeigt, daß das Motiv der Gottessohnschaft im jüdischen Umfeld der neutestamentlichen Zeit „sachlich zur königlichen Messianologie" gehörte (a.a.O. 287).

[36] Vgl. Lk 1,35.76; 6,35; 8,28; Apg 7,48; 16,17.

[37] Vgl. FITZMYER, Gospel I, 206f, 347f, und DERS., Contribution, 382-407 (bes. 393f), und das Fragment 4 Q 246 bei EISENMAN / WISE, Jesus, 76. STEGEMANN, Essener, 341, verweist allerdings zu Recht darauf, daß 4 Q 246 lediglich als Kritik an der blasphemischen Anmaßung von Antiochos IV. Epiphanes und nicht als vorchristlicher Beleg für den messianischen Titel „Gottessohn" gewertet werden kann.

[38] Zu möglichen messianischen Prädikationen des Täufers und der Messianität Jesu wird in dieser Arbeit ausführlich unter 7.1 (*Johannes und Jesus und die Frage der Messianität*) Stellung genommen, S.215-243.

Jesus wird anders als Johannes nicht nur mit der prophetischen Kraft des Geistes erfüllt, sondern er verdankt sein ganzes Sein und Wesen der schöpferischen Kraft des göttlichen Geistes[39]. Wie in V.26 wird auch in V.36 ein erzählerischer Bezug zu Lk 1,5-25 hergestellt. Ein solcher Bezug ist umgekehrt nicht vorhanden. Auch die folgende Erzählung von der Geburt des Johannes knüpft inhaltlich an Lk 1,5-25 an, nicht jedoch an Lk 1,26-38. Die Erzählung von der Geburt Jesu dagegen setzt ein, als wäre diese nie angekündigt worden. Dies legt erneut die Hypothese einer lukanischen Bildung in Analogie zur Erzählung von der Ankündigung der Geburt des Johannes nahe[40].

Die Versicherung des Engels, daß bei Gott nichts unmöglich sei, ist ein Zitat aus Gen 18,14a, wo der Unglaube der Sara getadelt wird, die bezweifelt, in ihrem hohen Alter noch ein Kind bekommen zu können[41]. V.37 würde also viel besser zu der vorhergehenden Erzählung von Zacharias und Elisabeth passen. Vielleicht hat erst Lukas sie umgestellt und auf Jesus bezogen.

Anders als bei Zacharias, der stumm wurde, weil er nicht hören wollte, ein übrigens fast ironischer (lukanischer?) Zug der Erzählung, erscheint der Glaube der Maria vorbildlich. Sie bezeichnet sich selbst als „Sklavin des Herrn" (V.38).

Fazit: Lk 1,26-38 scheint eine Komposition des Lukas zu sein. Lediglich die Verheißungen des Engels (V.32f) könnten auf eine selbständige frühere Traditionsstufe verweisen. Das theologische Anliegen des Lukas ist deutlich. Er möchte die Ereignisse um Jesus *von Anfang an* berichten, um der ihm bereits vorliegenden Erzählung von der Ankündigung der Geburt des Täufers etwas Vergleichbares und Größeres entgegenzusetzen. Schon in Lk 1,5-38 deutet Lukas durch die Darstellung der Geschichte Jesu in Abgrenzung von Johannes wesentliche Aspekte seiner Theologie an:

1. Die „Größe" des Johannes ist mit der Größe Jesu nicht zu vergleichen. Jesus ist nicht größer als Johannes, sondern bei ihm ist Größe ein absolutes und damit göttliches Wesensmerkmal, während Johannes „Größe" nur in Relation zu anderen Menschen besitzt.

2. Jesus wird als legitimer Sohn Davids von Gott in die ewige Königsherrschaft über sein Reich eingesetzt, auf die Johannes sein Volk

---

[39] Vgl. TATUM, Zeit, 326f, der zwischen dem Geist der Prophetie, den Johannes der Täufer mit anderen teilen muß, und dem Schöpfergeist unterscheidet, der nur Jesus zum Messias werden läßt.

[40] Vgl. VON BAER, Geist, 53.

[41] Vgl. FITZMYER, Gospel I, 352.

nur vorbereiten soll. Mit dem Reich und der Herrschaft Gottes sind so grundlegende Begriffe der lukanischen Eschatologie bereits genannt.

3. Heiliger Geist wird im Zusammenhang mit Johannes dem Täufer und Jesus erwähnt. Während aber Johannes „nur" von dem prophetischen Geist und der Kraft *Elias* erfüllt sein wird, sind es der schöpferische Geist und die Kraft *Gottes*, die die Geburt Jesu bewirken und ihn dadurch selbst heiligen[42]. Schon hier deuten sich also wesentliche Grundzüge der lukanischen Pneumatologie an.

1.2.2 Das Treffen (1,39-56)

Die Erzählung vom Treffen der beiden Mütter setzt beide vorhergehenden Erzählungen voraus (vgl. Lk 1,24.36). Da die zweite Erzählung aber wahrscheinlich weitgehend redaktionell verfaßt wurde, können wir davon ausgehen, daß auch der erzählerische Rahmen von Lk 1,39-56 eine lukanische Bildung ist. Durch ihn verknüpft Lukas die beiden Handlungsstränge. Danach nimmt Lukas die parallelen Erzählfäden erneut getrennt voneinander auf. Schon diese Struktur läßt vermuten, daß Lukas das Treffen der beiden Mütter nicht nur erzählerisch, sondern auch theologisch aus dem Kontext herausheben will. Die sprachlichen Eigentümlichkeiten bestätigen dies. In den Versen 39-45 und 56 häufen sich lukanische Wendungen[43], und die Erzählung ist deutlich durch redaktionelle Wendungen mit den vorherigen und folgenden Perikopen verknüpft. Dagegen lassen sich im Lobgesang der Maria keine eindeutig redaktionellen Eingriffe erkennen[44]. Das Magnifikat und die Verheißung des Engels an Zacharias (Lk 1,14-17) scheinen aus einem ähnlich sprachlichen und theologischen Milieu zu stammen. In der Verheißung des Engels an Maria ahmt Lukas dieses Milieu nach.

Die theologische Tendenz der Erzählung ist eindeutig. Lukas betont die Unterordnung des Johannes unter Jesus[45], die Unterordnung der Mutter des Täufers unter die Mutter Jesu und indirekt auch die Unterordnung des Glaubens des zweifelnden Zacharias unter den Gehorsam der Maria. Dafür nimmt er erzählerische Unebenheiten in Kauf:

---

[42] Vgl. TATUM, Zeit, 326-328.

[43] Vgl. u.a. Lk 1,39 mit Apg 1,15; die Anwendung des Kyriostitels auf Jesus in Lk 1,43 und ὑπέστρεψεν in 1,56 als lukanische Vorzugswendung.

[44] Vgl. JEREMIAS, Sprache, 60-63, und zu der Bezeichnung „Sohn des Höchsten" oben unter 1.2.1 zu V.32a (S.19).

[45] Vgl. VIELHAUER, Benedictus, 28. Eine „careful balance" zwischen den Geburtsgeschichten von Johannes und Jesus, die in der Episode im Haus der Elisabeth erhalten bleibt (BROWN, Birth, 346), erkenne ich nicht.

Der Gruß der Maria wird nicht genannt; einmal spricht Elisabeth im Geist, einmal als überraschte Frau; die Reaktion des Johannes wird zweimal berichtet; Elisabeth weiß mehr als der Leser; Maria antwortet nicht; Maria verläßt ihre Verwandte kurz vor deren Niederkunft.

Sollte es im Umfeld der lukanischen Gemeinde eine Gruppe gegeben haben, die Johannes den Täufer als Messias oder auch nur als den „Größeren" verehrte, dann muß dieser Text als massive Polemik des Lukas gegen eine solche Gruppe verstanden werden. Sollte es eine Gruppe gegeben haben, bei denen Jesus und Johannes eine ähnliche Wertschätzung erfuhren (vgl. Apg 18,24 - 19,7), dann kann dieser Text interpretiert werden als missionarisch-apologetischer Versuch des Lukas, diese Gruppe zu gewinnen[46], indem er die „vielen", die sich über Johannes „freuen", darauf hinweist, daß Johannes selbst sich bereits vor seiner Geburt über Jesus gefreut habe.

Nicht nur die Tatsache, daß einige lateinische Textzeugen hier *Elisabeth* statt *Maria* schreiben, auch inhaltliche Gründe sprechen für Elisabeth als ursprüngliche Sprecherin des Magnifikats. So entstünde keinerlei logischer Bruch in der Erzählung, wenn Elisabeth das Subjekt in V.46 wäre; zudem gibt es im Magnifikat auch inhaltliche Bezüge zu Elisabeth[47]. In der ehemaligen Geburtsgeschichte des Täufers würden dann sowohl sein Vater als auch seine Mutter auf die unerwartete Schwangerschaft und die Geburt mit einem Lobgesang antworten[48]. Themen des Liedes sind die Erhöhung des Niedrigen und die Barmherzigkeit Gottes über die Generationen der Väter und Söhne hinweg.

Lukas übernimmt das Magnifikat aus der Tradition. Es mag im Umfeld der pharisäischen Psalmen Salomos[49] und der Hymnen Qumrans entstanden sein und könnte in einer früheren Traditionsstufe der Elisabeth und nicht der Maria zugeschrieben worden sein[50]. Das hieße, daß auch

---

[46] Vgl. VIELHAUER, Benedictus, 45f.

[47] Vgl. μεγαλύνει / μεγάλα in V.47.49 mit μεγάλη in V.42 und ἐμεγαλύνεν in V.58. Vgl. ἠγαλλίασεν in V.47 mit ἀγαλλιάσει in V.44.

[48] Weitere Argumente für eine ursprüngliche Zuordnung des Magnifikats zu Elisabeth referiert ERNST, Johannes, 127-129, der sich allerdings gegen eine „täuferische Vereinnahmung" des Magnifikats ausspricht (a.a.O. 131); vgl. ähnlich auch BROWN, Birth, 335f.

[49] Vgl. BEMILE, Magnificat, 116-133; BOVON, Evangelium I, 82f; BROWN, Birth, 358-360.

[50] Vgl. GUEUERET, L'engendrement, 75f, Anm. 36; FITZMYER, Gospel I, 366, und am ausführlichsten KAUT, Befreier, 267f. TANNEHILL dagegen äußert Bedenken gegen einen vorlukanischen oder gar aramäischen Ursprung des Magnifikats (vgl. DERS., Magnificat, 264f).

hier eine Herkunft aus Täuferkreisen denkbar wäre[51].

An theologischen Themen, die für Lukas in seinem übrigen Werk im Zusammenhang mit der Auseinandersetzung mit der „Täufertheologie" eine Rolle spielen, sind folgende Bereiche mit ethischen und soteriologischen Implikationen besonders herauszuheben: Die Erhöhung des Niedrigen[52] und der Ausgleich zwischen Armen und Reichen, Satten und Hungernden[53], das Heil oder der Heiland als Rettung für die Kinder Abrahams und die Erwählung der Söhne und Väter[54].

1.2.3 Geburt, Namensgebung und Heranwachsen (1,57-2,52)

Mit der **Geburt des Johannes (1,57f)** erfüllen sich die Verheißungen des Engels. Der zum Teil wörtliche Bezug dieser Verse zu Lk 1,13f ist offensichtlich. Dem Hinweis auf die Freude der Verwandtschaft (V.58) könnte allerdings eine bewußte oder unbewußte Fehlinterpretation von V.14b zugrunde liegen. Denn immerhin wird hier Johannes durch die relativ profan geschilderte Erfüllung der Verheißung in V.14b einer möglicherweise messianischen Eigenschaft, nämlich „vielen" zur eschatologischen Freude zu werden[55], beraubt. Die apologetische „Technik" des Lukas bestünde dann darin, traditionelle Verheißungen über Johannes zu zitieren und diese dann zu relativieren, indem er ihre Erfüllung als ein verhältnismäßig profanes Geschehen beschreibt. So könnte sich für Lukas die Verheißung des heiligen Geistes für Johannes in Lk 1,15b schon in V.17a („im Geist Elias") relativiert und bereits in Lk 1,39-45, spätestens jedoch in V.80, erfüllt haben. Hinzu kommt ein weiteres: Während Lukas bei Johannes die verheißene Freude und das Erfülltsein mit heiligem Geist eher profanisiert oder relativiert, berichtet er bei Jesu Geburt von der „großen Freude für alles Volk" (2,10)[56] und betont beim ersten Auftreten Jesu mehrfach

---

[51] Eine gründliche redaktionsgeschichtliche Untersuchung des Magnifikats kann hier nicht geleistet werden, es sei daher ausdrücklich auf KAUT, Befreier, 266-324, verwiesen. KAUT kommt in seiner sorgfältigen Analyse zu dem Ergebnis, daß der erste Teil des Magnifikats (V.46-50a) in Täuferkreisen und der zweite Teil (V.50b-55) in einem pharisäischen Milieu entstanden sein könnte

[52] Vgl. in dieser Arbeit unter 4.3.2 (*Die Erwählung der Niedrigen*), S.145-147.

[53] Vgl. 6.1 (*Umgang mit Armut*), S.178-188.

[54] Vgl. 4.1 (*Abraham und seine Kinder*) und 4.2 (*Väter und Kinder*), S.125-143.

[55] Vgl. HAHN, Hoheitstitel, 372.

[56] Auf diese Entsprechung bezüglich der Freude in Lk 1,14 und 2,10 verweist VIELHAUER, Benedictus, 31f.

dessen Erfülltsein mit heiligem Geist (3,22; 4,1.14.18). In seinem Bericht über die Geburt und das Leben Jesu greift Lukas also Motive aus der „Täufererzählung" auf und zeigt an ihnen, wie Jesus Johannes überbietet.

Der Verweis auf die Barmherzigkeit Gottes an Elisabeth hat eine wörtliche Entsprechung im Magnifikat (vgl. 1,58 mit 1,47a.50a). Dies könnte ein weiteres Indiz dafür sein, daß das Magnifikat in der Lukas vorliegenden Quelle Elisabeth zugewiesen wurde. Denn wieso sollten die Nachbarn etwas bei Elisabeth feststellen, nämlich daß sie Barmherzigkeit vor Gott gefunden habe, was Lukas gerade der Maria zugesprochen hat? Die Tatsache der sprachlichen Bezüge untereinander bei Versen, die vorlukanische Stilmittel enthalten[57], spricht für die Existenz einer und nicht mehrerer Quellen, die Lukas hier verwendet hat.

Die beiden Wunder im Bericht von der **Beschneidung und Namensgebung des Johannes (1,59-66)**, Elisabeth weiß den verheißenen Namen des Kindes und Zacharias kann wieder sprechen, scheinen Bestandteile einer bekannten Täuferlegende gewesen zu sein[58]. Möglicherweise gibt Lukas in V.65b mit dem Gebirge Judäas einen Hinweis auf die Herkunft dieser Überlieferung.

Die Sprache des **Benediktus (1,67-79)** ist wieder eher vorlukanisch. Die vielen Infinitive wirken semitisch. Die Metaphorik erinnert stark an das Magnifikat und - auch darin mit diesem vergleichbar - an die Hymnen aus Qumran[59]. In wörtlicher Entsprechung zu der vorherigen Schilderung der Elisabeth (vgl. Lk 1,41b) wird in der Einleitung zum Benediktus die Geisterfülltheit des Zacharias beschrieben (V.67). Die Funktion des heiligen Geistes ist die gleiche, wie sie für Johannes den Täufer angekündigt wurde (vgl. 1,15.17). Zacharias ist nur deshalb und nur insofern mit prophetischem Geist erfüllt, als er - und dies scheint Lukas so darstellen zu wollen - auf Jesus hinweist.

Zum ersten Mal im Lukasevangelium findet sich der Begriff σωτηρία. Er kommt im Benediktus dreimal vor (V.69.71.77). Ähnlich wie der Titel σωτήρ in Lk 1,47 wird auch der Begriff σωτηρία im ganzen übrigen lukanischen Doppelwerk auf Jesus angewandt (vgl. Lk 19,9; Apg 4,12; 7,25; 13,26.47; 16,17; 27,34; vgl. auch σωτήριον in: Lk

---

[57] Dazu zählen in V.58 der Gebrauch von κύριος, ἔλεος und parataktischem καὶ bei logischer Hypotaxe; vgl. JEREMIAS, Sprache, 64.
[58] Vgl. DÖMER, Heil, 19f, der darauf verweist, daß das Verhalten Elisabeths eigentlich eine göttliche Weisung, etwa durch einen Engel, voraussetzt.
[59] Vgl. 1 QH, z.B.: 1 QH II,31-39; VII,26-33 oder XVI,8-19; besonders interessante Parallelen finden sich in 1 QH VII,6-25.

2,30; 3,6; Apg 28,28). Wenn Heil hier ursprünglich im Zusammenhang mit Johannes dem Täufer erwartet wurde, wäre das ein Beleg für die Existenz von Erwartungen, die sich auf den Täufer als Heilsbringer bezogen. Die Vorstellung, daß Johannes schon in seiner Geburtslegende als messianischer Heilsbringer dargestellt wurde, mag Lukas veranlaßt haben, sich mit ihr gründlich auseinanderzusetzen. Er tut dies, indem er die Funktion des Johannes darauf reduziert, zur Sündenvergebung aufzurufen (vgl. Lk 1,77) und auf Jesus hinzuweisen (vgl. 1,76), der wenig später von einem Engel Gottes „Heiland" genannt wird (1,11)[60]. Damit erzielt Lukas einen doppelten Effekt. Johannes hat nur noch indirekt etwas mit dem Heil zu tun, und jede messianische Heilserwartung muß nun coram Jesu verstanden werden.

Der originale Vorschlag Wettsteins, in den Worten „Barmherzigkeit", „Gedenken" und „Schwur" (V.72f) etymologische Anspielungen auf die Namen *Johannes* (Gott ist barmherzig), *Zacharias* (Gott gedenkt) und *Elisabeth* (Gott schwört) verborgen zu sehen[61], würde die undurchsichtige Reihung erklären und entspräche der jüdischen Heraushebung der Bedeutung von Namen. Diese Deutung wird unterstützt durch die Struktur der Verse 71-74. Die drei „Namensverse" folgen unmittelbar aufeinander, im ersten und dritten Vers der kommt der Begriff „Vater" vor. Zudem werden sie umrahmt von der zweifachen Erwähnung, daß Gott *uns aus der Hand von Feinden gerettet habe* [62].

Προφήτης ὑψίστου in V.76 scheint als artikellose Genitivverbindung eine traditionelle Formel zu sein. Sie begegnet auch im Testament Levis[63] und steht dort in Verbindung mit dem messianischen neuen König, der aus dem Stamm Levi erstehen soll (TestLev 8,15)[64]; das hieße, daß Johannes hier ursprünglich messianische oder soteriolo-

---

[60] Vgl. FITZMYER, Gospel I, 222f, der zeigt, daß „salvation" bei Lukas das Heilshandeln Gottes in Christus ausdrückt.

[61] Vgl. GRUNDMANN, Evangelium nach Lukas, 70.

[62] Vgl. auch KAUT, Befreier, 197f, der zeigt, daß die zweite Strophe des Benediktus (Lk 1,76-79) durch die zentrale Zeile διὰ σπλάγχνα ἐλέους θεοῦ ἡμῶν (V.78a) zu einem literarischen „Spiel mit der Etymologie des Namens ,Johannes'" (a.a.O. 197) wird, da die hebräische Bedeutung dieses schon durch die Vorgeschichte herausgehobenen Namens auf das eigentliche Thema des Benediktus, die Barmherzigkeit Gottes, verweist. Sollten die oben angestellten etymologischen und strukturellen Überlegungen zu Lk 1,71-75 zutreffen, dann ist allerdings gegen KAUT (vgl. DERS., Befreier, 204-265) festzuhalten, daß auch die erste Strophe des Benediktus in Täuferkreisen entstanden sein kann.

[63] Vgl. dazu LEANEY, Birth, 161.

[64] Vgl. dazu in dieser Arbeit unter 7.2.2.a (*Prophet des Höchsten*).

gische Funktionen gehabt haben könnte[65]. V.69 wies ja in dieselbe Richtung. Auch die Tatsache, daß Johannes Prophet genannt wird, scheint traditionell zu sein (vgl. Lk 7,26; 1,15.16). Im lukanischen Kontext entbehrt Johannes jeder messianischen Prädikation. Wenn Jesus vorher „Sohn des Höchsten" genannt wird (1,32), ist die Unterordnung des Propheten unter den Sohn schon präjudiziert. Mit einem redaktionellem γάρ fügt Lukas in V.76b ein weiteres Zitat an, das unter Aufnahme von Mal 3,1 (vgl. Jes 40,3) und Lk 1,15a die Funktion des Johannes erneut darauf begrenzt, Vorläufer des „Herrn", das heißt „lukanisch interpretiert", Vorläufer des *Christus*, aber eben nicht selbst Messias, zu sein.

Aufschlußreich ist ein Vergleich der Verheißungen an Johannes in V.76 und V.15 mit der Verheißung an Jesus in Lk 1,32. Die motivliche Verwandtschaft der drei Verse ist nicht zu übersehen. Vielleicht galten die ihnen zugrunde liegenden Verheißungen einmal ausschließlich Johannes[66]. In der vorliegenden Form scheint es die Arbeit des Lukas gewesen zu sein, die einzelnen Prädikationen gegeneinander auszuspielen und auf Johannes und Jesus zu verteilen. In Lk 6,35 überträgt er die Bezeichnung „Söhne des Höchsten" auf Jesu Nachfolger.

V.77-78a erläutern die Aufgabe des Täufers. Es wäre durchaus vorstellbar, daß Lukas hier eine ursprünglich angedeutete Heilsmittlerschaft des Johannes durch die Vorschaltung von γνῶσιν relativiert hat. Heil bedeutet Sündenvergebung[67], steht aber für Lukas ausschließlich im christologischen Kontext. Und sein Konzept von der Funktion des Täufers ist, daß dieser durch die Predigt von der Taufe zur Sündenvergebung (vgl. Lk 3,3; Apg 10,37; 13,24) das Volk auf den nach ihm kommenden Heiland vorbereitet (vgl. Apg 13,23f) und damit auf den hinweist, durch den Vergebung erst ermöglicht wird (vgl. Apg 10,43).

Der lukanische Zusammenhang läßt für die messianische Metapher ἀνατολὴ ἐξ ὕψους in V.78b (vgl. Dan 7,13; Jes 11,1ff; Num 24,17

---

[65] Dies würde durch eine Anwendung von ἀνατολὴ ἐξ ὕψους in V.78 auf Johannes noch unterstrichen (vgl. KAUT, Befreier, 199).

[66] Die von BROWN, Birth, 377-392, vertretene These, bei Lk 1,76f handele es sich um eine lukanische Interpolation, die den ursprünglich christlichen Psalm auf den Täufer hin aktualisiere, widerlegt KAUT, Befreier, 193f, Anm. 60. Schon VIELHAUER, Benedictus, 39f, Anm. 60, merkt an, daß eine solche Übertragung eines ehemals auf Jesus bezogenen Psalms auf Johannes äußerst unwahrscheinlich, eine Übertragung nicht-christlicher Vorstellungen auf Jesus, dagegen eine häufige Erscheinung ist.

[67] Vgl. VIELHAUER, Benedictus, 37.

LXX)[68] erneut wieder nur die Deutung auf Jesus zu (vgl. Lk 1,35; 2,9-11; 2,29-32). Mit der Autorität von Engeln, Propheten und Heiligem Geist wird Jesus in Lk 1-2 als messianisches Licht aus der Höhe und davidischer friedensstiftender Heiland für die Völker bezeichnet, und dabei wird kaum eine messianische Prädikation ausgelassen. Übrigens müßte „Aufgang aus der Höhe" in V.78 ohne V.76b auf Johannes bezogen werden[69], dem dadurch dann eine messianische oder auch soteriologische Funktion zukommen würde[70].

Vermutlich stammt das Benediktus aus dem theologischen Umfeld Qumrans und Johannes des Täufers[71]. Die ihm zugrunde liegende Hoffnung auf friedliches und gottesfürchtiges Zusammenleben entspricht den Idealen einer monastischen Gruppe. Sprachlich ist es mit den übrigen Liedern und den Engelreden in Kapitel 1 verwandt. Meiner Meinung nach hat Lukas hier aus einer ihm vorliegenden Quelle einen Hymnus übernommen, der im Zusammenhang mit der Geburt des Täufers stand und diesen als messianischen Boten des „Herrn" feierte[72]. Durch geringfügige Umstellungen und Ergänzungen hat Lukas dann den Psalm so verändert, daß er als Verheißung auf die Geburt Jesu bezogen werden mußte und zugleich Johannes auf seine Funktion als Ankündiger des Messias reduzierte.

Die Notiz über das **Heranwachsen des Johannes (Lk 1,80)** wird die lukanische Version des Abschlusses eines ihm vorliegenden Legendenkranzes zur Geburt des Täufers gewesen sein. Lukas könnte hier eine ältere Notiz über die Erfüllung der Verheißung in Lk 1,15.17 redaktionell verändert haben. Die Notiz καὶ ἦν ἐν ταῖς ἐρήμοις scheint historisch zuverlässigen Charakter zu haben, denn Lukas greift sie in

---

[68] Daß dem so ist, unabhängig davon, ob die Metapher ursprünglich auf Johannes oder Jesus bezogen wurde, zeigt HAHN, Hoheitstitel, 372.

[69] VIELHAUER, Benedictus, 38f, zeigt, daß das Benediktus Johannes erst durch die Stellung in der lukanischen Gesamtkomposition als einen dem „Sohn des Höchsten" untergeordneten Propheten erscheinen läßt.

[70] Vgl. KAUT, Befreier, 64, Anm. 97, der vermutet, daß sich in V.78 „ein alter Rest, der die Messianität des Täufers feiert," erhalten hat. Bei der Analyse von Lk 1,76-79 kommt er zu dem Ergebnis, „...daß dieses Lied, welches Johannes als messianische Gestalt würdigt, nicht christlicher Herkunft sein kann. Vielmehr spricht alles dafür, es täuferischen Kreisen zuzuschreiben." (a.a.O. 199).

[71] Eine gründliche Untersuchung der Traditions- und Redaktionsgeschichte des Benediktus bietet KAUT, Befreier, 173-265. Er unterscheidet zwischen einem Benediktus I (Lk 1,68-75), das um das 66 n. Chr. in priesterlich-zelotischen Kreisen entstanden sei, und einem Benediktus II (1,76-79), bei dem es sich um ein täuferisches Dokument handeln dürfte (a.a.O. 263).

[72] So auch VIELHAUER, Benedictus, 41-46, und KAUT, Befreier, 184-201.

Lk 3,2 erneut auf, um dort durch die geographischen und chronologischen Angaben die Gewissenhaftigkeit seines Berichts zu unterstreichen. Es gibt aber noch weitere außerbiblische Indizien, die Lk 1,80 als historisch gesicherte Überlieferung erscheinen lassen:

1. Die asketische Erziehung von heranwachsenden Söhnen aus Jerusalemer Priestergeschlechtern in der Wüste erscheint nicht allzu ungewöhnlich, betrachtet man die Jugend des Priesters Josephus[73], eines Zeitgenossen des Lukas, der in seiner Autobiographie berichtet, wie er zur Ausbildung drei Jahre zu einem Asketen namens Bannus in die Wüste ging, der sich dort von wilden Pflanzen ernährte und durch besondere Waschungen auf seine Reinheit achtete[74].

2. Es gab zur Zeit des Johannes jüdische Gruppierungen, die in monastischen Gemeinschaften zusammenlebten und junge Novizen bei sich aufnahmen und ausbildeten[75], so auch die Gruppe in Qumran[76].

3. Qumran liegt in der Wüste Juda, und zwar nur wenige Kilometer von der Gegend entfernt, in der der Jordan in das Tote Meer fließt und wo Johannes vermutlich taufte (vgl. Lk 3,2f)[77].

Diese Indizien zeigen, daß ein Aufenthalt des jungen Täufers bei einer ähnlichen Gruppe wie der in Qumran durchaus denkbar ist[78]. Aufgrund der geographischen Nähe ist auch ein Kontakt der Eltern des Johannes etwa zu der Gemeinschaft in Qumran vorstellbar. Das Selbstverständnis der Qumranleute als Priester und ihre kritische Haltung zum Tempel steht dazu keineswegs im Widerspruch. Immerhin erscheinen die Geburtsgeschichten in Lk 1f ja auch nicht gerade tempel-

---

[73] In seiner Vita betont JOSEPHUS, er stamme aus dem Geschlecht der Hasmonäer (DERS., Vita 2) und in Vita 28f berichtet er, wie er zusammen mit „zwei anderen Priestern" gesandt wurde.

[74] Vgl. JOSEPHUS, Vita 7-12.

[75] Vgl. JOSEPHUS, Bell 2,137. JOSEPHUS berichtet dort von dem dreijährigen Noviziat bei den Essenern, das jeder Neuhinzugekommene abzuleisten hatte, bevor er förmlich in die Gemeinschaft der monastisch lebenden Vollmitglieder aufgenommen wurde. Zu den Parallelen zwischen der Gruppe in Qumran und den Essenern vgl. MAIER / SCHUBERT, Qumran-Essener, 42-47. Ein Heranwachsen des Johannes in Qumran für wahrscheinlich halten u.a. BROWNLEE, John; FITZMYER, Gospel 1, 389, und GRUNDMANN, Evangelium nach Lukas, 74.

[76] Vgl. 1 QS VI,13-23, wo Regeln aufgeführt werden für Israeliten, die sich der Gemeinschaft anschließen wollen.

[77] Auch wenn man mit STEGEMANN die Taufstelle des Johannes auf der Ostseite des Jordans in Peräa postuliert (vgl. DERS., Essener, 295), beträgt die Entfernung von Qumran höchstens 20 Kilometer.

[78] Vgl. auch BURGMANN, Gemeinden, 393-403, der die Gründe, warum Johannes der Täufer ein Essener gewesen sein könnte, ausführlich diskutiert.

freundlich, bedenkt man, daß einer unbedeutenden Frau irgendwo in Galiläa von dem Engel mehr Ehre erwiesen wird als dem zweifelnden Priester im Tempel. Zudem wird der Tempel nur in redaktionell bearbeiteten Rahmennotizen erwähnt (vgl. Lk 1,9.21f), nie jedoch in den Liedern oder Verheißungen. Auf die priesterliche Herkunft des Täufers wird dagegen deutlicher Wert gelegt (vgl. Lk 1,5f). Ein weiteres Argument erscheint mir besonders evident. Alle bisher analysierten Lieder und die Verheißungen des Engels besaßen eine große sprachliche und motivliche Nähe zu den Psalmen aus Qumran. Ihre Herkunft aus Kreisen, die mit der Gruppe in Qumran in theologisch enger Verwandtschaft standen, ist wahrscheinlich. Die Vorstellung, daß Johannes in Qumran oder einer vergleichbaren essenischen Gemeinschaft erzogen wurde[79], sich dann von ihr trennte, eine eigenständige Theologie entwickelte, predigte und schließlich von „vielen" als geisterfüllter endzeitlicher Prophet wie Elia und als messianische Rettergestalt verehrt wurde, erscheint mir plausibel. Dies setzt allerdings voraus, daß es sich bei Lk 1,80 nicht um eine rein redaktionelle Notiz handelt.

Die artikellose Genitivverbindung ἕως ἡμέρας ἀναδείξεως αὐτοῦ πρὸς τὸν Ἰσραήλ in Lk 1,80 könnte auf die Herkunft dieser Formulierung aus der von Lukas verwendeten Quelle sprechen. Dies würde auch den feierlichen Ton erklären. Ἀναδείξις kann für die „Einsetzung" von Königen verwendet werden[80]. Da das Amt des Johannes, nämlich auf Jesus hinzuweisen, aber nun schon mehrfach kenntlich gemacht wurde (vgl. Lk 1,17.39-45.76), erscheint die Redeweise im lukanischen Kontext angemessen. Der „Prophet des Höchsten" (1,76) ist von Gott eingesetzt, dem „Sohn des Höchsten" (1,32) „in der Wüste den Weg zu bereiten" (3,4-6). Die Kindheitserzählung des Täufers in der lukanischen Form hat die Aufgabe, dies als göttlichen Willen zu manifestieren.

Die Beschreibung der **Geburt, Beschneidung und Namensgebung Jesu (2,1-39)** folgt in ihrer Struktur der Erzählung über Johannes, und selbst der Lobgesang des Zacharias hat hier im Nunc dimittis sein Gegenstück. Sprachliche Entsprechungen zwischen der Erzählung über die Kindheit und Jugend des Johannes und der Jesu lassen sich nur noch in redaktionellen Rahmennotizen erkennen. Dort sind sie aber sehr deutlich (vgl. Lk 2,6f mit 1,57 und 2,40 mit 1,80). Wieder zeigen die Engelrede (2,8-15) und der abschließende Lobgesang (2,29-32)

---

[79] KRAFT, Entstehung, 7-9, hält auch ein Heranwachsen des Täufers in einer Gemeinschaft von Rechabitern für möglich.

[80] Vgl. BOVON, Evangelium I, 111.

traditionell geprägte Sprache und so gut wie keine lukanischen Formulierungen. Dagegen lassen Anfang und Ende der Geburtsgeschichte
(2,1-7.15-20) deutlich die redaktionelle Hand des Lukas erkennen[81].

Die Struktur der Erzählung von der **Geburt Jesu (2,1-20)** erinnert
an die der vorangehenden Erzählungen (vgl. Lk 1,5-25.26-38.57-79).
Die Erzählung beginnt mit einer allgemeinen Einleitung, in der Zeit,
Ort und beteiligte Personen vorgestellt werden, in der Mitte der Erzählung steht eine Angelophanie mit weitreichenden Verheißungen,
dann folgt öffentlicher Jubel oder Verwunderung über das geschehene
Wunder und schließlich, als Schluß, der Glaubenserweis einer beteilig-
ten Hauptperson. Auch der Beginn der Erzählung in Lk 2 erinnert an
den Beginn der Täuferlegenden. Lk 2,1a entspricht wörtlich Lk 1,5a[82].
Im einzelnen richtet sich der Aufbau jedoch an der Erzählung von der
Geburt des Johannes (1,57-68) aus[83]. Die Art der Einleitung mit der
ausführlichen Zeitangabe erinnert an Lk 1,5-9. Eine ähnliche Einleitung begegnet dem Leser auch in Lk 3,1f (vgl. auch 3,23ff). Offensichtlich verwendet Lukas solche Angaben, um die Historizität seines
Berichts herauszustellen[84]. Er hatte ja angekündigt, alles von Anfang
an mit Akribie und in der richtigen Reihenfolge zu berichten (vgl. 1,1-
4). Da er aber außer den genannten Stellen im gesamten Doppelwerk
keine weitere Zeitangabe so ausführlich gestaltet, liegt die Vermutung
nahe, daß er besonders die Teile seines Werkes, wo er sich mit der
Herkunft Johannes des Täufers und der davon abgehobenen Herkunft
Jesu beschäftigt, seriös und gründlich recherchiert erscheinen lassen
möchte.

Lukas läßt die Geburt Jesu in wörtlicher Entsprechung zur Geburt
des Johannes als Erfüllung göttlicher Verheißungen erscheinen (vgl.
2,6f mit 1,57.31). Dies zeigt, daß auch die Geburtsgeschichte Jesu
indirekt von den älteren Täuferüberlieferungen abhängig ist.

Man mag sich darüber streiten, ob die Hirten hier als verachtete
Sünder[85], als Träger messianischer Symbolik[86] oder einfach nur als

---

[81]   Einen Überblick über die Diskussion der Überlieferungsgeschichte von Lk 2,1-
20 bietet BOVON, Evangelium I, 115-117.

[82]   Zum lukanischen ἐγένετο δὲ als Einleitung einesTextes vgl. CADBURY, Style,
106.

[83]   Vgl. auch die Synopse der Kindheitserzählungen unter 1.2 (*Die Kindheitserzählungen*), S.11f.

[84]   Ich teile die Meinung von BROWN, Birth, 411, und FITZMYER, Gospel I, 392,
daß Lk 2,1-5 eine lukanische Komposition ist.

[85]   Vgl. STRACK / BILLERBECK, Kommentar II, 113f.

Arme „gebraucht" werden[87]. Meines Erachtens erschließt sich die erzählerische Funktion der Hirten aus dem Vergleich mit der Erzählung von der Geburt des Johannes. Die Hirten übernehmen die Funktion der Nachbarn in Lk 1,57-66. Sie hören von dem Ereignis als Tat des Herrn (vgl. 2,15 mit 1,58a), freuen sich über die Geburt (vgl. 2,20 mit 1,58b), geraten über das göttliche Wunder in Furcht (vgl. 2,9c mit 1,65a), verbreiten das Ereignis in der Umgebung (vgl. 2,17 mit 1,65b) und lösen damit Verwunderung und Furcht aus (vgl. 2,18 mit 1,65-66).

Die Reden der Engel in Lk 2,10-12.14 erinnern sprachlich an die Reden der Engel in Lk 1,13-20.30-37, inhaltlich überbieten sie diese. Wieweit die vorhergehenden Engelreden nun die Formulierungen hier beeinflussen und wieweit Lukas eine andere Quelle verwendet, läßt sich allerdings nicht entscheiden, doch ist deutlich, *daß* Lukas hier Quellen benutzt.

Der Inhalt der Verkündigung des Engels in Lk 2,10 wird als große Freude bezeichnet, die allem Volk widerfahren soll. Das erinnert an Lk 1,13 und 1,58. Jesus wird aber nicht nur wie Johannes Freude für seinen Vater oder *nur* für „viele" sein, sondern für „*alles* Volk". Die zu seiner Geburt proklamierte Freude hat eschatologische Qualität[88].

Man sollte die literarische Abhängigkeit dieser Ankündigungen der Engel von den Verheißungen bezüglich des Täufers nicht überbetonen. Ich halte es nicht für ausgeschlossen, daß Lukas hier auch andere Quellen verwendet. Dennoch ist der überbietende Bezug zu Passagen über Johannes im ersten Kapitel auch hier nicht zu übersehen[89]. Es tut der literarischen Qualität „unserer Weihnachtsgeschichte" keinen Abbruch, wenn in ihr die redaktionelle Hand des Lukas an allen Ecken und Enden begegnet, im Gegenteil, ihr dürfte diese Qualität zu verdanken sein. Lukas ordnet und wertet, er bringt alles in die richtige Reihenfolge. Dies ist seine erklärte Absicht (vgl. Lk 1,1-4). Daß in seiner Ordnung Jesus in jeder Beziehung Johannes den Täufer überbieten muß, wird seine Gründe haben. Jedenfalls läßt sich auch die dreifache messianische Prädikation Jesu im folgenden V.11 (σωτὴρ ὅς ἐστιν Χριστὸς κύριος ἐν πόλει Δαυίδ) besser verstehen, wenn man sie vor dem Hintergrund einer Abgrenzung des Lukas zu möglicherweise populären messianischen Prädikationen des Täufers versteht.

---

[86] Dies könnten Hes 34,11-16.23ff und 1 Sam 16,11; 17,15 nahelegen; vgl. BOVON, Evangelium I, 122f.

[87] Vgl. SCHNEIDER, Evangelium I, 65.

[88] Vgl. VIELHAUER, Benedictus, 32, der auch auf die Parallelität der Freude in Lk 1,14 und 2,10 verweist, und BULTMANN, Art.: ἀγαλλιάομαι, 19.

[89] Man vergleiche beispielsweise den Wortlaut von Lk 2,10 mit Lk 1,13f.

Χριστὸς κύριος (Lk 2,11), dies ist das christologische Kerygma des Lukas (vgl. Apg 2,36). Es ist mehr als Name und Titel. Mit χριστὸς κύριος wird Jesus zum einzigen Messias und Heiland deklariert[90]. Beide biblischen Prädikationen stehen für Gottes Heilshandeln in Jesus. Während Johannes nur groß sein wird vor dem Herrn (vgl. Lk 1,15), *ist* Jesus der Herr. Das Zeichen der Vergewisserung für den göttlichen Heiland und Messias ist seine ärmliche und niedrige Geburt (2,12). Das Thema des Magnifikats, die Erwählung und Erhöhung des Niedrigen, ist also auch das Thema der Geburtsgeschichte Jesu.

Zwischen der Engelrede in V.14 und dem Benediktus des Zacharias läßt sich eine inhaltliche und sprachliche Verwandtschaft erkennen. Hier wie dort beginnt der Hymnus mit einem Lob Gottes (vgl. 1,68), und hier wie dort wird für bestimmte Menschen Frieden aus der Höhe erwartet (vgl. 1,76.78f). Die theologische Essenz dieser Doxologie ist also, daß Gott den Menschen, die er erwählt hat, Frieden schenkt. Lk 2,14 wäre dann die hymnisch-poetische Antwort auf die Verheißung in Lk 1,79b, wo es im Lobgesang des Zacharias von dem „Aufgang aus der Höhe" hieß, daß er „unsere Füße auf den Weg des Friedens" richte.

In Lk 2,21 folgt Lukas dem Duktus der Erzählung von der Geburt des Johannes (vgl. 1,59) und berichtet von der **Beschneidung und Namensgebung Jesu (2,21-39)**. Die Verheißung des Engels an Maria (vgl. 1,31) ist nun erfüllt worden[91]. Obwohl die Namensgebung Jesu nur kurz berichtet wird, überbietet die Geschichte Jesu dennoch auch hier die des Täufers, weil nun im Anschluß an die Erwähnung der Namensgebung die Ereignisse im Tempel berichtet werden (vgl. 2,22ff), zu denen wiederum bei Johannes jedes Äquivalent fehlt.

Lukas betont in Lk 2,22-39 mehrfach, daß alles nach dem Gesetz geschehe (vgl. 2,22.23.27.39), er möchte also nach wie vor die Kindheitserzählungen Jesu deutlich als Erfüllung der Schrift erweisen. Statt der apostolischen Zeugen, die von der Taufe des Johannes an bis zur Auferstehung Jesu dabei waren (vgl. Apg 1,21f)[92], sind es nun das Gesetz und geisterfüllte Propheten, die die Ereignisse als Erfüllungen der Verheißungen bezeugen[93].

[90] HAHN, Hoheitstitel, 271f, zeigt, daß Lukas der Geburtsgeschichte Jesu durch diese „gewichtigen" Titel einen deutlich christologischen Sinn gibt.
[91] Vgl. FITZMYER, Gospel I, 419.
[92] Zu den „apostolischen Zeugen" des Lukas und den „Zeugen" in Lk 1f vgl. Apg 1,2 und dazu oben unter 1.1, S.8.
[93] Vgl. den Gebrauch von „Gesetz und Propheten" in Lk 16,16 und 24,27.

Die bestbezeugte Lesart in V.22 ist αἱ ἡμέραι τοῦ καθαρισμοῦ αὐτῶν. Dies überrascht, da eigentlich nur Maria und nicht Jesus der Reinigung bedurfte (vgl. Lev 12), und störte wohl auch einige Texttradenten, die das αὐτῶν dann in αὐτοῦ oder αὐτῆς veränderten oder es ganz wegließen. Verständlich wird diese Andeutung einer Reinigung Jesu erneut durch den Vergleich mit Johannes. Bei Johannes hatte es geheißen, er werde weder Wein noch starkes Getränk trinken und von Mutterleib an mit heiligem Geist erfüllt sein (vgl. Lk 1,15). Dies war als Andeutung auf ein Nasiräat des Täufers gedeutet worden[94]. Die Bestimmungen zum Nasiräat finden sich in Num 6. Dort heißt es, daß der Gottgeweihte dem HERRN heilig sei (vgl. Num 6,8) und am 8. Tag (!) nach dem Ablauf des Gelübdes durch das Opfer von zwei Tauben (!) an der Stiftshütte seine Reinigung (!) vollziehen soll (vgl. Num 6,9-11). Ähnlich wie Lukas in Lk 1,15 ein Nasiräat des Johannes erahnen läßt, deutet er auch in Lk 2,22-24 ein solches für Jesus an[95].

Das **Nunc dimittis (2,25-32)** hat einen ähnlichen Ort und eine ähnliche Funktion wie der Lobgesang des Priesters Zacharias[96]. Beide werden im Anschluß an den Bericht von der Geburt des verheißenen Kindes angestimmt. Simeon übernimmt hier also die erzählerische Rolle des Zacharias. Mehr noch als dieser zeichnet er sich durch besondere Frömmigkeit aus und wie dieser wirkt er am Tempel. So wie Zacharias sein Kind in den Armen gehalten haben mag, als er sein Loblied sang, nimmt auch Simeon Jesus auf die Arme und lobt Gott für das Licht aus der Höhe. Es könnte mit dieser erzählerischen Funktion des Simeon zusammenhängen, daß Joseph in Lk 2,20-52 kein einziges Mal namentlich erwähnt wird.

Simeon bezeichnet sich als Sklaven seines Gebieters (V.29). Dies erinnert an die Selbstbezeichnung der Maria in Lk 1,38 und im Magnifikat (vgl. 1,48a)[97]. Die „Entlassung" des Sklaven in Frieden erinnert an das Motiv des Wandelns in Frieden derjenigen, die im Todesschatten sitzen, im Benediktus (vgl. 1,79). Ebenso hat das von Gott bereitete Licht[98], das die Menschen erleuchten soll, dort seine Parallele (vgl. 1,78f). Schließlich entspricht dort die Erkenntnis des „Heils" (σωτη-

---

[94] Vgl. dazu in dieser Arbeit unter 1.2.1 (*Ankündigung der Geburten*), dort zu Lk 1,15b, S.16.

[95] Vgl. auch BOVON, Evangelium I, 138.140.

[96] Vgl. STEGEMANN, Licht, 87, der es als „Gegenstück zum ‚Benedictus' " bezeichnet.

[97] Vgl. KOET, Simeons Worte, 1552.

[98] Zur Bedeutung der Metapher φῶς εἰς ἀποκάλυψιν ἐθνῶν (V.32) bei Lukas vgl. die Untersuchung STEGEMANNS: ‚*Licht der Völker' bei Lukas.*

ρίας), die Gottes Volk gegeben werden soll (vgl. 1,77), hier dem von Gott geschenkten Sehen des „Heils" (σωτήριον), das die Erleuchtung der Völker bewirkt.

Auch Hanna hat ähnlich besondere Qualifikationen wie Simeon. Sie ist fromm und alt. Letzteres wird mit den gleichen Worten wie bei Elisabeth beschrieben[99]. Auch ihre Verbindung zum Tempel (V.37b) mag eine Parallele zu der aaronitischen Priestersfrau Elisabeth sein. Und wie später die Jünger des Johannes zeichnet sie sich durch beständiges Fasten und Beten aus (vgl. Lk 5,33; 11,1).

Hanna nimmt das Auftreten Simeons zum Anlaß, Gott zu loben und zu all denen zu sprechen, „die auf die Erlösung Jerusalems warteten" (2,38). Der Kontext legt nahe, daß sie dies tut, weil sie Jesus als „Erlöser" Jerusalems erkannt hatte. Durch die Verwendung des Nomens λύτρωσις (V.38) greift Lukas dabei erneut auf ein Motiv des Benediktus zurück (vgl. 1,68) und macht dadurch deutlich, daß sich die auch in Täuferkreisen anzutreffende Hoffnung auf eine „Befreiung" Israels durch das kommende Heil Gottes (vgl. 1,68f.76f) in Jesus erfüllt hat[100]. Simeon und Hanna könnten Repräsentanten einer jüdischen Gruppe gewesen sein, die auf den „Messias Gottes" (2,26), den „Trost Israels" (2,15) und die endzeitliche „Erlösung Jerusalems" (2,38) warteten und zu der auch Zacharias gehört haben könnte[101]. Sie wird für die Predigt Johannes des Täufers ebenso empfänglich gewesen sein wie für die christliche Botschaft. Vielleicht möchte Lukas besonders Vertreter dieser Gruppe für sein Evangelium gewinnen, wenn er so viel Wert auf die Bezeugung der Messianität Jesu durch Simeon und Hanna legt. Indem er von dem Auftreten der beiden anläßlich der Darstellung Jesu im Tempel berichtet, nimmt er vorweg, daß sich die mit dem Auftreten des Täufers verbundene Verheißung Jesajas: „Alles Fleisch wird das Heil Gottes sehen" (Lk 3,6; Jes 40,5) in Christus schon erfüllt hat.

Auch in der die Kindheitsgeschichten abschließenden Erzählung vom **Heranwachsen Jesu (2,40-52)** zeigt sich die überbietende Parallelität zu Johannes dem Täufer. Während bei Johannes das Wachsen und Erstarken nur einmal berichtet wird, erscheint es bei Jesus als Dublette, mit der Lukas die Episode vom zwölfjährigen Jesu im Tempel redaktionell umrahmt (vgl. Lk 2,40 u.52).

---

[99] Vgl. Lk 2,36: ... αὕτη προβεβηκυῖα ἐν ἡμέραις πολλαῖς mit 1,7: ... προβεβηκότες ἐν ταῖς ἡμέραις αὐτῶν ἦσαν.

[100] Vgl. STEGEMANN, Licht, 92, der vermutet, daß Lukas hier christologische und soteriologische Aussagen über Jesus als Messias mit den eher politischen Heilserwartungen, die λύτρωσις implizierte, verbindet.

[101] Vgl. BUSSE, „Evangelium", 173f.

Lk 2,40a ist ein wörtliches Zitat von Lk 1,80a. Ein mit dem Aufenthalt des Täufers in der Wüste (vgl. 1,80b) vergleichbarer Bericht über Jesus folgt erst in Lk 4,1-13. Dieweil Johannes *nur* geistlich erstarkt (1,80), werden bei Jesus ausdrücklich noch Weisheit und Gnade bei Gott und Menschen genannt. Lukas interpretiert dadurch das „Gestärktwerden im Geist" des Täufers und überbietet es um ein Vielfaches. Sollte es in Kreisen der Täuferanhänger eine Tradition von seiner Weisheit gegeben haben, dann wäre auch hier - ähnlich wie bei dem Erfülltsein des Johannes mit heiligem Geist - zu beobachten, daß Lukas bestimmte Prädikationen des Täufers zwar nicht leugnet, aber sie stark relativiert und in einem sehr viel höheren Maß Jesus zuschreibt[102].

Die Kindheitserzählungen beginnen mit dem zweifelnden und ungläubigen Auftreten des Vaters des Johannes im Tempel, und sie enden mit dem verständigen und auf die göttliche Herkunft verweisenden Auftreten des zwölfjährigen Jesus im Tempel. Der Bericht über Johannes endet bei Lukas mit der Notiz über das Heranwachsen des Täufers in der Wüste. Die Schilderung des Heranwachsens Jesu überbietet diese Notiz insofern, als sein geistliches Erstarken durch die Episode im Tempel auch noch augenscheinlich illustriert wird.

Das Motiv der zweimaligen „Umkehr" (ὑποστρέφειν) der Eltern (vgl. 2,43.45; anders V.51a!) ist sicher keine stilistische Ungeschicklichkeit des Lukas, sondern es besitzt theologische Relevanz[103]. Wahre Umkehr ist eben nicht Abkehr von Jerusalem, sondern Hinwendung zu dem, der als Sohn dort Hausrecht hat.

Sollte dies nicht zuviel in das Umkehrmotiv hineingedeutet sein, dann hieße das, daß Lukas hier eine apologetische Spitze gegen eine theologische Partei richten könnte, die die Abkehr vom Tempel und Jerusalem forderte. Bei der Gruppe in Qumran, die theologisch mit dem „Umkehrprediger" Johannes verwandt war, war dies - wenn auch nur bedingt - der Fall. Sollte die tempelkritische Haltung der Gemeinschaft in Qumran[104] in Täuferkreisen geteilt worden sein, könnte sich die positive Bewertung des Tempels in Lk 2 auch gegen mögliche Anhänger des Täufers richten[105].

---

[102] Zur Weisheit von Johannes und Jesus vgl. auch unter 4.4 (*Weisheit*), S.147-157.

[103] Vgl. zu ὑποστρέφειν unter 3.1 (*Zum lukanischen Sprachgebrauch*), S.97.

[104] Vgl. CD VI,11-16; 1 QM II,3-6 und zur Sache sehr differenziert MAIER / SCHUBERT, Qumran-Essener, 52f, und STEGEMANN, Essener, 244f.

[105] Zum Motiv des Tempels vgl. in dieser Arbeit unter 5.2 (*Das Reinigen der Tenne*), S.170-172.

Ein weiteres Motiv steht in Verbindung mit Johannes dem Täufer. Verwandte und Bekannte können Maria und Josef auf ihrer Suche nicht weiterhelfen, auch sie gehen in die verkehrte Richtung (V,44f). Dies erinnert an die Nachbarn und Verwandten in Lk 1,58.61.65, die sich zwar über die Geburt des Johannes freuten, aber unverständig (1,61) und furchtsam (1,65) blieben.

Fazit: Lukas verwendet in seiner Erzählung von der Geburt des Johannes und Jesu hymnische Texte, die aus dem theologischen Umfeld Qumrans und des Täufers stammen. Alle messianischen Erwartungen, alle Heilsverheißungen und den Wunsch nach Frieden sieht Lukas mit der Geburt des Heilands in Erfüllung gegangen. Da das Heil, der Friede und die Messianität Jesu aber ganz anders aussahen, als etwa die Anhänger des Täufers und wahrscheinlich auch die Kreise, aus denen diese Hymnen ursprünglich stammten, erwarteten, mußte Lukas sozusagen ein theologisches Programm entwerfen, um deutlich zu machen, was er darunter verstand. Dabei wird Johannes der Täufer schon pränatal als Kronzeuge der lukanischen Theologie vereinnahmt, und seine und Jesu Geburtsgeschichten werden gleichermaßen zu den Prolegomena der Theologie des Lukas[106]. Die theologischen Motive, die hier begegnen, werden im gesamten Doppelwerk entfaltet: die Erwählung und Erhöhung des Niedrigen, die Barmherzigkeit Gottes, das Erfülltsein mit heiligem Geist, der Friede unter den Menschen, die Messianität Jesu, seine davidische Königsherrschaft und das Reich Gottes und immer wieder das Verhältnis von Jesus und Johannes.

Die nachgewiesene motivliche und sprachliche Verwandtschaft des Nunc dimittis mit den übrigen lyrischen Texten in Lk 1f macht wahrscheinlich, daß es aus dem gleichen theologischen Umfeld, vielleicht auch aus derselben Quelle stammt. Die Erzählung von Simeon und Hanna könnte unabhängig davon berichtet worden sein und erst von Lukas mit dem Nunc dimittis verbunden und ebenso wie das Benediktus und das Magnifikat in einen jesuanischen Kontext gestellt worden sein. Die Erzählungen um die Geburt von Johannes und Jesus sind jedoch so kunstvoll gestaltet und miteinander verwoben, daß es mir unmöglich erscheint, die Traditionsstufen sicher voneinander zu trennen und einzelne Texte, Verse oder Wörter verbindlich einer Traditionsstufe zuzuordnen. Dennoch läßt sich die literarische Absicht des Lukas

---

[106] Vgl. BUSSE, „Evangelium", der bei seiner Untersuchung der Funktion der Vorgeschichte Lk 1f für das lukanische Doppelwerk zu dem Ergebnis kommt: „Sie enthält das theologische Programm des Autors in einem dazu passenden Gewand erzählerischer haute couture." (a.a.O. 177).

feststellen: Er greift Motive aus den Kindheitserzählungen des Täufers auf, um aufzuweisen, daß Jesus der Messias und die Erfüllung der schon dort angesprochenen Heilsverheißungen Gottes ist.

Die Erzählung vom zwölfjährigen Jesus im Tempel faßt wesentliche Anliegen der lukanischen Kindheitsgeschichte zusammen. Jesus überbietet Johannes in jeder Beziehung. Er ist in besonderem Maß Träger der Gnade und des Geistes Gottes. Dies zeigt sich in seinem machtvollen Wort und an seiner Weisheit. Als Sohn Gottes ist er der „Stärkere", den Johannes ankündigen wird (vgl. Lk 3,16.21f).

1.2.4 Ergebnisse

Lukas ist in seinem Bericht über die Kindheit Jesu literarisch von älteren Texten über die Kindheit des Täufers abhängig. Die Erzählungen dienen ihm dazu, die Überordnung Jesu über Johannes und die Funktion des Johannes als Ankündiger Jesu herauszustellen[107].

Wahrscheinlich hat Lukas fast alle lyrischen Texte der Kindheitserzählungen aus Quellen übernommen und weitgehend unverändert wiedergegeben. Dies gilt für die erste Engelrede in Lk 1,13-17, der die zweite in Lk 1,31-33 wohl nachgestaltet sein dürfte, es gilt für das Magnifikat (1,46-55), für das Benediktus (1,68-79) und das Nunc dimittis (2,29-32.34b-35). Alle diese Texte haben gemeinsame sprachliche Merkmale und sind inhaltlich verwandt. Darüber hinaus zeigen sie eine deutliche sprachliche und theologische Nähe zu den Texten aus Qumran. Es ist denkbar, daß Lukas sie aus einer in Anhängerkreisen des Täufers überlieferten Quelle übernommen und sie durch behutsame redaktionelle Änderungen und durch die Anordnung in der in seinen Augen richtigen Reihenfolge auf Jesus uminterpretiert hat[108]. Vielleicht „sang" vorher Elisabeth das Magnifikat, und Johannes wurde als eschatologische Rettergestalt angekündigt. Die „Täuferquelle" könnte in den messianischen Psalmen und hymnischen Texten teilweise auf frühere, aramäische Überlieferungen zurückgegriffen haben[109].

---

[107] Hier sei noch einmal ausdrücklich auf die Untersuchung von KAUT „*Befreier und befreites Volk*" verwiesen, der bei seiner Kompositionsanalyse von Lk 1,5-2,52 zu einem ähnlichen Ergebnis kommt (vgl. a.a.O. 170); vgl. auch LAURENTIN, Struktur, 50 u.ö..

[108] Vgl. VIELHAUER, Benedictus, 272, zur lukanischen Redaktion: „Seine literarische Technik der Quellenbenutzung ist ein Spiegel seiner Theologie."

[109] Zur Rekonstruktion dieser „Täuferquelle" vgl. DÖMER, Heil, 19-21.

Es ist schon häufig auf die Nähe der Predigt und Tätigkeit des Täufers zu der Gemeinschaft in Qumran hingewiesen worden[110]. Im Zusammenhang mit unserer Analyse der Kindheitsgeschichte des Täufers fielen mehrfach sprachliche und inhaltliche Parallelen zwischen den Psalmen aus Qumran und den Psalmen und Verheißungen in Lk 1 auf. Aber auch die Nähe etwa des Magnifikats zur pharisäischen Theologie der Psalmen Salomos war nicht zu übersehen. Wie ist das zu erklären? Lukas wird wohl kaum die Texte aus Qumran gekannt haben, dafür gehen die Entsprechungen nicht weit genug. Die einfachste und wegen ihrer Plausibilität schon wieder irritierende Erklärung bietet der Text selber. Wenn Johannes in der Wüste Judas heranwuchs und am Jordan taufte (vgl. Lk 1,80; 3,3), war ein theologischer Kontakt zu der Gemeinschaft in Qumran kaum zu vermeiden, zumal davon auszugehen ist, daß diese durchaus eine Ausstrahlung in das umliegende Israel besaß. Die Gruppe in Qumran war wie die Essener insgesamt und die Pharisäer aus der Frömmigkeitsbewegung der Chassidim hervorgegangen[111]. Es ist also durchaus wahrscheinlich, daß sich einzelne Elemente und Motive chassidischer Frömmigkeit und essenischer Theologie, auch in dem widerspiegelten, was Johannes der Täufer predigte und in dem, was seine Anhänger überlieferten. Wenn im Lukasevangelium also Anklänge an Qumrantexte erscheinen, könnten diese der Auseinandersetzung mit Kreisen entwachsen sein, die Johannes dem Täufer anhingen[112].

Johannes der Täufer hat getauft. Dies ist die historisch sicher am wenigsten zu bezweifelnde Tatsache aus dem Leben des Johannes. Deshalb überrascht es um so mehr, daß in der ganzen Kindheitsgeschichte nicht der geringste Hinweis auf die *Tauftätigkeit* des Johannes zu finden ist. Auch die Bemerkung über die Sündenvergebung im Benediktus Lk 1,77b scheint eher auf die Predigt als auf die Taufe des Johannes anzuspielen. Offensichtlich war es ein Anliegen des Lukas, Johannes über seine Funktion als Ankündiger und Wegbereiter Jesu hinaus möglichst wenig weitere eigenständige Funktionen zuzubilligen. Alles was Lukas in den Kindheitsgeschichten von Johannes berichtet, berichtet er nur, um dem gegenüber Jesus größer, gesegneter, verstän-

---

[110] Vgl. u.a. BURGMANN, Gemeinden, 385-411; REICKE, Baptisten; BROWNLEE, John.

[111] Vgl. MAIER / SCHUBERT, Qumran-Essener, 37f, und STEGEMANN, Essener, 198-226; STEMBERGER, Pharisäer, 92-96, führt allerdings erhebliche Einwände gegen die „Hasidäer-These".

[112] An dieser Stelle sei bereits auf die gründliche Untersuchung von BACKHAUS zu diesem Thema verwiesen, vgl. DERS., „Jüngerkreise".

diger und „messianischer" erscheinen zu lassen. Die Funktionalisierung des Täufers auf Jesus hin ist ein Grundmovens der lukanischen
Theologie.

Hierfür spricht auch ein weiteres Indiz, das auf eine Auseinandersetzung des Lukas mit einem Pattern hinweist, das ebenfalls in Qumran
begegnet. Sowohl in den Texten Qumrans als auch im Testament der
zwölf Patriarchen gibt es nämlich die Vorstellung von den beiden Messiassen aus Aaron und Israel[113]. So unterschiedlich das Bild im einzelnen gewesen sein mag, so ist die Erwartung eines priesterlichen Messias aus dem Stamm Aarons und eines königlichen Messias aus Israel
doch gut belegt (vgl. 1 QS IX,11; 1 QSa II,11-14; 4 QFlor I,10-13; CD
XII,23f u. XIII,1; XIX,10f; XX,1). Bedenkt man nun, daß in Lk 1 Johannes als aaronitischer Priester geboren wird und daß für Jesus der
Thron Davids und die Herrschaft über das Reich seines Vaters verheißen wird, liegt die Vermutung nahe, daß in bestimmten Kreisen sowohl
Johannes als auch Jesus messianische Attribute zugeschrieben wurden,
die dem Pattern von den beiden Messiassen entsprachen. Mt 17,10-13;
Lk 7,18-27; 9,18-20 und Joh 1,20; 3,22-28 belegen dies zwar nicht,
könnten aber als Hinweise auf eine messianische Verehrung des Täufers interpretiert werden. Auch das Magnifikat, sofern es ursprünglich
Elisabeth zuzuordnen ist, und das Benediktus des Zacharias ließen ja
noch auf Jesus uminterpretierte messianische Prädikationen des Täufers erkennen.

Es wäre also denkbar, daß Lukas sich durch die Kindheitsgeschichten mit Kreisen im Umfeld seiner Gemeinde auseinandersetzt, die nicht
die Messianität Jesu leugneten, aber in einem gleichen oder auch stär-
kerem Maß den Täufer als messianische Heilsgestalt ansahen. Dies
könnte dann einer der Gründe sein, warum Lukas Jesus schon in den
ersten beiden Kapiteln mit so vielen messianischen Prädikationen aus-
stattet. Und es würde erklären, warum Jesus im Benediktus zum aufgehenden Licht (?) aus der Höhe wird (vgl. Num 24,15ff und Lk 1,78)
und im Tempel „zu Hause" ist (vgl. 2 Sam 7,11-14 und Lk 2,46-49).
Er zieht eben auch die priesterlich messianischen Prädikationen auf
sich. Lukas beschreibt Johannes und Jesus aber nicht getrennt voneinander, als je priesterlichen und königlichen Gesalbten, sondern versucht, beide Linien in Jesus zusammenzuführen. Da im Evangelium
mehrfach betont wird, daß Johannes kein Messias, sondern nur dessen
Bote und Ankündiger ist (vgl. Lk 1,76; 3,15; 7,24-28; 9,18-20), scheint

---

[113] Vgl. hierzu KLINGHARDT, Gesetz, 71-77, SCHUBERT, Messiaslehre, BROWN-
LEE, Motifs, BERGER, Messiastraditionen, und in dieser Arbeit, S.215-228.

diese Deutung nicht allzu abwegig. Immerhin beschreibt Lukas in Apg 18f eine Gemeinde, die „gläubig" geworden ist, von Johannes und Jesus gehört hat und *nur* die Taufe des Johannes, nicht aber die Taufe auf den Namen Jesu, empfangen hat. Eine Verehrung des Täufers ohne die rechte „geistliche" Einstellung zu Jesus war also ein ekklesiologisches Phänomen, das Lukas kannte[114]. Der fast polemische Charakter der Episode vom Treffen der beiden Mütter wird so verständlich.

Lukas möchte Menschen dafür gewinnen, an Jesus als den einen Heiland und Messias Gottes zu glauben. Dafür nimmt er Überlieferungen aus Kreisen auf, die er gewinnen möchte, und belegt mit ihnen, daß Johannes selbst „von Anfang an" auf Jesus als den Christus hingewiesen hat. Es zeigt sich erneut, wie durchdacht die Worte des Prologs sind: „Viele", das heißt auch die „vielen", die sich über die Geburt des Täufers gefreut haben (vgl. Lk 1,14), haben es schon versucht, davon zu berichten, was sich als Erfüllung der göttlichen Verheißungen ereignet hat. Deshalb war es notwendig, daß Lukas nun die Dinge in die richtige theologische Reihenfolge brachte, um für die Gemeinde den sicheren Grund der Heilsworte Gottes zu legen. Johannes soll von Anfang nicht als Konkurrent, sondern nur als Wegbereiter Christi erscheinen[115].

In der Auseinandersetzung mit Kreisen, die Johannes den Täufer favorisierten, entwickelt Lukas das Profil seiner Theologie. Dies läßt sich bereits an den theologischen Motiven zeigen, die in den ersten beiden Kapiteln des Lukasevangeliums begegnen.

Christologische Motive: Johannes soll „Prophet des Höchsten" (Lk 1,76), und Jesus „Sohn des Höchsten" genannt werden (1,32). Diese Einschätzung des Täufers als Prophet scheint sich in Lk 7,26 („Er ist mehr als ein Prophet.") zu bestätigen. Doch nennt Jesus, der vorher selbst als „großer Prophet" betitelt worden war (7,16; vgl. Dtn 18,15.18), den Kleineren im Himmelreich größer als Johannes (Lk 7,28) und beweist in der folgenden Perikope (7,36-50: Salbung [!]

---

[114] Obwohl ich SCHWEIZERS These, daß Lukas in Apg 18,24-19,7 auf eine schriftliche Quelle zurückgreift, nicht teile (vgl. SCHWEIZER, Bekehrung, 76f, der dort nur den „ungewohnten Gebrauch" von ὁδὸς κυρίου und ζέων πνεύματι als Argumente anführt), ist ihm m.E. darin zuzustimmen, daß Lukas mit dem Bericht von den Johannesjüngern in Ephesus von Menschen erzählt, die sich „im Übergangsstadium zwischen Judentum und Christentum" (a.a.O. 79) befinden.

[115] Vgl. CONZELMANN, Mitte, 16-21, bes. Anm. 2 auf S. 16, wo er andeutet, daß seine Deutung der Funktion des Täufers für Lukas trotz Lk 1,17.76 auch auf die lukanischen Kindheitsgeschichten zutreffen könnte.

durch die Sünderin) *seine* prophetischen Qualitäten (vgl. 7,39)[116].

Die messianischen Bezeichnungen „Horn des Heils" (1,69), „Prophet" oder „Sohn des Höchsten" (1,32.76), „Aufgang aus der Höhe" (1,78), die Herkunft aus Juda (1,39; vgl. Gen 49,10) und die über ihn verheißene Freude (Lk 1,14; vgl. Jes 9,2) werden in Täuferkreisen als messianische Prädikationen auf Johannes bezogen worden sein. Bei Lukas erhält jedoch allein Jesus die messianischen Auszeichnungen: Er ist in Bethlehem geboren (Lk 2,1ff; vgl. 1 Sam 16,1; Mi 5,1), stammt aus dem Haus Davids (Lk 1,27; 2,4.11; vgl. u.a. 2 Sam 7,11-16; Jes 9,6) *und* wohl auch Aarons (vgl. Lk 1,5.36); er wird auf dem Thron Davids über das Haus Jakob in Ewigkeit herrschen (1,32f; vgl. Ps 110,1); er ist der Sohn Gottes (Lk 1,32; 2,49; vgl. Ps 2,7; 2 Sam 7,14), Horn des Heils (Lk 1,70) und Aufgang aus der Höhe (1,78; vgl. Num 24,17; Jes 49,6; Mal 3,20); er bringt den eschatologischen Frieden (Lk 1,79b; 2,14; vgl. Jes 9,5f; 11,6-9; Mi 5,4; Sach 9,10) für die, die in Finsternis und Todesschatten sitzen (Lk 1,79a; vgl. Jes 8,23 / 9,1); er ist der Heiland und Christus (Lk 2,11.30), der in ärmlichen Verhältnissen zur Welt und nach Jerusalem kommt (2,22-24; vgl. Sach 9,9); er ist der Trost Israels (Lk 2,25; vgl. Jes 40,1f), Licht der Heiden (Lk 2,32; vgl. Jes 49,6) und die Erlösung Jerusalems (Lk 2,38; vgl. Sach 9,9); er ist im Tempel zu Hause (Lk 2,49; vgl. 2 Sam 7,11-13) und voller Gnade, Verstand und Weisheit (Lk 2,40-52; vgl. Jes 11,2). Eigentlich „fehlt" in Lukas 1-2 nur noch der messianische Titel „Menschensohn" aus Dan 7,13. Doch behält Lukas diesen Titel Jesus als Selbstbezeichnung vor, und „Horn des Heils" (Lk 1,70) und „Sohn des Höchsten" (1,32) lassen durchaus Assoziationen zu der Menschensohnvision in Dan 7 zu[117].

Soteriologische Motive: Ein soteriologisches Motiv ist die Geburt Jesu in relativ bescheidenen Verhältnissen. Die Erwählung und Erhöhung des Niedrigen zeigte sich bereits in der Begegnung des Engels mit Maria und im Magnifikat[118]. Die Geburt Jesu nimmt vorweg, was er später lebt und verkündigt. Gott steht auf der Seite der Niedrigen, das können reiche Zöllner ebenso sein wie arme Bettler oder verachtete Frauen. Indem Lukas die Geburtsgeschichte Jesu in der vorliegenden Weise präsentiert, verdeutlicht er das Heilshandeln Gottes in

---

[116] Vgl. in dieser Arbeit 7.2 (*Johannes und Jesus als Propheten*), S.243-261.

[117] Vgl. dort das Bild vom „Horn" und die Gottesbezeichnung „Höchster".

[118] Vgl. auch GLÖCKNER, Verkündigung, 48-51, der zeigt, daß das Heilshandeln Gottes in den hymnischen Texten der Kindheitsgeschichten „innerhalb der Spannungspole Erniedrigung und Erhöhung" (a.a.O.51) erscheint.

Christus, das die Maßstäbe dieser Welt umkehrt. Das zeigt sich auch in den Aussagen über die „Größe" des Johannes, mit der sich Lukas mehrfach auseinandersetzt, indem er sie durch Jesu Verkündigung des Gottesreiches relativiert[119].

Pneumatologische und ekklesiologische Motive: Der heilige Geist hat schon in den Kindheitsgeschichten die Funktion, die göttliche Herkunft Jesu zu erweisen. Während die schöpferische Kraft des göttlichen Geistes zum Wesen Jesu gehört (vgl. Lk 1,35; 3,22), befähigt die prophetische Kraft des Geistes die Menschen, den Heiland zu verheißen und zu erkennen (1,41f. 67ff; 2,25-35)[120]. Auch Johannes dem Täufer wird wohl nur der prophetische Aspekt des Geistes „zugebilligt", denn während ihm in Lk 1,15 noch ganz allgemein das Erfülltsein mit heiligem Geist verheißen wird, wird dies in Lk 1,17 dann als Geist Elias, um das Volk für den Herrn vorzubereiten, spezifiziert. Für Lukas ist Geistbesitz, der über prophetische Gaben hinausgeht[121] und Kraft und Weisheit schenkt, ausschließlich durch die Gnade Gottes möglich, die sich in Leben und Lehre Christi zeigt (vgl. 2,40-52). Diese dynamische Kraft des Geistes manifestiert sich aber nicht in der Taufe des Johannes, sondern in der Taufe mit heiligem Geist auf den Namen Christi. Die Ausgießung des heiligen Geistes ist das Kriterium, das Christen von Täuferanhängern unterscheidet (Apg 1,5; 18,24-19,7).

Das substantivisch gebrauchte πολλοί in Lk 1-2 hatte die Vermutung nahegelegt, daß Lukas hier eine konkrete Gruppe im Umfeld seiner Gemeinde meint[122]. Es könnte eine Gruppe sein, die sich besonders über die Geburt des Johannes freute (vgl. 1,14.58) und *seine* Geschichte vom Anfang an überlieferte (vgl. 1,1f). An der Frage, ob diese „Vielen" Jesus Christus als Heiland anerkennen, entscheidet sich für Lukas, ob sie fallen oder „auferstehen" werden (vgl. 2,34f). Wenn diese Gruppe Johannes den Täufer verehrte und zumindest ein Teil von ihr Jesus ablehnte, so wird verständlich, warum Lukas Jesus so pronociert von Johannes abgrenzt, ohne allzu scharf gegen diesen zu polemisieren. Lukas möchte diese Leute für Jesu Botschaft gewinnen. Immerhin beschreibt er in Apg 18f geradezu paradigmatisch, wie An-

---

[119] Vgl. Lk 1,15a.32; 7,28; 16,15f und oben unter 1.2.1 zu V.15a, S.15f.
[120] Vgl. VON BAER, Geist, 43-45; TATUM, Zeit, 322-324.
[121] Der prophetische Geist muß für Lukas keineswegs immer „heilig" sein. Auch böse Geister erkennen Christus (vgl. Lk 4,33f.41; Apg 16,16-22).
[122] Vgl. oben unter 1.2.1, dort zu V.14 (S.14f).

hänger des Täufers zur christlichen Gemeinde hinzugewonnen werden. Der heilige Geist ist dabei das entscheidende Kriterium.

Ein weiteres ekklesiologisches Motiv des Lukas ist die christliche „Okkupation" des Jerusalemer Tempels, die sich bereits in Lk 1f andeutet und möglicherweise ihren Grund nicht in historischen Gegebenheiten, sondern in einer Frontstellung gegen tempelkritische Kreise im Umfeld der lukanischen Gemeinde hatte. Möglicherweise wollte Lukas diese Kreise dadurch gewinnen, daß er in seinem Werk aufzeigt, wie Jesus den Tempel wieder seiner eigentlichen Bedeutung zuführt.

Hanna und Simeon, aber auch Josef von Arimathäa könnten Repräsentanten all jener jüdischen Gruppen sein, die auf das „Reich Gottes" (vgl. 23,50f) und den „Trost Israels" (vgl. 2,15) warteten[123]. Indem Lukas diese Persönlichkeiten für Jesus Stellung beziehen läßt, macht er Werbung für seine „Sache", das Evangelium Christi vom Reich Gottes.

Fazit: Lukas hat die Kindheitsgeschichte Jesu in großen Teilen in Abgrenzung von Johannes dem Täufer verfaßt. Er wird dabei eine Quelle verwendet haben, die aus Täuferkreisen stammte und theologisch mit den Lehren der Gruppe in Qumran verwandt war. Die Erzählungen in Lk 1-2 sind jedoch literarisch so gekonnt miteinander verwoben, daß eine Entflechtung der Überlieferungsstränge nur noch andeutungsweise und hypothetisch möglich ist.

Lukas wird in den Kindheitsgeschichten seinem eigenen Anliegen, die Dinge in der richtigen Ordnung von Anfang an zu berichten, in hohem Maße gerecht. Doch bedeutet für ihn „richtige Ordnung" nicht historische Genauigkeit, sondern die rechte theologische Gewichtung der Ereignisse. Die theologischen Themen der Kindheitsgeschichten sind nicht isoliert zu betrachten. Mit allen wesentlichen Punkten setzt Lukas sich auch in seinem übrigen Werk auseinander, und hier wie dort entwickelt er sein theologisches Profil in Abgrenzung von Johannes.

Johannes der Täufer steht bei Lukas als Synonym für die Theologie von essenisch beeinflußten Kreisen, die diesen als Rettergestalt verehrten und ihm gleichsam messianische Eigenschaften zuschrieben. Menschen aus diesen Kreises hatten nun Verbindung zur lukanischen Gemeinde. Einige von ihnen werden der Botschaft von dem Heiland Jesus

---

[123] Vgl. MAIER / SCHUBERT, Qumran-Essener, 40f: „Die Masse des weder pharisäisch noch sadduzäisch eingestellten Judentums der zwischentestamentlichen Zeit war keine in sich geschlossene Einheit. Am besten werden diese - zum Teil sicher divergierenden Gruppen - mit dem neutestamentlichen Ausdruck als solche, die auf das »Reich Gottes« warten, zusammengefaßt. ... In den weiteren Bereich dieser messianisch-endzeitlichen Bewegungen gehörten auch noch der Täuferkreis ...".

Christus durchaus offen gegenüber gestanden haben, und zumindest ein Teil der frühen christlichen Gemeinde wird sich aus Täuferkreisen gebildet haben.

Lukas stellt einerseits die Rollenverteilung zwischen Jesus und Johannes klar. Jesus ist der Christus und Heiland Gottes, Johannes nur dessen Wegbereiter. Andererseits möchte er die Anhänger des Täufers für das Evangelium gewinnen, ohne dabei jedoch die theologischen Grenzen seiner Gemeinde zu verwischen. Deshalb legt er mit seinem Evangelium einen festen Grund, der den Wankenden wieder Boden unter den Füßen verschaffen soll.

1.3 Der Bericht vom Beginn der Tätigkeit des Täufers und Jesu (Lk 3-4)

In Lk 3,1-4,44 beschreibt Lukas den Beginn der öffentlichen Tätigkeit und die Predigten von Johannes und Jesus. Dabei unterteilt das ἐγένετο δὲ in 3,21, den Komplex in zwei Teile, von denen der eine von Johannes und der andere von Jesus handelt (vgl. ἐγένετο δὲ in 2,1 u. 5,1).

Die Begegnung Jesu mit dem Teufel (4,1-13), seine Antrittspredigt (4,14-30) und die exemplarische und summarische Zusammenfassung seiner Tätigkeit (4,31-44) gehören theologisch eng zusammen, denn alle drei Texte handeln von dem Wort Gottes, das durch Jesu Mund Ereignis wird. Die Gottessohnschaft Jesu (vgl. 3,22.23-38; 4,3.9b. 22.41) und das Motiv des heiligen Geistes (vgl. 3,16.22; 4,1.14.18)[124] sind weitere durchgehende theologische Themen von Lk 3,21-4,44.

In Lk 1-2 war die parallele Anordnung des Materials über Johannes und Jesus offensichtlich[125]. Sie hatte das Ziel, die Kindheit Jesu als eine der des Täufers weit überlegene herauszustellen. Da Lukas nun erneut mit Johannes beginnt und an dessen Kindheitsgeschichte anknüpft (vgl. 3,1f u. 1,80), legt sich die Frage nahe, ob sich hier nicht auch sein theologisch motiviertes, gestalterisches Prinzip wiederholt.

---

[124] Zur Bedeutung des Geistmotivs in Lk 3f vgl. VON BAER, Geist, 66-69.

[125] GRUNDMANN, Evangelium nach Lukas, 46, bezeichnet das gestalterische Prinzip des Lukas in den ersten zwei Kapiteln als „überbietende Parallelität von Johannes- und Jesusgeschichte"; FLENDER, Heil, 24-26, spricht von der „dialektischen Darstellungsweise des Lukas" (a.a.O. 14) und einer „überbietenden Zueinanderordnung" des Materials (a.a.O. 24)

Dies ist nun aber in besonderer Weise der Fall[126]. Zwar richtet Lukas sich grob nach der ihm im Markusevangelium vorgegebenen Reihenfolge, aber er ordnet das Material nach dem gleichen Schema wie in den ersten beiden Kapiteln an. Dies soll die folgende Synopse veranschaulichen. Bei dieser Gegenüberstellung fehlt der Bericht von der Taufe Jesu (3,21-22). Dieser hat bei Lukas eine doppelte Funktion. Zum einen gibt er dem Leser darüber Auskunft, wer nun wirklich der Vater Jesu ist. Insofern sind Lk 3,22 und 3,23 gemeinsam das erzählerische Pendant zu Lk 3,2, wo Johannes als Sohn des Zacharias bezeichnet wird. Zum anderen hat er die gleiche erzählerische Funktion und theologische Zielsetzung wie die Episode von dem Treffen der beiden Mütter in Lk 1,39-56[127]. Hier wie dort werden die beiden Erzählstränge sowohl zusammengeführt, als auch voneinander getrennt, und es zeigt sich die Überlegenheit Jesu gegenüber dem Täufer. Während in Lk 1,39-56 Jesus schon vor der Geburt als Herr auch von Johannes und seiner Mutter bezeugt wird, zeigt sich in der Taufe seine Gottessohnschaft und die Überlegenheit über den Täufer. Denn durch die Anwesenheit des heiligen Geistes und die „Abwesenheit" des Täufers bei *Jesu* Taufe erweist sich dieser als der von Johannes angekündigte „Stärkere" (3,16).

Die Tendenz in den lukanischen Kindheitsgeschichten, daß die Berichte über Jesus die über Johannes vielfach überbieten und auch ausführlicher sind, tritt in den Kapiteln 3 und 4 noch deutlicher hervor[128]. Mit der Bemerkung über den Aufenthalt des Täufers in der Wüste (3,2) korrespondiert die Versuchungsgeschichte Jesu (4,1-13). Dem Summarium über die Tätigkeit des Täufers (3,18) entsprechen die beiden Summarien über die Predigt Jesu in Lk 4,31f und 4,42-44 und ihre Illustration durch die beiden Episoden in Lk 3,33-41.

Selbst diese Mikrostruktur hat ihre Parallele in Lk 1-2. Dort standen dem Summarium über das Heranwachsen des Johannes (1,80) zwei Summarien über das Heranwachsen Jesu gegenüber (2,40 u. 52), die wiederum zwei ineinander verschachtelte, sie illustrierende Episoden

---

[126] Daß die kontrastierende Gegenüberstellung von Lk 3,1-20 und Lk 3,21-4,44 ein bewußtes Stilmittel des Lukas ist, zeigt auch Apg 10,37f, denn dort wird der Umkehrpredigt des Johannes die Salbung Jesu mit dem Geist Gottes und seine Befreiung der Gefangenen des Teufels entgegengesetzt.

[127] Vgl. GRUNDMANN, Evangelium nach Lukas, 46.

[128] Gegen BOVON, Evangelium I, 15, ist aber festzuhalten, daß auch in den Kindheitsgeschichten lediglich eine *überbietende* Parallelität zu beobachten ist, die sehr einseitig zugunsten Jesu gewichtet ist. Diese überbietende Parallelität tritt nun in Lk 3f nicht zurück, sondern wird noch gesteigert.

umschlossen (2,41-51). Jeweils in der einen Episode (2,46f; 4,33-37) erregt das Wort Jesu Staunen und Verwunderung, und in der anderen Episode (2,41-51; 4,38-41) erweist sich Jesus als Sohn Gottes (vgl. 2,49; 4,41). Bei der Anordnung des Erzählstoffes in den Kapiteln 3-4 verwendet Lukas also die gleiche Technik wie in Lk 1-2. Sein theologisches Anliegen, Jesus als dem Täufer weit überlegenen Christus zu erweisen, wird zum gestalterischen Prinzip von Lk 1-4.

Es gelingt Lukas hier, einen inhaltlich spannenden, durchdacht konstruierten und theologisch relevanten Bericht von dem Beginn der Tätigkeit Jesu in Abgrenzung von Johannes dem Täufer zu geben.

	Wirken des Täufers (Lk 3,1-18):	Wirken Jesu (Lk 3,23-4,44):
1. Zeit und Herkunft väterlicherseits:	3,1-2	3,23-38 (vgl. 3,22)
2. Wüstenaufenthalt:	3,2b (ἐν τῇ ἐρήμῳ)	4,1-13 (1: ἐν τῇ ἐρήμῳ)
3. Öffentliche Predigttätigkeit:	3,3 (καὶ ἦλθεν εἰς ...)	4,14-16 (16: καὶ ἦλθεν εἰς)
4. Begründung des Wirkens mit einem Jesajazitat:	3,4-6 (4: ὡς γέγραπται ἐν βίβλῳ λόγων Ἠσαΐου τοῦ προφήτου)	4,17-20 (17: ... βιβλίον τοῦ προφήτου Ἠσαΐου ... οὗ ἦν γεγραμμένον)
5. Predigt mit Rückfragen:	3,7-17 (7: ἔλεγεν)	4,21-27 (21: λέγειν)
6. Zusammenfassung der Tätigkeit:	3,18 (εὐηγγελίζετο)	4,31-44 (43: εὐαγγελίσασθαι)
7. Negative Reaktion auf die Verkündigung:	3,19-20	4,28-30 ⇩

1.3.1 Das Wirken des Johannes (3,1-20)

In Lk 1,80 hatte es geheißen, daß Johannes sich bis zum Tag seiner Einsetzung in der Wüste aufhielt. Die feierliche Wortereignisformel in Lk 3,2b nimmt darauf Bezug und beschreibt die angekündigte „Einsetzung in Israel". Vielleicht wurden in Täuferkreisen Legenden über den Aufenthalt des Täufers in der Wüste und seine Berufung, die denen der großen Propheten glich, überliefert. Das übrige Vorkommen des Begriffes ἔρημος bei Lukas gibt Aufschluß über seine Bedeutung[129]:
Die Wüste ist zum einen Aufenthaltsort des Täufers (Lk 1,80; 3,2; 3,4; 7,24). In Apg 7,2-53, der Rede des Stephanus, wird mehrfach die Wüste als Aufenthaltsort des Mose und des Volkes Israel erwähnt (Apg 7,30.36.38.42.44). Sollte Mose hier als Typos für Johannes den Täufer gebraucht werden[130], verweisen auch diese Stellen auf einen Zusammenhang zwischen dem Ort der Wüste und Johannes.

Der Begriff ἔρημος scheint bei Lukas zunächst negativ besetzt zu sein. Hier wirken der Teufel und unreine Geister (4,1-13; 8,29), die, die sich selbst für gerecht halten (vgl. Lk 15,4.7; anders Mt 18,12), Aufrührer gegen Gott (Apg 7,39-43; 13,18) und Rom (Apg 21,38) und Johannes der Täufer! Erst durch Jesus wird die Wüste bei Lukas zum positiven Heilsort. Er zieht sich zum Gebet in die Wüste zurück (Lk 4,42; 5,16; vgl. 9,10.1), besiegt die bösen Geister und ermöglicht den dort Verlorenen die Umkehr „nach Hause" (vgl. Lk 15,4-7). Es ist also nicht unwahrscheinlich, daß Lukas, ganz im Sinne seiner sonstigen Tendenz, an allen Stellen, an denen er „Wüste" im negativen Sinn gebraucht, also Lk 8,29; 9,12; 15,4; Apg 7,42; 13,18 und 21,38, Assoziationen zu Johannes und seinen Anhängern wecken möchte.

Die Bemerkung über den geographischen Wirkungsbereich des Täufers in Lk 3,3a scheint historisch zuverlässig zu sein (vgl. Mk 1,5f; Mt 3,1.5f; Joh 1,28; 3,23; 10,40ff)[131]. Doch hat die Ortsangabe εἰς πᾶσαν περίχωρον τοῦ Ἰορδάνου auch theologische Qualität. Die Beobachtung, daß Jesus bei Lukas gerade die Gegend des Jordans meidet[132], würde sehr gut in unser Konzept passen, ist an anderer Stelle aber bereits widerlegt worden[133]. Dennoch lassen sich bei dem Verhältnis Jesu zum Jordan und seiner Umgebung ähnliche Beobachtun-

---

[129] Eine Differenzierung zwischen dem singularischen und pluralischen Gebrauch von ἔρημος erscheint mir hier nicht ertragreich.

[130] Vgl zu Apg 7 ausführlicher 4.1.1.c (S.128-130) und 7.1.1.c (S.222-228).

[131] Vgl. ERNST, Johannes, 280-284 (*Kapitel 2.2. Wüste und Jordan*).

[132] Vgl. CONZELMANN, Mitte, 12-15.

[133] Vgl. WINK, John, 49-51.

gen machen wie bei dem Motiv der Wüste. Immer wenn Jesus bei
Lukas in die Gegend des Jordans kommt oder diese Gegend erwähnt,
steht dies in irgendeinem Zusammenhang mit Motiven des Täufers:

- Bei der Taufe Jesu, der sich wie „alles Volk", also auch am Jordan, taufen läßt, wird die Anwesenheit des Täufers von Lukas übergangen.

- Jesus erwähnt in seiner Antrittspredigt den heidnischen Syrer Naamann, der im Gegensatz zu allen Aussätzigen Israels rein wurde
(4,27). Naamann mußte aber ausgerechnet im *Jordan* untertauchen, um
rein zu werden (vgl. 2 Kön 5,10.14). Die Kritik an der Taufpraxis des
Täufers, der bei Lukas nur Israeliten tauft (1,16; 3,8), ist deutlich.

- Jesus zieht sich in Lk 9,10-17 nach Betsaida zurück. Dieser Ort
liegt ebenfalls am Jordan, nämlich am See Genezareth östlich der Jor-
danmündung[134]. Dort predigt Jesus vom Reich Gottes, heilt Kranke
und speist 5000 Menschen, die hungrig sind, weil es „in der Wüste"
(9,12: ἐν ἐρήμῳ τόπῳ)[135] nichts zu essen gibt. Beides, die Wüste und
der Jordan, sind für Lukas die Orte der Tätigkeit des Täufers. Deshalb
stehen die beiden Ortsangaben nicht im Widerspruch zueinander, was
einige Abschreiber wohl meinten[136], sondern ergänzen einander. Es
wird kein Zufall sein, daß gerade diese Perikope bei Lukas unmittelbar
auf die Worte des Herodes über Jesus und den Täufer folgt. Sie soll
illustrieren, daß Jesus nach dem Tod des Täufers auch Menschen aus
dessen Wirkungsbereich für sein Evangelium vom Reich Gottes gewinnt. Zudem ist die Erzählung bei Lukas von zwei Episoden, in denen
Jesus und Johannes verglichen werden, umrahmt (vgl. 9,7-9.18-20)[137].
Insofern ist ihre Bedeutung für die Auseinandersetzung der lukanischen Gemeinde mit den Anhängern des Täufers nicht zu unterschät-
zen. Es mag zwar ein wenig abenteuerlich erscheinen, das abgelegene
Betsaida zum Wirkungsbereich des Täufers zu erklären, nur weil Lukas in Lk 3,3 von der „*ganzen* Umgebung des Jordans" spricht und in
Lk 9,10.12 „Betsaida" und „Wüste" parallel zueinander gebraucht.
Doch bezeugt der Evangelist Johannes unabhängig von Lukas ausge-

---

[134] Vgl. HERTZBERG, Art.: Bethsaida.

[135] Lukas konnte den Hinweis der Jünger auf den „wüsten Ort", an dem sie sich
befanden, aus der zweiten Speisungserzählung in Mk 8,1-10 übernehmen (vgl.
ἐπ᾽ ἐρημίας in Mk 8,4); seine Lokalisierung in Betsaida scheint allerdings redaktionell zu sein.

[136] ℵ*.2 (1241) syᶜ boᵐˢˢ ergänzen in Lk 9,10 die Ortsangabe Betsaida durch ein
erläuterndes εἰς τοπον ερημον.

[137] Zu Lk 9,7-20 vgl. auch 6.1.2.a (*Das Evangelium für die Armen*), S.181-185.

rechnet Betsaida als Herkunftsort von Jüngern des Täufers, die sich Jesus anschlossen (Joh 1,35-37.40-44).

- Jesus kommt bei Lukas nur noch *ein* weiteres Mal in die Gegend des Jordans, nämlich nach Jericho (vgl. Lk 19,1-10). Und dort kehrt er, nachdem er einen Blinden, der ihn als Sohn Davids erkannte, geheilt hat, ausgerechnet bei einem Zöllner ein und bewirkt, daß dieser einen großen Teil seines Vermögens den Armen gibt. Jesus erreicht also im unmittelbaren Einflußgebiet des Täufers genau bei der Gruppe, die auch Johannes ansprach (vgl. 3,12), eine Verhaltensänderung, die ganz im Sinne des Täufers lag (vgl. 3,11.13f). Und Jesus spricht dem Zöllner zu, was auch in der Verkündigung des Täufers ein Thema war, nämlich Kind Abrahams zu sein (vgl. 19,9 u. 3,8).

Wüste und Jordan lokalisieren bei Lukas die Tätigkeit des Täufers und sind insofern negativ besetzt. Beide Orte werden jedoch von Jesus betreten und - wenn man so will - durch die Verkündigung des Gottesreiches „erobert"[138]. Jesus heilt und hilft den Menschen aus dieser Gegend und befähigt sie zur Umkehr und einem besseren Verhalten.

Eine weitere Beobachtung zu Lk 3,3 bestätigt diese Hypothese. Περίχωρος τοῦ Ἰορδάνου ist ein wörtliches Zitat aus Gen 13,10f (LXX). Dort wählt Lot die „Gegend des Jordans" als vermeintlich fruchtbareres Land. Doch übervorteilt er damit nur scheinbar seinen Bruder Abraham, denn noch in demselben Satz (Gen 13,10) wird darauf hingewiesen, daß Jahwe gerade diese Gegend, nämlich das Gebiet von Sodom und Gomorra[139], vernichten werde. Jesus wird in Lk 3,34 ausdrücklich als Sohn Abrahams bezeichnet. Auch die Versuche Abra-

---

[138] Übrigens könnte selbst die Beispielerzählung vom barmherzigen Samariter, die ja auf dem Weg von Jerusalem nach Jericho, also in der Nähe des Qumranklosters, spielt, eine „Besitzergreifung" der Verkündigung Jesu von dem geographischen und theologischen Gebiet des Täufers darstellen. Priester und Levit sind die beiden Berufe, die in Qumran eine herausgehobene Stellung besaßen (vgl. 1 QS II,11 u.ö.), und Johannes stammte aus einer Priesterfamilie. Außerdem wird der Täufer, ähnlich wie die Gemeinschaft in Qumran, strenge Reinheit nach dem Gesetz des Mose gefordert haben. Das Gesetz verbot aber beispielsweise den aaronitischen Priestern, sich durch die Berührung eines Toten zu verunreinigen (vgl. Lev 21,1). Wenn Johannes ähnlich nationalistisch gesonnen war wie die Qumranleute, mußte das vorbildlich dargestellte Verhalten des Samaritaners auch für die Anhänger des Täufers als Provokation wirken.

[139] In diesem Zusammenhang ist auf eine mögliche Erklärung des Namens „Qumran" hinzuweisen. Qumran könnte eine „arabische Verballhornung" des biblischen „Gomorras" sein (LAPIDE, Sprengstoff, 23). Dies wäre dann ein Argument dafür, daß es eine Tradition gab, Gomorra am Nord-West-Ufer des Toten Meeres zu lokalisieren, was wiederum dem besagten Wirkungsgebiet des Täufers am Jordan entspräche.

hams und Lots, die Leute Sodoms vor dem Gericht Gottes zu bewahren (vgl. Gen 18,16-33; 19,14), erinnern an Jesus und Johannes. Doch würde hier eine typologische Zuordnung von Johannes zu Lot und Jesus zu Abraham zu weit gehen. Dennoch zeigt sich in der Anspielung auf Gen 13,10f erneut die theologische Bewertung des Lukas für den Ort der Tätigkeit des Täufers.

Das Jesajazitat in Lk 3,4 steht scheinbar in einer gewissen Spannung zu V.3, wo die Jordangegend als Wirkungsgebiet des Täufers genannt wurde[140]. Doch sind Wüste *und* Jordan für Lukas - wie gezeigt werden konnte - Chiffren für den *einen* Wirkungsbereich des Täufers. Der Täufer hat bei Lukas nicht zwei Orte, an denen er auftritt, sondern einen. Theologisch gesehen bleibt er immer „in der Wüste". Deshalb kann Lukas Jesus auch die Leute, die zu Johannes gegangen waren, fragen lassen, was sie dort *in der Wüste* (!) sehen wollten (Lk 7,24); obwohl diese Begegnung doch in der Jordangegend stattfand (vgl. 3.3.7).Wie Markus und Matthäus zitiert Lukas Jes 40,3, ergänzt dann aber Jes 40,4f (Lk 3,4-6). Er übernimmt weder das in Mk 1,2 ebenfalls Jesaja zugeschriebene Maleachizitat (vgl. aber Lk 7,27) noch die Bemerkung über das Aussehen des Täufers (Mk 1,6; Mt 3,4). Es ist daher anzunehmen, daß Lukas mit beidem mögliche Assoziationen zu Elia[141] an dieser Stelle bewußt vermeiden will (vgl. 2 Kön 1,8 LXX; Mal 3,1.23), denn er kennt die Prophezeiungen Maleachis und ihre Anwendung auf den Täufer (vgl. Lk 1,17; 7,27)[142]. Außerdem fehlen gegenüber Mk 1,5f der Titel „Täufer" und die Sündenbekenntnisse der Taufwilligen. Johannes erscheint in Lk 3 nur als „Rufender" (Lk 3,4) und nicht als „Wegbereiter" des Herrn (vgl. Mk 1,2; evtl. auch Mt 3,3a), obwohl ihm letzteres in Lk 1,76b verheißen worden war. Für Lukas beschreibt das Jesajazitat hinreichend die Tätigkeit und Verkündigung des Täufers[143]. Es ordnet ihn theologisch ein, indem es seine Bedeutung auf die Funktion als Ankündiger Jesu reduziert.

Die Zöllner reden Johannes mit „Lehrer" an (3,12: διδάσκαλε). Das überrascht und spricht zugleich für die Historizität dieses Begriffs,

---

[140] Vgl. CONZELMANN, Mitte, 14.

[141] Vgl. WINK, John, 42f.

[142] CONZELMANN, Mitte, 16, vermutet daher zu Recht, daß Lukas einer Gleichsetzung von Johannes mit Elia gegenüber seinen Quellen eher streicht oder relativiert; vgl. auch das oben zu Lk 1,17a Gesagte (S.17).

[143] Jes 40,3 könnte schon in Kreisen von Täuferanhängern auf diesen angewandt worden sein. Auch in Qumran wurde Jes 40,3 zur theologischen Legitimation des Aufenthalts in der Wüste herangezogen (1 QS VIII, 12-16a; IX,19f; vgl. auch 1 QM I,2f).

da Lukas in Kapitel 3 ansonsten jeden Titel für Johannes, der ihn nicht in seiner Funktion als Ankündiger Christi beschreibt, vermeidet. Die Bezeichnung läßt an die messianische Gestalt des „Lehrers der Gerechtigkeit" in Qumran denken[144], denn wie Johannes ruft dieser zur Umkehr von den Sünden auf und lehrt die Umkehrwilligen, was sie auf ihrem Weg zu tun haben (vgl. 1 QH II,8f u.ö.; CD I,7-13)[145]. Doch auch das Motiv des Lehrers geht im Lukasevangelium auf Jesus über[146]. In Lk 10,25 fragt ein Schriftgelehrter Jesus mit fast denselben Worten wie die Zöllner: Διδάσκαλε, τί ποιήσας ζωὴν αἰώνιον κληρονομήσω; in Lk 18,18 ist es einer der Oberen: Διδάσκαλε ἀγαθέ, τί ποιήσας ζωὴν αἰώνιον κληρονομήσω. Was bei Johannes nur angedeutet wurde, nämlich die Relevanz seiner Antwort für das Heil des Einzelnen, zeigt sich schon in der Art der geänderten Fragestellung bei Jesus. Er ist der Lehrer, dessen Antworten Schlüssel zum ewigen Leben sind.

Lukas betont deutlich, daß *alle* aus dem Volk nach der Messianität Jesu fragen und daß Johannes auch *allen* antwortet (Lk 3,15f). Er ergänzt in V.16 πᾶσιν gegenüber Q (vgl. Mt 3,11) und Markus (Mk 1,7). Johannes selbst bezeugt, daß er nicht der Messias ist. Dies ist ein Beleg dafür, daß Lukas die Verehrung des Johannes als Messias kennt und sich nachdrücklich damit auseinandersetzt[147]. In Lk 3,15 wird die Frage explizit gestellt, mit der Lukas sich implizit in seinem ganzen Evangelium und der Apostelgeschichte auseinandersetzt. Und die Antwort, daß nicht Johannes, sondern Jesus der Christus sei, wird zum Motor seiner Theologie.

Adressat der Predigt des Johannes ist bei Lukas das ganze Volk Israel (vgl. Lk 3,7f.18; vgl. 1,16; Apg 13,24)[148]. Zu den soziologischen Gruppen, die ein spezifisches Verhältnis zu ihm und seiner Verkündigung gehabt haben könnten, gehörten Zöllner und Soldaten (Lk 3,12.14; 7,29) und vielleicht auch Frauen (vgl. Mt 21,31f). Alle diese

---

[144] Vgl. BECKER, Johannes, 56-62, dazu ERNST, Johannes, 298f.

[145] Zu den Parallelen zwischen Johannes und dem Lehrer der Gerechtigkeit vgl. in dieser Arbeit S.56 und S.156f.

[146] Erst in Apg 13,1 werden dann die Nachfolger Jesu „Lehrer" genannt.

[147] Vgl. RICHTER, Elias, 252: „Aus den Schriften des Lukas geht mit genügender Deutlichkeit hervor, daß sich die damalige Kirche - wenigstens in bestimmten Gebieten - gegen die Bestreitung der *Messianität des Täufers* zur Wehr setzen mußte. Die Notiz Lk 3,15 ... wird ihre Aufnahme ins Lk-Ev dem Umstand zu verdanken haben, daß sie für die zeitgeschichtliche Situation des dritten Evangelisten charakteristisch ist."

[148] Vgl. SCHNEIDER, Parusiegleichnisse, 48.

Gruppen werden auch in ihrem Verhältnis zu Jesus von Lukas besonders positiv dargestellt. Die Beobachtung, daß sich Johannes in Lk 3 an verschiedene Gruppen und an das ganze Volk Israel wendet, zeigt, daß er anders als etwa die Gruppe in Qumran keine Sekte gründete. Nach dem Tod des Täufers werden sich aber Schülerkreise, - die Evangelien berichten von Jüngern des Täufers -, die Johannes als „Lehrer" (Lk 3,12) oder „Messias" (3,15) verehrten, zusammengeschlossen haben[149].

Das Bild von dem Lösen der Sandalen (V.16) steht synekdotisch für den Sklavendienst der Fußwaschung (vgl. Apg 13,25)[150]. Es dürfte einer frühen christlichen Polemik gegen Täuferkreise entstammen. Lukas wird an dieses Wort gedacht haben, als er die Episode aufschrieb, in der eine Sünderin Jesu Füße wäscht (Lk 6,36-50); und es wird kein Zufall sein, daß diese Erzählung unmittelbar auf die Rede Jesu über den Täufer (6,24-35) folgt. Es mag dieser Gedanke sein, daß Johannes nicht würdig genug war, Jesu Füße zu waschen, der Lukas zu der Konsequenz veranlaßte, seine Beteiligung an Jesu Taufe zu verschweigen.

Während Johannes „nur" (μέν) mit Wasser tauft, wird der Kommende mit heiligem Geist und Feuer taufen. Diese Prophezeiung dürfte sich ursprünglich wohl auf das endzeitliche Gericht Gottes bezogen haben (vgl. Joel 3,1-5; 1 QS IV,20-22). Vielleicht deutet die Erwähnung des Geistes wie in Qumran die Möglichkeit der Rettung im Gericht an. Dies würde zu der warnenden Umkehrpredigt des Täufers (3,7-9) passen[151]. Natürlich könnte die Erwähnung des Geistes eine christliche Interpolation sein[152], doch hatten bereits Lk 1,15.17.80 vermuten lassen, daß Johannes in älteren Traditionsschichten mit dem Geist Gottes

---

[149] M.E. sind die Ergebnisse der Untersuchung von BACKHAUS zum heuristischen Wert der „gängigen Täuferkreis-Hypothesen" (BACKHAUS, „Jüngerkreise", 368) zutreffend. BACKHAUS unterscheidet a) zwischen den Johannesjüngern im engeren Sinne, die sich als Prophetenschule um den historischen Täufer sammelten, b) der palästinischen Täuferbewegung, aus der etwa Apollos hervorging und die der Ursprung vieler christlicher Gemeinden war (vgl. Apg 18,24-28; 19,1-7); diese Täuferbewegung sei entgegen gängiger Hypothesen nicht das Ziel urchristlicher Polemik und Mission, sondern eine historische Wurzel gewesen, an die das frühe Christentum bewußt theologisch anknüpfen konnte; und c) einer syrischen Täufergemeinde an der Wende zum zweiten Jahrhundert, für deren Existenz „der überlieferungsgeschichtliche Kern der pseudoklementinischen Johannes-Interpretation und vor allem die Schlußredaktion des vierten Evangeliums" (a.a.O. 370) eine relativ hohe Wahrscheinlichkeit.

[150] Vgl. REICKE, Verkündigung, 57f.

[151] Eine solche „versöhnliche" Tendenz der ursprünglichen Täuferpredigt betont sehr stark REISER, Gerichtspredigt, 181f.

[152] Vgl. SCHNEIDER, Evangelium I, 88.

in Verbindung gebracht wurde[153]. Immerhin läßt es die theologische Nähe zu Qumran als wahrscheinlich erscheinen, daß Johannes bei dem von ihm angekündigten Gericht zwischen der durch seine Wassertaufe symbolisch antizipierten Reinigung durch den Geist und dem Verbranntwerden durch Feuer unterschied. Lukas bezieht die Taufe mit heiligem Geist und Feuer aber auf Jesus (vgl. 3,21f) und das Pfingstereignis (vgl. Apg 2,1-4.14-21).

Während bei Markus und Matthäus auf die Rede des Täufers der Bericht von der Taufe Jesu durch Johannes folgt, fügt Lukas zunächst eine kurze Notiz über die Gefangennahme des Johannes ein (Lk 3,19f). Dramaturgisch hat dies die gleiche Funktion wie Lk 1,80, wo vom Wüstenaufenthalt des Täufers bis zu seinem Auftreten vor Israel berichtet wird. Johannes verschwindet unmittelbar vor dem „Auftritt" Jesu von der „Bildfläche" und spielt bei Jesu Taufe keine Rolle mehr.

Obwohl er die Legende vom Tod des Täufers kannte (vgl. Mk 6,14-29 u. Lk 9,9), wird Lukas sie nicht berichtet haben, weil das die von Jesus unabhängige Bedeutung des Täufers zu sehr herausgestellt hätte.

In Lk 3 wird Johannes nie mit seinem Beinamen „der Täufer" genannt, obwohl Lukas diesen Titel kennt (7,20.33; 9,19). Auch seine Tauftätigkeit wird nur vorausgesetzt, nicht aber direkt erwähnt. Seine Funktion scheint für Lukas durch das Zitat aus Jes 40,3-5 hinreichend beschrieben zu sein; er ist der „Rufende in der Wüste" (3,4), der den kommenden Christus ankündigt.

1.3.2 Die Taufe Jesu (3,21f)

Was Lukas bisher mit zahlreichen Schriftzitaten, Prophezeiungen, Verheißungen, himmlischen und irdischen Zeugen und der Verkündigung des Täufers herausgestellt hat, bezeugt im Bericht von der Taufe nun Gott selbst: Jesus ist der Sohn Gottes.

Die Gründe für die Nicht-Erwähnung des Täufers sind evident. Er hat seine Aufgabe erfüllt. Dennoch läßt Lukas mit dem Auftreten Jesu keinen neuen Zeitabschnitt beginnen. Er berichtet zwar erst von der Gefangennahme des Johannes und dann von der Taufe, außerdem streicht er gegenüber Markus die Erwähnung des Täufers Jesu (vgl. Mk 1,9), aber nichts deutet darauf hin, daß die Gefangennahme *vor* der Taufe Jesu geschehen sein muß. Dies hat Konsequenzen für die Inter-

---

[153] Vgl. 1.2.1 zu Lk 1,15c, S.16f.

pretation von Lk 16,16[154]. Es geht Lukas nicht um eine chronologische Vorordnung des Johannes vor Jesus, sondern um seine *theologische* Unterordnung. Die Tätigkeit des Täufers ist im Lukasevangelium zwar nicht vor der Taufe Jesu beendet (vgl. Lk 7,18ff), wohl aber ist der Bericht über ihn zunächst abgeschlossen[155].

Jesus wurde wie alles Volk getauft. Das bedeutet auch im lukanischen Kontext, daß er von Johannes am Jordan mit Wasser getauft wurde. Lukas bestreitet dies an keiner Stelle seines Werkes. Er versteht es rhetorisch geschickt anzudeuten, daß er von der Taufe Jesu durch Johannes (vgl. 3,7.21; 4,1) oder auch von der Enthauptung des Täufers durch Herodes weiß (3,19f; 9,9), ohne explizit davon zu berichten. Lukas vermeidet es also, den Anhängern des Täufers mögliche Argumente gegen eine Überordnung Jesu über Johannes zu liefern; denn wahrscheinlich konnten die Taufe Jesu durch Johannes und dessen frühes Martyrium von den Christen kaum abgestritten werden.

Über das Herabkommen des Geistes in „leiblicher Gestalt wie eine Taube" ist viel spekuliert worden[156]. In unserem Zusammenhang ist bedenkenswert, daß die hebräische Übersetzung des griechischen περιστέρα = יונה (aram.: יונא) lautet und dies ausgerechnet auch der Name *des* Propheten ist, den Lukas als Typos für Johannes den Täufer verwendet (vgl. 11,29-32)[157]. Möglicherweise brachten die ersten, noch Aramäisch sprechenden Christen mit diesem Namen (יונא) nicht nur den dreitägigen Walfischaufenthalt des Jona und die drei Tage zwischen Kreuzigung und Auferstehung Jesu in Verbindung, sondern auch das Herabsteigen des Geistes „wie eine Taube" bei der Taufe Jesu durch Johannes. Sollte Lukas hier eine gegenüber Mt 12,38-42 ältere Interpretation andeuten[158], dann wäre es immerhin vorstellbar,

---

[154] Zum Stellenwert von Lk 3,19f und 16,16 für die Vermutung, daß Lukas bewußt eine zeitliche Trennung von Jesus und Johannes ausdrücken wollte, vgl. CONZELMANN, Mitte, 16-20, und dazu kritisch BACHMANN, Johannes, 149-154 und KAUT, Befreier, 40-42.

[155] Auch in Lk 1,80 bringt Lukas seine Erzählung über Johannes zu einem gewissen Abschluß, bevor er dann in Kapitel 2 mit Jesus zeitlich zurückgreifend neu einsetzt. Als weitere Belege für diese literarische Technik des Lukas führt BACHMANN, Johannes, 152, noch Lk 8,37-40, Apg 14,6f (vgl. V.20f) und 28,14-16 an; KAUT, Befreier, 41, zeigt allerdings, daß zumindest Lk 8,37 von BACHMANN unzutreffend interpretiert wurde und auch seine Bewertung der übrigen beiden Stellen problematisch ist.

[156] Vgl. SAHLIN, Studien, 101-105.

[157] Immerhin ist auch Jona ein „Bußprediger" wie Johannes.

[158] Vgl. SCHULZ, Q, 251f.

daß das „Zeichen der Taube" in aramäischen Kreisen ursprünglich auf die Taufe durch Johannes bezogen wurde[159].

1.3.3 Das Wirken Jesu (3,23-4,44)

Wie in der Beschreibung der Tätigkeit des Täufers beginnt Lukas seinen Bericht über den Beginn der öffentlichen Tätigkeit Jesu, indem er den Zeitpunkt des Auftretens Jesu nennt (Lk 3,23). Das heißt, daß Lukas der inneren Struktur seines Berichts über den Täufer auch bei der Darstellung des Beginns der Tätigkeit Jesu folgt. Nach der Angabe des Zeitpunkts des Auftretens Jesu wird seine Herkunft väterlicherseits beschrieben. Dem Sohn des Zacharias (vgl. 3,2) wird der Sohn Josefs (3,23) und Gottes (3,38) gegenübergestellt.

Danach beschreibt Lukas - ganz entsprechend seiner Täuferdarstellung - einen Aufenthalt Jesu in der Wüste (4,1-13). Was dem Johannes verheißen war, nämlich erfüllt zu sein mit heiligem Geist (vgl. Lk 1,14), berichtet Lukas nun fast wortgleich von Jesus (4,1). Auch das Motiv des geistgewirkten Aufenthalts in der Wüste begegnete bereits, wenn auch für den Leser nur zu erahnen, bei Johannes (vgl. 1,80 mit 4,1). Diese Parallelität zu Johannes erklärt auch, warum Lukas in V.1 anders als Markus und Matthäus ἐν τῇ ἐρήμῳ und nicht εἰς τὴν ἔρημον (Mk 1,12; Mt 4,1) schreibt. Lukas übernimmt diese Formel aus dem Bericht vom Auftreten des Täufers (vgl. Lk 3,2) und erinnert damit erneut an diesen. Nicht nur die Geisterfülltheit Jesu, auch sein Aufenthalt in der Wüste zeigt seine Überlegenheit gegenüber Johannes.

Durch ὑπέστρεψεν ἀπὸ τοῦ Ἰορδάνου (Lk 4,1) verbindet Lukas die Versuchungsgeschichte mit der Erzählung von der Taufe Jesu[160]. Die Erwähnung von Jordan und Wüste läßt an das Wirkungsgebiet und das Hungern Jesu an die asketische Fastenpraxis des Täufers denken (vgl. Lk 1,15; 5,33; 7,33). Zudem begegnen Motive aus der Täuferpredigt, nämlich daß Gott Steine verwandeln kann (4,3; vgl. 3,8), und das Motiv des Hungerns und Brotessens (4,2; vgl. 3,11b; 7,33). Hinter

---

[159] LINNEMANN, Jesus, 234f, deutet das Jonazeichen als die Umkehr des am-haarez aufgrund der Predigt Johannes des Täufers. Interessant ist auch die Deutung VON BAERS, der in dem Symbol der Taube eine Verbindung zu Johannes sieht. Mit Hinweis auf Gen 8,8ff vermutet er eine vorlukanische Bedeutung dieser Szene: „Die Taube ist es, die das Ende des Strafgerichts Gottes auch im Bericht der Jordantaufe kundgibt und die Gerichtstaufe in die erste Gnaden- und Geistestaufe verwandelt." (VON BAER, Geist, 58).

[160] Vgl. FITZMYER, Gospel I, 513.

der Erzählung dürfte der Streit um die Legitimität der Gottessohnschaft Christi stehen. Lukas zeigt, daß der von Johannes angekündigte Stärkere der ist, den die Christen als Sohn Gottes verehren.

Ähnlich wie Johannes in der „ganzen Umgebung des Jordans" (3,3a) Erfolg hatte (3,7a; vgl. auch Mk 1,5; Mt 3,5), verbreitet sich die Kunde von Jesus in der „ganzen Umgebung" (Lk 4,14). Die „Überschriften" dessen, was Lukas nach dem Auftreten des Täufers über Jesus berichtet, lassen sich folgendermaßen zusammenfassen: *Im Alter von dreißig Jahren wurde Jesus, der Sohn Gottes (3,23-38), durch den heiligen Geist in die Wüste geführt (4,1-13). Und er kam nach Galiläa (4,14-16) und predigte das Evangelium vom Reich Gottes (4,17-44).* Diese konstruierte Zusammenfassung von Lk 3,23-4,44 verdeutlicht, wie sehr Lukas im Duktus der Erzählungen seinem Bericht über Johannes folgt. Die Analogien gehen bis ins Detail. Lukas beschreibt den Sohn Gottes in überbietender Parallelität zum Sohn des Zacharias.

Jesus wirkt in den Synagogen seiner Heimat als „Lehrer", und seine Lehre hat Erfolg. Auch das erinnert an den allgemeinen Erfolg der Predigt des Täufers, der ja von den Zöllnern als „Lehrer" angeredet wurde (vgl. 3,12)[161]. Es ist durchaus vorstellbar, daß das aus Qumran stammende Motiv des „Lehrers der Gerechtigkeit" von Anhängern des Täufers auf diesen angewandt und dann von Lukas auf Jesus übertragen wurde (vgl. 3,12 mit 10,25 u. 18,18). Immerhin ist die Beschreibung Jesu als „Lehrer" ein deutliches Anliegen des Lukas (vgl. 4,15.31; 5,3.17; 6,6; 7,40; 9,38; 10,25; 11,1.45; 12,13; 13,10.22.26; 18,18; 19,39.47; 20,1.21.28.39; 21,7.37; 23,5)[162], und außer Jesus wird bei Lukas nur Johannes „Lehrer" genannt (3,12). Darüber hinaus bittet ein Jünger Jesus in Lk 11,1, daß er sie „lehre", so wie auch Johannes seine Jünger gelehrt habe. Erneut begegnet uns also ein Motiv, das Lukas von Johannes auf Jesus überträgt.

Nach seinem Wüstenaufenthalt kam Johannes, angeregt durch das Wort Gottes, an den Jordan (3,2f). Und Jesus kommt vom Geist Gottes geführt nach Galiläa (4,14) und in seine Heimatstadt Nazareth (4,16) . Die präpositionalen Bestimmungen entsprechen sich wörtlich (vgl. καὶ ἦλθεν εἰς in 3,3 u. 4,16).

Das Jesajazitat in Lk 4,18f wird fast wörtlich wie das bei Johannes eingeleitet (vgl. 3,4a mit 4,17) und nimmt inhaltlich auf dieses Be-

---

[161] Vgl. oben S.50f.
[162] Vgl. FITZMYER, Gospel I, 218 u. 523.

zug[163]. Wie bei Johannes hat es die erzählerische Funktion, die Predigttätigkeit aus der Schrift zu begründen und ihren Inhalt zusammenzufassen, es bildet somit die Exposition für die folgende Predigt. Durch die Verwendung von Jes 61,1 interpretiert Lukas in V.18 den Geistbesitz Jesu als Salbung Gottes. Damit verweist er inhaltlich auf die Ereignisse bei der Taufe Jesu und gibt diesen theologisch eine weitere Bedeutung. Durch das Herabkommen des Geistes auf Jesus wurde dieser zum „Gesalbten", das heißt zum Messias und Christus. Jesus von Nazareth ist Gottes Sohn und der Christus. Damit ist die Frage des Volkes, wer der Christus sei (Lk 3,14), nun eindeutig beantwortet (vgl. 7,22).

Das erste Wort, mit dem Lukas den Inhalt der Predigt Jesu qualifiziert, ist ἄφεσις. Exakt das gleiche Wort begegnete aber auch in der ersten Inhaltsangabe der Predigt des Täufers (3,3b). Das heißt, daß sich die Verkündigung Jesu und die des Täufers in diesem Punkt gleichen. Sie predigen beide Vergebung, Freiheit. Der Unterschied bei Lukas liegt nun darin, daß sich die „Freiheit", die Jesus predigt, nicht wie bei Johannes auf den zukünftigen „Erlaß" der Sünden im Gericht bezieht, sondern sich bereits gegenwärtig in der Begegnung mit Jesus und seinem Evangelium ereignet (vgl. 5,20-24; 7,47-49; Apg 10,43; 13,38; 26,18)[164]. Der Satzteil ἀποστεῖλαι τεθραυσμένους ἐν ἀφέσει ist durch den Septuagintatext von Jes 58,6d beeinflußt. Also kannte Lukas Jes 58,6 und die dort massiv ausgesprochene Fastenkritik (vgl. Jes 58,3-6). Nicht lange nach der Antrittspredigt Jesu in Nazareth berichtet Lukas von einem Vergleich der Fastenpraxis der Jünger Jesu mit derjenigen der Täuferjünger (vgl. Lk 5,33-39). Das Zitat aus Jes 58,6 könnte demnach eine Anspielung auf ein asketisches Fasten sein, das die Menschen bedrückt, statt sie nach Gottes Willen zu befreien. Niedergeschlagene und Gefangene werden frei, Blinde sehen wieder. Lukas interpretiert mit einem Jesajazitat ein anderes[165]. Lk 4,18f ist die Erfüllung von Lk 3,4f: Täler sollen erhöht, Krummes gerade werden und alle Menschen das Heil Gottes sehen[166]. Das Zitat weist auf die Verkündigung des Täufers und durch die Erwähnung des Geistes auf

---

[163] Vgl. dazu die hilfreiche Gegenüberstellung von Lk 3,5f und 4,18f bei DIBELIUS, Überlieferung, 52.

[164] Vgl. auch die Überlegungen KAUTS zu „Befreiung" und zu dem „Befreier" in Lk 1f (DERS., Befreier, 14).

[165] Vgl. HAENCHEN, Historie, 164: „Ein solcher Text wäre nie in der Synagoge verlesen worden. Es handelt sich um eine Verbindung von Jesajastellen, die der chr. Gemeinde als eine in Jesus erfüllte Weissagung erschienen."

[166] Vgl. DIBELIUS, Überlieferung, 51f.

die Taufe Jesu zurück, faßt Jesu Predigt unter dem Stichwort „Freiheit" zusammen und verweist auf seine künftige „befreiende" Tätigkeit. Mit κηρύξαι ἐνιαυτὸν κυρίου δεκτόν bricht das Jesajazitat ab. Der „Tag der Rache Gottes" (Jes 61,2b) wird nicht mehr erwähnt, denn das „angenehme Jahr des Herrn" - in der Lutherbibel '84 sachlich richtig mit „Gnadenjahr des Herrn" übersetzt - meint bei Lukas die Zeit des Wirkens Jesu. Lukas gebraucht das Bild Jesajas vom „Gnadenjahr" (vgl. Lev 25,10 (LXX): ἐνιαυτός ἀφέσεως; 1 QM II,6), in dem die „Pflanzungen Jahwes" gedeihen und Frucht tragen sollen (vgl. Jes 61,2-11), im Gleichnis vom Feigenbaum (Lk 13,6-9). Dort antwortet der Weingärtner „jemandem" (τις), der im Weinberg nach Früchten sucht und einen unfruchtbaren Feigenbaum fällen lassen will: ἄφες αὐτὴν καὶ τοῦτο τὸ ἔτος. Für Lukas bedeutet dieses Gleichnis eine Allegorie auf die Tätigkeit des Täufers und die Jesu. Johannes ist für Lukas jemand, der im Weinberg Israel nach Früchten der Umkehr fragt und, sofern er keine findet, mit dem Gericht droht. Wer keine Frucht bringt, soll umgehauen und ins Feuer geworfen werden. Jesus dagegen verkündet bei Lukas das „Gnadenjahr des Herrn" und sorgt selbst dafür, daß der Baum Frucht bringen kann. Die Verkündigung Jesu, seine Wunder, Tod und Auferstehung füllen dieses Jahr der Tätigkeit Jesu mit einem Inhalt, der heilsrelevant ist, weil er Umkehr und Vergebung der Sünden ermöglicht. Was durch die Verhaltensnormen des Johannes und das Gesetz des Mose nicht möglich ist, nämlich gerechtfertigt zu werden, widerfährt dem, der an Christus glaubt (vgl. Apg 13,38f).

In den folgenden Kapiteln illustriert Lukas das Jesajazitat durch Berichte über die Tätigkeit Jesu. Jesus *befreit* Menschen aus der Gefangenschaft der Dämonen (4,33-41), *vergibt* Sünden (5,17-26), *entbindet* seine Jünger von zu strengen Fastenregeln und zu rigoroser Gesetzesauslegung (5,33-6,5) und verheißt den Armen das Reich Gottes (6,20).

Jesus vergleicht sich mit Elia (4,25), der von Gott vom Bach Krit, einem Nebenfluß des Jordans (!), zu einer Witwe ins heidnische Sarepta geschickt wurde (vgl. 1 Kön 17,1-24). Die polemischen Untertöne gegen Johannes, dem in Lk 1,17 verheißen worden war, im Geist Elias zu wirken, und der sich mit seiner Verkündigung sicher nicht an heidnische Frauen wandte, werden die Leser wahrgenommen haben. Mit der zu Beginn dieser Arbeit erwähnten „methodischen Brille"[167] ist auch die Polemik des zweiten Beispiels (4,26) zu erkennen, das die „Reinwerdung" des Syrers Naaman mit Hilfe Elisas, des Schülers Elias, erwähnt. Naaman mußte im Jordan (!) untertauchen, um rein zu

---

[167] Vgl. Einleitung, S.3f.

werden (vgl. 2 Kön 5,1-14). Lukas und seine Leser werden bei der Erwähnung der Heilung Naamans an die von Johannes am Jordan praktizierte Taufe zur Reinigung von den Sünden gedacht haben. Mit beiden Beispielen macht Lukas deutlich: Anders als Johannes wendet sich der Prophet Jesus nicht nur an Israel. Doch schon Elia, mit dem Johannes ja identifiziert wurde (vgl. Lk 1,17; 7,27; 9,7f.19; vgl. Mal 3,1.23f), bekam von Gott den Auftrag, über die Grenzen Israels hinaus zu wirken. Die Zuwendung zu den Heiden (vgl. Lk 7,1-10; Apg 1,8) ist also schon lange von Gott gewollt (vgl. Lk 2,30-32; Apg 13,46-48).

Beide Erzählungen haben ihr Pendant im lukanischen Sondergut[168]. Der Erzählung von Elia, der den Sohn der phönizischen Witwe vom Tod auferweckt, entspricht Jesu Auferweckung des Sohnes der Witwe aus Nain (Lk 7,11-17), wo er „großer Prophet" genannt wird. Und mit der Heilung des Syrers Naaman durch Elia korrespondiert die Heilung eines aussätzigen Samaritaners (17,11-19). Die Tatsache, daß Lukas unmittelbar auf die Auferweckung des „Jünglings zu Nain" eine lange Passage über Johannes den Täufer folgen läßt (7,18-35) und die Nähe der Heilung von unreinen Aussätzigen zu Worten über den Täufer (vgl. 5,12-16 u. 5,33-39; 17,11-19 u. 16,16) zeigen, daß Lukas diese Wunder Jesu als Machterweise des Christus gerade auch gegenüber Johannes verstand und daß die Deutung der beiden biblischen Beispiele in Lk 4,25-27 als polemische Anspielungen auf das Wirken des Täufers dem theologischen Konzept des Lukas entspricht.

In der Nazareth-Perikope (4,16-30) ist die Auseinandersetzung des Lukas mit Johannes sowohl im Inhalt als auch in der Anordnung des Materials zu erkennen. Der nun folgende tabellarische Vergleich des szenischen Aufbaus zeigt, wie sehr Lukas die Nazareth-Perikope dem Duktus des Berichts über den Täufer nachgestaltet hat.

[168] Vgl. GRUNDMANN, Evangelium nach Lukas, 123.

JOHANNES kommt aus der Wüste in die Umgebung des Jordans und predigt (3,2f).	JESUS kommt aus der Wüste nach Galiläa und lehrt (4,1-16).
Ein **Jesajazitat** begründet die Tätig-keit des Johannes und faßt den Inhalt seiner Predigt zusammen (3,4-6). ⇨ Non-verbale Reaktion des Volkes: Sie wollen sich taufen lassen (3,7a).	Ein **Jesajazitat** begründet die Tätigkeit Jesu und faßt den Inhalt seiner Predigt zusammen (4,17-19). ⇨ Non-verbale Reaktion des Volkes: Alle sehen auf Jesus (4,20).
1. Rede des Johannes (3,7b-9) ⇨ Reaktion der Angesprochenen: Frage: Was sollen wir tun? (3,10).	**1. Rede** Jesu (4,21) ⇨ Reaktion: Frage: Sohn Josefs? (4,22)
2. Rede des Johannes (3,11-14) ⇨ Reaktion der Angesprochenen: Frage, ob er der Christus ist (3,15).	**2. Rede** Jesu (4,23-27) Jesus beantwortet die Frage, ob er der Prophet[169] ist (4,23f)
3. Rede des Johannes (3,16f) (Er verweist auf den Stärkeren.) Zusammenfassung der Predigt (3,18) ⇨ Negative Reaktion: Herodes setzt Johannes gefangen (3,19f).	(Er bezieht sich auf Johannes (4,27); Zusammenfassung der Predigt (4,43f)) ⇨ Negative Reaktion: Jesus soll getötet werden (4,28f).

Der lukanische Bericht über das Auftreten des Johannes endete, sieht man von Lk 3,19f ab, mit einer kurzen Zusammenfassung seiner Predigttätigkeit (3,18). Der Bericht vom ersten Auftreten Jesu in Galiläa endet mit zwei Zusammenfassungen seiner Predigttätigkeit (4,31f. 42-44), die einen sie illustrierenden Bericht von Jesu Tätigkeit in Kapernaum umrahmen (4,33-41).

Das Heilungssummarium am Schluß der Kapernaum-Perikope (4,40f) nutzt Lukas, um noch einmal auf die für ihn entscheidenden christologischen Titel hinzuweisen. Damit wird der Bogen zu der Verkündigung des Täufers geschlagen. In Lk 3,15 fragte sich das Volk, ob

[169] Vgl. dazu in dieser Arbeit unter 7.2, S.253 u. 256f.

Johannes der Christus sei, dann bezeugte nach der Taufe Gott selbst die Gottessohnschaft Jesu (3,22b). Jesus bezieht die von Jesaja verheißene Salbung durch den Geist auf sich (4,18-21), und schließlich bekunden selbst die unreinen Geister, daß Jesus der Sohn Gottes und der Christus ist (4,41). Damit sind alle wichtigen christologischen Titel öffentlich bekanntgegeben. Lukas hat Jesus angemessen „vorgestellt".

Der große Block über den Beginn der Tätigkeit Jesu beginnt in der Wüste (4,1) und endet an einem „wüsten Ort" (4,43). Wie Johannes der Täufer wird auch Jesus dort von der Menge aufgesucht und predigt. Aber der Inhalt der Predigt Jesu ist nicht durch das drohende Gericht, sondern durch das Reich Gottes bestimmt (4,43).

Fazit: Obwohl Lukas in Lk 3,21-4,44 Johannes nicht einmal erwähnt, entwickelt er dennoch seine Darstellung der Tätigkeit und Verkündigung Jesu in Abgrenzung von Johannes dem Täufer. Dies wurde an mehreren Punkten deutlich.

Zwar vermeidet Lukas in den beiden Kapiteln die Schilderung einer Begegnung Jesu mit Johannes, aber seine Zeitangaben (3,1f.23) lassen keinen Zweifel daran, daß Jesus und Johannes Zeitgenossen waren. Auch die als historisch gesichert anzusehende Taufe Jesu durch Johannes deutet Lukas nur an (3,21; 4,1). Ihn interessiert im Zusammenhang mit der Taufe Jesu dessen Geistbegabung (3,22), da der heilige Geist für ihn „eine Art Schibboleth"[170] in der Auseinandersetzung der Christen mit den Anhängern des Täufers bedeutet. Dem Täufer war heiliger Geist verheißen worden (1,15), aber nur von Jesus berichtet Lukas, daß er vom Geist erfüllt war (vgl. 3,22; 4,1.14.18).

Die beiden Kapitel 3 und 4 des Lukasevangeliums haben die Funktion, Jesus vorzustellen. Jesus erscheint als der von Johannes angekündigte *„Stärkere"*. Er, der Sohn Josefs, ist der *Sohn Gottes* und handelt als solcher. Vollmächtig legt er das Wort Gottes aus und wendet es an, indem er seine Macht über Teufel und Dämonen demonstriert. Desweiteren erscheint Jesus in Lk 4,18-27 als vom Geist *gesalbter Prophet*, eine Bezeichnung Jesu, die von Lukas mehrfach mit der Bezeichnung des Täufers als Prophet verglichen wird (4,24-27; 7,16.26-28; 16,16). Ein entscheidendes Kriterium, das den Propheten Jesu größer als Johannes erscheinen läßt, ist für Lukas seine universale Verkündigung des Reiches Gottes. Und schließlich macht Lukas schon in Lk 3f deutlich, daß nicht Johannes, sondern Jesus *der Christus*, also der Gesalbte Gottes, ist (3,15-17; 4,18-21.41).

---

[170] DIBELIUS, Überlieferung, 43.

Durch das Zitat aus Jes 61,1f und 58,6 beschreibt Lukas die Tätigkeit Jesu ähnlich wie die des Täufers als „Verkündigen von Freiheit". Anders als bei Johannes bezieht sich die von Jesus verkündigte Freiheit aber nicht auf die zukünftige Vergebung der Sünden im Gericht, sondern auf das „Heute" des Wirkens Jesu (4,21). Er befreit von unreinen Geistern gefangene und von Krankheiten niedergedrückte Menschen (4,33-41), *und* er vergibt Sünden (5,17-26). Lk 4,18f läßt nicht klar erkennen, ob Lukas für Jesus einen weiteren Sündenbegriff annimmt als für Johannes, deutlich ist aber, daß seine Vorstellung von „Freiheit" beziehungsweise Vergebung sehr viel weiter ist und daß er sie gegenüber Johannes enteschatologisiert.

Der ethische Rigorismus des Täufers, der es zur Bedingung machte, Früchte der Umkehr zu bringen, um dem kommenden Gericht zu entgehen, stand wahrscheinlich dem essenischen Frömmigkeitsideal der asketischen Lebensführung mit Fasten, Gebet, strenger Einhaltung des Sabbats und des Gesetzes sehr nahe. Lukas, der die ethischen Forderungen des Johannes zum Teil übernimmt, distanziert sich weniger von ihrem Inhalt als von ihrer soteriologischen Funktion. In der Antrittspredigt Jesu begegnen keinerlei ethische Forderungen oder eine Erwähnung des Gerichts. Für Lukas haben Fasten, Beten und Einhaltung des Gesetzes nichts mit der Teilhabe am Reich Gottes zu tun (vgl. 16,16; Apg 15,10f). Die Früchte der Umkehr sind *Folge* und nicht *Bedingung* der Gnade Gottes, die sich in Jesus Christus manifestiert. Deshalb befreit nicht der rechte Lebenswandel, sondern allein das Evangelium Jesu Christi die Menschen aus ihrer Gefangenschaft der Angst vor dem Gericht. Die Frage der Menge an Johannes: Was sollen wir tun? (Lk 3,10) beantwortet Jesus bei Lukas durch die Verkündigung einer Freiheit, für die nichts getan werden kann.

1.3.4 Ergebnisse

Die Analyse der Anfangskapitel des Lukasevangeliums rechtfertigt und bestätigt die Hypothese, die Ausgangsbasis dieser Arbeit ist. Lukas beschreibt Person, Verkündigung und Tätigkeit Jesu in deutlicher Abgrenzung von Johannes dem Täufer. Dabei übernimmt er Themen und Motive von Johannes auch in der Darstellung Jesu und entwickelt diese in überbietender Parallelität. Dies geschieht nun aber nicht in irgendwelchen Randbereichen, sondern gerade da, wo Lukas die wesentlichen Grundlagen seiner Theologie entfaltet.

Lukas entwickelt seine Theologie in Abgrenzung von Gruppen, die Johannes den Täufer favorisierten.

Das Werk des Lukas läßt keinen Zweifel daran, daß es im Umfeld der christlichen Gemeinde Gruppen gab, bei denen Johannes der Täufer eine besondere Stellung einnahm (Apg 18,24-19,7). Möglicherweise wurde er von einigen dieser Gruppen als Messias verehrt (vgl. Lk 3,15; 9,7f)[171]. Sicher ist, daß Johannes in der breiten jüdischen Bewegung derer, „die auf das Reich Gottes warteten", Anhänger gewann, die ihm zum Teil wie die Schüler der alten Propheten nachfolgten (vgl. Lk 5,33; 7,18; 11,1) und sein Erbe überlieferten. Auch die Täuferquelle, die Lukas in Lk 1-3 verwendet, könnte in Kreisen tradiert worden sein, die die Legenden über Geburt, Leben und Sterben des Täufers als Erinnerung an ihren „Lehrer" und „großen Propheten" bewahrten. Apollos könnte ein Repräsentant dieser Gruppen gewesen sein (vgl. Apg 18,24-19,7). Vielleicht handelte es sich auch mehr um eine Bewegung als um eine festumgrenzte Gruppe mit einem ekklesiologischen Selbstverständnis[172]. Die Theologie dieser Kreise läßt sich nur indirekt aus Darstellung und Verkündigung des Täufers in den Evangelien erschließen. Wahrscheinlich sind die vielen Parallelen aus Qumran Belege für ihre theologische Verwandtschaft mit den Essenern. Auch die Vorstellung von Johannes *und* Jesus als die beiden Messiasse aus Aaron und Israel wäre in diesen Kreisen denkbar.

Lukas betont gegenüber diesen Gruppen, die er so gut zu kennen scheint, daß er ihre überlieferten Texte verwendet, die Favoritenrolle Jesu. Er versucht zu zeigen, daß schon Johannes Jesus als den Christus angekündigt hat, und er betont ihm gegenüber immer wieder die Vorrangstellung Jesu. Lukas verhält sich also eher apologetisch als polemisch. Dennoch können einige Texte nur als Polemiken verstanden werden, die eine - nur in Anhängerkreisen vorstellbare - Favoritenrolle des Johannes gegenüber Jesus ironisch konterkarieren (Lk 1,39-45; 4,27; 7,28). Grundsätzlich ist die Tendenz des Lukas aber eher werbend. Der Anfang seines Evangeliums, der Bericht vom Auftreten und der Predigt des Täufers, der Hinweis auf seine Gefangenschaft und einige Worte Jesu über ihn (7,26.28a.31-33) können durchaus als Captatio benevolentiae des Lukas gegenüber Anhängern des Täufers verstanden werden. Dennoch grenzt Lukas das Wirken Jesu deutlich von Johannes ab (7,28; 16,16; Apg 1,5; 13,22-25). Offensichtlich liegt ihm daran, gegenüber anderen seinem Werk ein festes Fundament und damit seiner Theologie ein klar abgegrenztes Profil zu geben. Dies hatte er in seinem Prolog (1,1-4) ja auch prägnant gesagt. Die scharfe Abgrenzung hat Verluste am Rand zur Folge. Wer die Einladung ab-

---

[171] Vgl. SINT, Eschatologie, 95f.
[172] Vgl. BACKHAUS, „Jüngerkreise", 368.

lehnt, und das sind „viele", hat keinen Anteil am Reich Gottes (vgl. 14,15-24; 16,16). Vermutlich hielt Lukas diese Abgrenzung aber, um der „Wankenden" in seiner Gemeinde willen, für notwendig (1,4). Auf der anderen Seite wirbt er um diejenigen, die mit der Taufe des Johannes getauft sind und noch nicht von der Taufe Christi mit heiligem Geist gehört haben (vgl. Apg 18,24-19,7). Gerade die wohl schon vor Lukas begonnene Inanspruchnahme des Täufers als Ankündiger Jesu, die sich aus der historischen Erinnerung nährte, daß Schüler des Täufers zu Jüngern Jesu wurden (vgl. Joh 1,35-51), zeigt, daß die zweifellos vorhandene Autorität des Täufers genutzt wurde, um seine Anhänger für das Evangelium Christi zu gewinnen.

Wahrscheinlich hatte Lukas gerade solchen Gruppen gegenüber ein besonderes missionarisches Anliegen, die Johannes den Täufer favorisierten, aber auch gegenüber der Verkündigung Jesu vom Reich Gottes aufgeschlossen waren. In Abgrenzung von diesen Gruppen und im Werben um sie entwickelt Lukas seine Theologie und ist dabei zugleich Apologet und Missionar.

Die ersten vier Kapitel des Lukasevangeliums sind in Struktur und Inhalt beherrscht von der überbietenden Parallelität der Darstellungen Johannes und Jesu[173]. Dies sind gut 20% des Evangeliums und etwa 11% des lukanischen Doppelwerkes[174]. Allein dieses statistische Verhältnis legt die Vermutung nahe, daß sich der Gegensatz Jesus - Johannes im Werk des Lukas auch außerhalb der ersten vier Kapitel seines Evangeliums niedergeschlagen hat. Und der Textbefund bestätigt dies. Kein anderer Evangelist berichtet soviel über Johannes den Täufer wie Lukas. Namentlich erwähnt wird er in Lk 1,13.60.63; sechsmal in Lk 3,2-20; 5,33; siebenmal in Lk 7,18-33; 9,7.9.19; 11,1; 16,16; 20,4.6; Apg 1,5.22; 10,37; 11,16; 13,24.25; 18,25; 19,3.4; also insgesamt dreiunddreißigmal. Dies läßt es sehr wahrscheinlich erscheinen, daß sich auch über diese Stellen hinaus im gesamten lukanischen Doppelwerk Anspielungen auf Johannes den Täufer, seine Anhänger oder deren Lehren nachweisen lassen. Die These, die in dieser Arbeit nachgewiesen werden soll, ist, daß Lukas die wesentlichen Themen und Motive seiner Theologie in Abgrenzung von Gruppen entwickelt hat, die im

---

[173] In diesem Zusammenhang ist auch die Beobachtung von BAARLINK bemerkenswert, daß es in Inhalt und Struktur von Lk 3f und Apg 1f zahlreiche Entsprechungen gibt (vgl. DERS., Eschatologie, 164-167); denn auch in Apg 1f begegnet die Abgrenzung von dem Täufer (Apg 1,5.22) und eine Anknüpfung an die Motive seiner Verkündigung (vgl. bes. Apg 2,38).

[174] Der griechische Text von Lk 1-4 hat einen Umfang von 42496 Bytes, das Evangelium umfaßt 205312 und die Apostelgeschichte 189440 Bytes.

Umfeld seiner Gemeinde Johannes den Täufer favorisierten. Der Übersichtlichkeit und Lesbarkeit zuliebe möchte ich dies aber nun nicht mehr aufzeigen, indem ich dem Ablauf des Lukasevangeliums folge, sondern indem ich versuche nachzuweisen, daß Lukas sich mit jedem einzelnen theologischen Motiv der Verkündigung des Täufers auseinandersetzt und dabei das Profil seiner Theologie erkennen läßt. Die Reihenfolge der nun folgenden Punkte ergibt sich aus der Abfolge der Motive im lukanischen Bericht über das Auftreten und die Predigt des Johannes, sie ist das Gliederungsprinzip für Teil II dieser Arbeit.

1. Johannes trat auf und verkündigte die Taufe der Umkehr zur Vergebung der Sünden (Lk 3,3b). Damit sind die ersten Themen bereits vorgegeben. Es wird das lukanische Taufverständnis zu untersuchen sein. Da die Taufe bei Lukas aber im unmittelbaren Zusammenhang mit dem Geistempfang Jesu und der von ihm in Abgrenzung zur Wassertaufe des Johannes eingesetzten Taufe mit heiligem Geist steht, liegt es nahe, nach *pneumatologischen Motiven* bei Lukas zu fragen.

2. In der Verkündigung des Johannes sind Taufe und Umkehr untrennbar miteinander verbunden. Umkehren und Fruchtbringen, das waren die Bedingungen, um im künftigen Gericht auf die Vergebung der Sünden hoffen zu können. Bei Lukas begegnet *das Motiv der Umkehr* sehr häufig in den Gleichnissen und der Lehre Jesu, aber auch in der Apostelgeschichte; dabei verschiebt sich jedoch gegenüber Johannes die Betonung der Umkehr als Bedingung für eine zukünftige Rettung im Gericht hin zu einem Verständnis der Umkehr als Befreiung durch die Begegnung mit dem Wirken und der Verkündigung Jesu.

3. Die Umkehrpredigt des Täufers beginnt mit der Verwerfung eines selbstgerechten Erwählungsbewußtseins und dem Hinweis auf die Abrahamskindschaft, die keine Heilsgewißheit bieten könne. Dieses Motiv steht also im Zusammenhang mit der Frage, wessen Kind jemand ist. *Erwählungsmotive* begegneten bereits in der Kindheitserzählung des Johannes, auch dort in dem Bild von Kindern und Vätern (1,17). Lukas setzt sich in seinem Evangelium sowohl mit dem Thema der Erwählung als auch mit dem Bild von Kindern und ihren Eltern auseinander. In diesem Zusammenhang begegnet auch das Motiv der personifizierten Weisheit und ihrer Kinder, und zwar als Abschluß einer langen Rede Jesu über Johannes den Täufer (7,35). Die Erhöhung des Niedrigen in dem Jesajazitat zu Beginn der Predigt des Täufers (3,4-6) ist ein Bild, das die Erwählung der Erniedrigten symbolisiert. Lukas gebraucht es sowohl im Zusammenhang mit Johannes als auch in der Predigt Jesu.

4. Die *Motive des Gerichts* in der Predigt des Johannes, nämlich die Axt am Baum, das Feuer und das Fegen der Tenne, begegnen nicht nur in Lk 3. Jesus verwendet bei Lukas die gleichen oder ähnliche Bilder, verbindet mit ihnen aber deutlich andere Aussagen über das Gericht als der Täufer.

5. Auf die Umkehrpredigt folgt die „Standespredigt" des Täufers. In ihr werden verschiedene *ethische Motive* deutlich, die Lukas mit den Anhängern des Täufers zu teilen scheint. Zumindest betont er nicht nur, daß Jesus sich gerade den Gruppen zuwendet, die auch Johannes ansprach, sondern er unterstreicht auch deren verändertes Verhalten, das die ethischen Forderungen des Johannes zum Teil mehr als erfüllt.

6. Die an Johannes gestellte Frage, ob er der Christus sei, wird von Lukas deutlich verneint. Dennoch läßt das Lukasevangelium erkennen, daß in Täuferkreisen mit der Person des Johannes auch verschiedene *christologische Motive* verbunden wurden. Das Verhältnis von *Jesus und Johannes* im übrigen Teil des Lukasevangeliums und die Auseinandersetzung des Lukas mit möglichen messianischen Prädikationen des Täufers lassen sich anhand der verschiedenen „christologischen" Titel (Christus, Prophet, Menschensohn) aufzeigen.

7. In der Antwort des Johannes auf die Frage, ob er der Christus sei, zeigte sich, daß seine Verkündigung von eschatologischer Naherwartung geprägt war. Es wird also zu untersuchen sein, inwiefern Lukas sich mit den *eschatologischen Motiven* der Täuferpredigt auseinandersetzt. Dabei wird auch das Verhältnis von Gesetz und Propheten zur Verkündigung des Gottesreichs zu klären sein, denn gerade darin scheint sich ja eine grundsätzliche Abgrenzung des Lukas zu Johannes zu manifestieren (vgl. Lk 16,16).

Schon dieser kurze Ausblick auf die Themen des zweiten Teils dieser Arbeit zeigt, daß Lukas wesentliche Aspekte seiner Theologie in Abgrenzung von Johannes dem Täufer entwickelt. Der Name Johannes steht dabei stellvertretend für eine ganze theologische Richtung, die Lukas ablehnt und der er seine Theologie als „sicheren Grund der Lehre" (1,4) für seine Gemeinde entgegenstellt.

2

PNEUMATOLOGISCHE MOTIVE

Die lukanische Theologie ist eine Theologie des Geistes. Das Evangelium und die Apostelgeschichte zeugen von Anfang bis Ende vom Wirken des heiligen Geistes (vgl. Lk 1,15.35.41; Apg 1,2.5.8; 28,25). Da das Motiv des Geistes auch bei der lukanischen Darstellung der Geschichte des Johannes und seiner Nachfolger begegnet, wird in unserem Zusammenhang zu fragen sein, inwieweit Lukas seine Pneumatologie in Auseinandersetzung damit entwickelt. Dies soll unter vier Aspekten geschehen, die zugleich Gliederungspunkte sind:

1. Heiliger Geist - Schon in den Kindheitsgeschichten stand das Motiv des Geistes in Verbindung mit Johannes, und es begegnet erneut in seiner Verkündigung. Es liegt daher nahe zu untersuchen, welche Funktion diese Verbindung des Geistmotivs mit Johannes dem Täufer im lukanischen Doppelwerk hat (2.1 Johannes und der heilige Geist). Unter 2.2 (Jesus und der heilige Geist) soll dann nachgewiesen werden, daß fast alle Stellen im Lukasevangelium, an denen „heiliger Geist" vorkommt, eine direkte Beziehung des Motivs zu Jesus und eine zumindest indirekte Beziehung zu Johannes erkennen lassen.

2. Taufe - Lukas betont in der Auseinandersetzung mit der Taufe des Johannes mehrfach den pneumatologischen Charakter der von Jesus verheißenen Taufe und unterscheidet dabei zwischen der Taufe des Johannes (2.2.1), der Taufe auf den Namen Christi (2.2.2) und der Taufe mit heiligem Geist (2.2.3). Aus diesem Grund erscheint es mit gerechtfertigt, das Thema Taufe in dieser Arbeit unter der Überschrift „pneumatologische Motive" zu behandeln.

3. Gebet - Taufe, heiliger Geist und Gebet sind Motive, die Lukas miteinander in Verbindung bringt. Unter 2.3 wird zu zeigen sein, daß Lukas die pneumatologische Dimension des Gebets auch unabhängig von der Taufe gegenüber Johannes dem Täufer betont.

4. Sünde wider den heiligen Geist - Dieses Motiv könnte für Lukas seinen Ort in der Auseinandersetzung mit Gruppen gehabt haben, die

gerade das Wirken des Geistes in der christlichen Gemeinde bestritten und zu denen auch die Anhänger des Täufers gehörten.

5. *Ergebnisse* der Untersuchung sind neben der Erkenntnis, daß der heilige Geist das entscheidende Kriterium in der lukanischen Auseinandersetzung mit den Anhängern des Täufers war, auch allgemeinere Aussagen zur „Pneumatologie" des Lukas.

2.1 Heiliger Geist

2.1.1 Johannes und der heilige Geist

Das Motiv des heiligen Geistes begegnet bei Lukas zum erstenmal in der Verheißung des Engels an Zacharias (Lk 1,15). Dort wird für Johannes verheißen, daß er von Geburt an mit heiligem Geist erfüllt sein werde. Die Analyse von Lk 1-4 machte wahrscheinlich, daß Lukas den Geistbesitz des Täufers nicht erfunden, sondern das Motiv aus der Tradition übernommen hat. Er erwähnt die Geisterfülltheit des Johannes weder in der Episode von dem Treffen der Mütter (Lk 1,39-45) noch im Zusammenhang mit der Ankündigung Jesu durch den Täufer (vgl. 3,1-18). Also gerade an den Stellen, wo Johannes Jesus (an-)erkennt, fehlen mögliche Hinweise auf den Geist.

In der Notiz vom Heranwachsen des Johannes (1,80) scheint Lukas eine ihm vorliegende Tradition über dessen Geistbesitz anthropologisch gedeutet und so profanisiert zu haben[1]. Wahrscheinlich ist der Hinweis auf die Weisheit des heranwachsenden Jesus in Lk 2,40.52 die lukanische Interpretation des geistigen Erstarkens des Johannes[2].

Lk 1,15 und 1,80 lassen es als relativ wahrscheinlich erscheinen, daß es eine Überlieferung vom besonderen Geistbesitz des Täufers gab[3]. Lukas wird diese Überlieferung gekannt haben, die beiden genannten Verse deuten dies an. Für ihn besteht jedoch keine Notwendigkeit, dieses Motiv zu streichen, da Johannes Jesus ja ankündigt und dies bei Lukas nur kraft heiligen Geistes möglich ist. Allerdings betont Lukas den Geistbesitz des Täufers auch nicht. Die Erfüllung der Verheißung für Johannes in Lk 1,15 wird an keiner Stelle explizit berichtet

---

[1]   Zu Lk 1,80 vgl. unter 1.2.3, S.27-29.

[2]   Zur Weisheit bei Johannes und Jesus vgl. 4.4 (*Weisheit*), S.147-157.

[3]   Ebenfalls aufgrund dieser Verse kommt HAHN zu einer noch weiter reichenden Schlußfolgerung: „Für die Täuferkreise war es also selbstverständlich, daß mit Johannes als dem endzeitlichen Propheten Elija auch das Wirken des göttlichen Geistes wieder eingesetzt hat (vgl. Mal 3,23f.)." (HAHN, Verständnis, 135).

(vgl. bes. 1,39-45 und 3,1-18), dagegen erwähnt Lukas um so häufiger das Erfülltsein Jesu mit heiligem Geist (3,22; 4,1.14.18; 10,21).

Auch in der Predigt des Täufers begegnet das Motiv des heiligen Geistes. Johannes kündigt einen Stärkeren an, der mit heiligem Geist und Feuer taufen werde. Ein Vergleich von Lk 3,16 mit 1 QS IV,20-22 macht wahrscheinlich, daß schon der historische Johannes durch die Ankündigung einer endzeitlichen Taufe mit heiligem Geist eine Reinigung und Rettung der von ihm Getauften im unmittelbar bevorstehenden Endgericht in Ausblick gestellt hat. In diesem Zusammenhang ist eine Stelle aus CD II,12 bemerkenswert: „Und er belehrte sie durch die Gesalbten seines heiligen Geistes", weil hier die beiden Begriffe „Messias" und „heiliger Geist" ähnlich wie in Lk 3,15f miteinander verbunden sind[4].

In allen vier Evangelien ist die Taufe mit heiligem Geist ein auf Jesus bezogenes Motiv der Täuferpredigt (vgl. Mt 3,11; Mk 1,8; Lk 3,16; Joh 1,33). Man müßte es für ein frühes christliches Konstrukt halten, wenn es nicht bereits im unmittelbaren theologischen Umfeld des Täufers, nämlich in Qumran, eine ausgeprägte Lehre vom heiligen Geist gegeben hätte. Sowohl in 1 QS IV,20-22 als auch in 1 QH XVI, 12f ist es der heilige Geist, der den Gerechten im Gericht Gottes reinigt. Die eschatologische Ausgießung des heiligen Geistes soll Schuld sühnen (1 QH Frg. 2,9.13; 1 QS IX,3-5). In Qumran wird der heilige Geist aber auch als Gabe Gottes verstanden, die den Gerechten Kraft im Kampf des Glaubens verleiht (vgl. 1 QH VII,6f; IX,32; XVI, 6f). Es ist historisch also durchaus vorstellbar, daß in der Verkündigung Johannes des Täufers pneumatologische Motive begegnen[5]. Wahrscheinlich unterschied er für das von ihm angekündigte Gericht zwischen einer vernichtenden „Taufe" mit Feuer und einer rettenden „Reinigung" mit heiligem Geist, wobei letztere durch seine Wassertaufe symbolisch antizipiert wurde.

Der heilige Geist ist für Lukas ein entscheidendes Kriterium in der Auseinandersetzung mit den Anhängern des Täufers. Gerade bei den Personen, die Johannes besonders nahestanden, berichtet er, wie sie „voll heiligen Geistes" Jesus (!) erkennen und ankündigen.

---

[4] Vgl. FITZMYER, Gospel I, 474.

[5] Vgl. KREMER, Pfingstbericht, 85: „Seit den Funden von Qumran kann nicht mehr bestritten werden, daß die Erwartung einer Läuterung durch den Geist, wie sie in der urkirchlich geprägten Wiedergabe der Täuferpredigt (»er wird euch mit heiligem Geist taufen«: Mk 1,8 par) ausgesprochen wird, ganz zum Thema der Bußpredigt des Johannes paßt und offensichtlich dazu gehörte."

- *Elisabeth*, die Mutter des noch ungeborenen Johannes, preist „von heiligem Geist erfüllt" die Mutter ihres Herrn (Lk 1,41-45).

- *Zacharias*, der Vater des Täufers, preist Gott „erfüllt von heiligem Geist" für das von ihm gesandte Heil aus dem Haus Davids (1,67-69), dankt ihm also im lukanischen Kontext für Jesus.

- *Stephanus*, der ein Repräsentant von Gruppen, die Johannes den Täufer favorisierten, gewesen sein könnte[6], erblickt „voll heiligen Geistes" Jesus als Menschensohn zur Rechten Gottes und bittet ihn: „Herr, nimm meinen Geist auf!" (Apg 7,55-59).

- *Apollos* in Ephesus redet „brennend im Geist" (Apg 18,25 ... ζέων τῷ πνεύματι ...) von Jesus, kennt aber nur die Taufe des Johannes. Erst durch die Vermittlung des Paulus werden die Epheser dann auf den Namen Jesu und mit heiligem Geist getauft (Apg 19,1-7)[7].

Einerseits dient der heilige Geist bei Lukas also als Unterscheidungskriterium zwischen Christen und Anhängern des Täufers, andererseits werden gerade die Menschen, die dem Täufer besonders nahestehen, vom Geist befähigt, Jesus zu erkennen. Diese Paradoxie läßt sich nur dadurch erklären, daß Lukas gerade die Anhänger des Täufers für Jesus Christus gewinnen will. Indem er beschreibt, wie ihre Repräsentanten und Johannes selbst von heiligem Geist erfüllt sind und dadurch Jesus als den Christus erkennen und ankündigen, wirbt er für die christliche Lehre. Dies hätte wenig Sinn, wenn der heilige Geist nicht ein Motiv wäre, das den Anhängern des Täufers geläufig war.

Auch Lk 11,1-13 deutet in diese Richtung. Einer der Jünger bittet Jesus, daß er sie beten lehre, „wie auch Johannes seine Jünger lehrte" (Lk 11,1; vgl. 5,33). Es folgen das Vaterunser (11,1-4) und eine Gleichnisrede Jesu über das Bitten (11,5-13), an deren Ende Lukas die Bitte um den heiligen Geist als das wesentliche Gebetsanliegen der Jünger - und damit der Gemeinde - erscheinen läßt (11,13). Die Bitte um heiligen Geist könnte also die Anhänger Jesu mit denen des Täufers sowohl verbunden als auch von ihnen getrennt haben. Während die Anhänger des Johannes auf eine Rettung durch den Geist im Gericht hofften, betont Jesus in Lk 11 nachdrücklich, daß Gott denen, die ihn darum bitten, seinen Geist geben werde (11,5-13).

---

[6] Ob sich die Mose-Typologie in Apg 7,17-44 tatsächlich ursprünglich auf Johannes den Täufer bezogen hat, wäre im einzelnen noch nachzuweisen (vgl. 4.1.1.c, S.128-130, und 7.1.1.c, S.222-228).

[7] Vgl. zu Apg 18,25 die überzeugende Auslegung von TANNEHILL, Unitiy 2, 232-234.

Erneut bestätigt sich die Beobachtung von Dibelius: „„Der heilige Geist' scheint aber eine Art Schibboleth im Streit der Christen mit den Täuferjüngern gebildet zu haben."[8].

2.1.2 Jesus und der heilige Geist

Abgesehen von Lk 1,15, wo das Erfülltsein mit heiligem Geist für Johannes den Täufer verheißen wird, läßt sich an *allen* anderen Stellen, an denen „heiliger Geist" im Lukasevangelium vorkommt[9], eine Beziehung zu Jesus *und* Johannes ausfindig machen; lediglich in Lk 10,21 und 12,10-12 ist eine Auseinandersetzung mit Johannes dem Täufer nur indirekt zu erschließen.

Zunächst fällt auf, daß das Motiv der Geisterfülltheit Jesu fast ausschließlich in den ersten vier Kapiteln vorkommt (1,35; 3,16; 3,22; 4,1.14.18). Da dort aber die Geschichte Jesu in Gegenüberstellung zu Johannes dem Täufer erzählt wird und das gleiche Motiv auch bei diesem begegnet (1,15), ist zu folgern, daß Lukas die Geisterfülltheit Jesu gerade im Vergleich mit Johannes betonen will[10].

In Lk 1,35 verheißt der Engel Maria, daß die Geburt ihres Sohnes durch den heiligen Geist bewirkt und daß das gewordene Heilige *Sohn Gottes* genannt werde. Schon hier läßt sich bei Lukas die „geistliche" Überlegenheit Jesu über Johannes erkennen[11].

Elisabeth, die Mutter des Täufers, erkennt durch den heiligen Geist und das Springen ihres Kindes den ungeborenen Jesus als ihren Herrn (Lk 1,41-45), und Zacharias weissagt vom heiligen Geist erfüllt, daß ihr Sohn dem messianischen Retter aus dem Stamm Davids dem Weg bereiten werde (Lk 1,67-76).

Ähnlich wie Zacharias erkennt und preist Simeon vom heiligen Geist geführt den Christus als Heil für Israel (Lk 2,25-32).

---

[8] DIBELIUS, Überlieferung, 43. Für DIBELIUS „... ist das Eindringen der Bitte um den Geist auf den Gegensatz gegen die Johannesjünger zurückzuführen." (A.a.O. 45).

[9] „Heiliger Geist" oder in derselben Bedeutung „Geist" begegnen im Lukasevangelium an folgenden Stellen: Lk 1,15.35.41.67.(80); 2,25.26.27; 3,16. 22; 4,1.14.18; 10,21; 11,13; 12,10.12.

[10] Auf das lukanische Interesse an einer Gegenüberstellung der Geisterfülltheit Jesu und dem prophetischen Geist des Johannes, das sich besonders in Lk 1-4 erkennen läßt, hat schon VON BAER, Geist, 54f u.ö., verwiesen.

[11] Vgl. REBELL, Erfüllung, 11: „Bei Lukas ist unverkennbar, daß die Feststellung, Jesus sei vom Geist gezeugt worden, jene Feststellung überbieten soll, Johannes der Täufer sei vom Mutterleib an mit heiligem Geist erfüllt (Lk 1,15)."

Johannes selbst verweist auf den, der mit heiligem Geist taufen werde (Lk 3,16). Und unmittelbar in Anschluß an die Predigt des Täufers wird vom Herabkommen des heiligen Geistes auf Jesus bei seiner Taufe berichtet (Lk 3,22).

Wie bei Johannes beginnt die Tätigkeit Jesu in der Wüste, aber bei ihm betont Lukas ausdrücklich das Erfülltsein und die Führung durch den heiligen Geist (Lk 4,1.14).

Indem Jesus in seiner Antrittspredigt das Zitat aus Jes 61,1f: *„Der Geist des Herrn ist auf mir ...“* auf sich bezieht (Lk 4,18-21), erweist er sich als der von Johannes angekündigte Stärkere. Während in den Hinweisen des Johannes auf Jesus allenfalls die prophetische Dimension des Geistes zu erkennen war[12], zeigen sich im Wirken Jesu die schöpferische[13] und befreiende Dimension des Geistes (Lk 1,35; 4,18).

Die einzigen Stellen, an denen das Motiv „heiliger Geist" außerhalb von Lk 1-4 vorkommt, sind Lk 10,21; 11,13 und 12,10.12. In Lk 10,21, dem sogenannten „Jubelruf Jesu", berichtet Lukas davon, daß Jesu Freude im heiligen Geist geschehe (anders Mt 11,25). Möglicherweise verstand Lukas die folgenden Worte Jesu über die Weisen und Propheten (Lk 10,21-24) auch als Polemik gegen Johannes den Täufer und seine Anhänger (vgl. bes. 10,23f mit 7,18-23.26-28 u. 16,16)[14] und betont deshalb das Erfülltsein Jesu mit heiligem Geist gerade an dieser Stelle. Auf Lk 11,13 wurde bereits oben Bezug (S.70) genommen. Mit dem Hinweis auf die Bitte um den heiligen Geist faßt Jesus seine Antwort auf die Bitte eines der Jünger zusammen, sie so *wie auch Johannes seine Jünger* beten zu lehren (11,1)[15]. Die Worte Jesu in Lk 12,8-12 beziehen sich auf das Bekenntnis zu ihm und mahnen, ihn nicht zu verleugnen. Dieser Zusammenhang und die übrigen erwähnten „Geist-Stellen" bei Lukas lassen vermuten, daß auch die Sünde wider den heiligen Geist (12,10) indirekt etwas mit Johannes oder seinen Anhängern zu tun haben könnte[16].

In der Apostelgeschichte hat der heilige Geist noch andere Funktionen als im Evangelium. Hier erfüllt sich, was Jesus in Lk 11,13; 12,12

---

[12] Vgl. VON BAER, Geist, 43-45, und TATUM, Zeit, 322-324, und in dieser Arbeit unter 1.2.1, S.16f.

[13] Zur schöpferischen Dimension des Geistes, die Jesus von Johannes unterscheidet, vgl. TATUM, Zeit, 327.

[14] Die Freude im heiligen Geist könnte ein Motiv sein, das Lukas aus der Tradition, möglicherweise sogar aus dem Umfeld des Täufers, übernimmt (Vgl. Lk 10,21 mit 1,47b).

[15] Vgl. auch 2.3 (*Gebet*), S.88-92.

[16] Vgl. 2.4 (*Sünde wider den heiligen Geist*), S.92-93.

oder 24,49 seinen Jüngern verheißen hat: Der Geist führt und stärkt Apostel und Gemeinde. Doch wird auch in der Apostelgeschichte die „Salbung" Jesu mit heiligem Geist und Kraft im Zusammenhang mit Johannes dem Täufer erwähnt (vgl. Apg 10,37f).

Bei zwölf der insgesamt sechzehn „Geist-Stellen" im Lukasevangelium handelt es sich um lukanisches Sondergut. Lk 3,16 und 12,10 haben Parallelen bei Markus und Matthäus, und in Lk 3,22 und 4,1 spricht nur Lukas von „*heiligem* Geist". Schon dieses zahlenmäßige Verhältnis zeigt, daß Lukas eigenständige pneumatologische Akzente setzt. Der heilige Geist ist ein zentrales Motiv seiner Theologie[17].

Die Analyse aller Stellen im Lukasevangelium, an denen das Motiv des heiligen Geistes vorkommt, und der Hinweis auf Apg 10,37f ergeben ein einheitliches Bild für die lukanische Theologie. Lukas betont das Erfülltsein Jesu mit heiligem Geist gerade und fast ausschließlich gegenüber Johannes dem Täufer. Dies läßt vermuten, daß pneumatologische Fragen entscheidende Streitpunkte zwischen den Anhängern des Täufers und der christlichen Gemeinde des Lukas waren. Damit stellt sich die Frage nach der Taufe, da Lukas gerade gegenüber Johannes die pneumatologische Dimension der christlichen Taufe hervorhebt.

2.2 Taufe

Die Zusage des auferstandenen Christus an seine Jünger: *„Johannes hat mit Wasser getauft werden, ihr aber sollt mit heiligem Geist getauft werden ..."* (Apg 1,5) ist für die Apostelgeschichte Überschrift und Programm zugleich[18]. Die Gegenüberstellung von Johannes und Jesus zu Beginn des Lukasevangeliums scheint sich nun für die Apostelgeschichte in der Gegenüberstellung der Taufe mit Wasser und heiligem Geist zu wiederholen, wobei wiederum Letzteres das zuvor genannte überbietet. Dennoch erschöpfen sich die lukanischen Alternativen nicht in dem Gegensatz zwischen Wasser- und Geisttaufe. Das Motiv „Taufe" begegnet bei Lukas in sechs verschiedenen „Konstellationen": als Taufe der Umkehr (Lk 3,3; Apg 13,24; 19,4), Taufe mit Wasser (Lk 3,16; Apg 1,5; 8,38; 10,47; 11,16), Taufe mit Feuer (Lk 3,16), Taufe des Johannes (Lk 7,29; 20,4; Apg 10,37; 18,25; 19,3), Taufe auf den Namen Jesu Christi (Apg 2,38; 8,16; 10,48; 19,5) und als Taufe mit heiligem Geist (Lk 3,16; Apg 1,5; 11,16). Da sich die Umkehr- und die Wassertaufe sowohl zur Taufe des Johannes als auch zur Taufe auf den Namen Jesu zuordnen lassen, diese wiederum aber

---

[17] Vgl. REBELL, Erfüllung, 22.
[18] Vgl. unter 1.1 (*Die Vorworte*), S.9.

voneinander zu unterscheiden sind, und da die Taufe mit Feuer ihr Äquivalent in der Taufe mit heiligem Geist findet, bieten sich folgende Gliederungspunkte an: *1. Die Taufe des Johannes; 2. Die Taufe auf den Namen Jesu Christi; 3. Die Taufe mit heiligem Geist.*

2.2.1 Die Taufe des Johannes

Aufgrund seiner deutlichen Abgrenzung der Taufe mit heiligem Geist von der Wassertaufe des Johannes stellt sich die Frage, welches Verständnis Lukas von der Taufe des Johannes hatte. Es wurde ja bereits festgestellt, daß er etwa gegenüber Markus die Darstellung der Tauftätigkeit des Johannes zugunsten seiner Funktion als Ankündiger Jesu reduziert[19]. Um diese Auseinandersetzung des Lukas mit der Taufe des Johannes angemessen zu beurteilen, muß nach dem historischen Verständnis der Taufe bei Johannes über deren Funktion bei Lukas hinaus zurückgefragt werden. Dabei erscheinen mir folgende Thesen plausibel.

1. *Die Taufe des Johannes stand im direkten Zusammenhang mit seiner Verkündigung des bevorstehenden Gerichts.* Der Vorwurf des Johannes an die Taufwilligen bezüglich ihrer Gewißheit, dem „künftigen Zorn" zu entkommen (Lk 3,7), macht nur Sinn, wenn diese eine Verbindung zwischen ihrer Taufe und einer möglichen Rettung im Gericht sahen. Zudem redet Johannes selbst von seiner Taufe im Zusammenhang mit Bildern des eschatologischen Gerichts (3,16f)[20].

2. *Die Taufe des Johannes war äußeres Zeichen einer inneren Umkehr, die sich in einer gerechteren Lebensweise ausdrücken mußte.* Den Menschen, denen Johannes mit der Vernichtung im Gericht gedroht hatte (3,8f) und die ihn fragen, was sie tun sollen, rät er, Ärmeren von ihrem Besitz abzugeben und niemandem Unrecht zuzufügen (3,10-14). Seine „Standespredigt" deutet Bedingungen für die Taufe an. Die Umkehrbereitschaft der Taufwilligen muß sich auch in ihrer

---

[19] Lukas übergeht bei der Vorstellung des Johannes in Lk 3,1-3 dessen Bezeichnung als „der Täufer" (Mk 1,4; Mt 3,1) und berichtet weder, daß die zu ihm drängenden Menschen von ihm getauft wurden (Mk 1,5; Mt 3,5f), noch daß Jesus von ihm getauft wurde (Mk 1,9; Mt 3,13-15). Außerdem vermeidet er in den Kindheitserzählungen jede Erwähnung der zukünftigen Tauftätigkeit des Johannes oder seines Beinamens „Täufer".

[20] Vgl. REISER, Gerichtspredigt, 153-182 (*Das Gericht in der Verkündigung des Täufers*), und in dieser Arbeit 5. (*Gerichtsmotive*), S.160-175, und 8.1.1 (*Johannes und die Vergebung der Sünden im Gericht*), S.276-278.

Lebensweise zeigen. Erst derjenige, der „Früchte der Umkehr" bringt, verhält sich adäquat zu seiner Taufe. Die Drohungen des Täufers mit dem unmittelbar bevorstehenden Gericht und das in der Standespredigt geforderte Einrichten in der Gegenwart stehen in einer gewissen Spannung zueinander. Wahrscheinlich entstand die Standespredigt erst als „Regelwort" in Kreisen der Anhänger des Täufers[21], auch eine christliche Bildung ist nicht auszuschließen[22]. In unserem Zusammenhang erscheint mit lediglich die Beobachtung wichtig, daß Lukas die enge Verbindung von Taufe und Fruchtbringen als konstitutive Forderung des Johannes darstellt. Die „Taufe der Umkehr" ist die „Taufe des Johannes". Als solche wird sie in der Apostelgeschichte zitiert (Apg 13,24f; 19,3f), und als solche ist sie inhaltlich und sachlich von der „Taufe auf den Namen Christi" und der „Taufe mit heiligem Geist" zu unterscheiden.

3. *In der Taufe des Johannes deutet sich symbolisch die Möglichkeit einer Reinigung von Sünden im Gericht an.* Der Taufort Jordan (Lk 3,3; 4,1), die Erwähnung des Wassers, mit dem Johannes taufte (Lk 3,16; Apg 1,5; 11,16), und schließlich auch die lukanische Anspielung auf das „Reinwerden" des Syrers Naamans (Lk 4,27), das ja durch ein Untertauchen im Jordan geschah (2 Kön 5,1-14)[23], lassen vermuten, daß es sich bei der Taufe des Johannes, mit der Lukas sich auseinandersetzte, um eine symbolische Reinigung handelte. Es stellt sich die Frage nach der Art dieser Reinigung. Das Stichwort „Vergebung der Sünden" und der mehrfache Hinweis des Täufers auf das kommende Gericht[24] lassen den Taufakt als prophetisch-eschatologische Symbolhandlung erkennen. Die Prophezeiung des Johannes einer zukünftigen Taufe mit heiligem Geist und Feuer (3,16f) erschließt die Bedeutung seiner Taufe. „Sie kündigt in einer symbolträchtigen Handlung den Umkehrenden die endzeitliche Rettung vor dem verbrennenden Feuer beziehungsweise Reinigung von Sünden an. ... Rettung und Gericht - die Taufe des kommenden Stärkeren mit heiligem Geist und Feuer -

---

[21] Vgl. ERNST, Johannes, 97; und SAHLIN, Früchte, 58: „Weshalb sollte der Täufer seine Gedanken nicht durch ein paar konkrete Beispiele beleuchten? Gerade das bietet die Standespredigt - charakteristische Beispiele echt jüdischer Ethik. - Wenn man die Standespredigt in dieser Weise beurteilt, findet sich meines Erachtens kein Anlass zu bezweifeln, dass dieses Stück nicht protolukanischen Ursprungs ist." (Schreibweise wie im Original); zur Standespredigt vgl. ansonsten in dieser Arbeit unter 6. (*Ethische Motive*), bes. S.175f.

[22] Vgl. BOVON, Evangelium I, 173-175; HORN, Glaube, 92-94.

[23] Vgl. zu Lk 4,27 unter 3.5 (*Umkehr als Reinigung oder Heiligung*), S.119.

[24] Vgl. 8.1.1 (*Johannes und die Vergebung des Sünden und Gericht*), S.276-278.

werden in der Taufe des Johannes ‚hautnah' erfahren."[25] Es ist zwar nicht auszuschließen, daß das Motiv der Geisttaufe „ein Zusatz der christlichen Traditionsgeschichte des Täuferworts"[26] ist, doch zeigen die Texte aus Qumran, in denen von einer eschatologischen Reinigung durch den heiligen Geist die Rede ist (1 QS IV,20f; IX,3-5; 1 QH XVI,12), daß dieses Motiv auch als originärer Bestandteil der Verkündigung des Täufers vorstellbar ist. Die in der Taufe symbolisch antizipierte mögliche Reinigung von Sünden im Gericht ist der theologische Ort, an dem Johannes der Täufer vom Wirken des heiligen Geistes spricht.

Lukas reduziert die Bedeutung der Johannestaufe auf ihre Funktion als Zeichen der Umkehrbereitschaft und auf ihre historische Faktizität. Für ihn liegt die Bedeutung der Johannestaufe darin, daß sie Gottes Plan entspricht. Wer zur Umkehr bereit war und sich mit der Taufe des Johannes taufen ließ, der verhielt sich nach dem Willen Gottes (vgl. Lk 7,29f)[27]. Im Streitgespräch über die Vollmacht Jesu (20,1-8) impliziert der Kontext der Frage Jesu, ob die Taufe des Johannes „vom Himmel oder von Menschen" sei (20,4), für den christlichen Leser die Antwort: „vom Himmel". Auch Paulus unterstreicht bei Lukas die Bedeutung der Taufe des Johannes als Zeichen der Umkehr (Apg 19,4). Wer sie empfängt, ist anders als die Pharisäer und Schriftgelehrten (Lk 7,30) auf dem richtigen Weg (vgl. Apg 18,25), aber er ist eben weder auf den Namen Christi noch mit heiligem Geist getauft (vgl. Apg 19,3-6). Damit verliert die Taufe des Johannes für Lukas aber ihren eschatologischen Bezug und jede Heilsrelevanz[28]. Sie wird zum Ereignis in der Geschichte, das der heilbringenden Botschaft Christi nach dem Willen Gottes vorangeht. Dies gilt sowohl historisch als auch individuell. Historisch insofern, als auf die Verkündigung der Taufe durch Johannes (Lk 3,1-18) die Verkündigung des Evangeliums vom Reich Gottes durch Jesus folgt (Lk 4,14-44; vgl. Lk 16,16; Apg 1,22; 10,37f; 13,23f). Und individuell gilt es, weil die Menschen, die „nur" mit der Taufe des Johannes getauft sind, noch die Taufe auf den Namen Christi und mit heiligem Geist benötigen (Apg 19,3-5).

---

[25] ERNST, Johannes, 333.
[26] REISER, Gerichtspredigt, 174, vgl. 173-175.
[27] Dies gilt unabhängig davon, ob man nun Lk 7,29f als Teil der Rede Jesu (SCHNEIDER, Evangelium I, 172) oder als redaktionellen summarischen Bericht (BOVON, Evangelium I, 378) ansieht.
[28] Vgl. auch HAENCHEN, Apostelgeschichte, 534.

Die Taufe des Johannes ist für Lukas das individuelle und historische Ereignis, *nach* dem Gottes Kraft durch den heiligen Geist in die
Welt hereinbricht, zunächst, indem der Geist auf Jesus herabkommt
(Lk 3,21f), und dann, indem er auf die Apostel und die Gemeinde
Christi über geht (Lk 24,49; Apg 1,5.8; 2,4; 9,31; 10,37-44 u.ö.). Zwar
wirkte der heilige Geist auch schon vor der Taufe des Johannes (Lk
1,41.67; 2,25-27; Apg 28,25), doch nur in seiner prophetischen Dimension.

2.2.2 Die Taufe auf den Namen Christi

Lukas unterscheidet die *Taufe des Johannes* deutlich von der *Taufe auf
den Namen Jesu Christi* beziehungsweise *des Herrn Jesus* (Apg 2,38;
8,16; 10,48; 19,3-5). Die *Taufe auf den Namen Christi* bedeutet die
Aufnahme in die christliche Gemeinschaft. Die Formulierung
βαπτίζειν ἐπὶ τῷ ὀνόματι Ἰησοῦ Χριστοῦ begegnet in dieser oder
ähnlicher Form in jeder neuen Etappe der von Lukas beschriebenen
Ausbreitung des Wortes Gottes. Diese einzelnen Etappen sind durch
die von Lukas bereits in Apg 1,8 angedeutete Ausgießung des heiligen
Geistes auf Juden, Samaritaner und Heiden gekennzeichnet[29]. Die
Taufe auf den Namen Christi scheint dabei nur ein begleitender for-
maler Akt zu sein.

Petrus fordert die Jerusalemer am Ende seiner „Pfingstpredigt"
(Apg 2,14-39) auf, umzukehren und sich auf den Namen Jesu Christi
zur Vergebung der Sünden taufen zu lassen (Apg 2,38). Im folgenden
werden dann diejenigen, „die sein Wort annahmen und sich taufen ließen" (V.41), mit denen gleichgesetzt, die „gläubig wurden" (V.42),
und mit den „Geretteten", die Gott der Gemeinde „hinzufügte" (V.47).
Auf den Namen Christi getauft und der Gemeinde hinzugefügt zu werden, scheinen also zwei Aspekte eines Vorgangs zu sein.

Ähnliches gilt für die aufgrund der Predigt des Philippus gläubig
gewordenen Samaritaner (Apg 8,4-17), auch sie lassen sich auf den
Namen des Herrn Jesus taufen (8,16). Bemerkenswert ist dabei nicht
nur, daß es Samaritaner und ausdrücklich auch Frauen sind, die sich
taufen lassen (8,12), sondern daß die Taufe hier keineswegs „automa-
tisch" mit der Geistverleihung verbunden ist[30].

---

[29] Zur Taufe mit heiligem Geist in der Apostelgeschichte siehe 2.2.3.c, S.84-87.
[30] Vgl. REBELL, Erfüllung, 33. REBELL erklärt diese Beobachtung des fehlenden
Geistempfangs dadurch, daß Lukas den Vertretern des Jerusalemer Zwölfer-
Kreises mehr Autorität einräume als denen des Siebener-Kreises.

Diese relative Unabhängigkeit des Geistes von der Taufe wird durch die Umkehrung der Reihenfolge von Taufe auf den Namen Christi und Geistempfang in Apg 10,44-48 unterstrichen. Denn erst nachdem der heilige Geist auf die heidnischen Zuhörer des Petrus im Haus des Kornelius gefallen war, befiehlt Petrus, sie auf den Namen Jesu Christi zu taufen (10,48). Hier erscheint die Taufe geradezu als rechtlicher Akt. Petrus argumentiert, daß diesen Heiden aufgrund ihres Geistempfangs das Wasser zur Taufe nicht mehr zu verwehren sei (10,47). Der Geistempfang scheint also bei Lukas das Kennzeichen der Zugehörigkeit zur christlichen Gemeinde zu sein. Und die Taufe auf den Namen Christi ist der Akt, mit dem die Aufnahme in die Gemeinde vollzogen wird.

Auch die Episode in Ephesus (Apg 19,1-6) verdeutlicht, daß die Taufe des Johannes nicht die Taufe auf den Namen des Herrn Jesu ersetzt (19,4f). Die „Jünger" (19,1) in Ephesus hatten zwar „Genaues von Jesus" gehört (18,25), aber sie waren weder auf den Namen Christi getauft[31], noch hatten sie den heiligen Geist empfangen. Ihre Taufe ist die einzige im Neuen Testament berichtete Wiedertaufe[32] und kann als Paradigma für die theologische Auseinandersetzung des Lukas mit der Taufe des Johannes betrachtet werden[33].

Die aufgeführten Stellen zeigen, daß Lukas unter der Taufe auf den Namen Christi den initiatorischen Akt der Aufnahme von gläubig gewordenen Menschen in die Gemeinde Christi verstand. Diese Menschen wurden nach der Information des Lukas zuerst in Antiochia als „Christen" bezeichnet (vgl. Apg 11,26). Ihre Taufe auf den Namen Christi hat außer dem Medium des Wassers (Apg 8,36; 10,47f) wenig mit der Taufe des Johannes gemein. Einige Stellen deuten zwar noch einen gewissen Zusammenhang zwischen der Taufhandlung und dem Abwaschen der Sünden an (Apg 2,38; 22,16), aber es ist deutlich, daß dies für Lukas in Verbindung mit der Taufe kein eigenständiges theologisches Thema mehr ist. Die Taufe des Johannes war die Taufe der Umkehr zur Vergebung der Sünden, davon ist für Lukas ausdrücklich die Taufe auf den Namen Jesu zu unterscheiden (Apg 19,4f). Deren initiatorischer Charakter wird der Johannestaufe fremd gewesen sein. Allerdings ist es durchaus denkbar, daß die Taufe des Johannes nach

---

[31] Anders als KÄSEMANN, Johannesjünger, 158.162f.167, würde ich daher die Epheser, die noch nicht auf den Namen Christi getauft sind, auch nicht „Christen" nennen. Vgl. aber BACKHAUS, „Jüngerkreise", 190-213.

[32] Vgl. BRUCE, Holy Spirit, 176.

[33] Auch TANNEHILL, Unity 2, 234, zeigt, daß der lukanische Paulus hier positiv an die Tradition des Täufers anknüpft, um die christliche Taufe als notwendige Konsequenz aufzuzeigen.

seinem Tod in Kreisen seiner Anhänger eine initiatorische Bedeutung erhielt[34]. Apg 18,25-19,3 könnte ein Beleg dafür sein.

Die Taufe auf den Namen Christi scheint für Lukas ein bereits institutionalisierter Akt zu sein, der den Beginn des Christseins sakramental begleitet. Entscheidend und theologisch ungleich relevanter ist für ihn die Taufe mit heiligem Geist[35], die zwar im unmittelbaren Zusammenhang mit der Taufe auf den Namen Christi steht, aber eine eigenständige Bedeutung hat.

2.2.3 Die Taufe mit heiligem Geist

Die Taufe mit heiligem Geist ist ein Motiv, das zuerst in der Verkündigung des Johannes begegnet und das in Verbindung mit der eschatologischen Feuertaufe steht. Da sich für Lukas aber die von Johannes angekündigte Taufe mit heiligem Geist und Feuer erst in der nachösterlichen Gemeinde erfüllt, legt sich folgende Differenzierung nahe:
a) Taufe mit heiligem Geist in der Verkündigung des Täufers;
b) Taufe mit Feuer und
c) Taufe mit heiligem Geist in der Apostelgeschichte.

a) Taufe mit heiligem Geist in der Verkündigung des Täufers
Die Ankündigung des Johannes eines kommenden Stärkeren, der mit heiligem Geist und mit Feuer taufen werde (Lk 3,16), könnte ursprünglich das Kommen Gottes am Tag Jahwes gemeint haben (vgl. Mal 3,1-23 u.a.). Die *Taufe mit heiligem Geist* wäre dann auf die zur Zeit des Johannes im Judentum vorhandene Vorstellung von einer endzeitlichen Ausgießung und Reinigung durch den Geist Gottes zu beziehen (vgl. Jes 32,15; 44,3; Joel 3,1; Ez 36,25-27; TestJud 24,2-6; TestLev 18,11; 1 QS IV,20f; IX,3-5; 1 QH XVI,12[36])[37]. Immerhin läßt die lukanische Darstellung des Täufers diese Verbindung von Johannes und dem

---

[34] Vgl. ERNST, Johannes, 323f: „Es hat zwar in der späteren Täuferschule oder Täufersekte eine initiatorische Umdeutung, möglicherweise unter dem Einfluß der jüdischen und christlichen Praktiken, gegeben, aber der Täufer selbst ist davon aufgrund seines eschatologischen Selbstverständnisses und Sendungsbewußtseins weit entfernt."

[35] Vgl. BARTH, Taufe, 60-68.

[36] Zur Vorstellung einer Reinigung von den Sünden durch den heiligen Geist in Qumran, vgl. BECKER, Heil, 162; NÖTSCHER, Terminologie, 191.

[37] Zu der Annahme, ursprünglich sei von einer Taufe ἐν πνεύματι καὶ πυρί, also einer Taufe „im Feuersturm", die Rede gewesen, besteht angesichts der religionsgeschichtlichen Parallelen kein Grund (vgl. REISER, Gerichtspredigt, 174).

Geistmotiv noch erkennen. Die Unwissenheit der Johannesjünger in Ephesus bezüglich des heiligen Geistes (Apg 19,2) ist kein zwingendes Argument gegen eine solche Verbindung[38], denn sie muß sich nicht unbedingt auf dessen Existenz, sie kann sich auch auf sein Empfangen beziehen[39]. Selbst die Darstellung der Taufe Jesu im Neuen Testament stellt ja einen Zusammenhang zwischen der „Ausgießung" des heiligen Geistes auf Jesus und der Wassertaufe des Johannes her.

Die Bedeutung der Johannestaufe wird in ihrer symbolischen Antizipation der kommenden Taufe mit heiligem Geist zur Reinigung im Gericht zu suchen sein. Insofern war sie nicht nur ein symbolischer Akt, sondern der entscheidende theologische Topos in der Verkündigung des Johannes. Mit diesem Topos mußte Lukas sich auseinandersetzen, wenn er die „Anhänger" des Täufers gewinnen wollte. Dies tat er nicht nur, indem er der Taufe mit Wasser durch Johannes die Taufe mit heiligem Geist gegenüberstellte (Lk 3,16; Apg 1,5; 11,16), sondern auch, indem er ein weiteres Motiv der Täuferpredigt „christianisierte", nämlich die *Taufe mit Feuer*.

b) Taufe mit Feuer

Die *Taufe mit Feuer* ist in der Verkündigung des Johannes ein Bild für die Vernichtung im Gericht[40]. Dreimal begegnet das Symbol „Feuer" in der Predigt des Täufers (Lk 3,9.16.17)[41]. Es ist unwahrscheinlich, daß es einmal positiv (in 3,16) und an den anderen beiden Stellen (3.9.17) negativ konnotiert sein könnte. Vielmehr dürften auf der einen Seite das Verbrennen der fruchtlosen Bäume (3,9), die Taufe mit Feuer (3,16) und das Verbrennen der Spreu (3,17) für die von Johannes angedrohte Vernichtung stehen, und auf der anderen Seite werden Fruchtbringen, Taufe mit heiligem Geist und Sammeln des Weizens die Rettung im Gericht symbolisieren.

Johannes wird den kommenden Tag Jahwes als unmittelbar bevorstehendes Feuergericht verkündigt haben, angesichts dessen radikale Umkehr die einzige Möglichkeit ist, um noch Rettung durch den Geist Gottes erhoffen zu können. Die Wassertaufe als Zeichen der Umkehrbereitschaft symbolisierte die erhoffte Reinigung durch den Geist.

---

[38] Vgl. DIBELIUS, Überlieferung, 56, und dazu ERNST, Johannes, 306f.

[39] Vgl. die Textvariante: Ἀλλ᾿ οὐδ᾿ εἰ πνεῦμα ἅγιον λαμβάνουσιν τινες ἠκούσαμεν in den beiden Papyri 38 und 41.

[40] Vgl. ERNST, Johannes, 305; VON BAER, Geist, 139-163; BARTH, Taufe, 25; MICHAELIS, Täufer 31f.

[41] Vgl. zum Motiv des Feuers in der Verkündigung des Täufers und seiner Bedeutung für Lukas in dieser Arbeit 5.2 (*Feuer*) , S.166-170.

Aber erst eine Lebensweise, die dieser Umkehr entsprach, konnte die Hoffnung, der eschatologischen Taufe mit Feuer zu entgehen, legitimieren.

Möglicherweise spielt Lukas bereits in der Art, wie er das Wirkungsgebiet des Täufers beschreibt, auf dessen Verkündigung eines Feuergerichts an; denn er gebraucht in Lk 3,3 dieselben Worte, mit denen in der Septuaginta das Gebiet Lots, nämlich Sodom und Gomorra, bezeichnet wird (vgl. Gen 13,10: πᾶσαν τὴν περίχωρον τοῦ Ἰορδάνου), eine Gegend also, die geradezu paradigmatisch für das Feuergericht Gottes steht (vgl. Gen 20,24-29; Dtn 29,22; Am 4,11; Weish 19, 13-20; Lk 17,28f [vgl. auch 10,12])[42].

Die Vorstellung von einer Ausgießung vernichtenden Feuers als endzeitliches Gericht über die Unbußfertigen, die im unmittelbaren theologischen Umfeld des Täufers begegnet, nämlich bei der Glaubensgemeinschaft in Qumran (vgl. 1 QH III,12-16.27-31; XVII,12-15), entspricht dem Motiv der Feuertaufe zum Gericht in der Predigt des Johannes[43].

Lukas setzt sich nicht nur in seiner Beschreibung des Pfingstgeschehens mit dem von Johannes gebrauchten Bild der Feuertaufe auseinander, sondern auch in seiner Darstellung von dem Beginn der Reise Jesu nach Jerusalem (Lk 9,51-55), also zu Beginn der sogenannten „großen Einschaltung". Er beginnt diesen Teil seines Evangeliums mit der redaktionellen Formulierung: Ἐγένετο δὲ ἐν τῷ συμπληροῦσθαι τὰς ἡμέρας ... (9,51) und unterstreicht so die Bedeutsamkeit der nun folgenden Ereignisse[44]. Lukas schildert dann die Aussendung von Boten durch Jesus mit den altertümlichen Formulierungen des Maleachi-Zitats (Mal 3,1) aus Lk 7,27: Ἰδοὺ ἀποστέλλω τὸν ἄγγελόν μου πρὸ προσώπου ... (vgl. 9,52a καὶ ἀπέστειλεν ἀγγέλους πρὸ προσώπου αὐτοῦ). Da πρὸ προσώπου αὐτοῦ ein Septuagintismus ist, der im Neues Testament außer bei Lukas nur als Zitat aus Mal 3,1 begegnet (Mk 1,2; Mt 11,10)[45], und da dieses Zitat auch bei Lukas auf Johannes den Täufer bezogen wird (Lk 7,27; Apg 13,24), könnte es sich bei dieser Stelle um eine Polemik gegen Johannes handeln. Jesus sendet *meh-*

---

[42] Vgl. KAUT, Befreier, 48, und in dieser Arbeit S.47-50 (1.3.1).

[43] Vgl. MAIER / SCHUBERT, Qumran-Essener, 93.

[44] Vgl. die fast wortgleiche Einleitung der Schilderung der Pfingstereignisse in Apg 2,1f: Καὶ ἐν τῷ συμπληροῦσθαι τὴν ἡμέραν τῆς ... / καὶ ἐγένετο ... Sie zeigt, daß Lukas sich mit der Ausgießung des heiligen Geistes wie Feuer (Apg 2,3) auf das in Lk 9,54 geforderte Feuergericht bezieht (vgl. BROER, Geist, 279f).

[45] Vgl. JEREMIAS, Sprache, 179.

rere Boten vor sich her (Lk 9,52; 10,1) und nicht nur *einen*. Damit bestreitet Lukas zwar nicht, daß das Auftreten des Täufers eine Erfüllung der Verheißung in Mal 3,1 ist (vgl. Lk 7,27; Apg 13,24), aber er verdeutlicht seinen Lesern, daß sich daraus eben keine Vorrangstellung des Johannes gegenüber den Jüngern Jesu ableiten läßt, da diese genauso „vor ihm her gesandt" sind (Lk 9,52; 10,1). Lukas unterstreicht hier rhetorisch, was er unmittelbar nach der Anwendung des Maleachi-Zitats auf Johannes den Täufer bereits schrieb: *Der Kleinere im Himmelreich ist größer als er* (7,28).

Da die Samaritaner Jesus die Gastfreundschaft verweigern (9,52f), bitten Jakobus und Johannes[46] ihren Herrn, er möge sie anweisen, Feuer vom Himmel fallen zu lassen, um sie zu vernichten (9,54). Ihre Bitte: πῦρ καταβῆναι ἀπὸ τοῦ οὐρανοῦ καὶ ἀναλῶσαι αὐτούς, ist ein fast wörtliches Zitat aus 2 Kön 1,10.12 (LXX), wo Elia Feuer vom Himmel auf die Soldaten des Königs von Samaria fallen läßt. Da Lukas die Gleichsetzung des Elias redivivus mit Johannes dem Täufer kannte (vgl. Lk 1,17a; 4,25; Mk 9,11-13), ist es sehr wahrscheinlich, daß er sich hier mit dessen Ankündigung eines eschatologischen Feuergerichts auseinandersetzt. Auf diese Weise konnte er gegenüber Anhängern des Täufers deutlich machen: Jesus bringt kein vernichten-

---

[46] Möglicherweise ist auch die Erwähnung des Jüngernamens Johannes ein Hinweis auf die Verbindung dieser Szene zum theologischen Umfeld des Täufers. STAUFFER hält den Jünger gleichen Namens und Sohn des Zebedäus für einen zeitweiligen Täuferschüler. Er begründet dies mit Joh 1,35 und der in Mk 10,37 und Lk 9,54 deutlich werdenden „Haltung" des Johannes (vgl. STAUFFER, Probleme, 145). Diese Vermutung müßte als zu hypothetisch abgelehnt werden, wenn nicht der Jünger Johannes auch an anderen Stellen in Verbindung mit dem Täufer gebracht werden könnte. Er ist bei der Verklärung Jesu dabei (Lk 9,28), auf die bei Markus und Matthäus eine Belehrung über Elia bzw. Johannes den Täufer folgt (Mk 9,11-13; Mt 17,10-13). Er fragt Jesus nach „christlichen" Exorzisten außerhalb ihrer Gemeinschaft (Mk 9,38-40; Lk 9,49f), und ihm kündigt Jesus an, daß er einem männlichen Wasserträger begegnen werde (Lk 22,8-10), was möglicherweise ein Zeichen dafür war, daß es sich um einen essenischen Mönch handelte, denn normalerweise holten *Frauen* das Wasser (LAPIDE, Sprengstoff, 23). Desweiteren läßt sich eine gewisse Vorliebe des Lukas für den Jünger Johannes erkennen. Er vertauscht gegenüber Mk 5,37 und Mk 9,2 (Mt 17,1) die Reihenfolge der Jüngernamen und nennt Johannes *vor* Jakobus (Lk 8,51; 9,28; vgl. Apg 1,13), und nur er nennt Johannes in der Erzählung von der Vorbereitung zum Passahmahl (Lk 22,8). Lk 9,54, die Bitte des Jakobus und Johannes um ein Feuergericht über die Samaritaner, ist lukanisches Sondergut.

des Feuergericht über die, die ihn (noch) ablehnen. Möglicherweise weist Lukas damit auch bestimmte messianische Vorstellungen ab[47].

In der Apostelgeschichte zeigt Lukas dann, daß Jesus sehr wohl der von Johannes angekündigte Täufer mit Feuer und heiligem Geist ist. Doch bedeutet seine „Feuertaufe" nicht Vernichtung im Gericht, sondern Rettung[48], - auch für die Samaritaner (vgl. Apg 8,5-17).

In den beiden Sondergut-Versen Lk 12,49f folgen die Motive Feuer und Taufe unmittelbar aufeinander und sind fast lyrisch miteinander verbunden[49]. Wahrscheinlich hat Lukas hier zwei Worte Jesu aus der Tradition übernommen[50], weil er in ihnen eine Stellungnahme zu der Ankündigung des Johannes sah, nach ihm werde ein Stärkerer kommen, der mit Geist und Feuer taufen werde. Vielleicht stand das Wort vom Werfen des Feuers auf die Erde ursprünglich in einem ähnlich apokalyptischen Zusammenhang, wie er hinter der Prophezeiung des Täufers zu vermuten ist[51]. Lukas wird es dahingehend interpretiert haben, daß Jesus hier die „Feuertaufe" mit heiligem Geist herbeisehnt (vgl. Apg 2,3f.16-20). Tod und Auferstehung Jesu sind für Lukas die Voraussetzungen dieser Geistausgießung (vgl. Lk 24,46-49), dennoch ist es erstaunlich, daß er dies mit dem Bild der *Taufe* umschreibt. In unserem Zusammenhang mag die Beobachtung genügen, daß Lukas hier erneut die Taufe Jesu durch Johannes ignoriert beziehungsweise deren Bedeutung herabwürdigt. Möglicherweise soll Lk 12,50 zeigen, daß nicht die Taufe durch Johannes, sondern eine mystische Taufe Jesu durch seinen Tod ihren Platz im Heilsplan Gottes hat (vgl. τελεσθῇ). Vielleicht liegt hier aber auch der Gedanke zugrunde, daß Jesus die vernichtende Wirkung der von Johannes angekündigten Feuertaufe auf

---

[47] Vgl. GRUNDMANN, Evangelium, 201: „Der Bezug auf Elia, der auch ohne das Interpretament 54c deutlich ist, läßt das Stück als Auseinandersetzung mit einem aus der Eliavorstellung stammenden und auf Täuferkreise zurückgehenden Messiasbild erkennen."

[48] Die Ergänzung einer nicht geringen Zahl von Textzeugen (Koine, Markion, lateinische Textzeugen u.a.) in Lk 9,55f: καὶ εἶπεν, Οὐκ οἴδατε οἴου πνεύματός ἐστε ὑμεῖς; ὁ γὰρ υἱὸς τοῦ ἀνθρώπου οὐκ ἦλθεν ψυχὰς ἀνθρώπων ἀπολέσαι ἀλλὰ σῶσαι, zeigt, daß diese Szene schon von sehr frühen Rezipienten des Lukas ganz in seinem Sinne als Abweisung eines Feuergerichts durch Jesus verstanden wurde.

[49] Πῦρ und βάπτισμα stehen als Subjekte zu Beginn der beiden syntaktisch gleich gestalteten Sätze.

[50] Vgl. JEREMIAS, Sprache, 223. Lk 12,50 könnte ein lukanische Variante von Mk 10,38 sein.

[51] Zu dem Ergebnis, daß die Predigt des Täufers eine große inhaltliche Nähe zum apokalyptischen Denken besitzt, kommt VON DOBBELER in ihrer Untersuchung der Botschaft des Täufers (vgl. DIES., Gericht, 149 u.ö.).

sich selbst nimmt und so die heilbringende Ausgießung des Geistes wie Feuer ermöglicht. In jedem Fall läßt Lk 12,49 eine kritische Auseinandersetzung mit den Erwartungen des Täufers beziehungsweise seiner Anhänger erkennen (vgl. 3,16ff). Der inhaltliche Bezug zu Lk 9,54f und 2 Kön 1,10.12 bestätigt dies[52].

In Apg 2,1-21 beschreibt Lukas dann das Erfülltwerden mit heiligem Geist als ein Ereignis, das begleitet ist von Feuererscheinungen (Apg 2,3f.17-19). Die Feuerzungen in V.3 sind die sichtbaren Beweise für die Erfüllung der Verheißung Joels, die die Ausgießung des göttlichen Geistes mit Rauch- und Feuererscheinungen in Verbindung bringt (V.19). Das Pfingstereignis, das sich dann in der Apostelgeschichte für Juden, Samaritaner, Heiden und alle Welt wiederholt, ist für Lukas *Taufe mit Feuer und heiligem Geist*. Jesus ist der Christus, den Johannes als Stärkeren ankündigte, und der mit heiligem Geist und Feuer taufen wird. Bei Lukas ist das Pfingstereignis die Erfüllung der Prophezeiungen Joels und des Johannes. Zwar beziehen sich beide Prophezeiungen ursprünglich auf Gott, doch wurden sie in der christlichen Gemeinde dann auf Jesus gedeutet (vgl. 2,33).

Die Taufe mit Feuer war in der Verkündigung des Johannes ein apokalyptisches Bild für das strafende Gericht Gottes. Taufe mit heiligem Geist bedeutete Reinigung und Rettung in diesem zukünftigen Gericht. Für Lukas fallen beide Bilder im Pfingstereignis zusammen[53] und werden so von einer drohenden Zukunftsvision zur gegenwärtigen Wirklichkeit. Das Feuer symbolisiert nun nicht mehr den vernichtenden Zorn, sondern die unaufhaltsame Kraft Gottes.

c) Taufe mit heiligem Geist in der Apostelgeschichte

Lukas unterscheidet in seiner Apostelgeschichte die *Taufe des Johannes* von der *Taufe auf den Namen Christi*. Dennoch gab es - historisch gesehen - auch Gemeinsamkeiten, denn beide waren Wassertaufen, und beide werden in den jeweiligen Gemeinden zur Zeit des Lukas initiatorische Bedeutung gehabt haben[54]. Möglicherweise war den Gemeinden auch noch bewußt, daß die ersten Anhänger Jesu mit der Taufe des Jo-

---

[52] RENGSTORF vermutet, daß Lk 12,49 ebenso wie 9,51-56.57-62 und 11,16.29-32 „in den größeren Zusammenhang der Auseinandersetzung mit einer Elias-Christologie" gehören könnte und verweist dabei auf Sir 48,1ff (RENGSTORF, Evangelium, 166). Ich werde auf diese Überlegungen unter 7.2.3.b (*Jesus als Prophet wie Elia*) zurückkommen, S.256-261.

[53] Vgl. REBELL, Erfüllung, 17.

[54] Zu Gemeinsamkeiten zwischen der Taufe des Johannes und der christlichen Taufe vgl. BARTH, Taufe, 37-41.

hannes getauft worden waren. Diese historischen Gemeinsamkeiten könnten der Grund dafür sein, warum Lukas den theologischen Unterschied der christlichen Taufe zur Johannes-Taufe gar nicht so sehr am Namen, sondern am Motiv der Geistausgießung festmacht. Der *entscheidende* Gegenpol zur Johannes-Taufe ist für Lukas die *Taufe mit heiligem Geist* (vgl. Lk 3,16; Apg 1,5; 11,16; 19,1-7)[55].

Die Formel „Taufen mit heiligem Geist" übernimmt Lukas aus der Verkündigung des Johannes, wo sie vermutlich auf das Bild vom Ausgießen des göttlichen Geistes am Tag Jahwes zurückgeht (vgl. Lk 3,16; 1 QS IV,20-22; Ez 36,25-27; Joel 3,1-5). Wie vermutlich für den historischen Johannes ist die Taufe mit heiligem Geist auch für Lukas das göttliche Pendant zur irdischen Wassertaufe. Während die Taufe mit Wasser - dort im Namen des Johannes, hier im Namen Christi - ein von Menschen vollzogener ritueller Akt ist, ist die Taufe mit Feuer und heiligem Geist Gottes unverfügbare Antwort.

Allerdings ist die von Johannes angekündigte Taufe mit heiligem Geist (Lk 3,16) im lukanischen Kontext von Anfang an ein Hinweis auf die Ausgießung des Geistes, die Jesus seinen Jüngern verheißt (vgl. 24,49; Apg 1,5; 11,16). Indem Lukas in seinem Evangelium die Geisterfülltheit Jesu gerade auch gegenüber Johannes betont, läßt er Jesus als den von diesem prophezeiten Geist-Täufer erscheinen (vgl. Apg 2,38).

Die Vorstellung des Johannes von einer Taufe mit heiligem Geist und Feuer wird aber von Lukas keineswegs enteschatologisiert. In Apg 2,17 ergänzt er die Verheißung aus Joel 3,1-5 (LXX) ausdrücklich dahingehend, daß sie sich nach dem Willen Gottes *in den letzten Tagen* erfüllen werde[56]. Aber Lukas nimmt den Motiven der Taufe mit Geist oder Feuer gegenüber Johannes ihren futurischen, ambivalenten und drohenden Charakter. Geist und Feuer fallen für ihn im Pfingstereignis zusammen (Apg 2,3.19). Die Samaritaner werden nicht mit Feuer aus der Höhe vernichtet (vgl. Lk 9,54), sondern mit heiligem Geist erfüllt (vgl. Apg 8,5-17). Damit macht Lukas gegenüber allen Verehrern des Täufers deutlich: Die von Johannes verheißene nahende Zukunft hat sich in Jesus Christus bereits erfüllt. Der heilige Geist Gottes *ist* durch Christus auf seine Nachfolger übergangen.

---

[55] WILKENS bezeichnet dies als „Diastase von Wassertaufe und Geistempfang" (DERS., Wassertaufe, 29 u.ö.).

[56] Vgl. SCHMITHALS, Geisterfahrung, 113.

In Apg 18f knüpft Lukas durch das Motiv der Taufe mit heiligem Geist an die Lehren des Johannes an, um so mögliche Anhänger von diesem zu gewinnen[57].

Die Taufe mit heiligem Geist steht zwar in enger Verbindung mit der Taufe auf den Namen Christi, ist aber nicht mit ihr identisch. Sie kann sich vor (Apg 10,44-48) und nach (Apg 8,14-17) der Taufe mit Wasser ereignen[58]. Die Regel wird jedoch gewesen sein, daß auf die Wassertaufe im Namen Christi das Auflegen der Hände durch die Apostel oder andere Geistträger folgte (Apg 2,38; 8,14-17; 19,5-7)[59]. Es ist die von Johannes übernommene Formel „Taufe mit heiligem Geist", die die Taufe auf den Namen Christi mit der Ausgießung des heiligen Geistes verband. Zwar vermischt Lukas beides weder terminologisch noch theologisch, aber er läßt es als menschliche und göttliche Seite *eines* Geschehens erscheinen, um gegenüber andersdenkenden Kreisen am Rand seiner Gemeinde deutlich zu machen, daß die Ausgießung des heiligen Geistes an den Namen und die Gemeinde Christi gebunden war. Lukas vermeidet allerdings jede Institutionalisierung des Geistes. Der Geist ist nur insofern an die Taufe gebunden als Christus selbst ihn daran gebunden hat[60].

Das Auflegen der Hände war ein die Taufe mit heiligem Geist begleitender ritueller Akt, der für Lukas aber keine konstitutive Bedeutung besaß, denn die Ausgießung des heiligen Geistes vermochte sich auch ohne ihn zu ereignen (vgl. Apg 10,44 u. 11,16). Das Handauflegen wird das Herabkommen des Geistes (wie eine Taube? - vgl. Lk 3,22) beziehungsweise seine „Ausgießung" (Apg 2,17f) symbolisieren. Auch diese Geste verbindet mit dem Umfeld des Täufers, denn anders als im Alten Testament oder bei den Rabbinen war sie in Qumran als Geste der Heilung bekannt (vgl. 1 QGnApkr XX,21f.29)[61]. Unterschiedlich zu den übrigen Evangelien berichtet nur Lukas auch bei Heilungen Jesu von dieser Geste (Lk 4,40; 13,13). In der Apostelgeschichte begegnet sie sowohl bei der Geistverleihung (Apg 8,17-19;

---

[57] Vgl. TANNEHILL, Unity 2, 234, der zu den Ephesusjüngern schreibt:"They represent a degenerate form of John's heritage ...".

[58] Es besteht jedoch keine Notwendigkeit, aus den beiden genannten Stellen (Apg 8,14-17; 10,44-48) zu folgern, daß Lukas die Verbindung von Taufe und Geistverleihung aus der Tradition übernimmt und selbst an ihr „kein aktuelles Interesse" habe, wie dies SCHMITHALS, Geisterfahrung, 104, tut.

[59] Vgl. HAUFE, Taufe, 564.

[60] Es blieb späteren Generationen vorbehalten, dem Wirken des Geistes durch seine Institutionalisierung zu wehren.

[61] Vgl. FITZMYER, Gospel I, 553.

9,17; 13,3f; 19,6) als auch bei Heilungen (Apg 5,12; 9,12.17; 14,3; 19,11). In Apg 9,17 begründet Hananias sein Handauflegen mit dem Auftrag Jesu, daß Paulus wieder sehend *und* mit heiligem Geist erfüllt werde. Offensichtlich wurden Heilungen durch Handauflegen als unmittelbare Wirkung des heiligen Geistes gesehen[62]. Indem Lukas diese Geste auf das Wirken des irdischen Jesus zurückführt unterstreicht er dessen Geisterfülltheit.

Während die Wassertaufe aktiv durch die Taufenden geschieht (vgl. z.B. Apg 8,38: ... καὶ ἐβάπτισεν αὐτὸν)[63], wird die Taufe mit heiligem Geist nicht von Menschen, sondern von Gott selbst vollzogen. Sie ist also unverfügbares Handeln Gottes. Die Antwort des Petrus auf den Versuch des Zauberers Simon, die „Macht" der Geistverleihung zu kaufen, verdeutlicht dies. Die Geistverleihung ist kein menschliches Vermögen, sondern Geschenk Gottes (δωρεὰν τοῦ θεοῦ - vgl. Apg 8,18-20). Die Ausgießung des heilige Geistes ist nur insofern mit der Taufe auf den Namen Christi verbunden, als sie von Christus als Taufe verheißen ist (Apg 1,5; 11,16). Sie ist das „Geschenk" der Gnade Gottes, das so wie zuvor die Gegenwart Jesu auch nach seiner Auferstehung Kraft und Mut zum Zeugnis gibt.

Die Taufe mit Wasser ist ein ritueller Akt von Menschen, der die Aufnahme eines neuen Gliedes in die christliche Gemeinde begleitet. Die Taufe mit heiligem Geist ist das von Jesus verheißene Geschenk Gottes. Es ist das bleibende theologische Verdienst des Lukas, daß er die Bedeutung der christlichen Taufe pneumatologisch und nicht rein formal bestimmte; denn so setzte er sich mit dem Kernstück der Täuferverkündigung auseinander und gab der christlichen Taufe eine Bedeutung, die ganz im Sinne der Verkündigung Jesu lag.

2.2.4 Fazit

Lukas setzt sich in seinem Evangelium mit dem wahrscheinlich vorlukanischen und vorchristlichen Motiv einer Taufe mit heiligem Geist und Feuer auseinander. Dieses Motiv wird ein wichtiges Thema der prophetisch-eschatologischen Verkündigung Johannes des Täufers gewesen sein. Doch Johannes verstand seine Taufe allenfalls als Antizipation einer im Endgericht rettenden Reinigung durch den Geist Gottes, denn er droht gerade den Taufwilligen mit der vernichtenden „Feu-

---

[62] Vgl. VON BAER, Geist, 175f.
[63] Vgl. WILKENS, Wassertaufe, 36, der die Bedeutung der Taufe als „Tun des Menschen" unter Hinweis auf Apg 22,16 herausstellte.

ertaufe", wenn sie nicht ein ihrer Umkehr entsprechendes Leben führten.

Wahrscheinlich bekam die Taufe des Johannes nach seinem Tod sowohl in seinen Anhängerkreisen als auch in den christlichen Gemeinden eine initiatorische Bedeutung, immerhin waren auch Jesus und seine Jünger von Johannes getauft worden. Die „christliche" Taufe wurde jedoch sehr bald nach dem Tod Jesu im und auf den Namen Christi, des auferstandenen Herrn, vollzogen.

Lukas betont aber nun mehrfach, daß der Gegensatz zur Taufe des Johannes mit Wasser die Taufe mit heiligem Geist sei[64]. Diese Taufe ist von Jesus verheißen. In ihr erfüllen sich die Weissagungen der Propheten von den „letzten Tagen", auch die Weissagungen des Propheten Johannes[65]. Der begleitende Ritus ist das Auflegen der Hände, das in der Apostelgeschichte in aller Regel auf die Wassertaufe auf den Namen Christi folgt.

Im Unterschied zur Johannestaufe hat die Taufe mit heiligem Geist für Lukas keinen futurisch-, sondern einen präsentisch-eschatologischen Sinn[66]. Sie ist nicht symbolische Antizipation, sondern existentielle Partizipation am Heilshandeln Gottes. Das für die Zukunft verheißene Heil, die Ausgießung des göttlichen Geistes, ereignet sich bereits in der Taufe, die Jesus selbst angekündigt hat. Lukas lehnt es ab, Jesus als eschatologischen Richter darzustellen. Seine „Feuertaufe" ist nicht die Vernichtung, sondern die Begabung mit heiligem Geist.

2.3 Gebet

Ein Motiv, das Lukas sowohl in Verbindung mit dem heiligen Geist als auch mit Johannes dem Täufer bringt und das in dieser Kombination

---

[64] Vgl. BARTH, Taufe, 60-64, der zu Recht darauf verweist, daß eine strenge theologische Unterscheidung von Wassertaufe und Geisttaufe übersieht, daß in der Apostelgeschichte die Taufe auf den Namen Christi und der Geistempfang zusammengehören und der eigentliche Gegensatz in der Taufe des Johannes gesehen wird.

[65] Vgl. auch Joh 1,29-33, wo Johannes der Täufer ausdrücklich ankündigt, daß es Jesus ist, der mit heiligem Geist taufen wird.

[66] BARRETT verweist im Zusammenhang mit den eschatologischen Implikationen des lukanischen Geistverständnisses auf Gemeinsamkeiten mit Paulus: "For Paul also, the gift of the Spirit meant both the realization of eschatology and a reaffirmation of it; ..." (BARRETT, Holy Spirit, 153).

zum erstenmal bei der Taufe Jesu begegnet, ist das Motiv des Betens[67]. Es begegnet bei Lukas häufiger als in den anderen Evangelien. Oft ergänzt Lukas es gegenüber Markus (Lk 3,21; 5,16.33; 6,12; 9,18.28f; 21,36; 22,40)[68]. In seinem Sondergut berichtet er die Erzählungen von der bittenden Witwe und vom Pharisäer und Zöllner als Beispiele für richtiges Gebetsverhalten (18,1-8.9-14), andere Sondergut-Stellen sind Lk 1,10.13; 2,37; 11,1f; 24,52. Nur in der Gethsemane-Szene hat Lukas dieses Motiv mit Markus und Matthäus gemeinsam, doch auch hier fügt er eine Beschreibung der besonderen Intensität des Gebets Jesu hinzu (22,43f) und wiederholt die Aufforderung an die Jünger: „Betet, damit ihr nicht in Versuchung geratet!" (Lk 22,40.46). Auch das häufige Vorkommen des Gebets in der Apostelgeschichte zeigt, daß Lukas ein besonderes theologisches Interesse an dem Thema hatte, das zum einen mit dem Wirken des heiligen Geistes zu tun hatte[69] und zum anderen der Abgrenzung von Johannes dem Täufer diente.

2.3.1 Johannes, Jesus und das Gebet

Lukas berichtet nicht nur von dem von Gott erhörten Gebet des Zacharias (Lk 1,13), sondern auch von der besonderen Gebetspraxis dessen Sohnes Johannes.

Jesus wird bei Lukas wie alles Volk, also auch von Johannes, getauft *und betet* (Lk 3,21). Dies könnte ein Hinweis darauf sein, daß die Johannestaufe mit einem besonderen Gebet verbunden war.

In Lk 5,33 heißt es von den Jüngern des Johannes, daß sie oft fasten und viel beten. Der Vergleich mit Mk 2,18 (vgl. Mt 9,14) und die Weiterführung des Satzes mit dem Hinweis auf die Jünger Jesu, die essen und trinken, lassen die Bemerkung über das häufige Beten der Täuferanhänger als lukanische Ergänzung erkennen. Offensichtlich lag Lukas etwas daran, sich auch mit der Gebetspraxis des Johannes kritisch auseinanderzusetzen. Der Kontext bestätigt dies. Schon in Lk 5,16 macht Lukas aus der beiläufigen Bemerkung in Mk 1,45, daß Jesus sich, um die Öffentlichkeit zu meiden, an einem einsamen Ort aufhielt, ein theologisches Paradigma der praxis pietatis Jesu (Lk 5,16 αὐτὸς δὲ

---

[67] Bei den untersuchten Stellen unterscheide ich nicht zwischen προσεύχομαι und δέομαι, wenn das entsprechende Verb von Lukas im religiösen Sinne gebraucht wird.

[68] Vgl. in derselben Reihenfolge Mk 1,9.45; 2,18; 8,27; 9,2; 13,33; 14,32; vgl. auch Lk 11,1f mit Mt 6,9.

[69] Auf den Zusammenhang der Motive Geist und Gebet bei Lukas verweist schon VON BAER, Geist, 60f.

ἦν ὑποχωρῶν ἐν ταῖς ἐρήμοις καὶ προσευχόμενος). Dabei greift er die Formulierung aus Mk 1,35 (vgl. Lk 4,42) auf. Dies wird wie die in Lk 4,1-12 berichtete geisterfüllte Wortmächtigkeit Jesu die Funktion haben, die vorbildliche Glaubensausübung Jesu gerade auch in der Wüste, also dem Gebiet des Johannes, aufzuzeigen. Mit Lk 5,16 leitet Lukas bereits die Auseinandersetzung in Lk 5,33-39 ein. Die von Lukas gegenüber Mk 2,18 ergänzte Frage nach der Gebetspraxis der Jünger des Täufers (Lk 5,33) zeigt, daß Lukas auch diese Frage als ein ekklesiologisches Problem versteht.

Die Glaubenspraxis der Gruppen im Umfeld seiner Gemeinde, die Johannes favorisierten, ist keine adäquate Form, um den Bräutigam aufzunehmen[70]. Der neue Inhalt, nämlich das Evangelium Christi, verlangt auch neue Formen. Das von Lukas gegenüber Markus ergänzte Essen und Trinken der Jünger könnte er als Symbol für die Abendmahlsgemeinschaft der Gemeinde mit ihrem Bräutigam Christus verstanden haben (5,33-35).

Die auf die Frage nach Fasten und Gebet folgenden Gleichnisse Jesu von alten Kleidern und Weinschläuchen (5,36-39) erweisen die Fasten- und Gebetspraxis der Johannesjünger als alte Formen, die nicht mehr dazu taugen, die neuen Inhalte zu transportieren. Dabei macht auch der Vergleich mit dem Bräutigam und den Hochzeitsgästen deutlich, daß nicht das Fasten und Beten generell, sondern nur die *Form*, in der es die Täuferjünger praktizieren, abgelehnt wird (vgl. Apg 13,3; 14,23).

Johannes der Täufer hatte die Frage, ob er der Christus sei, ablehnend beantwortet (vgl. Lk 3,15-17). In Lk 9,19 berichten Jünger Jesu, daß Jesus für Johannes oder auch für Elia gehalten werde, und Petrus bekennt: „Du bist der Christus Gottes!" (9,20). Auch diesen Vergleich von Johannes und Jesus leitet Lukas mit einer Notiz über Jesu einsames Gebet ein (9,18). Dies läßt vermuten, daß Lukas die Gebetspraxis Jesu gegenüber Johannes dem Täufer oder seinen Anhängern betonen will.

Ähnliches gilt für Lk 11,1-11. Einer der Jünger bittet Jesus, sie beten zu lehren, wie auch Johannes seine Jünger beten lehrte (Lk 11,1). Wie in Kapitel 5 berichtet Lukas aber zuvor vom Beten Jesu „an einem Ort" (vgl. 11,1 mit 5,16.33). Auch hier wird die Gemeindeerfahrung des Lukas Grund für diese redaktionelle Einleitung sein. Es wird besondere Gebete in Anhängerkreisen des Täufers gegeben haben, die diese auf Johannes selbst oder auch auf seine Eltern zurückführten. Lk

---

[70] Zur lukanischen Auseinandersetzung mit der Glaubenspraxis der Täuferanhänger vgl. 6.3.1.b (*Fasten und Gebet bei den Täuferschülern*), S.203f.

1,46-55 und 1,68-75 könnten Beispiele für solche Gebete sein. Lukas kritisiert die Gebete der Johannesjünger in keiner Weise, Lk 1,46-55 könnte ja sogar ein aus Täuferkreisen übernommenes Gebet sein, aber er setzt ihnen das Gebet Jesu mit der Bitte um das Kommen des Gottesreiches entgegen (11,2-4) und läßt Jesus die Jünger lehren, wie Kinder um den heiligen Geist zu bitten (11,13).

Sowohl Gregor von Nyssa, Maximus Confessor als auch Marcion und die Minuskeln 162 und 700 ergänzen im Vaterunser gegenüber der Mehrzahl der übrigen Textzeugen die Bitte: „Dein heiliger Geist komme auf uns und reinige uns.". Auch wenn dies entgegen den Beteuerungen Gregor von Nyssas[71] nicht der ursprüngliche lukanische Text gewesen sein mag[72], so steht diese Ergänzung doch ganz im Sinne der lukanischen Theologie; denn Lukas läßt die Bitte um den heiligen Geist als wesentliches Gebetsanliegen für die Jünger erscheinen (11,13; vgl. dagegen Mt 7,11)[73]. Und während Johannes diejenigen, die ihn in der Hoffnung auf Rettung vor dem Gericht um die Taufe baten, als *Schlangen*-Gezücht bezeichnet (Lk 3,7) und ihnen die *Steine* vorhält, aus denen Gott Kinder Abrahams erwecken könne (3,8), fragt Jesus in Lk 11,11: „Welcher Vater unter euch würde seinem Sohn, wenn er ihn um einen Fisch bittet, keinen Fisch sondern eine *Schlange* geben?"; und viele Textzeugen ergänzen mit Mt 7,9 sinngemäß: „Welcher Vater unter euch würde seinem Sohn, wenn er ihn um Brot bittet, einen *Stein* geben?" (vgl. א A C L R W Θ Ψ f[1.13], Mehrheitstext, Marcion u.a.). Möglicherweise ist also das Gleichnis vom bittenden Sohn eine subtile Auseinandersetzung mit der Täuferverkündigung[74].

2.3.2 Gebet als pneumatologisches Motiv

Schon bei der Taufe Jesu ließ das Lukas-Evangelium einen gewissen Zusammenhang zwischen seinem Gebet und dem Herabkommen des heiligen Geistes erkennen (3,21f). Das Erfülltwerden mit heiligem Geist als Folge des Betens begegnet auch in Apg 4,31; 8,15-17;

[71] Vgl. GREGOR VON NYSSA, 3. Homilie V (S.120-123).
[72] Vgl. FITZMYER, Gospel II, 903f.
[73] Vgl. LUCK, Kerygma, 62. LUCK bezeichnet Geist und Gebet als eine für Lukas „unauflösliche Einheit" (a.a.O.).
[74] Vgl. KATZ, Beobachtungen, 293 mit Anm. 1. KATZ kommt in seiner Dissertation zu Lk 9,52-11,36 u.a. zu dem Ergebnis, „... daß in Lk 11,1-13 die Konkurrenz der Täufergemeinden theologisch abqualifiziert werden soll." (KATZ, Beobachtungen, 292).

9,11.17; 10,30f.44. Gleichzeitig erscheint bei Lukas die Bitte um den heiligen Geist als das zentrale Gebetsanliegen (Lk 11,1-13). Mehrfach empfiehlt Jesus den Jüngern zu beten, um stark zu werden und nicht in Versuchung zu geraten (11,3; 21,36; 22,40.46), beides Fähigkeiten, die Lukas dem Wirken des heiligen Geistes zuschreibt (vgl. Lk 12,11f; Apg 10,38; 11,12). Die Berufung der Jünger führt Lukas in der Apostelgeschichte auf den heiligen Geist zurück (Apg 1,2), er erwähnt in seinem Evangelium aber nur das vorhergehende Beten Jesu (Lk 12f)[75]. Dies zeigt, daß Lukas das Gebet Jesu für diejenige Haltung hält, die das Wirken des Geistes ermöglicht. Das Gebet repräsentiert also die pneumatologische Dimension des Glaubens.

Das Gebet ist für Lukas die adäquate Haltung der Gemeinde, um dem Wirken Gottes durch seinen Geist zu entsprechen. Deshalb ist die Bitte um den heiligen Geist das zentrale Anliegen des Gebets. Wer betet, kann durch den Geist Stärke, Führung[76] und Mut zum Bezeugen des Glaubens erhalten. Die Erfahrung des Geistes im Gebet kann so intensiv sein, daß sie zur Ekstase führt (Apg 11,5; 22,17). Diese existentielle Erfahrung des Geistes unterscheidet für Lukas die christliche Gemeinde von den Anhängern des Täufers. Während sich deren Gebete wahrscheinlich auf die *zukünftige* Möglichkeit einer Reinigung von Sünden im Gericht bezogen, erschließt das Gebet der Gemeinde Christi den Geist in seiner ganzen Fülle schon jetzt.

2.4 Sünde wider den heiligen Geist

Lk 12,10 καὶ πᾶς ὃς ἐρεῖ λόγον εἰς τὸν υἱὸν τοῦ ἀνθρώπου, ἀφεθήσεται αὐτῷ. τῷ δὲ εἰς τὸ ἅγιον πνεῦμα βλασφημήσαντι οὐκ ἀφεθήσεται.

Es ließ sich bisher zeigen, daß Lukas das Erfülltsein Jesu mit heiligem Geist gerade gegenüber Johannes betont. Und in Apg 18f beschreibt er anschaulich, wie Anhänger des Johannes beziehungsweise die Menschen, die nur mit seiner Taufe getauft sind, noch nichts von der Gegenwart des heiligen Geistes erfahren haben (Apg 19,2: ἀλλ᾽ οὐδ᾽ εἰ πνεῦμα ἅγιον ἔστιν ἠκούσαμεν). Auf der anderen Seite war es aber wahrscheinlich, daß der heilige Geist ein den Anhängern des Täufers bekanntes Motiv war. Diese teilten nun aber mit Sicherheit nicht das

---

[75] Vgl. LUCK, Kerygma, 62.

[76] STÄHLIN interpretiert die Interventionen des Geistes bezüglich der Missionsroute des Paulus in Apg 16,6f als „geistgewirkte Antworten des Kyrios auf geistgewirkte Gebete" (STÄHLIN, πνεύμα, 249).

lukanische Verständnis von Geist und seiner Wirksamkeit in der Gemeinde Christi. Deshalb liegt es nahe, auch Lk 12,10 im Kontext der lukanischen Auseinandersetzung mit dem Geistverständnis der Gruppen, die dem Täufer nahestanden, zu verstehen.

Worte gegen den irdischen Jesus sind verzeihbar, nicht aber Worte, die sein Erfülltsein mit göttlichem Geist, den er durch die Apostel an die christliche Gemeinde weitergegeben hat, verleugnen[77]. Denn wer den heiligen Geist verleugnet, schließt sich dadurch selbst von dem konstitutiven pneumatologischen Grund der Gemeinde aus. Und „Geistlosigkeit" bedeutete Tod, bei den Christen ebenso wie bei den Anhängern des Täufers. Die Episode mit Hananias und Saphira in Apg 5,1-11 unterstreicht dies. Petrus bezeichnet ja nicht die mangelnde Almosenbereitschaft der beiden als ihr Vergehen, sondern ihre Mißachtung des heiligen Geistes (Apg 5,9: πειράσαι τὸ πνεῦμα κυρίου), weil sie meinten, das Göttliche in den Aposteln, den heiligen Geist, täuschen zu können[78]. Ihren Tod beschreibt Lukas nicht als Bestrafung, er scheint vielmehr unabdingbare Konsequenz ihrer „Geistlosigkeit" zu sein (vgl. Apg 5,5.10).

Daß Lukas das Wort von der Sünde wider den heiligen Geist apologetisch versteht, zeigt der Kontext, in den er es gestellt hat. Alle Worte Jesu, die Lukas in Lk 12,4-12 aufführt, handeln vom Bestehen seiner „Freunde" (12,4) in der Auseinandersetzung mit anderen Menschen und Gewalten. Wenn sich die Gemeinde, für die Lukas schreibt, in der aktuellen Auseinandersetzung mit Gruppen befand, die auf die Ausgießung des heiligen Geistes noch warteten, dann muß dieser Satz als klare Abgrenzung verstanden werden. Nur wer bereit war, im Anschluß an die Taufe im Namen Christi mit heiligem Geist getauft zu werden, dem wurde vergeben. Wer der Gemeinde Christi den heiligen Geist absprach, lästerte Gott und sprach sich selbst das Urteil.

---

[77] Der Spruch setzt also eine Unterscheidung zwischen dem göttlich-geistlichen Sein Christi in der Gemeinde und dem menschlichem Sein Jesu voraus und deutet so eine „heilsgeschichtliche Periodisierung" (vgl. COLPE, Spruch, 76, und CONZELMANN, Mitte, 167 mit Anm. 3) zumindest an. Vgl. auch REBELL, Erfüllung, 20: „Wer sich am Pneuma vergeht, dem kann nicht mehr geholfen werden, da vom Pneuma aus die ganze christologische Sinnwelt aufgebaut wird ...".

[78] Vgl. BERGER, Geist, 185f. und KLINGHARDT, Gesetz, 191, der auf Did 11,7 verweist, wo die Versuchung von geisterfüllten Propheten als unvergebbare Sünde bezeichnet wird.

2.5 Ergebnisse

Das Motiv des heiligen Geistes ist für die Theologie des Lukas das „Schibboleth" (vgl. Ri 12,5f) in der Auseinandersetzung mit Gruppen, die Johannes favorisierten[79]. Möglicherweise sprachen sowohl Täuferanhänger als auch die Christen von einer Taufe mit heiligem Geist, meinten damit aber unterschiedliche Sachverhalte. In der Verkündigung des Täufers bedeutete die Taufe mit heiligem Geist die eschatologische Reinigung von den Sünden im Gericht, bei Lukas die von Christus verheißene gegenwärtige Ausgießung des heiligen Geistes und die Vergebung der Sünden ohne Gericht. Die Taufe mit heiligem Geist ist in der lukanischen Theologie keine symbolische *Antizipation* des eschatologischen Heils, so wie die Wassertaufe des Johannes, sondern existentielle *Partizipation* an diesem Heil.

Da der heilige Geist aber durch Christus an die Apostel und durch diese an die Gemeinde Christi gebunden ist, kann es außerhalb der christlichen Gemeinde nur dann Geisterfahrungen geben, wenn diese zu Christus führen, entweder, indem sie als geisterfüllte Prophezeiung auf Christus hinweisen (Lk 1,41f.67ff; 2,25-32; Apg 1,16; 4,25f; 28,25-27), oder, indem sie zur *Taufe auf den Namen des Herrn* und damit zur Aufnahme in seine Gemeinde führen (Apg 10,44-48). Wer den Aposteln oder der Gemeinde den heiligen Geist abspricht, versündigt sich gegen Gott und verzichtet auf sein Heil.

Das adäquate Verhalten der Gemeinde zu dem unverfügbaren Wirken des heiligen Geistes ist das Gebet, ein Motiv, das Lukas auch im Zusammenhang mit den Nachfolgern des Täufers erwähnt. Die Bitte um das Reich Gottes und um den heiligen Geist sind für Lukas die zentralen theologischen Topoi, die er gegenüber Johannes betont (vgl. Lk 11,1-13). In unserem Zusammenhang war zu beobachten, daß das Gebet eine konstitutive pneumatologische Dimension hat.

An der Art, wie Lukas mit dem Motiv des Geistes umgeht, läßt sich sein Denken in Heilsepochen nachvollziehen[80]. Für Lukas wirkte der heilige Geist in seiner prophetischen Dimension bereits durch die Schrift, durch die Propheten und auch durch Johannes den Täufer und andere Menschen. Er befähigte sie, Jesus als den Christus vorherzusagen und zu erkennen. In Jesus Christus zeigte er sich in seiner ganzen

---

[79] Vgl. DIBELIUS, Überlieferung, 43.
[80] Dies hat VON BAER, Geist, schon vor CONZELMANN, Mitte, gezeigt.

schöpferischen Kraft, und Jesus verheißt seinen Nachfolgern, daß sie nach seiner Auferstehung ebenfalls mit heiligem Geist erfüllt sein werden, der ihnen die Kraft zum Zeugnis gibt[81].

Abschließend bleibt festzuhalten, daß die lukanische Pneumatologie grundlegend von der Auseinandersetzung mit Johannes dem Täufer geprägt ist. In Abgrenzung von diesem gibt Lukas der Taufe und dem Gebet eine tiefe theologische Bedeutung, die für die christlichen Gemeinde zu einen „festen Grund ihrer Lehre" (Lk 1,4) werden konnte; denn durch den heiligen Geist ist der auferstandene Christus bei seiner Gemeinde und baut und stärkt sie[82].

---

[81] Vgl. auch REBELL, Erfüllung 22.
[82] Vgl. etwa Lk 24,49; Apg 1,8; 2,4; 4,31; 9,31.

3

DAS MOTIV DER UMKEHR

Bei keinem Evangelisten begegnet das Motiv der Umkehr so häufig wie bei Lukas. Dies hängt sowohl mit dem missionarischen Horizont seines Doppelwerkes zusammen, als auch mit der Auseinandersetzung mit dem Täufer; denn wie bei Markus und Matthäus wird der Ruf zur Umkehr auch bei Lukas mit diesem in Verbindung gebracht[1]. Zwei der vier Stellen im Evangelium, an denen ἐπιστρέφειν im religiösen Sinn gebraucht wird (Lk 1,16.17), und vier der elf μετάνοια-Stellen im Doppelwerk (Lk 3,3.8; Apg 13,24; 19,4) beziehen sich direkt auf Johannes. Im folgenden soll nachgewiesen werden, wie Lukas in Aufnahme und Abgrenzung von dem Motiv der Umkehr in der Täuferpredigt eine eigenständige und differenzierte "theology of conversion" entfaltet[2]. Nach einer dafür notwendigen terminologischen Klärung der Begriffe (3.1 *Zum lukanischen Sprachgebrauch*) folgt die Untersuchung des Motivs bei Lukas zunächst im Kontext der *Verkündigung des Johannes*, wo Umkehr eher als *Bedingung* für die Taufe und eine mögliche Rettung im Gericht erscheint (3.2), und dann im Rahmen der *Verkündigung Jesu*, in der *Umkehr als Befreiung* des Sünders dargestellt wird (3.3). Die Ergebnisse werden dann anhand der Apostelgeschichte überprüft und hinsichtlich ihrer Implikationen für die lukanische Theologie befragt (3.4 *Umkehr als Geschenk Gottes in der Apostelgeschichte*). Dabei zeigt sich, daß Lukas etwa das metaphorische Begriffspaar Unreinheit - Reinheit verwendet, um den Zustand vor und nach der Umkehr zu charakterisieren. Die damit verbundene Vorstellung der *Abwaschung* von Sünden erinnert an die Verkündigung des Täufers, mit der Lukas sich auch in Berichten von der Heilung Aussätziger auseinandersetzt (2.5 *Umkehr als Reinigung oder Heilung*).

---

[1] MERKLEIN, Umkehrpredigt, 30, zeigt, daß sich fünf der acht μετάνοια-Stellen in den ersten drei Evangelien auf Johannes beziehen (Mk 1,4 par Lk 3,3; Mt 3,8 par Lk 3,8; Mt 3,11). Dies lasse „... auf eine konstitutive Bedeutung des Begriffs für das Anliegen des Täufers schließen." (ebd.).

[2] Vgl. den Titel der Dissertation von PERSSON: "Theology of Conversion".

Ergebnisse (2.6) sind nicht nur die Bestätigung der Ausgangsthese dieser Arbeit, daß Lukas seine Theologie in Abgrenzung von Johannes dem Täufer entwickelt, sondern auch wesentliche anthropologische und soteriologische Gesichtspunkte seiner Theologie.

3.1 Zum lukanischen Sprachgebrauch

Die deutschen Begriffe *Umkehr*, *Bekehrung* und *Buße* sind Übersetzungsversuche des einen Geschehens, das Lukas mit μετάνοια und ἐπιστροφή (bzw. μετανοεῖν und ἐπιστρέφειν) beschreibt. Die einzelnen Vokabeln drücken dabei unterschiedliche Nuancen dessen aus, was sich zwischen Unglauben und Glauben eines Menschen ereignet.

ὑποστρέφειν: Dieses Verb gebraucht Lukas im wörtlichen Sinn von „zurückkehren". Anders als ἐπιστρέφειν hat es keine im übertragenen Sinn religiöse Bedeutung. Möglicherweise ist dies der Grund, warum Lukas im Zusammenhang mit Jesus nie von ἐπιστρέφειν, wohl aber von ὑποστρέφειν spricht (vgl. Lk 4,1.14; 8,40). Die mit ὑποστρέφειν beschriebene physische Rückkehr kann allerdings zum erzählerischen Äquivalent einer veränderten inneren Haltung werden (vgl. Lk 2,20.39; 17,15.18)[3]. Das Motiv der *Rückkehr* von Personen am Ende einer Erzählung ist ein erzählerisches Stilmittel, das der lukanischen Vorliebe für das theologische Motiv der *Umkehr* entspricht[4].

ἐπιστρέφειν / ἐπιστροφή: Ἐπιστρέφειν kann „umkehren" im physischen[5] und im religiösen[6] Sinn bedeuten. Meistens gebraucht Lukas es in seiner religiösen Bedeutung. Dabei muß das Verhältnis von Unglauben und Glauben als Bild von zwei einander entgegengesetzten Wegen vorgestellt werden, wobei der Blickwinkel des Betrachters auf den Weg des Glaubens, also nach vorne gerichtet ist; denn in aller Regel beschreibt Lukas mit ἐπιστρέφειν nicht die Umkehr *von* etwas

---

[3] Dies mag einige Textzeugen veranlaßt haben, in Lk 2,20 ὑπέστρεψαν in ἐπέστρεψαν und in 2,39 ἐπέστρεψαν in ὑπέστρεψαν zu verwandeln. Vgl. zu Lk 17,15.18 unten 3.5 (*Umkehr als Reinigung oder Heilung*), S.119f.

[4] Vgl. BRUNERS, Reinigung, 392, der Beispiele für die Rückkehr von Personen im Lukasevangelium aufführt und davon ausgehend die Rückkehr des geheilten Samariters in Lk 17,15 interpretiert (a.a.O. 393-401).

[5] Vgl. Lk 2,39; 8,55; 17,31; Apg 9,40; 15,36; 16,18.

[6] Vgl. Lk 1,16.17; 17,4; 22,32; Apg 3,19; 9,35; 11,21; 14,15; 15,19; 26,18.20; 28,27.

(vgl. aber Apg 26,18), sondern *zu* einem Glaubensinhalt hin[7]. Zweimal gebraucht er es auch ohne prädikative Ergänzung (vgl. Lk 22,32; Apg 28,27). Es handelt sich aber in beiden Fällen um geprägte Redeweise[8]. Das Substantiv ἐπιστροφή begegnet im Neuen Testament nur in Apg 15,3, seine Bedeutung ist hier mit μετάνοια identisch (vgl. Apg 11,18).

μετανοεῖν / μετάνοια: Μετάνοια beschreibt die innere Haltung und Einstellung eines Menschen, die der „Umkehr" beziehungsweise der religiösen Bedeutung von ἐπιστρέφειν entspricht. Lk 17,4 ist ein gutes Beispiel für den fließenden Übergang der beiden Bedeutungen[9]. Die „Rückkehr" des zur μετάνοια bereiten Bruders ist äußeres Zeichen seines inneren Sinneswandels; ἐπιστρέφειν repräsentiert also den äußeren und μετανοεῖν den inneren Vollzug der „Umkehr". Lukas beschreibt häufig Menschen, die unterwegs sind und äußerlich umkehren. Man denke nur an die Wanderungen der Maria, den Weg der Hirten nach Bethlehem, die Reise der Familie Jesu nach Jerusalem und zurück und die Umkehr des verlorenen Sohnes. Aber erst in der Erkenntnis, daß der einzige Weg, der nicht in die Irre führt, die innere Umkehr zu Jesus Christus ist, vollzieht sich die μετάνοια als existentielle Dimension des Glaubens. Die Übersetzung „Buße" beziehungsweise „büßen" wird dem nicht gerecht, da „Buße" in unserem Sprachgebrauch mehr mit den einer „Umkehr" folgenden Handlungen oder Leistungen verbunden ist, die aber bei Lukas als Werke oder Früchte der Buße bezeichnet werden (vgl. Lk 3,8; Apg 26,20). Μετάνοια meint die geistige Veränderung und Erneuerung des Menschen als ganzheitlichen Akt der Umkehr[10], der zwar von den Gefühlen der Reue

---

[7]   Dies gilt für ἐπιστρέφειν ebenso wie für μετανοεῖν. SCHOTTROFF bemerkt zu Recht: „Obwohl die Buße universalen Charakter hat, fehlt bei Lukas ein gemeinsamer Nenner für das Vorausliegende, von dem der Büßende sich abwendet. ... Einheitlicher ist die Bestimmung der in der Buße erfolgenden *Zuwendung* als einer Zuwendung zu Gott (nicht primär zu Jesus)." (DIES., Gleichnis, 29f). Vgl. dazu auch WILCKENS, Missionsreden, 180: „Buße bedeutet Hinkehr zu Gott".

[8]   Apg 28,27 ist ein Zitat aus Jes 6,10 (LXX); zu Lk 22,32 vgl. JEREMIAS, Sprache, 291f.

[9]   Vgl. dazu BERTRAM, Art.: στρέφω κτλ., 726.

[10]   TAEGER interpretiert das lukanische Verständnis von μετάνοια / ἐπιστροφή / ἐπιστρέφειν als „Sinneswandel" und „Überzeugungswechsel" (DERS., Mensch, 146). Bezüglich dieses Aspektes kann das μετανοεῖν der Evangelien insgesamt mit der religiösen Bedeutung des hebräischen שוב und תשובה verglichen werden. Vgl. dazu die differenzierte und ertragreiche Arbeit von DIETRICH, Umkehr. DIETRICH kommt zu dem Ergebnis, daß es in den Apokry-

gegenüber dem Vergangenen und des Mutes zur Verbesserung begleitet ist, aber sich nicht darin erschöpft. Während sich die Umkehr zu
Menschen mehrmals vollziehen kann (Lk 17,4), ist die Umkehr *coram
Deo* ein einmaliger Akt. Dies gilt sowohl für die religiöse Bedeutung
von ἐπιστρέφειν als auch für μετανοεῖν. Ein weiterer Unterschied im
Gebrauch der Verben liegt in ihren präpositionalen Bezügen. Während
μετάνοια / μετανοεῖν mehr den Sinneswandel an sich beschreibt (vgl.
aber Lk 24,47 und Apg 20,21), ist ἐπιστρέφειν meist zielgerichtet,
steht also für Umkehr zu einem Glaubensinhalt hin[11]. Da beide Begriffe nicht immer scharf voneinander zu trennen sind (vgl. Apg 3,19;
26,20)[12], wird im folgenden die Übersetzung „Umkehr / umkehren" sowohl für ἐπιστρέφειν als auch für μετανοεῖν gebraucht.

3.2 Umkehr als Bedingung in der Verkündigung des Johannes

Neben seiner Tauftätigkeit ist der Ruf zur Umkehr sicher eines der historisch am wenigsten anzuzweifelnden Motive, die sich mit der Gestalt Johannes des Täufers verbanden[13]. Johannes wird wie die Gemeinschaft in Qumran mit dem unmittelbar bevorstehenden Gericht
Gottes gerechnet und deshalb die Umkehr als einzige und letzte Möglichkeit zur Rettung der Gläubigen verkündigt haben. Dieser eschatologische Charakter seiner Umkehrpredigt wurde durch die „Radikalität" seiner Gerichtsbotschaft noch unterstrichen[14]. Nach dem Zeugnis
der Logienquelle (vgl. Mt 3,7-10 / Lk 3,7-9) hatte die von Johannes
geforderte Umkehr „radikal", also von der Wurzel her (vgl. Mt 3,10a /
Lk 3,9a), zu erfolgen und war einmalig und unwiederholbar. Dies wird
das Proprium der Verkündigung des Täufers gegenüber der alttestamentlichen Prophetie, der Apokalyptik und den Lehren der Gemeinschaft in Qumran gewesen sein[15].

---

phen und Pseudepigraphen, bei Philo und Josephus einen einheitlichen Sprachgebrauch von μετάνοια / μετανοεῖν im Sinne einer religiösen Umkehr gegeben habe, dem die Verwendung der Begriffe in den neutestamentlichen Evangelien entspreche (vgl. bes. DERS., Umkehr, 307f; ähnlich BEHM, Art.: νοέω
κτλ., 994f.).

[11] Vgl. die oben unter Anm. 6 angeführten Belegstellen.
[12] Vgl. BEHM, Art.: νοέω κτλ., 994, TAEGER, Mensch, 139f, und WILCKENS,
Missionsreden, 180, der ἐπιστρέφειν als „Wechselbegriff für μετάνοια" bezeichnet.
[13] Vgl. ERNST, Johannes, 217-261.
[14] Vgl. 8.1.1 (*Johannes und die Vergebung der Sünden im Gericht*), S.276-278.
[15] Vgl. BECKER, Johannes, 18f; MERKLEIN, Umkehrpredigt, 33.

Lukas stellt nun Johannes nicht als Täufer, sondern als Umkehrprediger und Ankündiger Jesu dar. Von Anfang an ist bei ihm die Person
des Johannes mit dem Ruf zur Umkehr verbunden. Schon in den Kindheitserzählungen wird dem Johannes gleich zweimal hintereinander
verheißen, er werde „viele" *bekehren* (vgl. ἐπιστρέφειν in Lk
1,16.17). Er tritt auf und verkündigt die *Taufe der Umkehr* zur Vergebung der Sünden (Lk 3,3) und fragt nach *Früchten der Umkehr* (Lk
3,8). Auch in der Apostelgeschichte heißt es, er habe die *Taufe der
Umkehr* gepredigt (Apg 13,24) und mit ihr getauft (Apg 19,4).

Durch den Umgang mit seinen Quellen läßt Lukas nur noch erkennen, *daß* die Taufe des Johannes in einem Zusammenhang mit der Vergebung der Sünden stand (vgl. Lk 1,77; 3,3), aber er macht aus einem
ursprünglich wohl kausalen Zusammenhang einen finalen. So streicht
Lukas etwa gegenüber Markus das Sündenbekenntnis der taufwilligen
Leute (Mk 1,5; par Mt 3,6) und reduziert die Tätigkeit des Johannes
weitgehend darauf, auf Jesus hinzuweisen, durch den dann Sündenvergebung erst ermöglicht wird (vgl. Lk 3,16 und bes. Apg 10,36-43;
13,23-39). Johannes wird bei Lukas auch nicht wie in Mk 1,4 (par Mt
3,1) als der Täufer, sondern als Sohn des Zacharias vorgestellt (Lk
3,2). Dennoch charakterisiert Lukas die Tätigkeit des Johannes mit der
gleichen Formel wie Markus: κηρύσσων βάπτισμα μετανοίας εἰς
ἄφεσιν ἁμαρτιῶν (Mk 1,4; Lk 3,3). Dies liegt daran, daß Lukas Johannes weder als Täufer noch als Vermittler der Sündenvergebung,
sondern eben als Verkünder der Umkehr erscheinen lassen wollte. Bei
Lukas fordert Johannes von allen Taufwilligen Abkehr von ihren Sünden und radikale Umkehr zu einem gerechteren Leben (vgl. 3,10-14).

Lukas greift nun in seiner Darstellung der Täuferpredigt den möglicherweise bereits in Kreisen von Täuferanhängern stärker ethisierten
Umkehrruf auf und unterstreicht dessen ethische Relevanz für das Zusammenleben. Die Hinweise auf die Gebets- und Fastenpraxis der Jünger des Täufers (Lk 5,33; 11,1) lassen vermuten, daß in Kreisen seiner
Anhänger bestimmte Bußübungen als obligatorisch galten. Die Umkehr mußte sich eben auch in einer veränderten Lebensweise zeigen
und so „Frucht bringen". Diese „Früchte der Umkehr" erscheinen in
der Predigt des Täufers bei Lukas nicht nur als Konsequenzen der
Umkehr, sondern bereits als deren *Bedingung* (vgl. 3,7-9). Der erhofften Vergebung der Sünden im Gericht durch Gott entsprechen auf
seiten der Menschen die Umkehr und die daraus resultierenden
„Erträge". Insofern ist es durchaus gerechtfertigt, die von Johannes
verkündete „Umkehr" als „Buße" zu bezeichnen, denn so wie Lukas
sie darstellt, ist sie untrennbar mit Leistungen verbunden, die ihre Auf-

richtigkeit unter Beweis stellen und deren Ziel die Vergebung der Sünden ist.

Lukas bestreitet die Notwendigkeit der Umkehrpredigt des Johannes zwar nicht, immerhin wurde ja auch Jesus getauft, aber er distanziert sich von jeder Heilsrelevanz der von Johannes geforderten Umkehr und seiner Taufe. Dies wird an mehreren Stellen deutlich: In der Verheißung des Engels an Zacharias heißt es, Johannes werde die Söhne Israels zu *ihrem* Gott und nicht, wie zu erwarten wäre, zu *unserem* Gott bekehren (Lk 1,16). Möglicherweise deutet Lukas damit an, daß die von Johannes gepredigte Umkehr nicht mit der christlichen Bekehrung gleichzusetzen ist. Auch die Ankündigung, Johannes werde die Herzen der Väter zu den Kindern bekehren, um dem „Herrn" ein Volk vorzubereiten (1,17), muß im lukanischen Kontext so interpretiert werden, daß hier die Umkehrpredigt des Johannes auf die Funktion einer „Vorbereitung" auf den Kyrios Christus reduziert wird. Diese Tendenz, den Umkehrruf des Täufers auf Jesus hin zu interpretieren, wiederholt sich in Lk 3,3-17 und in Apg 13,24-26 und 19,4. Die Forderung des Täufers zur Umkehr erwähnt Lukas eher beiläufig und ausschließlich im Zusammenhang mit der Ankündigung Christi.

Fazit: Lukas läßt Umkehr in der Verkündigung des Täufers als zu erfüllende Bedingung für eine mögliche Abwaschung der Sünden im Gericht erscheinen. Die konstitutiven Früchte dieser Umkehr sollen sich in einem gerechteren Leben zeigen. Umkehr wird also in der Verkündigung des Täufers als Möglichkeit des Menschen gesehen; insofern erscheint der Mensch bei ihm primär als ein *corrigendus* und, wenn überhaupt, dann erst sekundär und indirekt als ein *salvandus*[16].

Doch auch die Umkehrpredigt des Täufers wird von Lukas seiner Funktion als Ankündiger Jesu untergeordnet. Indem Lukas Jesus mit dem Anspruch auftreten läßt, „Befreiung" beziehungsweise „Vergebung" zu verkünden (vgl. ἄφεσις in Lk 4,18), läßt er im Nachhinein das ursprünglich wohl eschatologisch gemeinte Ziel der Umkehrtaufe zur Vergebung der Sünden als Hinweis des Johannes auf die erst durch Jesus ermöglichte Vergebung und Befreiung erscheinen[17].

---

[16] Zu dieser Terminologie vgl. SCHOTTROFF, Gleichnis, 30, und TAEGER, Mensch, 225.
[17] Vgl. auch die Ausführungen KAUTS zur Funktion der Johannestaufe (KAUT, Befreier, 64-70).

3.3 Umkehr als Befreiung in der Verkündigung Jesu

Der Ruf zur radikalen Umkehr scheint das Motiv zu sein, das die Verkündigung Jesu bei Lukas mit der Verkündigung des Johannes verbindet. Und in der Tat, mehrfach nennt auch Jesus Tod und Gericht als Folgen einer nicht erfolgten Umkehr (Lk 10,13-15; 11,32; 13,3.5; vgl. auch 5,32; 15,7.10; 16,19-31). Es mag allerdings kein Zufall sein, daß Jesus bei Lukas nie direkt zur Umkehr auffordert (vgl. dagegen Mk 1,15; Mt 4,17)[18], zudem verwendet Jesus bei Lukas ansonsten ausschließlich μετάνοια / μετανοεῖν, wenn er von der religiösen Umkehr spricht: Lk 5,32; 10,13; 11,32; 13,3.5; 15,7.10; 16,30; 17,3f; 24,47.

Da es sich, mit Ausnahme von Lk 17,3f, wo es um die Umkehr zum Bruder geht, bei allen Stellen um die einmalige religiöse Umkehr handelt, bietet es sich an, diese Aussagen Jesu zur Umkehr mit denen des Täufers zu vergleichen, bei dem dieses Motiv ja auch zuerst begegnet. Aufgrund der theologischen Relevanz, die die „Umkehr-Stellen" in der Verkündigung Jesu für die lukanische Auseinandersetzung mit Gruppen, die den Täufer als Umkehrprediger kannten und verehrten, besitzen, werden sie im folgenden einzeln aufgeführt und analysiert.

Lk 5,32 (οὐκ ἐλήλυθα καλέσαι δικαίους ἀλλὰ ἁμαρτωλοὺς εἰς μετάνοιαν.): Die Pharisäer und Schriftgelehrten stören sich daran, daß Jesus mit „Zöllnern und Sündern" Mahlgemeinschaft hat. Jesus reagiert mit einem weisheitlichen Sprichwort[19] und dessen Anwendung auf sich selbst (Lk 5,31b.32). In der ganzen Perikope Lk 5,27-32 sind zwei Parteien zu erkennen: auf der einen Seite die Zöllner und „andere"[20], denen in den Worten Jesu die Kranken und Sünder entsprechen, und auf der anderen Seite die Pharisäer und Schriftgelehrten, ihnen entsprechen die Gesunden und Gerechten. Jesus als Umkehrrufer, - Lukas ergänzt gegenüber Mk 2,17c (Mt 9,13b) εἰς μετάνοιαν, - steht auf der Seite der Kranken, Sünder und Zöllner.

Dies erinnert natürlich stark an Johannes den Täufer, der ebenfalls die Sünder und Zöllner zur Umkehr rief und nicht die (gerechten) Ab-

---

[18] Das Aorist-Partizip ἐπιστρέψας in Lk 22,32 wird schwerlich als Aufforderung Jesu zur einmaligen religiösen Umkehr des Petrus zu verstehen sein. Vgl. JEREMIAS, Sprache, 291f, und FITZMYER, Gospel II, 1425f. JEREMIAS schlägt die Übersetzung „und du wende dich dereinst, um deine Brüder zu stärken" vor (a.a.O. 291), und FITZMYER übersetzt: "Indeed, you yourself will turn back; then reinforce your brothers." (a.a.O. 1420).

[19] Vgl. SCHNEIDER, Evangelium I, 137.

[20] Lukas läßt die Gleichsetzung von Zöllnern und Sündern nur als Zitat der Pharisäer zu und ändert deshalb Mk 2,15 (Mt 9,10).

rahamskinder oder die Pharisäer (vgl. aber Mt 3,7). Man könnte also meinen, Lukas unterstreicht hier die Gemeinsamkeiten bezüglich der Adressaten der Bußpredigt Jesu und des Täufers. Die Szene wäre dann im Sinn des Lukas auch als Captatio benevolentiae den Anhängern des Täufers gegenüber zu verstehen, was rhetorisch sehr geschickt wäre, denn es folgt ja eine wohl schon vorlukanische (vgl. Mk 2,18f), massive Kritik an der Glaubenspraxis der Täuferjünger. Wie die Pharisäer schließen sich die Jünger des Johannes von dem Festmahl mit dem Bräutigam Christus aus, indem sie fasten (Lk 5,33f).

Durch die Ergänzung von εἰς μετάνοιαν (Lk 5,32) und dem gegenüber Markus zusätzlichen Hinweis auf die Gebetspraxis der Täuferjünger (5,33; vgl. Mk 2,18) läßt Lukas die folgenden Worte Jesu nicht nur als Auseinandersetzung mit der Fastenpraxis der Täuferjünger erscheinen, sondern als Kritik an ihrer Bußpraxis insgesamt[21]. Wobei aber nicht das Fasten oder Beten an sich kritisiert werden, - im Gegenteil: die Jünger Jesu werden ja auch fasten (5,35), - sondern die Art und Weise, *wie* gefastet wird, also die äußere Form. Zwar hat Jesus wie Johannes zur Umkehr gerufen, aber diese Umkehr hat für seine Nachfolger keine Bußübungen wie Beten und Fasten, sondern die Tischgemeinschaft mit Christus zur Folge.

Die nur bei Lukas angefügte Erklärung Jesu, daß niemand, der den alten Wein trinkt, von dem neuen wolle, weil der alte gut sei (5,39), dürfte die Erfahrung der lukanischen Gemeinde widerspiegeln, daß viele - und dazu gehörten sicher auch die Anhänger des Täufers - die neue Lehre ablehnten[22]. Die Gleichsetzung von Pharisäern und Gerechten auf der einen Seite (5,30.32) und von Pharisäern und Jüngern des Täufers auf der anderen Seite (5,33) zeigt, daß hier keine dieser Bezeichnungen neutral gebraucht ist, denn zumindest die Pharisäer erscheinen in Lk 5,17-6,11 als Gegner Jesu und somit negativ (vgl. Lk 5,21.30.33f; 6,2.7.11)[23].

[21] Zur Fasten- und Gebetspraxis der Täuferjünger vgl. 6.3.1.b, S.203f.
[22] Vgl. REICKE, Fastenfrage, 324f.
[23] Vgl. dazu die Überlegungen von TAEGER, Mensch, 64f, der allerdings zu dem Ergebnis kommt: „Eine positive, unironische Wertung der ‚Gerechten' ist somit keineswegs ausgeschlossen, sondern sehr wahrscheinlich." (a.a.O. 64). Auch STEMBERGER, Pharisäer, 30-35, verweist zu Recht darauf, daß die Pharisäer bei Lukas sehr viel differenzierter dargestellt werden als in den übrigen Evangelien. In Lk 7,36; 11,37; 14,1 laden einzelne Pharisäer Jesus ein, in 13,31 erhält er von „einigen Pharisäern" einen wohlmeinenden Rat, in der Apostelgeschichte wird positiv von dem Pharisäer Gamaliel (Apg 5,34) und dem Bekenntnis des Paulus: „Ich bin Pharisäer." berichtet (Apg 23,6). Dennoch sollte nicht übersehen werden, daß hier nur von einzelnen Pharisäern die Rede ist. Wenn Lukas

In dem ganzen Block Lk 5,27-39 läßt sich eine sehr subtile Auseinandersetzung mit den Anhängern des Täufers erspüren. Während es Markus wahrscheinlich nur um eine Klärung der christlichen Fastenpraxis gegenüber den Anhängern des Täufers ging, ohne diese zu kritisieren (vgl. Mk 2,18-22), zeigt Lukas, daß Jesu Umkehrruf (Lk 5,32) eine „neue" Qualität besitzt (vgl. den Gebrauch von νέος in 5,36-39). Umkehr hat nun nicht mehr das richtige Verhalten und Bußübungen zur Bedingung (5,33f), sondern realisiert sich bereits in der Mahlgemeinschaft mit Christus (5,29f.34).

Lk 10,13: Die Weherufe Jesu über Chorazin, Betsaida und Kapernaum in Lk 10,13-15 (par. Mt 11,21-23) zeigen eine deutliche Gemeinsamkeit bezüglich des Umkehrverständnisses von Jesus und Johannes in der Logienquelle[24]. Eine nicht erfolgte Umkehr hat unweigerlich Gericht und Verdammung zur Konsequenz. Ob Lukas in dem Weheruf gegen Betsaida, das er kurz vorher noch mit der „Wüste" (ἐρήμῳ τόπῳ), also dem „theologischen Ort" des Täufers, gleichsetzt (vgl. Lk 9,10.12), und aus dem ehemalige Täuferjünger stammen (vgl. Joh 1,35-44; 12,21), auch eine Polemik gegen mögliche Täufertraditionen sieht[25], kann nur vermutet werden, da hier weitere Indizien fehlen.

Die positive Bewertung der phönizischen Städte Tyrus und Sidon in Lk 10,13f wiederholt sich in Apg 15,3, wo es von den „Brüdern" in Phönizien und Samarien heißt, daß große Freude bei ihnen über die *Bekehrung* der Heiden (ἐπιστροφὴν τῶν ἐθνῶν) herrschte.

Lk 11,32 (... μετενόησαν εἰς τὸ κήρυγμα Ἰωνᾶ, καὶ ἰδοὺ πλεῖον Ἰωνᾶ ὧδε.): Schon das Wort Jesu über die Umkehr der phönizischen Städte in Lk 10,13 ließ wörtliche Entsprechungen zu Jona 3,6 (LXX) erkennen. Die nächste Stelle bei Lukas, an der Jesus eine Umkehr erwähnt: Lk 11,32, bezieht sich direkt auf die Predigt des Jona und die daraufhin erfolgte Umkehr der Leute von Ninive (vgl. Lk 11,29-32). Jesu ablehnende Antwort auf die Zeichenforderung der zu ihm drängenden Menge gipfelt in einem zweifachen deklamatorischen: *„Siehe, hier ist mehr als ..."*. Auch dieses „als Doppelspruch konzipiertes Un-

---

allgemein von „den Pharisäern" spricht, erscheinen sie in aller Regel als Gegner Jesu (vgl. Lk 5,21.30; 6,2.7.11; 7,39; 11,37-12,1; 14,1; 15,2; 16,14f; 18,9-14). Sie lehnen sowohl die Taufe des Johannes als auch die Verkündigung Jesu ab (7,30).

[24] Bedenkt man, welche große Rolle die Auseinandersetzung mit dem Täufer in der Logienquelle spielt, verwundern solche Formulierungen kaum.

[25] Vgl. zu Betsaida bzw. Lk 9,10-17 unter 1.3.1, S.48f.

heilswort"[26] (11,31f) stellt das Gericht als unausweichliche Konsequenz einer nicht erfolgten Umkehr dar. Jesus wird hier mit dem „Verkündiger der Weisheit" Salomo[27] und dem „prophetischen Bußprediger" Jona verglichen[28]. Allerdings handelt es sich dabei nicht um eine Typologie auf Jesus. Jesus ist nicht der neue Salomo oder der neue Jona, sondern eben *mehr* als sie. Zudem erscheint bei Lukas viel eher Johannes dem Typos des Jona zu entsprechen. Die Erwähnung der herbeidrängenden Menge (11,29a; anders Mt 12,38) erinnert an die Szenerie bei der Predigt des Täufers (vgl. Lk 3,7). Und der bei Lukas durch seine Schlußstellung besonders hervorgehobene Vergleich mit der Umkehrpredigt des Jona (11,32; anders Mt 12,42) läßt vermuten, daß Lukas ein ihm überliefertes Unheilswort Jesu dahingehend uminterpretierte, daß es ein Beleg für die Überordnung Jesu über Johannes wurde.

Wahrscheinlich gab es in Täuferkreisen eine Überlieferung von der besonderen Weisheit des Johannes (vgl. Lk 1,80; 7,35; Apg 7,22)[29]. Lukas könnte dann die ganze Passage weniger als Gerichtsdrohung an Israel als vielmehr als machtvolle Selbstproklamation Jesu verstanden haben. Den Menschen ist das Zeichen des Jona, nämlich die Umkehrtaufe des Johannes, gegeben worden[30], aber Jesus ist *mehr* als der prophetische Bußprediger und *mehr* als der Verkünder der Weisheit.

Lk 13,3.5 (... ἐὰν μὴ μετανοῆτε πάντες ὁμοίως [ὡσαύτως] ἀπολεῖσθε): Auf Lk 13,1-9 wurde nun schon mehrfach hingewiesen, es ist ein Beispiel par excellence für die theologische Auseinandersetzung des Lukas mit der Bußtheologie des Täufers[31]; so urteilt Böcher: „Wenn Jesus zufolge Lk 13,1-5 (Sondergut) zwei zeitgenössische Katastrophen zum Anlaß nimmt, seine Hörer zur Umkehr aufzurufen, damit ihnen ein gleiches Schicksal erspart bleibt, übernimmt er damit wahrscheinlich ein Stück Täuferpredigt ..."[32].

---

[26] SATO, Q, 150.

[27] Vgl. zu Lk 11,31 S.149f (4.4.1).

[28] Vgl. LIPS, Traditionen, 273.

[29] Vgl. zu dieser Vermutung 4.4.1 (*Johannes und die Weisheit*), S.147-152.

[30] Erneut sei hier der Hinweis auf die Taube (aramäisch: יונה) bei der Taufe Jesu durch Johannes erlaubt (vgl. Lk 3,22 und dazu unter 1.3.2, S.54f).

[31] Vgl. BECKER, Johannes, 97f, der hier, wenn auch unter Vorbehalten, bereits eine Auseinandersetzung Jesu mit Johannes für möglich hält.

[32] BÖCHER, Art.: Johannes, 176; vgl. BECKER, Johannes, 86-88. RENGSTORF, Evangelium, 170, schreibt zu dem Gleichnis vom Feigenbaum: „Es berührt sich mit einem Gedanken der Bußpredigt des Täufers ...". Auch JEREMIAS, Theolo-

Wie auch immer der traditionsgeschichtliche Befund hier sein mag, zumindest entspricht die theologische Aussage von Lk 13,1-5 genau der Täuferpredigt in Lk 3. Der Bußruf Jesu und die Drohung mit dem Gericht (vgl. 13,3.5) wären ebenso im Mund des Johannes vorstellbar. Richtig verstanden wird die Perikope jedoch erst im Zusammenhang mit dem allegorisierten Gleichnis[33] vom Feigenbaum (13,6-9).

Jemand hat einen Weinberg, in dem ein Feigenbaum wächst. Bei diesem Bild werden die Leser des Lukas an Israel gedacht haben, das im Alten Testament mehrfach mit einem Feigenbaum (Jer 8,13; 24,1-10; Hos 9,10; Mich 7,1) oder einem Weinberg (Ps 80,9-17; Jes 5,1-7; 27,2-5; Jer 2,21; Ez 15,1-8; Hos 10,1) verglichen wird (vgl. auch Lk 20,9-19). Nun kommt dieser „jemand", der weder „Besitzer" noch „Mensch", sondern nur ganz unbestimmt τις genannt wird, um Frucht zu suchen. Weil er nach dreijähriger Suche immer noch keine Früchte gefunden hat, fordert er den Gärtner auf, den Baum zu fällen.

Bis hierhin (V.7) könnte das Gleichnis als Illustration von Lk 13,1-5 dienen. Wer nicht umkehrt, wird vernichtet. Die inhaltlichen, sprachlichen und theologischen Parallelen von Lk 13,1-7 zu der Verkündigung Johannes des Täufers sind eklatant:

1. Johannes *kommt* wie der anonyme τις in den Weinberg Israel (vgl. καὶ ἦλθεν in 3,3 und 13,6) und fragt nach den *Früchten* der Umkehr (vgl. καρπούς in 3,8 und καρπόν in 3,9 und 13,6).

2. In Lk 13,1-5.6-9 und 3,8f werden „umkehren" und „Frucht-bringen" metaphorisch verknüpft.

3. V.9 kann als Zusammenfassung von 13,1-7 gelesen werden: *Schon ist die Axt an die Wurzel der Bäume gelegt. Jetzt wird jeder Baum, der keine gute Frucht bringt, umgehauen*[34] *und ins Feuer geworfen.*

4. Sowohl in der Täuferpredigt als auch in Lk 13,1-7 wird die Dringlichkeit der Umkehr durch die Drohung mit dem unmittelbar bevorstehend geglaubten Gericht unterstrichen[35].

---

gie I, 155, verdeutlicht den „Unterschied zwischen dem Bußruf des Täufers und dem Bußruf Jesu" an Lk 13,1-9.

[33] Dazu bemerkt SCHNEIDER, Evangelium I, 298, zutreffend: „Obgleich die Parabel von Hause aus kaum allegorisch zu deuten ist, wird Lukas ein allegorisches Verständnis nicht ausgeschlossen haben." Vgl. auch VIA, Gleichnisse, 24-28, der dort aufzeigt, daß eine starre Unterscheidung zwischen Allegorie und Gleichnis den Erzählungen Jesu nicht gerecht wird.

[34] Vgl. οὖν ... ἐκκόπτεται in Lk 3,9 mit ἔκκοψον [οὖν] αὐτήν in 13,7 und ἐκκόψεις αὐτήν in 13,9. Auch die Ergänzung des Codex Bezae (05) in V.7: φερε την αξινην erklärt sich durch die Assoziation zu Lk 3,9.

Aber das Gleichnis nimmt eine überraschende Wende. Entgegen allen Erwartungen und entgegen jedem botanischen Sachverstand setzt sich der Gärtner für den unfruchtbaren Baum ein, anstatt ihn zu fällen (V.8)[36]. Er bittet darum, ihm „dieses eine Jahr" zu geben, in dem er selber für ihn sorgen und ihn pflegen will.

Diese Wende entspricht nun aber sachlich genau der Wende, die die Antrittspredigt Jesu in Nazareth gegenüber der Verkündigung des Täufers bedeutete. Wie Johannes „kommt" Jesus in den „Weinberg Israel" (vgl. 4,1 καὶ ἦλθεν ...), aber er verkündet das „Gnadenjahr des Herrn" (4,19 κυρίου δεκτόν). Die Parallelität zwischen dem unerwarteten Auftreten des Gärtners und dem Auftreten Jesu in Nazareth legt auch Assoziationen zu dem auf das von Jesus verlesene Jesajazitat folgenden Vers nahe, nach dem die „Trauernden zu Zion" „Bäume der Gerechtigkeit" und „Pflanzungen des Herrn" genannt werden sollen (Jes 61,3).

Der Schluß des Gleichnisses überrascht erneut. Selbst wenn der Baum nach diesem einen „Gnadenjahr" noch immer keine Frucht gebracht haben sollte, verweigert der Gärtner nach wie vor den Befehl des Weinbergbesitzers, ihn zu fällen. Der Besitzer selber soll dies tun (Lk 13,9 εἰ δὲ μή γε, ἐκκόψεις αὐτήν).

Dies läßt nun entscheidende Rückschlüsse auf die lukanische Soteriologie zu. Das Gleichnis knüpft an die Umkehrpredigt des Täufers an und negiert weder die von ihm verkündete Gefahr des drohenden Gerichts noch die Notwendigkeit einer „radikalen"[37] Umkehr. Aber mangelnde Früchte der Umkehr führen nicht *zwangsläufig* zur Vernichtung im Gericht, sondern Jesu Tätigkeit bewirkt Umkehr und damit auch Rettung vor dem Gericht[38]. Die Früchte der Umkehr sind dann *Folgen* und nicht Bedingungen des Heilsempfangs.

[35] JÜLICHER, Gleichnisreden, 442, sieht den Sinn des ganzen Textes (13,1-9) in der Aussage, „... so werdet Ihr alle untergehen, wenn ihr die letzte Euch noch bewilligte Bussfrist versäumt."
[36] Der auch wildwachsende Feigenbaum ist äußerst genügsam und braucht in aller Regel keine besondere Pflege und Düngung (vgl. JEREMIAS, Gleichnisse, 146). In Obstgärten wurden unfruchtbare Bäume gefällt, damit sie den Boden nicht auslaugten (vgl. VON GEMÜNDEN, Vegetationsmetaphorik, 133, mit zahlreichen Belegen).
[37] Auch in dem Gleichnis erfolgt die Umkehr „von der Wurzel her"!
[38] Dies scheint mir die entscheidende Deutung des Gleichnisses zu sein. Eine Moralisierung im Sinne von: „Gott gewährt eine Frist, die es zu nutzen gilt." (TAEGER, Mensch, 136; vgl. auch KLEIN, Barmherzigkeit, 82f) übersieht, daß in dem Gleichnis der *Gärtner* die Zeit nützen will, um zu bewirken, daß der Baum Frucht bringt.

Die an das Gleichnis vom Feigenbaum anschließende Heilung (13, 10-17)[39] und der Vergleich des Reiches Gottes mit dem großen fruchtbaren Baum (!), der aus dem Senfkorn wuchs (13,18f), illustrieren dies in anschaulicher Weise. Das von dem Gärtner in Anspruch genommene Jahr, in dem er den Baum düngen will, ist wie der Sabbat, an dem Jesus eine Frau von einer Krankheit befreit (13,12) und an dem jedermann sein Vieh losbindet und zur Tränke führt (13,15). Es ist die Erfüllung der in der Synagoge Nazareths von Jesus in Anspruch genommenen Verheißung Jesajas. Das Sabbatjahr des Herrn, das Freiheit für die Gefangenen und Erlösung für die Sünder bringt, manifestiert sich in der Verkündigung Jesu vom Reich Gottes.

Der Mensch unter der Herrschaft der Sünde ist für Lukas wie ein unfruchtbarer Baum, der trotz langer Wartezeit noch keine Früchte hervorgebracht hat (13,7); und wie jemand, der schon lange von Dämonen gefangen und vom Satan gebunden ist (13,16), ist er aus eigener Kraft nicht in der Lage, Früchte der Umkehr zu bringen oder sich zu befreien. Aber ihm wird geholfen. Der Gärtner sorgt für den Baum, Jesus befreit die kranke Frau. Damit bleibt die Umkehr zwar Bedingung für die „Erlösung", aber sie ist nicht mehr menschliche Leistung, sondern göttliches Geschenk, das der Mensch in der Begegnung mit Christus erfahren kann. Die Predigt Jesu geht also bei Lukas insofern über die des Johannes hinaus, als Jesus nicht bei dem Umkehrruf stehenbleibt, sondern bereits das Heil Gottes in seiner Person verkündigt. Dieses „Mehr" der Verkündigung Jesu gegenüber der des Johannes (vgl. πλεῖον in Lk 11,31f) besteht darin, daß Jesus nicht nur auffordert umzukehren, um gerettet beziehungsweise befreit zu werden, sondern daß er Umkehr ermöglicht, indem er bereits befreit.

Wenn diese sehr weitreichende Deutung der lukanischen Theologie zutreffen soll, müßte sie sich auch noch an anderen „Umkehr-Texten" nachweisen lassen. Dies wird im folgenden zu zeigen sein.

Lk 15,7.10 (... χαρά ... ἐπὶ ἑνὶ ἁμαρτωλῷ μετανοοῦντι): Luise Schottroff hat 1971 in ihrem vielbeachteten Aufsatz zum Gleichnis vom verlorenen Sohn den Vers Lk 15,7 völlig zutreffend als „knappe Zusammenfassung der lukanischen Soteriologie"[40] bezeichnet. Sie begründete dies mit dem deutlich redaktionellen Charakter des Verses

---

[39] Auch diese Heilung scheint für Lukas eine Rolle in der Auseinandersetzung mit Johannes dem Täufer gespielt zu haben, denn hier wird wie in der Verkündigung des Täufers das Thema „Abrahamskindschaft" angesprochen (vgl. Lk 13,16; 3,8 und dazu in dieser Arbeit unter 4.1.2.b, S.134f).

[40] SCHOTTROFF, Gleichnis, 32.

und dem besonderen Interesse des Lukas an der Umkehr als Heilsweg, das er hier wie in Lk 5,32 in die Tradition einbringe[41]. Ihre Einschätzung deckt sich mit dem, was bisher an den übrigen „Umkehr-Stellen" der Verkündigung Jesu zu sehen war. Ausgehend von der Fragestellung, inwieweit Lukas das Umkehrverständnis in der Verkündigung Jesu von dem Johannes des Täufers unterscheidet, empfiehlt es sich, bei der Untersuchung der Verse 7 und 10, die ja im Gesamtzusammenhang der drei Gleichnisse in Lk 15 stehen, das ganze Kapitel zu berücksichtigen.

Zunächst fällt in diesem Zusammenhang die Rahmenhandlung auf. Das Publikum des Täufers, nämlich Zöllner und Sünder, hört der Predigt Jesu zu. Es wiederholt sich die Situation von Lk 5,27ff: Pharisäer und Schriftgelehrte nehmen Anstoß an der Gemeinschaft Jesu mit diesen Leuten (15,2). Es ist allerdings insofern ein Fortschritt gegenüber Lk 5,30 zu erkennen, als nun den Gegnern Jesu bereits die theologische Deutung seiner *Mahlgemeinschaft* in den Mund gelegt ist: Sie steht für seine *Annahme* der Sünder beziehungsweise deren zukünftige *Aufnahme* in das Reich Gottes. Die inhaltliche Nähe von Kapitel 15 zu Lk 5,27-39 läßt vermuten, daß Lukas auch hier das Bußverständnis Jesu in Abgrenzung von Johannes dem Täufer darlegt.

Schon in dem ersten Gleichnis (15,4-6) fällt auf, daß der Schafsbesitzer die 99 Schafe „in der Wüste" (ἐν τῇ ἐρήμῳ) zurückläßt. Sollte es sich hier um eine lukanische Allegorisierung des Gleichnisses halten, um im Zusammenklang mit der Deutung in V.7 gegen eine Gemeinschaft von Gerechten in der Wüste zu polemisieren, die der Umkehr nicht mehr bedürfen, weil sie schon umgekehrt sind? Es ist sehr spekulativ, aber der Hinweis mag erlaubt sein, daß Lukas auch in Apg 7,38 eine Gemeinschaft in der Wüste (τῇ ἐκκλησίᾳ ἐν τῇ ἐρήμῳ) erwähnt, bei der sich Mose, der als Typos für Johannes den Täufer stehen könnte[42], aufhielt. Man könnte also an die Gruppe in Qumran oder auch an Täuferanhänger denken, die das Heil aus der Wüste erwarteten. Immerhin erinnert ja auch die Freude der Nachbarn und Freunde (V.6) an ein Motiv, das bereits im Zusammenhang mit der Geburt des Johannes begegnete (vgl. 1,14.58). In V.7 erfolgt die lukanische Deutung des Gleichnisses vom verlorenen Schaf, wobei Lukas sicher mehr Wert auf die Freude über den umgekehrten Sünder, - dieses Motiv wiederholt sich noch mehrmals (15,6f.9f.23f.32), - als auf die Bemerkung über die Gerechten legt. Dennoch ist ein ironischer Unterton ge-

---

[41] Vgl. SCHOTTROFF, Gleichnis, 34.
[42] Vgl. in dieser Arbeit unter 4.1.1.c, S.128-130, 4.1.2.a, S.132-134, und 7.1.1c, S.222-228.

gen die Gerechten, „die keinen Bedarf an Umkehr haben", nicht zu überhören, denn sie werden keineswegs neutral dargestellt, sondern durch die Rahmenhandlung mit den Pharisäern und Schriftgelehrten parallelisiert. Und deren Darstellung ist im Lukasevangelium, zumindest wenn sie als Gesamtgruppe auftreten[43], negativ gefärbt. Hinzu kommt, daß sich bei Lukas Johannes der Täufer und Jesus darin einig sind, daß *alle* Menschen „Bedarf an Umkehr" haben (vgl. 3,7f; 13,3.5; 24,47).

Die Freude im Himmel über einen umgekehrten Sünder ist also die zentrale, aber nicht die einzige theologische Aussage, die Lukas mit den drei Gleichnissen verbindet, er wirbt auch um die Umkehr der „Gerechten"[44]. Dies zeigt sich, wenn man die Art und Weise betrachtet, wie in Lk 15 Umkehr dargestellt wird. Lukas läßt Jesus von der Umkehr eines Sünders sprechen (15,7.10) und beschreibt die Freude eines Mannes, einer Frau und eines Vaters, die lange suchen müssen, um etwas Verlorenes wiederzufinden (15,4.9.32). Die Aktivität geht dabei in den ersten zwei Gleichnissen ausschließlich von den Suchenden aus. Im dritten Gleichnis, der Parabel vom verlorenen Sohn, wird dann Umkehr im menschlichen Bereich beschrieben. Beide Brüder kehren in der Geschichte um, um nach Hause zu kommen, der eine aus einem fernen Land, der andere vom Feld (V.25). Der eine hat sein Erbteil verloren, der andere nicht[45]. Der eine hat keine Leistung mehr vorzuweisen, selbst sein Sündenbekenntnis erfolgt aufgrund einer Nützlichkeitserwägung (V.17)[46], der andere hat das Gebot des Vaters gehalten (V.29) und verweist auf seine langen Dienste. Beiden geht der Vater entgegen (V.20.28) und beide lädt er ein, mit ihm ein Festmahl zu feiern.

Umkehr bedeutet für Lukas also nicht nur Umkehr von *Sünden*, sondern radikale Umkehr des ganzen *Sünders* (vgl. V.7.10), es ist Umkehr von Verlorenheit und Tod (vgl. V.18.20: ἀναστὰς und V.32: οὗτος νεκρὸς ἦν καὶ ἔζεσεν). Sie ist der einzige Zugang zum Heil (in den Gleichnissen jeweils durch das Festmahl symbolisiert). Hier zeigt sich

---

[43] Vgl. oben Anm. 23, S.103f. Zur lukanischen Differenzierung in der eher negativen Darstellung der Pharisäer als Gesamtgruppe und dem positiven Bild einzelner Pharisäer vgl. STEMBERGER, Pharisäer, 30-35.

[44] Zu diesem von SCHOTTROFF, Gleichnis, abweichenden Ergebnis kommt BROER, Gleichnis, 462.

[45] Vgl. auch das Motiv der Abrahamskindschaft in der Verkündigung des Täufers, aus der keinerlei Ansprüche abzuleiten sind (Lk 3,8).

[46] Zur „Reue" des jüngeren Sohnes vgl. MERKLEIN, Umkehrpredigt, 44, Anm. 86.

die Gemeinsamkeit mit Johannes[47]. Aber anders als in dessen Verkündigung ist Umkehr hier keine sittliche Leistung, sondern vollzieht sich, indem Gott dem Verlorenen entgegenkommt und ihn findet[48].

In allen drei Gleichnissen wird der Erfolg der „Umkehr", wohl in Andeutung des eschatologischen Festmahls, gemeinsam gefeiert. Dies verweist auf den Rahmen. Die Mahlgemeinschaft Jesu mit den Sündern (V.2) ist Ausdruck der himmlischen Freude über ihre Umkehr.

Lk 16,30 (... ἐάν τις ἀπὸ νεκρῶν πορευθῇ πρὸς αὐτοὺς μετανοήσουσιν): Das Gleichnis vom reichen Mann und armen Lazarus ist Teil des größeren Blocks Lk 16,14-17,19, in dem Lukas sich, überwiegend anhand des Umkehrmotivs, mit dem Logion in Lk 16,16 auseinandersetzt. Zunächst beschränken wir uns jedoch auf das Gleichnis vom reichen Mann und armen Lazarus in Lk 16,19-31. Der reiche Mann im Hades möchte, daß jemand von den Toten aufersteht, damit seine Brüder „umkehren". Doch Abraham lehnt seine Bitte ab: *„Wenn sie nicht auf Mose und die Propheten hören, werden sie sich auch nicht überzeugen lassen von einem, der von den Toten auferstanden ist."* (V.31).

Das Motiv des erfolglosen Sich-Berufens auf die Abrahamskindschaft (V.24.27.30), die Erwähnung der lebensrettenden Umkehr (V.30) und der Hinweis auf Mose und die Propheten (V.29.31), in deren Reihe nach Lk 16,16 und 7,26 auch Johannes einzuordnen ist, zeigen, daß dieses Gleichnis ebenfalls in die lukanische Auseinandersetzung mit der Verkündigung des Täufers gehört. Dabei scheint die Intention zunächst eine resignative Feststellung der Gemeindesituation zu sein. Wer nicht auf Mose und die Propheten hört, glaubt auch dem auferstandenen Christus nicht. Doch geht die Aussageabsicht, die Lukas mit diesem Gleichnis verfolgt, tiefer. Es ist allerdings eine paradoxe. Während es im Gleichnis so erscheint, als würde deshalb keiner

---

[47] Ein weiteres Motiv, das auf Johannes verweist, *könnte* die Erwähnung der κεράτια sein, von denen sich der „verlorene Sohn" ernährt (Lk 15,16). Dies vermutet zumindest BROWNLEE, John, 33. Er hält die Heuschrecken, die in Mk 1,6 (Mt 3,4) als Nahrung des Täufers erwähnt werden, für die Bohnen des Heuschrecken-Baumes ("beans of the locust tree") und identifiziert diese mit den Schoten in Lk 15,16.

[48] Vgl. dazu MERKLEIN, Gottesherrschaft, 204, der schon zu den beiden „Umkehr-Stellen" Lk 15,7.10 schreibt: „Umkehr ist hier primär Hinkehr Gottes zum Sünder und ‚Freude Gottes' über das Finden des Verlorenen." (ebd.). Auch JEREMIAS definiert - allerdings etwas emphatisch - Umkehr unter Hinweis auf Lk 15,7.10: „Umkehr ist Freude darüber, daß Gott so gnädig ist. Ja mehr! Umkehr ist Freude *Gottes*" (DERS., Theologie I, 156).

von den Toten auferstehen, um die Menschen zur Umkehr zu bewegen, weil diese nicht auf das Gesetz hören, ist die christliche Realität eine andere. Der Leser des Lukas hört noch eine andere Botschaft, denn er weiß, daß ja *dennoch* jemand von den Toten auferstanden ist. Obwohl bereits Mose und die Propheten (vgl. 24,44-47) und auch Johannes der Täufer zur Umkehr aufgerufen haben, ist Christus auferstanden und hat die Kluft zwischen arm und reich und Leben und Tod überwunden. Das heißt, Gott bringt mehr Geduld mit den Sündern auf als Abraham und auch als Johannes der Täufer. Obwohl Gesetz und Propheten bereits ausreichen müßten, um die Menschen zur Umkehr zu bewegen, läßt Gott Jesus auferstehen und macht so das Unmögliche, nämlich einen Reichen zur Umkehr zu bewegen, möglich (vgl. 18,25)[49].

Die Plausibilität dieser paradoxen Deutung des Gleichnisses wird durch das wenige Verse später folgende Gleichnis vom Sklavenlohn (17,7-10), das zugleich auch Lk 15,25-32 paraphrasiert[50], unterstrichen; denn dieses Gleichnis besagt zunächst, daß niemand seinem Sklaven, nur weil er gehorsam seinen Dienst versah, gleich einen Platz am Tisch, einräumen würde. Dahinter steht die theologische Aussage: Ihr habt nach menschlichen Maßstäben keinen Anspruch auf das Reich Gottes, nur weil ihr das Gesetz haltet. Die paradoxe Deutung liegt nun gerade darin, daß der christliche Leser ja bereits mehrfach erfahren hat, daß Jesus dennoch mit Sündern und „unnützen Sklaven" an einem Tisch sitzt. Beide Gleichnisse ähneln sich also insofern, als sie beide indirekt auf die Paradoxie des Evangeliums vom Reich Gottes verweisen. Nach menschlichen Maßstäben gilt: Es wird niemand von den Toten auferstehen, um zur Umkehr zu bewegen, weil ja schon nicht auf Mose und die Propheten gehört wird. Und selbst wenn deren Gebote befolgt werden, sind daraus keine Rechte auf Partizipation am Reich Gottes abzuleiten. Aber nach den Maßstäben des Evangeliums gilt: Jesus Christus ist von den Toten auferstanden und hat dadurch Umkehr möglich gemacht. In dem unverdienten Geschenk seiner Tischgemeinschaft mit den Sündern hat er bereits das eschatologische Freudenmahl im Reich Gottes vorweggenommen[51].

---

[49] Vgl. auch Lk 24,13-35. Weder das Gesetz noch die Propheten (V.25-27), sondern erst die Gabe des Leibes Christi öffnet den Jüngern die Augen (V.30f) und läßt sie umkehren (V.33).

[50] Der Sklave kommt wie der älteste Sohn vom Feld (17,7; 15,25) und hat wie dieser die Befehle des Hausherrn ausgeführt (17,9; 15,29), aber er kann daraus keinen Anspruch ableiten, mit am Tisch zu sitzen, sondern ist auf die Einladung des Hausherrn angewiesen.

[51] Vgl. auch unter 8.2.2.c (*Die ontologische Dimension des Gottesreiches*), S.296-298.

Lk 17,3f (... ἐὰν μετανοήσῃ ἄφες αὐτῷ): In Lk 17,3f ist nicht von der einmaligen radikalen Umkehr zu Gott die Rede, sondern von der Möglichkeit bereits Umgekehrter, erneut zu sündigen und diese Sünden zu bereuen und vergeben zu bekommen. Die seelsorgerliche Mahnung Jesu besagt für das lukanische Verständnis von Umkehr, daß sie nicht ausschließlich eine Abkehr von Sünden ist. Auch nach der Umkehr sind Sünden noch möglich und sollen vergeben werden. Es handelt sich dabei um einen Zug des lukanischen Verständnisses von Umkehr, der ebenfalls in der Auseinandersetzung mit Anhängern des Täufers eine Rolle gespielt haben könnte.

Lk 24,47: Die Formulierung κηρυχθῆναι ... μετάνοιαν εἰς ἄφεσιν ἁμαρτιῶν in Lk 24,47 knüpft an Jesu Verkündigung in Lk 4,18 (κηρύξαι ... ἄφεσιν) an und nimmt zugleich das Thema der Täuferpredigt (3,3) auf. Das „Amt" des Täufers wird nun von Jesus auf seine Jünger übertragen. Die Erfüllung dieses Auftrags Jesu an seine Jünger, die Umkehr zur Vergebung der Sünden zu verkündigen, beschreibt Lukas dann in der Apostelgeschichte[52].

Fazit: Das Motiv der Umkehr ist im Lukasevangelium von zentraler Bedeutung für die Predigt Jesu. Unter Aufnahme und Modifizierung des Bußverständnisses des Täufers entwickelt Lukas eine eigene „Theologie der Umkehr". Dabei zeigen sich sowohl Gemeinsamkeiten als auch eklatante Unterschiede in dem Verständnis von Umkehr bei Jesus und Johannes.

Gemeinsam ist beiden, daß sie Umkehr als einzige Möglichkeit des Zugangs zum Heil betrachten. Wer nicht „radikal" umkehrt, ist dem Gericht verfallen. Beide verstehen den Menschen als sündiges Individuum, dessen Abrahamskindschaft keinerlei Heilsrelevanz mehr besitzt. In der Verkündigung des Johannes liegt aber die Betonung auf dem Zorn Gottes, und die Motivation zur Umkehr wird durch die Ansage des Gerichts bewirkt. Während bei Johannes also die Angst der Menschen vor der Vernichtung im Gericht als Motivation zur Umkehr erscheint, ist es in der Verkündigung Jesu die Erfahrung der gnädigen Zuwendung Gottes[53].

---

[52] Vgl. bes. Apg 2,38. Die hier im Zusammenhang mit Lk 24,47 nur angedeutete Verbindung der Umkehrpredigt des Täufers zur Verkündigung der Apostel führt Tannehill überzeugend aus (vgl. DERS., Unity 1, 295f).

[53] Vgl. JEREMIAS, Theologie I, 155: „... der entscheidende Unterschied zwischen dem Bußruf des Täufers und dem Bußruf Jesu ist das *Motiv* der Buße. Beim Täufer ist das Motiv die Angst vor dem drohenden Gericht; bei Jesus fehlt sie

Jesus verdeutlicht bei Lukas Umkehr am Beispiel eines fruchtlosen Baumes, der begossen wird, am Beispiel eines Schafs oder einer Drachme, die wiedergefunden werden, und am Beispiel von Menschen, die, ohne ein Anrecht darauf zu haben, dennoch zum Festmahl eingeladen werden. Umkehr wird insofern radikaler als bei Johannes verstanden, als sie nicht nur die Abkehr von den Sünden bedeutet, sondern die Befreiung des Sünders von der Macht Satans (13,16) und des Todes (15,32) ist, zu der der Mensch bei Lukas aus eigener Kraft nicht mehr in der Lage ist. In der Verkündigung des Evangeliums an die Armen, Gefangenen und Niedergeschlagenen und durch die Person des Verkünders selbst wird Umkehr zur befreienden Heilstat Gottes, die die Tür zu seinem Reich öffnet. Die Verkündigung und das Wirken Jesu ermöglichen Umkehr nicht nur als einmalige Vergebung der Sünden, sondern als Befreiung vom Tod und Aufnahme in die Mahlgemeinschaft Christi.

Indem Lukas Jesus die Befreiung und Annahme sündhafter Menschen vor den Frommen und Gerechten rechtfertigen läßt, ohne ihnen ihr Gerechtsein kategorisch abzusprechen, wirbt er auch um die Menschen, deren Ansichten von diesen Frommen repräsentiert werden[54].

3.4 Umkehr als Geschenk Gottes in der Apostelgeschichte

Die Beobachtungen zum lukanischen Verständnis der Umkehr, die sich aus der Analyse der Predigt Jesu ergaben, bestätigen sich auch in der Apostelgeschichte.

Wie Johannes der Täufer (Lk 3,3; Apg 13,24; 19,4) fordert dort Petrus die Menschen zur Umkehr und Taufe auf, damit sie Vergebung der Sünden erlangen (vgl. Apg 2,38; 3,19). Allerdings leitet Petrus die Notwendigkeit der Umkehr nicht mehr ausschließlich aus dem drohenden Gericht und der Sündhaftigkeit der Menschen ab, sondern verweist auf Kreuz und Auferstehung Christi als Ermöglichungsgrund der Umkehr (vgl. 2,36. 38; 3,18.19.26). Dies erklärt auch, warum Lukas das Wachstum der Gemeinde in passiven Wendungen beschreibt (vgl. 2,41: προσετέθησαν[55] ... ψυχαί; 2,47: ὁ δὲ κύριος προσετίθει τοὺς σῳζομένους; 11,24: προσετέθη ὄχλος). Er betrachtet die Umkehr

---

nicht (z.B. Lk 13,1-5), aber das entscheidende Motiv ist bei ihm die Erfahrung der unbegreiflichen Güte Gottes (z.B. Lk 13,6-9)."

[54] Vgl. KLEIN, Barmherzigkeit, 71f.

[55] Zu προσετέθησαν vgl. CONZELMANN, Mitte, 201, Anm. 1, und TAEGER, Leben, 155f.

eben als von Christus bewirktes Geschehen und nicht als eigenständige Leistung.

Der Zauberer Simon wird von Petrus aufgefordert, von seiner Bosheit umzukehren (8,22). Dies erinnert an das Auftreten des Täufers (vgl. Lk 3,8.19). In den auf den Ruf zur Umkehr folgenden Versen wird deutlich, daß der Zauberer von sich aus nicht in der Lage ist, sich von den Fesseln des Bösen zu befreien (Apg 8,23), und der Fürbitte des Apostels bedarf (V.24). Die Tatsache, daß hier nach erfolgter Umkehr - Apg 8,13 setzt eine solche voraus - und anschließendem Sündenfall eine erneute Umkehr mit Christi Hilfe möglich erscheint, entspricht dem Umkehrbegriff der Predigt Jesu in Lk 17,3f (vgl. auch Lk 22,32).

In der Areopagrede bezeichnet Paulus die Umkehr „aller und überall" als Gebot Gottes (Apg 17,30). Doch obwohl Umkehr hier sehr stark den Charakter eines Erkenntnisvorgangs hat, „... ist es Gott selbst, der durch die Auferweckung Jesu den Anreiz und die Möglichkeit zum Glauben gibt. Gott, der zur Umkehr ruft (V.30), schenkt also selbst den Glauben ..."[56] (vgl. V.31). Gott hat die Menschen zwar so geschaffen, daß sie ihn suchen (V.26f), aber erst die Auferweckung Christi ermöglicht Umkehr und Glauben (V.30f).

In Apg 26,20 erklärt Paulus vor Agrippa, er habe Juden und Heiden verkündet, sie sollten umkehren und „rechte Werke der Umkehr" tun. Dies läßt an die Aufforderung des Täufers denken, rechte Früchte der Umkehr zu bringen (vgl. Lk 3,8). Doch es muß berücksichtigt werden, daß Paulus sich hier gegenüber dem jüdischen König verteidigt, indem er betont, er habe nichts anderes verkündigt als Mose und die Propheten (Apg 26,22; vgl. Lk 16,16). Die Stelle reicht nicht aus, um Werke oder Früchte als konstitutive Bedingungen für die Umkehr im Verständnis des Lukas zu postulieren. Zudem erscheint in Apg 26,17f eindeutig Gott als Urheber der Umkehr.

Wie bei Johannes bedeutet auch in der Apostelgeschichte Umkehr die Abkehr von den Sünden und Hinwendung zur Vergebung der Sünden. Allerdings scheint Lukas bei dem Motiv der Umkehr von den Sünden nicht einzelne Taten im Blick zu haben wie Johannes, der ja konkrete Handlungsanweisungen gibt, um Sünden zu vermeiden (Lk 3,11-14.19). Vielmehr erscheint die Sündhaftigkeit des Menschen auch

---

[56] STÄHLIN, Apostelgeschichte, 238. Auch WEISER, Apostelgeschichte, 475f, kommt in seiner Analyse der Areopagrede zu dem Ergebnis, daß hier Gott als derjenige erscheint, der „*Umkehr* verkündet und ermöglicht" (a.a.O. 475). Sehr aufschlußreich ist in diesem Zusammenhang auch sein Exkurs „Die Theologie und Anthropologie der Areopagrede" (WEISER, Apostelgeschichte, 478-80).

in der Apostelgeschichte als ein Synonym für seine Gefangenschaft durch die Macht des Bösen (Apg 8,20) beziehungsweise Satans (5,3; 10,38; 26,18). Es sind nicht einzelne Sünden, für die Buße geleistet werden muß, sondern es ist der Zustand der Gefangenschaft durch widergöttliche Mächte, von dem die Umkehr befreit. Diesen Zustand kann Lukas auch mit den Metaphern Tod (Lk 1,79; 15,32; 16,19-31) und Finsternis (Lk 1,79; Apg 26,18) beschreiben. Dem entsprechen auf der andererseits Umkehr zum Leben (Apg 11,18) und Licht (26,18).

In der Apostelgeschichte steht die Umkehr zur Vergebung der Sünden (2,38; 3,19) wie bei Johannes in Verbindung mit der Taufe (vgl. 13,24; 19,4), sie wird aber nicht mehr nur als Möglichkeit, sondern als tatsächliches und gegenwärtiges Ereignis beschrieben. Durch die Taufe mit heiligem Geist und den Glauben an Christus wird Sündenvergebung „empfangen" (26,18).

Es bleibt festzuhalten, daß Sündenvergebung im gesamten lukanischen Doppelwerk auf die Tätigkeit Jesu zurückgeführt wird (Lk 24,47; Apg 2,38; 5,31; 10,43; 13,38; 26,18). Nur Lk 1,77 und 3,3 bringen sie in Verbindung mit Johannes, doch scheint Lukas hier Quellen zu zitieren. Insgesamt zeigt sich die Tendenz, daß Lukas es zu vermeiden sucht, die Tätigkeit des Johannes in Verbindung mit einer möglichen Sündenvergebung zu bringen[57].

Wie der Glaube ist Umkehr für Lukas einzig und allein Geschenk Gottes. Was sich in der Verkündigung und der Tätigkeit Jesu bereits andeutete, wird in der Apostelgeschichte explizit ausgesprochen: Durch Jesus schenkt Gott Israel Umkehr und Sündenvergebung (Apg 5,31: τοῦτον ὁ θεὸς ἀρχηγὸν καὶ σωτῆρα ὕψωσεν τῇ δεξιᾷ αὐτοῦ, [τοῦ] δοῦναι μετάνοιαν τῷ Ἰσραὴλ καὶ ἄφεσιν ἁμαρτιῶν). Dieses feierliche Zeugnis der Apostel vor dem Hohen Rat erinnert in Sprache und Inhalt sehr stark an die Lieder und Verheißungen der Kindheitsgeschichten (Lk 1f). Lukas bekräftigt dadurch, daß sich die Verheißungen in Christus erfüllt haben. Während in den Kindheitsgeschichten noch Johannes als derjenige erschien, der viele aus Israel bekehren (Lk 1,16f) und zur Sündenvergebung verhelfen würde (Lk 1,76f), ist es nun der erhöhte Christus, der Umkehr und Vergebung der Sünden *gibt* [58].

---

[57] Vgl. Apg 13,23-38; 10,37-43 und in Lk 3,1-6 die Auslassung des Sündenbekenntnisses des Volkes gegenüber Mk 1,5.

[58] U. WILCKENS, Missionsreden, 181, hält die Auffassung, daß μετάνοια und Sündenvergebung als Gaben Gottes anzusehen sind, für eine dem Lukas vorgegebene Tradition, die aber nicht seiner Meinung entspräche (a.a.O. 182); ähnlich argumentiert auch CONZELMANN, Mitte, 213-215 (bes. 214, Anm.1), der Lk 24,47; Apg 5,31; 11,18 und 13,38 für traditionell hält. Doch scheint Lukas

Nachdem der gottesfürchtige Kornelius von Petrus getauft wurde, berichtet Petrus von dem *Geschenk* des heiligen Geistes, das Gott den Heiden machte (Apg 11,17: δωρεὰν ἔδωκεν αὐτοῖς ὁ θεὸς), und die Brüder in Jerusalem erkennen, daß Gott den Heiden die Umkehr zum Leben *gegeben* hat (11,18b: ἄρα καὶ τοῖς ἔθνεσιν ὁ θεὸς τὴν μετάνοιαν εἰς ζωὴν ἔδωκεν). Die exponierte Stellung des Ausdrucks δοῦναι μετάνοιαν in Apg 5,31 und 11,18 jeweils am Ende einer bedeutsamen Rede des Petrus zeigt, daß Lukas damit ganz bewußt das vorher geschilderte Heilsgeschehen zusammenfaßt[59] (vgl. 20,32: δοῦναι τὴν κληρονομίαν). In der Rede des Petrus im Haus des Kornelius werden die Tätigkeit des Johannes als Verkündigung der Taufe und die Tätigkeit Jesu als Befreiung derer, die in der Gewalt des Teufels waren, beschrieben (10,37f). Dies bestätigt erneut, daß Lukas das Proprium der Tätigkeit Jesu gegenüber der des Täufers in der durch Jesus bereits ermöglichten Befreiung der Sünder sieht[60].

Umkehr verlangt zwar die Einsicht der Umkehrenden (vgl. Apg 17,23.30)[61], aber diese Einsicht gibt oder verweigert *Gott* (vgl. Apg 28,25-28; 16,14f)! In diesem Zusammenhang ist auch die Bekehrung des Äthiopiers zu erwähnen, dessen Taufe ohne jedes Schuld- oder Glaubensbekenntnis, also ohne jede Leistung seinerseits, erfolgt (Apg 8,26-40). Auch die Umkehr der Heiden wird von Jakobus auf dem „Apostelkonzil" ausdrücklich auf die gnädige Vorsehung Gottes und nicht etwa auf deren besondere Verdienste zurückgeführt (15,13-19).

Fazit: Es hat sich gezeigt, daß das Verständnis von Umkehr in der Predigt Jesu auch in der Apostelgeschichte zum Tragen kommt. Lukas greift den Ruf des Täufers zur radikalen Umkehr sowohl im Evangelium als auch in der Apostelgeschichte auf und spitzt ihn insofern zu, als die Umkehr bei ihm bereits jetzt über Leben und Tod entscheidet.

Für Johannes war das Ziel der Umkehr die Vergebung der Sünden, die nur durch entsprechende „Früchte", nämlich ein bußfertiges Leben,

---

m.E. zu meinen, was er schreibt; denn daß die theologischen Aussagen dieser Verse seinem Verständnis von Umkehr entsprechen, konnte oben gezeigt werden. Vgl. auch FLENDER, Heil, 14f.

[59] Vgl. dagegen CONZELMANN, Mitte, 92, Anm. 1, und TAEGER, Mensch, 131f.

[60] Vgl. auch die Anklänge an Lk 4,18f in Apg 10,38.

[61] Dies betonen TAEGER, Mensch, 222: „Man sollte nicht bestreiten, daß die Bekehrung mit den Kräften, dem Wollen, der Entscheidung des Menschen geschieht ..." und ähnlich auch SCHULZ, Ethik, 471: „Diese Umkehr ... ist keine göttliche Gabe oder ein Geschenk, sondern die entscheidende Tat des Sünders, also eine menschliche Entscheidung ...".

erreicht werden konnte. Auch für Lukas bedeutet Umkehr *Abkehr* von Sünden, aber diese wird nicht als religiöse Pflicht erfahren, sondern als Befreiung von den Fesseln des Widergöttlichen. Sie ist keine Leistung des Umkehrenden, sondern sie ist ein Geschenk Gottes. Die Werke der Umkehr sind für Lukas Folgen und nicht Bedingungen der Sündenvergebung.

Für Lukas bedeutet Umkehr den Übergang zum christlichen Glauben und damit verbunden die gottgewirkte Abkehr des Menschen von einem bisherigen Seinszustand zu einem neuen. Für diese verschiedenen Zustände gebraucht Lukas mehrere Metaphern: Tod und Leben, Finsternis und Licht, Gefangenschaft und Freiheit, Unreinheit und Reinheit. Sie alle drücken das Geschehen der „Befreiung von den Sünden" aus, wobei gerade das Motiv der Befreiung ein lukanisches Charakteristikum für die Darstellung des Heilsgeschehens ist, dies zeigen unter anderem die Antrittspredigt Jesu (vgl. Lk 4,18) und die vielen Befreiungen in der Apostelgeschichte.

3.5 Umkehr als Reinigung oder Heilung

Wahrscheinlich stellte der historische Täufer durch die Wassertaufe die eschatologische Rettung im Gericht als *Abwaschung* der Sünden dar[62]. Umkehr wird also für ihn die Abkehr von Unreinheit und die Hinwendung zu einem Leben in Reinheit bedeutet haben[63]. Dies lassen darüber hinaus auch die Hinweise des Lukas auf die Fasten- und Gebetspraxis der Täuferjünger (Lk 5,33; 11,1) und die theologische Nähe des Täufers zu der auf innere und äußere Reinheit bedachten Gemeinschaft in Qumran[64] als relativ wahrscheinlich erscheinen.

Nun fällt in diesem Zusammenhang auf, daß Lukas häufiger als die anderen Evangelisten von der Heilung Aussätziger berichtet. Es scheint, als sei das Motiv der Reinigung von Aussätzigen durch Jesus eine besonders subtile Art und Weise, in der Lukas sich mit der Taufe

---

[62] Vgl. unter 2.2.1 (*Die Taufe des Johannes*), S.75f.

[63] Vgl. dazu die Notiz des JOSEPHUS über den Täufer, in der dessen Taufe als „rituelle Reinigung des Körpers" (VIELHAUER, Art.: Johannes, 804) dargestellt wird, die einer durch den entsprechenden Lebenswandel demonstrierten inneren Reinigung der Seele entspricht (JOSEPHUS, Ant 18, 116-119a).

[64] Zu den rituellen Reinigungsbädern der Essener vgl. JOSEPHUS, Bell II,129. u. 149f und 1 QS III,2-6. In unserem Zusammenhang ist 1 QS V,13f sehr aufschlußreich. Es heißt dort vom unreinen Sünder: „Er komme nicht ins Wasser, die Reinheit der Männer der Heiligkeit anzurühren, denn man wird nicht rein, außer wenn man *von seiner Bosheit umkehrt* (שבו מרעתם); denn Unreines ist an allen, die sein Wort übertreten."

des Johannes auseinandersetzt. Denn während die Taufe des Johannes als äußerer Reinigungsakt ein der Umkehr entsprechendes Leben in Reinheit und Gerechtigkeit (vgl. Lk 3,10-14 und 1,75) zur Bedingung hatte, um Hoffnung auf eschatologische Reinigung durch den Geist und auf Rettung im Gericht zu ermöglichen[65], symbolisiert die Reinigung von Aussätzigen durch Jesus seine Vollmacht, Sünden zu vergeben, und sie bedeutet für die „Gereinigten" bereits Heilung und Rettung.

Schon die erste Erwähnung der „Reinigung" eines Aussätzigen im Lukasevangelium (Lk 4,27) kann als Anspielung auf die Taufe des Johannes verstanden werden. Jesus verweist in seiner Antrittspredigt in Nazareth darauf, daß von den vielen Leprösen zur Zeit des Propheten Elisas nur der Syrer Naaman gereinigt wurde. Weil diese Reinigung aber durch Untertauchen im Jordan geschah (vgl. 2 Kön 5,1-14), liegt die Assoziation zur Taufpraxis des Johannes nahe. Lukas macht damit deutlich, daß die Freiheit, die Jesus verkündet (Lk 4,18f), eben auch und gerade Heilung für diejenigen bedeutet, die nicht mit der Reinigungstaufe des Johannes, der sich ja nur an Israeliten wandte (3,8), getauft werden konnten.

Die in Lk 5,12-16 folgende Heilung eines Aussätzigen weckt durch den Hinweis auf den Rückzug Jesu in die Wüste, um zu beten (5,16), Assoziationen zu Johannes dem Täufer und leitet so bereits über zu der etwas später folgenden Auseinandersetzung mit der Fasten- und Gebetspraxis der Jünger des Johannes (5,33-39)[66]. Auch auf die Frage des Johannes, ob Jesus der Kommende sei, folgt unter anderem der Hinweis Jesu auf das Reinwerden von Aussätzigen (7,18-23).

Besonders interessant nun ist in unserem Zusammenhang die lukanische Erzählung von der Reinigung der zehn Aussätzigen (17,11-19). Sie gehört in den größeren Komplex Lk 16,17-18,30, in dem Lukas illustriert, welche Konsequenzen es hat, daß Gesetz und Propheten bis zu Johannes dem Täufer reichen, aber die von diesen geforderte Umkehr erst durch Jesu Botschaft vom Reich Gottes ermöglicht wird (vgl. 16,16)[67]. Bruners hat in seiner Untersuchung von Lk 17,11-19: *„Die Reinigung der zehn Aussätzigen und die Heilung des Samariters"* nachgewiesen, daß diese Wundergeschichte durchgängig nach dem

---

[65] Vgl. unter 2.2.1 (*Die Taufe des Johannes*), S.75f, und (*Johannes und die Vergebung der Sünden im Gericht*), S.276-278.

[66] Vgl. 2.3.1 (*Johannes, Jesus und das Gebet*), S.89f, und 6.3.1.b (*Fasten und Gebet bei den Täuferschülern*), S.203f.

[67] Vgl. unter 8.2 (*Reich Gottes*), S.291-293.

Strukturmuster von 2 Kön 5,8-19a (LXX) gebildet wurde[68]. Die Gattung bestimmt er deshalb als „,nachgeahmte prophetische Erzählung' mit überbietendem Charakter"[69]. Wenn Lukas aber durch die Gestaltung dieses Wunderberichts an die Heilung des Naamans erinnert, spielt er damit zugleich auch erneut auf die Taufpraxis des Johannes an. Dafür sind ebenso der inhaltliche Zusammenhang mit Lk 16,16 und das Motiv der Umkehr (vgl. 17,15.18) Indizien. Mit dieser Erzählung verdeutlich Lukas die theologische Aussage, daß nicht das äußerliche Reinwerden (etwa durch die Taufe des Johannes oder durch bestimmte sittlich-religiöse Anstrengungen), sondern nur die Umkehr zu Jesus rettet und wirklich heil macht. Dabei liegt der Zug der Erzählung, daß ausgerechnet ein Samaritaner umkehrt, ganz in der Tendenz des Lukas, die Missionserfolge in Samaria zu betonen (vgl. Apg 1,8; 8,4-25; 15,3).

Bevor Petrus im Haus des Kornelius die von Johannes verkündete Taufe erwähnt (Apg 10,37) berichtet er, daß Gott ihm gezeigt habe, keinen Menschen „unrein" zu nennen (10,28). Auf dem „Apostelkonzil" umschreibt Petrus die Umkehr der Heiden (vgl. 11,18) dann damit, daß Gott ihnen den heiligen Geist gegeben (15,8) und ihre Herzen durch den Glauben *gereinigt* habe (15,9). Dies zeigt, was Lukas in der Auseinandersetzung mit dem Umkehrverständnis des Täufers betonen will: Menschen sollten andere Menschen nicht für unrein erklären und von ihnen eine Umkehr fordern, um sich zu reinigen oder Heilung zu empfangen. Umkehr ist eine Reinigung, die durch das Geschenk des Glaubens von Gott selbst bewirkt wird und deshalb zugleich „heilt". Die Gemeinsamkeit dieses Glaubens zwischen Juden- und Heidenchristen drückt sich darin aus, daß beide auch nach der durch die Umkehr erfolgten Reinigung rein bleiben sollen (15,19-21). Doch gilt für dieses rituelle Gebot das gleiche wie für die ethischen „Früchte der Umkehr": Sie sind Folge und nicht wie bei Johannes Bedingungen der Umkehr.

---

[68] Vgl. BRUNERS, Reinigung, 103-118.
[69] BRUNERS, Reinigung, 118-122.

3.6 Ergebnisse

Lukas entfaltet sein Verständnis von Umkehr in Aufnahme von und in Abgrenzung zu dem Umkehrruf des Täufers. Zwar nimmt das Motiv der Umkehr in der lukanischen Darstellung des Täufers im Vergleich zu dessen Funktion als Ankündiger Christi nur eine untergeordnete Position ein, aber es wird doch deutlich, daß es sich dabei um ein wesentliches Charakteristikum der Täuferpredigt handelt.

Für den historischen Johannes war die Forderung der einmaligen und radikalen Umkehr angesichts des unmittelbar bevorstehenden Gerichts eine zwingende und notwendige Konsequenz. Er argumentierte apodiktisch: „Das Gericht kommt, kehrt also um!"[70]. Die Umkehr ist dabei als sittlich-religiöse Leistung des Menschen zu verstehen, die zwar nicht die Rettung im Gericht bewirkt, wohl aber die Hoffnung darauf erlaubt. Auch bei Lukas unterstreichen der Ruf nach den Früchten der Umkehr und die sogenannte Standespredigt[71] die ethischen Implikationen der von Johannes geforderten Umkehr. Sie bedeutet Abkehr von allen bisherigen Sünden und falschem Erwählungsbewußtsein (Lk 3,8) und Hinwendung zu einem gerechteren Leben. Die Fasten- und Gebetspraxis der Täuferjünger (5,33; 11,1) verdeutlicht diesen „gesetzlichen" Charakter der Umkehr. Johannes der Täufer fordert die Menschen auf umzukehren, um so die letzte Chance zur Hoffnung auf Sündenvergebung im Gericht zu ergreifen. Indem die Taufe die eschatologische Abwaschung der Sünden symbolisch vorwegnimmt, wird sie zum äußeren Zeichen für die innere Bereitschaft zu einem gerechteren Leben in Reinheit.

Auch in der Verkündigung Jesu erscheint Umkehr als einzige Möglichkeit, dem Tod und dem Gericht zu entkommen (Lk 13,3.5). Aber anders als bei Johannes wird Umkehr nicht als Leistung vom Menschen gefordert, sondern als Entgegenkommen Gottes dargestellt. Die Mahlgemeinschaft Jesu mit den Sündern demonstriert, wie Gott das Verlorene sucht und findet (Lk 15). Nicht die Bereitschaft des Sünders

---

[70] MERKLEIN, Umkehrpredigt, 33; vgl. DERS., Jesu Botschaft, 36; ähnlich auch ERNST, Johannes, 310.

[71] Es mag sich bei der „Standespredigt" durchaus um ein nach Ausbleiben des Gerichts formuliertes „Regelwort der Täuferschüler" (ERNST, Johannes, 97.313) handeln, das aber im lukanischen Kontext die „Theologie" des Johannes repräsentiert.

zur Umkehr und Wiedergutmachung steht im Vordergrund. „Vielmehr deklariert Gott in dem Verhalten Jesu die Schuldvergangenheit des Sünders a priori für irrelevant."[72] Dieses Verständnis von Umkehr ist ein zentraler Bestandteil der lukanischen Theologie.

Lukas sieht den Menschen als seinshaften Sünder. Zwar werden gelegentlich Menschen ausdrücklich gerecht oder fromm genannt, doch ist dies im Sinne von „rechtschaffen" und nicht als „gerechtfertigt" zu verstehen (vgl. Lk 1,5f; 2,25; 23,50; Apg 10,1f). Unabhängig von ihren religiösen Voraussetzungen haben *alle* Menschen Umkehr nötig (Lk 13,3.5). Dieser Gedanke begegnet bei Lukas ja bereits in der Täuferpredigt. Selbst die Ausdehnung der Umkehrforderung auf die Heiden ist dort tendenziös angelegt, wenn es heißt, daß Gott selbst aus Steinen Kinder Abrahams erwecken könne (3,8) und auch Zöllner und Soldaten die Möglichkeit zur Umkehr erhalten (3,12-14). Aber, und das ist der entscheidende Unterschied zum „lukanischen" Johannes, kein Mensch ist von sich aus zur Umkehr in der Lage, denn er ist gefangen von der Macht des Bösen. Dabei kommt es Lukas weniger darauf an, einzelne Sünden des Menschen zu betonen, als vielmehr darauf, daß der Mensch von sich aus nicht von dem Zustand der Sünde, des Todes, der Finsternis und der Macht Satans umkehren kann zur Vergebung der Sünden, zum Leben, Licht und zu Gott.

Wenn Jesus in Lk 24,47f seine Jünger auffordert, Zeugen für die Umkehr zur Vergebung der Sünden bei allen Völkern zu sein, dann ist das für Lukas gleichbedeutend mit der Weisung des auferstandenen Christus: „Ihr werdet meine Zeugen sein ...!" (Apg 1,8); denn Umkehr bedeutet für Lukas eine Gabe Gottes, die erst durch die Auferweckung Christi ermöglicht wird[73]. Die programmatische erste Missionsrede des Paulus (Apg 13,16-41) verdeutlicht diese lukanische Theologie der Umkehr: Johannes hat dem Volk Israel die Taufe der Umkehr gepredigt und Jesus angekündigt (V.24f). Doch erst durch Tod und Auferstehung Christi ist das möglich geworden, was durch das Gesetz keinem Menschen möglich war, nämlich Vergebung der Sünden zu erfahren und gerecht zu werden (V.37-39)[74]. Das heißt, kein Mensch kann

---

[72] MERKLEIN, Umkehrpredigt, 43.
[73] Vielleicht wird deshalb im Evangelium keine einzige reale, zur Zeit Jesu erfolgende, religiöse Umkehr im Sinne von μετάνοια beschrieben (vgl. Lk 10,13; 11,32; 13,3.5; 16,30f; 22,32).
[74] Diese geradezu lehrbuchhafte lukanische Zusammenfassung der paulinischen Theologie in Apg 13,37-39 zeigt die geistliche Verwandtschaft dieser beiden großen Theologen und könnte ein Indiz dafür sein, daß Lukas einzelne Briefe des Paulus kannte (vgl. LINDEMANN, Paulus, 170f).

von sich aus gerecht werden, aber durch die von Gott bewirkte Umkehr und den Glauben an den Auferstandenen *wird* der Mensch gerecht *gemacht* (vgl. V.39: δικαιοῦνται). Die Umkehr ist also Gottes Geschenk, das von der Gefangenschaft der Sünde befreit. Sündenvergebung ist nicht mehr ausschließlich ein eschatologisches Geschehen wie bei Johannes, sondern Teil dieses Geschenks, das wie der heilige Geist vom Menschen im Glauben empfangen wird.

Lukas legt gerade in der Apostelgeschichte Wert darauf zu demonstrieren, daß die Umkehr auch ethische Konsequenzen im Zusammenleben der Gemeinde hat. Wahrscheinlich sah er gerade gegenüber Anhängern des Johannes die Notwendigkeit, das vorbildliche soziale Verhalten der ersten christlichen Gemeinden herauszustellen[75]. Ähnlich dürfte auch der Hinweis motiviert sein, daß die bekehrten Heiden, ohne das Gesetz Moses halten zu müssen, gereinigt sind (Apg 15,9) und sich auch nicht verunreinigen sollen (15,21f). Aber nie werden bei Lukas diese „Früchte der Umkehr" zur Bedingung des Heilsempfangs, immer schildert er sie als Folgen des göttlichen Wirkens. Wer Christ wird, empfängt die Umkehr mit all ihren Konsequenzen von Gott als Befreiung von Unwissenheit und Sünde zum Leben.

---

[75] Vgl. dazu 6. (*Ethische Motive*), S.175-212.

4

ERWÄHLUNGSMOTIVE

Johannes beginnt seine Predigt bei Lukas mit einer Desillusionierung der Zuhörer. Die taufwillige Menge wird als Schlangenbrut beschimpft, die aus ihrer Abrahamskindschaft keine Gewißheit ableiten könne, dem Zorngericht Gottes zu entkommen (Lk 3,7-9). Dieser Absage des Johannes an jeden Erwählungsautomatismus stehen Stellen in den Kindheitsgeschichten gegenüber, wo er mit dem Erbe der Väter und mit Abraham und dessen Kindern in Verbindung gebracht wird (vgl. 1,17.72f; evtl. 1,54f). Die Auseinandersetzung des Täufers mit dem Erwählungsbewußtsein seiner Umgebung wird von Lukas nun nicht nur aus dokumentarischen Gründen berichtet, sondern es ist ein Anliegen seiner Theologie insgesamt, dieses Thema anhand des Motivs *Abraham und seine Kinder* (4.1) zu entfalten. Unter 4.1.1 (*Das vorlukanische Erwählungsverständnis*) wird nun die Funktion Abrahams in der *Predigt des Täufers* analysiert (a) und dann zu zeigen versucht, daß hinter den von Lukas aus der Tradition übernommenen Texten der *Kindheitsgeschichten* (b) und der *Stephanusrede* (c) ein einheitliches vorlukanisches Erwählungsverständnis steht. Lukas setzt sich mit diesen Texten auseinander, indem er sie in den Kontext seines Evangeliums stellt. An seiner Art, wie er die vorlukanischen Texte rezipiert und wie er mit der Person Abrahams ansonsten umgeht, läßt sich auch *das lukanische Erwählungsverständnis* (3.1.2) erschließen.

Die etwas allgemeinere Motivgruppe *Väter und Kinder* (3.2) und das Motiv *Groß und klein* (3.3) sind weitere Themen, die in der lukanischen Auseinandersetzung mit dem Erwählungsverständnis der Anhänger des Täufers eine Rolle gespielt haben könnten. *Weisheit* (3.4) ist für Lukas eine Eigenschaft, die Gott nur besonderen, von ihm erwählten Menschen schenkt, insofern handelt es sich also ebenfalls um ein „Erwählungsmotiv". Nun wird im Lukasevangelium die Weisheit Jesu fast ausschließlich im Gegenüber zu Johannes betont. Unter 3.4 wird dem nachgegangen, inwieweit die vorlukanische motivliche Verbindung *Johannes und die Weisheit* (3.4.1) das lukanischen Thema *Jesus und die Weisheit* (3.4.2) beeinflußt haben könnte.

Eines der wesentlichen *Ergebnisse* der Analyse (3.5) wird sein, daß die „Erwählungsmotive", anhand derer sich eine Auseinandersetzung mit Täufermotiven nachweisen läßt, zugleich auch die Soteriologie des Lukas charakterisieren.

4.1 Abraham und seine Kinder

Wenn in dieser Arbeit bei der Analyse des Motivs der Abrahamskindschaft zwischen einem vorlukanischen (4.1.1) und einem lukanischen Erwählungsverständnis (4.1.2) unterschieden wird, dann geschieht dies in der Absicht, hier eine Entwicklungslinie von der Verkündigung des Täufers hin zu einem späteren Erwählungsverständnis seiner Anhänger nachzuweisen, mit dem sich dann Lukas kritisch auseinandersetzt.

4.1.1 Das vorlukanische Erwählungsverständnis

Im lukanischen Doppelwerk begegnen die Gestalt oder der Name Abraham relativ häufig in Texten, die von Lukas aus der Tradition übernommen worden sind, und zwar jeweils mehrmals in den Kindheitserzählungen (vgl. Lk 1,56.73), in der Täuferpredigt (vgl. 3,8) und in der Rede des Stephanus (vgl. Apg 7,2.16.17.32)[1]. Im folgenden soll nun gezeigt werden, daß sich aus dem am Motiv der *Abrahamskindschaft in der Predigt des Täufers* (a) festzumachenden Erwählungsverständnis eine dem gegenüber veränderte Konzeption entwickelt haben könnte, die charakteristisch für die Trägergruppen der *Kindheitsgeschichten* des Täufers (b) und der *Stephanusrede* (c) ist.

a) Abrahamskindschaft in der Predigt des Täufers
In Lk 3,3f qualifiziert Johannes in seiner Umkehrpredigt nicht die Abrahamskindschaft ab, sondern einen aus ihr abgeleiteten Heilsautomatismus (vgl. Lk 3,7f). Dies dürfte der Verkündigung des historischen Täufers entsprechen[2]. Der Hinweis darauf, daß Gott aus den Steinen

---

[1] Zu erwähnen ist hier auch das Auftreten Abrahams in der Lazarus-Erzählung (vgl. bes. Lk 16,22-30), die von Lukas möglicherweise aus der Tradition übernommen (vgl. SCHNEIDER, Evangelium II, 340) und durch die einleitenden Verse 14-18 auch in den Zusammenhang mit seiner Auseinandersetzung mit Johannes dem Täufer gestellt wurde (vgl. 16,16). Zu Lk 16,19-31 siehe weiter unten unter 4.1.2.c (*Abraham als Repräsentant für das Reich Gottes*), S.138f.

[2] Vgl. ERNST, Johannes, 300-302.

Kinder Abrahams erwecken könne, deutet an, daß Johannes die Abrahamskindschaft an sich als ein Zeichen der göttlichen Erwählung betrachtete. Nur wird für ihn die Möglichkeit einer Rettung im Gericht eben nicht aus der Abstammung gefolgt sein, sondern erst aus der tatsächlich vollzogenen Umkehr und einem der Umkehr gemäßen Leben. Abraham ist kein „Unterpfand des Heils"[3] für seine Kinder, sondern diese hatten sich durch ihre Werke (Früchte der Buße) als seine Kinder zu bewähren, um an den an Abraham gerichteten Verheißungen zu partizipieren[4].

In der Verkündigung des Täufers zeigt sich also so etwas wie eine *soteriologische Individualisierung.* Anders als bei den älteren Propheten ruft Johannes nicht das Volk Israel als Kollektiv zur Umkehr, sondern jeden einzelnen. Deshalb nennt er auch keine „kollektiven" Früchte der Umkehr, wie etwa das Halten der Gebote oder die Hinwendung zu Gott, sondern individuelle, die der jeweiligen Lebenssituation der Umkehrenden entsprechen (vgl. Lk 3,10-14). Weil aber *alle* Kinder Abrahams der Umkehr bedürfen, spricht er sie pauschal und kollektiv als Schlangengezücht an und unterscheidet nicht aufgrund ihrer sozialen Herkunft. Dadurch, daß Johannes nun jeden einzelnen Umkehrwilligen tauft und ihn nachdrücklich zu einem der Umkehr gemäßen Leben verpflichtet, unterstreicht er die individuelle Verantwortung für das eigene Heil und bereitet zugleich den Boden für ein Heilsverständnis, das soziale und nationale Schranken überschreiten konnte.

Sollte diese Deutung zutreffen und die lukanische Rezeption der Täuferpredigt derartige Rückschlüsse auf die tatsächliche Verkündigung des Täufers zulassen, dann würde dies erklären, warum Johannes nicht als Sektengründer auftrat, der Anhänger um sich scharte, sondern sich an *alle* Israeliten wandte[5].

---

[3] MARTIN-ACHARD, Art.: Abraham I, 371.
[4] Vgl. MARTIN-ACHARD, Art.: Abraham I, 377.
[5] Zum „Problem einer Gemeindestiftung" durch den Täufer vgl. BACKHAUS, Täuferkreise, 318-325. Interessant ist auch der von REISER angestellte Vergleich der „Volksbewegung, die von der Verkündigung des Täufers ausging" mit den „aus der neueren christlichen Geschichte bekannten Erweckungs- und Gemeinschaftsbewegungen" (DERS., Gerichtspredigt, 178), denn in der Predigt des Johannes heißt es ja, daß Gott dem Abraham aus Steinen Kinder *erwecken* (ἐγεῖραι) könne (Lk 3,8; Mt 3,9).

b) Abraham in den Kindheitsgeschichten

Zweimal wird Abraham bereits in den Kindheitsgeschichten „unser Vater" genannt (Lk 1,55.73). In beiden Fällen wird er im Rahmen eines Liedes als Empfänger der göttlichen Versprechen, die sich nun an seinen Kindern erfüllen, beschrieben.

Lk 1,54f: In deutlicher Anlehnung an Jes 41,8f (LXX) wird Abraham in Lk 1,54f im hymnischen Stil als exemplarischer Träger der Verheißung der göttlichen Barmherzigkeit angeführt. Das lyrische Ich stellt sich und die Gottesfürchtigen (Lk 1,50b) Israels in die „Erbfolge" der Barmherzigkeit Gottes. Dabei wird vorausgesetzt, daß sich die Erfüllung dieser Verheißungen an „die Väter" in der Umkehrung der sozialen und wirtschaftlichen Verhältnisse bereits gezeigt hat. Dies spricht allerdings dafür, daß der ursprüngliche Sitz im Leben des Magnifikats nicht der Jubel einer werdenden Mutter, sondern eine konkrete politische Situation war[6]. Wahrscheinlich wurde das Magnifikat erst von Lukas in Verbindung mit der Geburt Jesu gebracht, indem er diesen im Umfeld der Täuferbewegung überlieferten Lobgesang Maria in den Mund legte.

In unserem Zusammenhang ist der Hinweis auf die Redaktionsgeschichte des Magnifikats deshalb relevant, weil im Magnifikat im Zusammenhang mit der Erwähnung Abrahams ein spezifisches Verständnis von Erwählung deutlich wird, das Lukas aus dem theologischen Umfeld des Täufers zu übernehmen scheint[7]. Dieses Verständnis von Erwählung ist einerseits dadurch charakterisiert, daß die Erwählung nicht ausschließlich auf die Abrahamskindschaft, sondern auf ein weiteres Kriterium, hier die Gottesfurcht seiner Kinder (V.50b), zurückgeführt wird. Und andererseits zeigt sie sich in der barmherzigen Umkehrung der politischen und sozialen Verhältnisse durch Gott.

Lk 1,72f: Auch im Benediktus sind es die Barmherzigkeit Gottes an „unseren Vätern" und sein Bund mit Abraham, für deren gegenwärtige Erfüllung Gott gelobt wird. Wie im Magnifikat drückt sich auch hier das deutliche Erwählungsbewußtsein einer hinter dem Lied stehenden Gruppe aus. Die Mitglieder dieser Gruppe sehen sich selbst als Erben der Verheißungen an, die sich durch ihr furchtloses Dienen in Frömmigkeit und Gerechtigkeit (V.75) des Erbes Abrahams als würdig erweisen. Inhaltlich wird der Schwur Gottes an Abraham durch die Ver-

---

[6] Vgl. KAUT, Befreier, 311-318, und oben unter 1.2.2, S.21-23.

[7] Dabei denke ich an die aus den jüdischen Chassidim hervorgegangen Gruppen der Pharisäer und Essener (vgl. GRUNDMANN, Weisheit, 58), besonders natürlich an die Gruppe in Qumran.

heißung eines davidischen Messias bestimmt (vgl. 1,69.78), der Erlösung für Israel bringen soll. „Die beiden heilsgeschichtlichen Eckdaten, **Erwählung** und **Messiasverheissung**, sind in der **Abrahamverheissung** zusammengeblendet ...“[8].

Dasselbe Verständnis von Erwählung dürfte auch hinter der Verheißung des Engels an Zacharias (1,13-17) stehen. Dort wird für Johannes vorausgesagt, er werde viele der Söhne Israels zu dem Herrn ihrem Gott, die Herzen der Väter zu den Kindern und die Ungehorsamen zur Klugheit der Gerechten bekehren (1,16f). Im Zusammenklang mit den anderen genannten Stellen zeigt sich ein dreistufiges Schema der Erwählung der Väter und Kinder. Zunächst steht es außer Frage, daß Abraham und Israel (Jakob) die von Gott erwählten Väter sind. Ihre Erwählung ist Ausdruck der göttlichen Barmherzigkeit. Auf die Erzväter folgen die Generationen von Israeliten, die nicht gehorsam gegenüber Gott waren. Ihnen sind die Väter in Lk 1,17 zuzurechnen, die Johannes zu den Kindern bekehren soll. Der Hinweis auf die Kinder dürfte eine Anspielung auf das Selbstverständnis jener Gruppe sein, in der die genannten Texte überliefert worden sind. Diese Gruppe, beziehungsweise diese Strömung, waren die „vielen“, die sich über die Geburt des Johannes freuten (1,14) und die von ihm „bekehrt“ wurden (1,16). Sie verstanden sich als die Gehorsamen und Gerechten (1,17.75), die als von Gott erwählte Kinder Abrahams seine Barmherzigkeit und sein Heil erfahren durften (1,54f.77f). Durch den rechten Gottesdienst und ein Leben in „Heiligkeit und Gerechtigkeit“ (1,75) erfüllte sich an ihnen der Schwur Gottes an Abraham[9].

Es stellt sich die Frage, wie sich dieses rekonstruierte Erwählungsverständnis der Trägergruppen der Täufertraditionen zu der Absage des Täufers an das Erwählungsbewußtsein der Taufwilligen verhält.

c) Abraham in der Stephanusrede

In der Rede des Stephanus (Apg 7,2-53) wird Abraham allein viermal namentlich erwähnt (7,2.16.17.32), und er steht im Mittelpunkt des ersten Teils (7,2-8). Neben Mose ist er also die zweite „Hauptperson“ der Rede. Unabhängig von meiner Hypothese, daß die Gestalt Moses hier als Typos für Johannes gebraucht wird[10], läßt sich anhand des Ab-

---

[8] WIESER, Abrahamvorstellungen, 18 (Hervorhebungen und Schreibweise wie im Original).

[9] Vgl. BERGER, Art.: Abraham II, 379, der wohl zu Recht auf die Spannungen dieser Abrahamskonzeption zu der des übrigen lukanischen Sonderguts hinweist.

[10] Vgl. in dieser Arbeit etwa 7.1.1.c, S.222-228.

rahammotivs ein Erwählungsverständnis erkennen, das große Parallelen zu dem der hymnischen Texte in den Kindheitsgeschichten hat. Die Rede muß also in einem vergleichbaren theologischen Milieu wie die Täuferlegenden entstanden sein. Doch zunächst folgen nun einige Gedanken zu den Abrahamvorstellungen der Stephanusrede[11].

Stephanus spricht seine Zuhörer als „Brüder und Väter" an und verweist auf „unseren Vater Abraham" (V.2). Im Verlauf der Rede kritisiert er mehrfach das verstockte Verhalten der Väter (V.39.51.52). Die Motivgruppe *Väter-Kinder-Brüder* ist ein durchgehendes Thema der Rede. Dies erinnert an die Verheißung des Engels für Johannes, er werde die Herzen der Väter zu den Kindern bekehren (Lk 1,17)[12], und an das Väter-Kinder-Motiv in den Hymnen in Lk 1 (1,55.72.73).

Die von Gott an Abraham ergehende Verheißung wird gegenüber Gen 15,13f dahingehend abgeändert, daß die Nachkommen Abrahams nun nicht mehr - wie es dort heißt - mit „großem Gut" aus Ägypten ausziehen werden (Gen 15,14), sondern Gott „an dieser Stelle dienen werden" (Apg 7,7: λατρεύσουσίν μοι ἐν τῷ τόπῳ τούτῳ; vgl. Ex 3, 12). Dahinter scheint die theologische Absicht zu stecken, daß nicht Besitz, sondern der rechte Gottesdienst in die Erwählung Abrahams stellt. Nun erinnert aber nicht nur die kritische Haltung gegenüber Reichtum an die Ethik der Täuferkreise (vgl. Lk 1,53; 3,10-14), auch die Vorstellung, daß der rechte Gottesdienst die Erfüllung der Verheißungen an „unseren Vater Abraham" ist, taucht wörtlich in einem exponierten Text aus dem Umfeld des Täufers auf, nämlich im Benediktus des Zacharias: ὅρκον ὃν ὤμοσεν πρὸς Ἀβραὰμ τὸν πατέρα ἡμῶν, τοῦ δοῦναι ἡμῖν ... / ... λατρεύειν αὐτῷ (Lk 1,73f)[13]. Ebenfalls begegnet das Motiv des Schwurs Gottes an Abraham in der Stephanusrede (V.17) und im Benediktus (Lk 1,73).

Die Gestalt Abrahams hat in der Rede des Stephanus eine doppelte Funktion. Einerseits erinnert Stephanus an die Verheißung Gottes, daß sich die Erwählung Abrahams im rechten Gottesdienst zeigen werde (V.6f)[14]. Hinzu kommt ein sehr tempelkritischer Akzent (V.48-50).

---

[11] Es sei an dieser Stelle ausdrücklich verwiesen auf WIESER, Abrahamvorstellungen, 25-30 (*1.8 Die Stephanusrede*).

[12] Die Vorliebe für Engel ist ein weiteres Motiv, das die Kindheitsgeschichten (vgl. 1,11-20.26-38; 2,9-15) und die Rede des Stephanus gemeinsam haben (vgl. Apg 7,30.35.38.53). Auch dies spricht für ein verwandtes theologisches Milieu.

[13] Vgl. STÄHLIN, Apostelgeschichte, 106.

[14] Die möglicherweise naheliegende Gleichsetzung von ἐν τῷ τόπῳ τούτῳ (V.7) mit dem Ort des späteren Tempels (vgl. WIESER, Abrahamvorstellungen, 26f, Anm.12) ist kein Widerspruch zu der tempelkritischen Haltung in Lk 7,48-50.

Andererseits zeigt er auf, wie die Väter die von Gott gesandten „Retter" Joseph und Mose, die beide Träger der Weisheit sind (V.10.22), ebenso wie die Propheten verworfen haben und dadurch die Erfüllung der Verheißungen an Abraham verwirkt haben.

Hinter dieser Rede ist das Selbstverständnis einer Gruppe zu erkennen, die sich selbst als erwählte Kinder Abrahams verstanden, die in die Freiheit der rechten Gottesverehrung ausgezogen sind (Exodusmotiv), um Gott - möglicherweise als „Gemeinde in der Wüste" (V.38) - auch ohne den durch Götzendienst verunreinigten Tempel in „Heiligkeit und Gerechtigkeit" (Lk 1,75) zu dienen. Dies ist eine Haltung, die an die Gemeinde in Qumran erinnert, aber eben auch in den Hymnen der Kindheitsgeschichten zu erkennen ist. Sollte nun tatsächlich die Gestalt des Mose als Typos für Johannes den Täufer gemeint sein, muß auch diese Rede des Stephanus ihren ursprünglichen Sitz im Leben in der Täuferbewegung gehabt haben. In jedem Fall ist sie aber in einem nah verwandten theologischen Milieu entstanden[15].

d) Erste Ergebnisse

Die Spannung zwischen dem sowohl in den genannten Texten der Kindheitserzählungen des Täufers als auch in der Stephanusrede zum Vorschein kommenden Erwählungsbewußtsein und der Kritik des Täufers an der Erwählungsgewißheit seiner Zuhörer verweist auf eine bereits vorlukanische Entwicklung. Es ist anzunehmen, daß sich nach dem Tod des Johannes einzelne Gruppen seiner Anhänger zusammengeschlossen haben, die nicht nur seine Taufpraxis weiterführten und legendarische Berichte über seine Geburt und sein Leben überlieferten, sondern etwa auch den gottesdienstlichen Rahmen für Hymnen wie das Magnifikat oder das Benediktus boten. Ähnlich wie die Gemeinde in Qumran könnte in diesen Gruppen ein ausgeprägtes Erwählungsbewußtsein vorhanden gewesen sein (vgl. 1 QpHab. X,13; 1 QS VIII,6; XI,16; 4 Qflor. I,19)[16]. Die genannten Stellen aus den Kindheitserzählungen und die Stephanusrede deuten ja ein solches Selbstverständnis

---

[15] Vgl. auch BEMILE, Magnificat, 29-32, der bei einem Vergleich der Stephanusrede mit dem Magnifikat zu dem Ergebnis kommt: "... it seems that the two pericopes share the same fate of composition and literary redaction" und konsequent fragt: "Does it not seem probable that the two pericopes stem from the same invironmental background ...?" (a.a.O. 32; vgl. 36).

[16] Vgl. DEXINGER, Erwählung II., 190, der auf die Selbstbezeichnung der Qumrangemeinde als „Auserwählte" hinweist.

als wahre Kinder Abrahams und erwählter Teil Israels an[17]. Während Johannes wahrscheinlich noch jedes Erwählungsbewußtsein und jede Heilsgewißheit in Frage stellte, könnte sich später ein institutionalisierteres Heilsverständnis durchgesetzt haben. Wer mit der Taufe des Johannes getauft worden war und sich an bestimmte Regeln der gemeinsamen Frömmigkeitspraxis hielt, gehörte zu den erwählten Kindern und partizipierte an den Heilsverheißungen Gottes an Abraham.

Wieser unterscheidet in seiner Dissertation zu „Abrahamvorstellungen im Neuen Testament" sehr überzeugend zwischen zwei grundlegenden Konzeptionen, nach denen Abraham interpretiert wird: das „Bewährungsmodell" und das „erwählungsgeschichtliche Modell". Die Täuferpredigt (Lk 3,7-9) rechnet er dabei dem „Bewährungsmodell" zu, weil Johannes hier dem Erwählungsbewußtsein der Kinder Abrahams die Notwendigkeit einer Bewährung durch verändertes Verhalten entgegenhält. Dabei verweist Wieser auf die „potentiell israel-kritische Note" dieses Modells[18]. In den Abrahamvorstellungen des Magnifikats und des Benediktus und in der Stephanusrede erkennt Wieser das „erwählungsgeschichtliche Modell", da hier „das gegenwärtige Geschehen in die Kontinuität der Treue Gottes zur Erwählung Israels gestellt ..." werde[19].

Die Kategorien Wiesers helfen, eine mögliche Entwicklungslinie von der Funktion Abrahams in der Predigt des Johannes hin zum Erwählungsverständnis seiner späteren Anhänger zu ziehen. Denn wahrscheinlich fand in der zweiten Generation der Täuferanhänger, aufgrund des historischen Bewußtseins, daß man nun bereits in einer Tradition stand, ein Bedeutungswandel vom „Bewährungs-" zum „erwählungsgeschichtlichen Modell" statt. Abraham wurde nicht mehr als Vorbild, sondern als Garant der eigenen Erwählung angesehen, da die Bewährung schon hinter einem lag. Die hymnischen Texte der Kindheitsgeschichten und die Stephanusrede könnten das Selbstverständnis dieser zweiten Generation ausdrücken, in der die wundersame Geburt und das Auftreten Johannes als Beweise seiner göttlichen Erwählung und der Erwählung der von ihm getauften Kinder Abrahams galten.

---

[17] SANDERS, Paulus, 232f, betont zu Recht, daß die Gemeinschaft in Qumran sich nicht als das „Israel" schlechthin, sondern als auserwählter Teil verstand, dem sich die übrigen Israeliten noch anschließen konnten und sollten. Ähnliches wird man von den Anhängern des Täufers sagen können.

[18] WIESER, Abrahamvorstellungen, 7, vgl. 3-7 u. 160-171.

[19] WIESER, Abrahamvorstellungen, 18; dieses Zitat WIESERS zum Magnifikat trifft auch für die anderen Texte zu (vgl. a.a.O. 16-19.30.154-160).

4.1.2 Das lukanische Erwählungsverständnis

Das Motiv der Abrahamskindschaft und die damit verbundene Frage nach der Erwählung Israels sind für Lukas angesichts seines missionarischen Horizonts theologisch äußerst relevante Probleme. Die Auseinandersetzung mit diesen Problemen erfolgte sicherlich nicht nur in Abgrenzung von der Täuferbewegung, doch ist es das Anliegen dieser Arbeit zu zeigen, daß Lukas auch hier Motive aus der Täuferpredigt aufnimmt und zum Teil anders akzentuiert und dadurch seinem Verständnis von Erwählung theologisches Profil und Charakter verleiht.

Der Name Abraham begegnet bei Lukas häufiger als bei allen anderen Evangelisten[20]. Allein drei Abraham-Stellen stehen in unmittelbarer Verbindung mit Johannes dem Täufer und könnten auf eine Quelle aus Täuferkreisen zurückgehen (Lk 1,55.73; 3,8). Doch nicht nur statistische Gründe, auch inhaltliche Argumente machen eine Auseinandersetzung mit dem Motiv der Abrahamskindschaft, das ein wichtiger Bestandteil der Täuferpredigt war, im übrigen lukanischen Doppelwerk relativ wahrscheinlich. Dies soll im folgenden anhand von drei Textgruppen nachgewiesen werden. Die erste Gruppe (a) bilden die bereits im Zusammenhang mit dem Erwählungsverständnis der Anhänger des Täufers genannten Texte: Lk 1,55.73; Apg 7,2-53, eine zweite Gruppe (b) sind die Stellen, an denen einzelne Personen explizit „Kinder Abrahams" genannt werden: Lk 3,34; 13,16; 19,9, und drittens (c) sind die Texte zu erwähnen, in denen Abraham gewissermaßen eine eigenständige Rolle im Reich Gottes übernimmt: Lk 13,28; 16,9-31; 20,37f.

a) Die lukanische Rezeption der Gestalt Abrahams in den „Täufertexten" und der Stephanusrede

An der lukanischen Rezeption der hymnischen Täufertexte und der Stephanusrede läßt sich zeigen, wie Lukas die dort vorliegende Rezeption des Abrahammotivs für seine Theologie umfunktionalisiert.

Lk 1,55.73: Lukas übernimmt in den Kindheitsgeschichten das „erwählungsgeschichtliche Modell"[21] der Abrahamrezeption aus Täuferkreisen und greift das Erwählungsbewußtsein dieser Kreise durch-

---

[20] Fünfzehnmal kommt Abraham im Lukasevangelium vor (Lk 1,55.73; 3,8.34; 13,16.28; 16,22-30 [sechsmal]; 19,9; 20,37) und siebenmal in der Apostelgeschichte (Apg 3,13.25; 7,2.16.17.32; 13,26); dagegen nur einmal bei Markus, siebenmal bei Matthäus und elfmal bei Johannes.

[21] Vgl. WIESER, Abrahamvorstellungen, 19.

aus positiv auf. Ihr Selbstverständnis als erwählter frommer und gerechter Teil Israels und ihre Hoffnungen auf die Barmherzigkeit (1,50.54.72.78) und den Messias Gottes, in dem sich die Verheißungen an David (1,69) und die Väter (1,55.72f) erfüllen sollten, bildeten den Hintergrund für ein Milieu, in dem nicht nur Johannes als „Licht der Völker" erscheinen konnte (vgl. 1,78; 2,32). Lukas läßt nun keinen Zweifel daran, daß Jesus und nicht Johannes dieses „Licht der Völker" und der verheißene Messias und Erlöser ist. Für Lukas zeigt sich die Zugehörigkeit zu den erwählten Kindern Abrahams an der Zugehörigkeit zu Christus. Die Zusagen Gottes an Abraham erfüllen sich im Kontext der Kindheitsgeschichten bei Lukas durch die Geburt Jesu. Indem er Johannes zum Wegbereiter des „Herrn" macht (1,76), prolongiert Lukas den ursprünglich nur auf Johannes bezogenen Jubel über die Erfüllung der Verheißungen auf Jesus. Durch die Vorschaltung der Ankündigung der Geburt Jesu und die „pränatale" Unterordnung des Johannes gegenüber Jesus (1,39-45) bewirkt Lukas, daß ein großer Teil der Benediktionen des Zacharias nun auf Jesu interpretiert werden müssen und daß nun diejenigen als Erwählte erscheinen, denen in Christus der „Aufgang aus der Höhe" erschienen ist (1,78f; vgl. 2,9-11.29-32).

Apg 7,2-53: Ganz ähnlich wie mit den hymnischen Texten in den Kindheitsgeschichten geht Lukas auch mit der Stephanusrede um. Er übernimmt - wahrscheinlich relativ unverfälscht - einen Text aus einem nichtchristlichen Kontext und macht durch den Zusammenhang, in den er ihn stellt, deutlich, daß nur Jesus der in den Texten verheißene Retter sein kann. Indem er Stephanus den Menschensohn zur Rechten Gottes sehen läßt (V.56)[22], nachdem er ausdrücklich daraufhin gewiesen hat, daß es sich um Jesus handelt (V.55), und ihm noch ein programmatisches Credo in den Mund legt (V.59: Κύριε Ἰησοῦ), verdeutlicht Lukas, daß Stephanus selbst in keinem anderen als in Jesus Christus das verheißene „Kommen des Gerechten" (V.52) erfüllt sieht. Deshalb kann die Rede von den christlichen Lesern des Lukas auch

---

[22] CULLMANN, Jesus, 52, vermutet unter Hinweis auf das Johannesevangelium, daß es sich bei dieser Vorstellung um die Funktion des Menschensohns als „Zeugen und Anwalt" handelt; vgl. dazu in dieser Arbeit unter 7.3.2.a (*Die Anhänger des Täufers und der Menschensohn*), S.265.

durchaus so gelesen werden, daß Mose hier ein Typos für Jesus ist[23]. Immerhin hat Lukas ja dessen Kindheit der des Täufers nachgestaltet.

Somit gehört derjenige zu den erwählten Kindern Abrahams, der wie Stephanus Jesus Christus als den verheißenen Retter (V.35), als den Propheten wie Mose (V.37), als Gerechten (V.52) und Menschensohn (V.56) anerkennt. Wer das nicht tut, und dies könnte Lukas nun in der Rede ergänzt haben, stellt sich gegen den heiligen Geist (V.51), ein Unterscheidungskriterium, das - wie gezeigt werden konnte[24] - gerade in der Auseinandersetzung des Lukas mit den Anhängern des Täufers von besonderem Gewicht war. Wer zu den Erwählten Gottes gehört, entscheidet sich für Lukas also nicht mehr in erster Linie am rechten Verhalten und der Frömmigkeit, wie dies die vorlukanischen Texte implizierten, sondern am Bekenntnis zu Christus.

b) Konkrete Personen als „Kinder Abrahams"
Im folgenden soll nun gezeigt werden, daß die Bezeichnung konkreter Personen als „Kinder Abrahams" bei Lukas ausschließlich in Texten begegnet, die auch darüber hinaus deutliche motivliche Bezüge zur Verkündigung des Johannes aufweisen.

Johannes der Täufer hatte in seiner Umkehrpredigt nicht in Abrede gestellt, daß es ein Zeichen der Erwählung Gottes ist, Kind Abrahams zu sein, nur läßt sich für ihn daraus keine Heilsgewißheit ableiten (vgl. Lk 3,8). Die theologisch zu interpretierende Frage, wessen Kind jemand ist, erscheint noch in der lukanischen Rezeption als ein Theologumenon, das mit Johannes in Verbindung gebracht wird (vgl. 1,17.73). Während aber Johannes selbst im lukanischen Bericht nur knapp als *Sohn des Zacharias* (3,2) vorgestellt wird, hat der Stammbaum Jesu in der Tat theologische Qualität: Jesus ist *Sohn Abrahams* (3,34) u n d *Sohn Gottes* (3,38).

Zweimal bezeichnet Jesus ausdrücklich Menschen, nämlich eine Frau und einen Mann, als Kinder Abrahams (13,16; 19,9). An beiden Stellen besteht auch über das Motiv der Abrahamskindschaft hinaus ein unmittelbarer inhaltlicher Bezug zu der Predigt Johannes des Täufers. Die Bewährung der Kinder Abrahams wird jedoch nicht mehr als

---

[23] Aber auch die Bemerkung, daß David Gnade vor Gott fand (Apg 7,45f: Δαυίδ, ὅς εὗρεν χάριν ἐνώπιον τοῦ θεοῦ; vgl. Lk 1,15), könnte ein versteckter Hinweis des Lukas auf den davidischen und königlichen Messias Jesus sein (vielleicht im Gegensatz zu Johannes?). Vgl. dazu in dieser Arbeit 7.1.1.c (*Messianische Typologien in der Stephanusrede*), S.222-228.

[24] Vgl. 2.4 (*Sünde wider den heiligen Geist*) u. 2.5 (*Ergebnisse*), S.92-95.

Bedingung des Heils gefordert, sondern erscheint als Konsequenz der Begegnung mit Jesus.

Lk 13,16: Die Erzählung von der Heilung der verkrümmten Frau (Lk 13,10-17) läßt in vielfacher Hinsicht eine Auseinandersetzung mit dem Erwählungsverständnis des Täufers und dem seiner Anhänger erkennen. In Lk 13,1-9 setzt Lukas sich mit dem Bußruf des Täufers auseinander. Die Bezüge zur Predigt des Johannes waren nicht zu übersehen[25]. Das von dem Gärtner erbetene Jahr für den unfruchtbaren Feigenbaum ließ an das in Nazareth von Jesus angekündigte Gnadenjahr denken (4,18f). Auch die Einleitung der Perikope „Jesus lehrte am Sabbat in einer der Synagogen." erinnert an das Auftreten Jesu in der Synagoge in Nazareth (4,15f). Wahrscheinlich unterstreicht Lukas damit den programmatischen Charakter der folgenden Szene. Zudem erscheint Jesus hier in seiner Funktion als „Lehrer". Dieses Motiv läßt nicht nur an den „Lehrer der Gerechtigkeit" in Qumran, sondern auch an die Anrede des Johannes durch die Zöllner (3,12) denken[26]. Darüber hinaus hat selbst das Motiv der Zuwendung zu einer als unrein geltenden Frau seine Entsprechung in der Antrittspredigt Jesu (vgl. 4,25f).

Mit dem Bericht von der Heilung der verkrümmten Frau illustriert Lukas, was er unter der von Jesus bewirkten Umkehr (vgl. 13,1-9) und der von ihm verkündeten Freiheit (4,18f) versteht. Es ist die Befreiung von den Fesseln Satans durch Gottes Heilshandeln in Christus. Deshalb preist die Frau nach ihrer Heilung auch Gott und nicht Jesus (13,13). Der Gestus des Händeauflegens verdeutlicht wie bei der Taufe mit heiligem Geist das Wirken der göttlichen Kraft[27]. Lukas berichtet nichts von irgendwelchen religiösen Vorleistungen der Frau, nicht einmal, daß sie um Hilfe bittet. Ihre Krankheit wird vielmehr als lange Gefangenschaft durch Satan bezeichnet (13,16). Jesus selbst ergreift die Initiative und befreit die Frau von ihren Fesseln.

Möglicherweise handelt es sich bei den Frauen wie bei den Zöllnern um eine besondere Zielgruppe der Predigt des Täufers. Lk 4,25-28 mit der deutlichen Polemik gegen den Täufer und Mt 21,32 könnten Indizien dafür sein. Indem Jesus die von ihm geheilte Frau „Tochter Abrahams" nennt, stellt er sie in die Gemeinschaft der Erwählten Gottes. Wieser verweist daher auf Lk 1: „Das Handeln Jesu an der Frau lässt

---

[25] Vgl. unter 3.3 zu Lk 13,3.5, S.105-108.
[26] Zur Anrede des Johannes als Lehrer vgl. Lk 3,12f und dazu unter 1.3.1, S.50f; zur Beschreibung Jesu als Lehrer und zu Lk 4,15 vgl. S.56.
[27] Zum Gestus des Händeauflegens vgl. oben unter 2.2.3.c, S.86f.

die Hymnen aus Lk 1 nachklingen: Gott nimmt sich Israels aus Barmherzigkeit an (vgl. 1,54.68.72), um ihm Erlösung zu bereiten. Jesus bricht die Macht der Krankheit (vgl. 1,71.74) und nimmt das religiöse Stigma von der Frau (V.16). Damit spricht er ihr die Teilhabe an Erwählung, Verheissung und Bund im Zeichen des göttlichen Erbarmens zu."[28] Auch das Motiv der Freude (13,17) erinnert an Lk 1 (vgl. 1,14.47.58)[29]. Ich halte es daher für sehr wahrscheinlich, daß Lukas sich hier mit dem Erwählungsverständnis der Täuferkreise auseinandersetzt. Er verdeutlicht durch das Handeln Jesu, daß jemand, der als unreiner Sünder und religiöser Außenseiter angesehen wird, nicht durch religiöse Leistungen vom Kind Satans (vgl. „Schlangenbrut" in 3,7) zum Kind Abrahams wird, sondern durch Gottes Barmherzigkeit im Heilshandeln Jesu. Das ἔδησεν weist über seine Funktion im Argumentationsgang Jesu (vgl. 13,15f) hinaus auf den göttlichen Heilsplan und deutet an, daß Lukas Erwählung als göttliche Prädestination versteht.

Lk 19,9: Ganz ähnlich wie in Lk 13,16 bezeichnet Jesus auch in Lk 19,9 jemanden als Kind Abrahams, den er „geheilt" beziehungsweise „gerettet" hat[30]. Die Begegnung Jesu mit dem Zöllner Zachäus (19,1-10) steht bei Lukas an herausgehobener Stelle vor dem Einzug Jesu in Jerusalem. Nicht nur Jerusalem (vgl. 2,22ff; 19,11.28ff), auch das geographische Gebiet des Zöllners, nämlich die Umgebung des Jordans, zu der Jericho hinzuzurechnen ist (vgl. 3,3; 18,35; 19,1), markiert also Anfang und Ende der Tätigkeit Jesu[31].

Jesus bewirkt hier im Gebiet des Täufers (3,3; 19,1) bei einem exponierten Vertreter einer Zielgruppe des Täufers (3,12f; 7,29; 19,2) eine Verhaltensänderung, die ganz im Sinn des Täufers ist (3,11.13), und nennt den „Bekehrten" in Entsprechung zu den Worten des Täufers einen „Sohn Abrahams" (3,8; 19,9).

---

[28] WIESER, Abrahamvorstellungen, 20; Schreibweise wie im Original.

[29] Vgl. WIESER, Abrahamvorstellungen, 105.

[30] Vgl. dazu auch SCHNEIDER, Menschensohn, 110: „Der übertragene Sinn von ‚retten' findet sich in bezug auf die große Sünderin (Lk 7,50) und den Oberzöllner (19,9f). Beide Gestalten repräsentieren in der lukanischen Redaktion (15,1f) die Zöllner und Sünder, deren sich Jesus annimmt (vgl. 7,34) und derentwegen Pharisäer und Schriftgelehrte gegen Jesus murren (vgl. 7,39.49; 19,7)." Trotz dieser zutreffenden Beobachtung geht SCHNEIDER aber auf einen möglichen Zusammenhang dieser Motive mit der Verkündigung des Täufers, den Lk 7,33f ja nahelegt, nicht ein.

[31] Zu der theologischen Qualität der Ortsangaben vgl. unter 1.3.1 (*Das Wirken des Johannes*), S.47-50.

An Lk 19,1-10 läßt sich ähnlich deutlich wie in Kapitel 15 der für Lukas entscheidende Unterschied der Verkündigung Jesu zu der des Täufers aufzeigen. Beide wenden sich an Randgruppen der Gesellschaft mit der Botschaft, daß nur noch Umkehr eine Rettung ermöglicht. Aber Lukas betont ausdrücklich: Jesus sucht und *rettet* das Verlorene (19,10 ἦλθεν γὰρ ὁ υἱὸς τοῦ ἀνθρώπου ζητῆσαι καὶ σῶσαι τὸ ἀπολωλός)[32]. Die Verhaltensänderung des Zachäus wird ja erst berichtet, nachdem Jesus bei diesem eingekehrt war. Sie erscheint somit im Duktus der Erzählung nicht als Bedingung, sondern als Folge der Begegnung mit Jesus. Während Johannes ein gerechtes Verhalten der Zöllner als unverzichtbare Voraussetzung einer möglichen Rettung forderte, stellt Jesus dem Zachäus keine Bedingungen. Im Gegenteil: Lukas verdeutlicht hier narrativ sein Verständnis von göttlicher Erwählung. Zachäus will Jesus sehen, und Jesus „erwählt" Zachäus. Wie in Lk 13,16 läßt ein δεῖ (19,5) die Rettung des Zachäus als Folge göttlicher Vorhersehung und nicht als Folge frommer Leistungen erscheinen. Das σήμερον erinnert an Lk 4,21, wo Jesus in der Synagoge von Nazareth erklärt, daß sich die Verheißung des Gnadenjahrs des Herrn „heute" erfüllt habe. Wie die verkrümmte Frau partizipiert auch Zachäus als Kind Abrahams an der Erwählung und den Verheißungen Gottes, die in Jesus Christus erfüllt sind. In der Begegnung mit Jesus und in der Tischgemeinschaft mit ihm wendet sich Gott dem verlorenen Menschen zu und befreit ihn zu einem gerechteren Leben, zu dem er von sich aus nicht in der Lage war[33].

---

[32] Vgl. SCHNEIDER, Menschensohn, 109f, der dort „gewichtige Argumente" (a.a.O. 109) für eine lukanische Bildung des Logions vorbringt; vgl. auch BULTMANN, Geschichte, 34.

[33] Vgl. KLEIN, Barmherzigkeit, 68-71, der in Lk 19,1-10 drei Entwicklungsstufen erkennt: Zunächst habe die Erzählung zeigen wollen, wie Zachäus durch seine Tat die Voraussetzungen für den Heilszuspruch bewirkte. Dies sei dann von der Gemeinde des lukanischen Sonderguts durch Einfügung von V.9b: καθότι καὶ αὐτὸς υἱὸς Ἀβραάμ ἐστιν relativiert worden. Schließlich habe Lukas dann durch Hinzufügung von V.7 und V.10 der Erzählung eine stärker christologische Ausrichtung gegeben. Weder die Tat des Zachäus noch seine Abrahamskindschaft, sondern einzig die Gnade des Menschensohnes bewirke Heil. Ein solches Erklärungsmodell der Redaktionsgeschichte von Lk 19,1-10 kann unsere Vermutung bestätigen, daß Lukas sich hier mit einer theologischen Richtung seiner Zeit auseinandersetzt, in der ethische „Früchte" und nicht die in Christus offenbarte Erwählung zur Bedingung für den Heilsempfang gemacht wurden.

c) Abraham als Repräsentant für das Reich Gottes

Nun werden die Texte, in denen Abraham als Repräsentant für das Reich Gottes erscheint, danach befragt, inwiefern sich in ihnen ein theologischer Disput mit dem Erwählungsverständnis der Täuferanhänger widerspiegeln könnte.

Lk 16,19-31: Im Zusammenhang der Überlegungen zum Umkehrmotiv bei Lukas wurde gezeigt, daß auch das Gleichnis vom reichen Mann und armen Lazarus im Kontext der lukanischen Auseinandersetzung mit der Verkündigung des Täufers zu sehen ist[34]. Der inhaltliche Bezug zu Lk 16,16 (vgl. V.29.31), das Thema Umkehr (V.30), aber auch das Motiv der Abrahamskindschaft machen dies deutlich.

Der reiche Mann ruft aus dem Hades Abraham um Hilfe an und nennt ihn „Vater" (V.24.27.30), aber der Appell aufgrund seiner Abrahamskindschaft wird abgewiesen. Lukas rezipiert hier das „Bewährungsmodell"[35] des Abrahamverständnisses, welches nahezu identisch mit dem der Täuferpredigt ist. Hätte der Reiche auf Mose und die Propheten (V.29.31) und auf Johannes den Täufer - diese Ergänzung ist aufgrund von Lk 16,16; 7,26 und 3,11 naheliegend - gehört, hätte er sich bereits zu Lebzeiten als Kind Abrahams bewährt und wäre umgekehrt. Das heißt, er hätte sich - entsprechend den ethischen Forderungen des Täufers (vgl. 3,11) - den Armen und Hungrigen barmherzig zugewendet. Die Predigt des Täufers und diese Beispielerzählung Jesu haben gemeinsam, daß sie jeden Erwählungsautomatismus ablehnen[36]. Nicht die Abrahamskindschaft, sondern die Umkehr zu Lebzeiten zu einem gerechteren Verhalten den Mitmenschen gegenüber entscheidet über die Möglichkeit der Rettung.

Die Erzählung hat ein Bild vom Paradies im Hintergrund, in dem der arme Lazarus an der himmlischen Festtafel zur Seite Abrahams liegend vorgestellt wird (vgl. Joh 13,23)[37]. Der, dem eine Partizipation am Tischmahl des Reichen nicht gestattet wurde, hat nun Teil am Festmahl im Reich Gottes[38]. Diese Umkehrung der Verhältnisse, die sich in der Lazarusgeschichte bis in die Feinstruktur der Erzählung nachweisen läßt[39], erinnert an die Hymnen der Kindheitsgeschichte, wo Gott gepriesen wurde, weil er seines Bundes mit Abraham gerade darin

---

[34]   Vgl. 3.3 zu Lk 16,30, S.111f, und TANNEHILL, Unity 1, 145.
[35]   Vgl. WIESER, Abrahamvorstellungen, 24f.
[36]   Vgl. ECKERT, Erwählung III, 193.
[37]   Von daher erklärt sich auch zwanglos die Bitte des Reichen, von Lazarus etwas von dem doch wohl zum Mahl gereichten Wasser zu bekommen.
[38]   Vgl. zu diesem Motiv unter 8.2.2.c, S.297f.
[39]   Vgl. dazu etwa JENSEN, Diesseits.

gedachte, daß er seine Barmherzigkeit an „Niedrigen" (Lk 1,48.52),
Hungrigen (1,53) und Verfolgten (1,71.74) erweist und Mächtige und
Reiche erniedrigt (1,51-53). Unterschiede zum Erwählungsverständnis
der Täuferanhänger liegen möglicherweise darin, daß der Arme nicht
aufgrund irgendwelcher Verdienste „getröstet" wird (V.25), sondern -
dies könnte der Name Lazarus (von אלעזר = Gott hilft) besagen, - aufgrund der Barmherzigkeit Gottes.

Da es sich bei der Erzählung um ein doppelgipfliges Gleichnis handelt, bei dem die Betonung auf dem zweiten Teil (V.27-31) liegt[40],
dürfte der Schlüssel zu ihrem Verständnis in dem Hinweis auf die Auferstehung eines Toten (V.30f) zu suchen sein. Natürlich werden Lukas
und seine christlichen Leser an den Erzähler des Gleichnisses selbst, an
Jesus, gedacht haben, der dann auch wenig später seine Auferstehung
ankündigt (18,31-33). Dieser Zusammenhang zwischen den beiden
Motiven der Erwählung Abrahams und der Auferstehung der Toten
läßt sich für Lukas auch an anderen Stellen belegen: In Lk 20,37 (Mt
22,32; Mk 12,26) werden Mose, Abraham, Isaak und Jakob als Zeugen
für die Auferstehung angeführt, „denn sie leben alle" (Lk 20,38). Sowohl in der Petrusrede (Apg 3,12-26) als auch in der Paulusrede (Apg
13,16-41) werden die Zuhörer auf die Erwählung ihrer Väter in Abraham angesprochen (Apg 3,13.25; 13,16f.26). Und in beiden Reden
wird betont, daß Mose und die Propheten bereits auf die Erfüllung der
Verheißungen Gottes hingewiesen haben (3,18.22.24; 13,27.32-41),
wobei ausschließlich die Auferweckung Jesu als Erfüllung der Väter-
verheißungen verstanden wird (3,15.22.26; 13,32f)[41].

Besonders die Rede des Paulus in Apg 13 läßt nun aber Rückschlüsse auf das lukanische Verständnis der Lazaruserzählung und deren Zusammenhang mit Lk 16,16 zu. Johannes, das Gesetz des Mose und die
Propheten fordern zur Umkehr auf und verheißen den, den Gott von
den Toten auferweckt (Apg 13,24f.32-41). Aber Umkehr und Rechtfertigung werden erst durch den Auferstandenen möglich (Apg 13,37-39).
Das heißt aber: Nur derjenige erweist sich seiner Erwählung würdig,
der den Verheißungen im Gesetz des Mose und bei den Propheten
glaubt, daß Jesus der von den Toten auferstandene Christus Gottes ist.
Ein Glaube an den Auferstandenen, ohne in ihm die Erfüllung der

---

[40] Vgl. JEREMIAS, Gleichnisse, 153.
[41] Vgl. WIESER, Abrahamvorstellungen, 100f: „In einer eigenartigen Doppel-
führung mit der Messiasverheissung erklären Apg 3 und 13 die **Väterverheis-**
sungen für in Christus erfüllt, wobei die Auferweckung Jesu der eigentliche
Angelpunkt dieses Geschehens ist." (Schreibweise und Hervorhebungen wie im
Original).

Schrift zu sehen, ist ebensowenig möglich wie eine Rettung durch das Gesetz ohne Christus (Apg 13,38). Der auferstandene Christus selbst bewirkt Umkehr (Apg 3,26) und Vergebung (13,38f).

Von daher ist zu verstehen, warum in Lk 16,22-31 Abraham die Bitte des Reichen um die Auferstehung eines Toten ablehnen muß. Nur wer Mose und die Propheten (und auch Johannes) richtig hört, hört auch auf den Auferstandenen, den diese verheißen haben. Wer taub dafür ist, gehört nicht zu den erwählten Kindern Abrahams (vgl. Apg 28,26-28). Weder aus der Abrahamskindschaft noch aus Gesetz und Propheten folgt also notwendig die Erkenntnis des Heilswegs. Und wer erst im Hades einsieht, daß durch die Auferstehung Rettung möglich ist, erkennt zu spät.

Lk 13,28f: Das Wort Jesu über die Teilnehmer des Festessens im Reich Gottes in Lk 13,28f stammt aus der Logienquelle (vgl. Mt 8,11f) und hat - wie die Lazaruserzählung - zum Hintergrund, daß keineswegs alle, die es erwarten, zu den Erwählten Gottes zu gehören, mit Abraham im Reich Gottes zu Tisch sitzen werden. In unserem Zusammenhang bemerkenswert ist der in V.29 bei Lukas stärker als bei Matthäus zum Ausdruck gebrachte Universalismus: *Sie werden von Osten, Westen, Norden und Süden kommen und zu Tisch sitzen im Reich Gottes.*

Der hier zugrunde liegende Universalismus im Erwählungsverständnis der Logienquelle[42] ist eine Weiterführung dieser Tendenz in der Täuferpredigt und wird von Lukas nur insofern in der Apostelgeschichte noch ausgeweitet, als dort die Erwählung Gottes auch auf die Heiden übergeht. Allerdings vermeidet Lukas es dort, entgegen der Tendenz in Lk 13,28f, die Heiden zu Kindern Abrahams zu machen. Sie partizipieren an seiner Erwählung und den Verheißungen, weil diese sich in Christus erfüllt haben; aber Lukas ist - vielleicht aufgrund der apologetischen Situation, in der er sich befand, - sensibel genug, die Christen nicht für die wahren Kinder Abrahams und die christliche Gemeinde nicht zum wahren Israel zu erklären[43]. Theologisch ist dies für Lukas auch nicht notwendig, weil sich für ihn wie für Johannes aus der Abrahamskindschaft keinerlei Erwählungsautomatismus ableiten läßt.

---

[42] Vgl. dazu POLAG, Christologie, 92, der darauf hinweist, daß dieses Motiv nicht einfach nur aus dem „Vorstellungsbereich der eschatologischen Völkerwallfahrt zum Zion" übernommen sei, sondern sich auch auf die „Heilszuwendung an die Heiden" beziehe und die Bildung einer neuen Heilsgemeinde implizieren könne.

[43] Vgl. KLEIN, Barmherzigkeit, 71: „Die Abrahamskindschaft ist für die Heiden durch Jesus Kommen und Wirken ersetzt" (a.a.O. 71).

4.1.3 Fazit

Die soteriologische Individualisierung der Erwählung, die der Predigt des Johannes zugrunde liegt, setzt sich in der Verkündigung Jesu fort. Dies zeigen die Einzelbeispiele der verkrümmten Frau, des Lazarus und des Zachäus. Wie Johannes lehnt Jesus jeden Erwählungsautomatismus ab. Es gibt keine kollektive Abrahamskindschaft, die Heil, Rettung und Befreiung garantiert. Der potentiell darin angelegte Universalismus, nämlich die Idee, daß die Erwählung auch unabhängig von der Abrahamskindschaft erfolgen kann, deutet sich in Q bereits an (Lk 13,28; Mt 8,11) und wird von Lukas dann schließlich in der Apostelgeschichte ausgeführt (vgl. Apg 13,26.46f; 28,23-28); wobei Lukas betont, daß die Ausweitung der Erwählung auf die Heiden die Erfüllung der Verheißungen an die Väter bedeutet und somit von Gott vorherbestimmt ist (Apg 3,25; 13,47f; 28,25).

Der entscheidende Unterschied zu dem Erwählungsverständnis Johannes des Täufers liegt für Lukas in dem Grund für die Aufnahme des Einzelnen in die Gemeinschaft der erwählten Kinder Abrahams und des Reichs Gottes. Nicht durch Frömmigkeit und Gerechtigkeit (Lk 1,75; 3,10-14), sondern einzig durch die Auferstehung Christi werden Umkehr (Lk 16,30; Apg 3,26), Vergebung der Sünden (Apg 13,38), Heil (Apg 13,23-26) und damit Teilhabe an der Erwählung Gottes möglich.

Wer zu den Erwählten gehört, bestimmt also allein Gott, der nicht aufgrund der Fürbitte Abrahams (vgl. Lk 16,19-31), sondern aufgrund seines göttlichen Willens Jesus als Menschensohn in die Welt sandte, um das Verlorene zu retten (19,10). Damit ist bei Lukas aber zugleich die Absage an alle diejenigen verbunden, die ihre Erwählung aus ihrer Lebensführung (1,75) und möglicherweise auch aus ihrer Taufe und ihrer Nachfolge in den Spuren des Täufers ableiteten.

Den beiden Konzeptionen Wiesers, nach denen die Abrahamvorstellungen im Neuen Testament zu interpretieren sind und von denen das „Bewährungsmodell" dem Täufer und das „erwählungsgeschichtliche Modell" seinen späteren Anhängern zugeordnet werden konnte[44], ist also noch ein weiteres, nämlich das „christologische Modell", hinzuzufügen. Für Lukas entscheidet sich auch bei den Juden, ob sie beim Festmahl im Reich Gottes an der Seite Abrahams sitzen dürfen, weder an ihrer ethischen Bewährung als Kinder Abrahams noch an ihrer heilsgeschichtlichen Abrahamskindschaft, sondern ausschließlich an ihrem Bekenntnis zu Christus und seinem Bekenntnis zu ihnen. Denn

---

[44] Vgl. dazu oben unter 4.1.1.d, S.131.

nicht der, der wie der Reiche in der Lazaruserzählung, Abraham seinen Vater nennt, partizipiert deshalb schon am Heil, sondern der, dem die Abrahamskindschaft wie der verkrümmten Frau, dem Zachäus oder auch Lazarus von Gott durch Christus zugesprochen wird.

4.2 Väter und Kinder

Lukas verdeutlicht sein Verständnis von Erwählung exemplarisch am Motiv der Kindschaft. Das messianische Motiv der Umkehr der Väter zu den Kindern (vgl. Mal 3,24), das in Täuferkreisen als wesentliches Merkmal der Verkündigung des Täufers gegolten haben dürfte (vgl. Lk 1,17; 3,8), spiegelt sich bei Lukas in der Predigt Jesu wider (vgl. bes. 18,16f).

Jesus selbst erweist sich als erwählter Träger der Weisheit Gottes, wenn er bereits als Zwölfjähriger im Tempel von Gott als Vater spricht (Lk 2,49; vgl. 2,40.52)[45], und Lukas bringt diese Szene (2,41-51) durch die redaktionelle Rahmung (2.40.52) in einen Vergleich mit dem „geistlichen" Erstarken des Johannes (vg. 1,80).

Weil das Motiv der Kinder im Lukasevangelium mehrfach im Zusammenhang mit Johannes dem Täufer begegnet (1,17; 3,8; 7,31-34. 35; 11,1f.7.13; 16,8.16; vgl. 7,28 u. 9,46-48), halte ich es für möglich, daß dieses auch über die Abrahamskindschaft in der Täuferpredigt hinaus eine paradigmatische Rolle für das Selbstverständnis seiner Anhänger spielte[46]. „Kinder der Weisheit" (vgl. 7,35) oder „Kinder des Lichts" (16,8; vgl. 1 QM I,1) könnten Selbstbezeichnungen dieser Gruppen gewesen sein. Vielleicht wurde die Frage, wessen Kind man sei, aus der Predigt des Johannes übernommen und erst später in Kreisen seiner Anhänger theologisch entfaltet. Lukas knüpft nun daran an, indem er die Selbstbezeichnungen der Täuferanhänger auf diejenigen anwendet, die auf Jesus Christus hören (vgl. Lk 7,29.35). Dies läßt sich auch an dem lukanischen Gebrauch der Bezeichnung Gottes als

---

[45] Vgl. GRUNDMANN, Weisheit, 404-407. GRUNDMANN weist nach, daß bei Lukas auch Jesu Anrede Gottes als Vater (Lk 2,49) dazu dient, Jesus als erwählten Träger der Weisheit erscheinen zu lassen: „Jesus hat also in Gott den Vater gefunden, der ihm in der Erkenntnis seiner selbst den Grund aller Weisheit erschließt und als sein Vater zugleich sein Lehrer geworden ist." (a.a.O. 406).

[46] Auf das häufige Vorkommen dieser Motivgruppe *Vater / Väter / Kinder* in der Stephanusrede wurde ja bereits oben unter 4.1.1.c (*Abraham in der Stephanusrede*) hingewiesen, S.129.

„Höchster" (ὑψίστος) zeigen. In den Kindheitsgeschichten wird Johannes „Prophet des Höchsten" genannt (1,76). Wahrscheinlich übernimmt Lukas diese altertümliche Gottesbezeichnung aus der Täuferquelle, wenn er Jesus „Sohn des Höchsten" (1,32.35) nennt. In Lk 6,35 überträgt Lukas dann, wohl in Ergänzung gegenüber Q, die Bezeichnung als „Sohn des Höchsten" auf diejenigen, die nach den Weisungen Jesu handeln (vgl. Sir 4,10f).

In diesem Zusammenhang ist die Beobachtung erwähnenswert, daß Lukas die Christen nicht zu den „wahren" Kindern Abrahams macht, sondern sie „Kinder der Auferstehung" und „Kinder Gottes" nennt (Lk 20,36; vgl. 6,35). Lukas nutzt die Sadduzäerfrage nach der Auferstehung, die er aus Mk 12,18-27 übernimmt, um - anknüpfend an das Motiv der Kinder - das christliche Erwählungsverständnis zu verdeutlichen. Diese lukanische Ergänzung könnte ihren Rückhalt in der Verkündigung Jesu gehabt haben, der seine Jünger lehrte, Gott „Vater" zu nennen (vgl. Lk 11,1f). Für das lukanische Erwählungsverständnis ist es dabei äußerst relevant, daß der Gott, der von Mose „Gott Abrahams" genannt wird, aus „Kindern dieser Welt" durch die Auferstehung „Kinder Gottes" macht, denn das heißt, daß Erwählung letztlich unabhängig von Bewährung und Heilsgeschichte geschieht[47].

Durch die Partizipation an der Auferstehung Christi macht Gott aus Toten Lebende (Lk 20,38). Religiös marginalisierte Menschen werden zu Kindern Abrahams, und Menschen, die außerhalb der Heilsgeschichte Israels stehen, werden zu Kindern Gottes, die von ihm selbst erwählt sind.

4.3 Groß und klein

Die Erhöhung des Niedrigen und Kleinen ist ein Motiv, das sowohl in den „Täufertexten" der Kindheitserzählungen und im Bericht über das Auftreten des Johannes vorkommt als auch in den entsprechenden Texten über Jesus. In beiden Fällen erscheint die Umkehrung der Verhältnisse als erwählende Heilstat Gottes.

---

[47] Vgl. auch die Überlegungen oben unter 4.1.3 zum „christologischen Modell" der Abrahamsrezeption bei Lukas, S.141.

4.3.1 Die Größe des Täufers

Schon die Kindheitsgeschichten lassen vermuten, daß es in Täuferkreisen eine Überlieferung von der „Größe" des Johannes gab. In Lk 1,15 verheißt ihm der Engel, er werde groß sein vor Gott[48]. Auch die Logienquelle scheint sich damit auseinanderzusetzen (vgl. Mt 11,11; Lk 7,28). Jesus selbst bezeichnet dort Johannes als den größten von einer Frau geborenen Menschen. In Kreisen seiner Anhänger wird dieses Motiv eine besondere Rolle gespielt haben. Wahrscheinlich galt die Größe des Täufers als ein Merkmal seiner göttlichen Erwählung. Ob es sich dabei um körperliche Größe (vgl. 1 Sam 10,23f) oder um seine Bedeutsamkeit als Erwählter Gottes handelte, muß offen bleiben.

Lukas macht sich nun die gegen den „großen" Täufer gerichtete apologetische Speerspitze aus der Logienquelle zu eigen (Lk 7,28) und weitet das Motiv noch aus. Zunächst betont er mehrfach mit wörtlichen Anklängen an die Verheißungen über Johannes (vgl. 1,15.76) die Größe Jesu (1,32: οὗτος ἔσται μέγας; 7,16: προφήτης μέγας ἠγέρθη ἐν ἡμῖν καὶ ὅτι Ἐπεπσκέψατο ὁ θεὸς τὸν λαὸν αὐτοῦ; vgl. 1,68). Es scheint geradezu so, als wolle Lukas seinen Lesern deutlich machen: Nicht nur Johannes, auch Jesus ist von Gott Größe verheißen worden, und viele Menschen haben das erkannt und bezeugt.

Dann aber verwendet Lukas das Motiv des Großseins, um deutlich zu machen, daß sich die Größenverhältnisse angesichts der Maßstäbe im Reich Gottes umkehren. Johannes mag zwar ein großer Mensch und Prophet gewesen sein, aber der Kleinere oder auch Kleinste (μικρότερος)[49] im Reich Gottes ist größer als er (7,28). Lk 7,28a, das am meisten positive Wort bei Lukas über Johannes, könnte ebenfalls ein Hinweis auf eine eigenständige Überlieferung in Täuferkreisen über die Größe des Johannes sein[50], die in der christlichen Apologetik der Logienquelle relativiert werden sollte[51].

---

[48] SAHLIN, Messias, 77, schlägt unter Hinweis auf 1 Sam 2,21 die Übersetzung: „denn er wird vor Gott heranwachsen" vor. Daß Lukas ἔσται μέγας als positiv besetzte Prädikation versteht, zeigen Lk 1,32 und 9,48.

[49] Vgl. BLASS / DEBRUNNER, § 60.

[50] Vgl. auch Rec I,60 und dazu BACKHAUS, Täuferkreise, 288-290.306f, und DIBELIUS, Überlieferung, 14.

[51] DIBELIUS, Überlieferung, 13, äußert zu Lk 7,28 „Bedenken gegen die Ursprünglichkeit des zweiten Satzes" und verweist auf die Spannung von V.28b zu 28a: „Man sagt nicht: ‚keiner ist größer als er', wenn man unmittelbar darauf nicht etwa eine Ausnahme konstatieren, sondern den Spruch zu einem erheblichen Teil für ungültig erklären will." (ebd.).

Lukas ergänzt bei dem Rangstreit der Jünger gegenüber Mk 9,33-37 den Lehrsatz Jesu: *Wer der Kleinste von euch allen ist, dieser ist groß.* (9,48). Und anders als die Logienquelle leitet er das Wort Jesu über Gesetz, Propheten und Johannes (16,16; vgl. Mt 11,13) mit der Bemerkung ein, daß das, was Menschen für *hoch* erachten, vor Gott ein Greuel sei (16,15). Nur im Lukasevangelium findet sich das Wort Jesu an seine Jünger: *Der Größte unter euch sei wie der Jüngere!* (22,26). Jesus fordert dort die Jünger auf, sich so wie er zu verhalten. In bezug auf Jesu älteren Vetter Johannes könnte Lukas andeuten wollen, daß der jüngere Jesus dadurch, daß er sich selbst erniedrigt, der wahrhaft Größere ist (vgl. 22,27f).

Die genannten Stellen machen deutlich, daß Lukas sich sehr subtil mit dem Motiv der Größe des Täufers auseinandersetzt. Zwar betont er zunächst relativ oberflächlich diesem gegenüber die Größe Jesu (1,32), dann aber übernimmt er das apologetische Wort der Logienquelle dazu (7,28) und läßt die Frage nach der Größe von Menschen zu einem eigenständigen theologischen Thema werden (vgl. 9,48; 16,15; 22,26 u.ö.), an dem er zeigen kann, daß Gott gerade die Kleinen in sein Reich erwählt und so aus ihrer scheinbaren Niedrigkeit erhöht. Dies ist aber nun wiederum ein Motiv, das bereits im Zusammenhang mit den Täuferüberlieferungen begegnete.

4.3.2 Die Erwählung der Niedrigen

Das eigentliche Thema des Magnifikats (1,46-55) ist die Erwählung des Niedrigen durch Gott. Gott sieht seine Dienerin (V.48) und seinen Diener[52] (V.54) gnädig an, er erhöht die Niedrigen (V.52b: καὶ ὕψωσεν ταπεινούς), entmachtet die Mächtigen (V.52a.53b) und erweist so seine Barmherzigkeit (ἔλεος - V.50.54). Lukas hat dieses Lied wahrscheinlich aus einer Täuferquelle übernommen und Maria in den Mund gelegt[53]. Allein dies zeigt bereits sein Interesse an dem theologischen Thema des Magnifikats.

Ähnliches wiederholt sich nun im Zusammenhang mit dem ersten öffentlichen Auftreten des Täufers. Das schon vor Lukas mit Johannes verbundene Jesajazitat Jes 40,3 (vgl. Mk 1,2) wird bei Lukas durch die leicht modifizierte Wiedergabe von Jes 40,4f ergänzt (Lk 3,4-6), so daß sich der Inhalt dessen, was der „Rufende in der Wüste" verkündet, eindeutig auf den Herrn (V.4b) und Erlöser (V.6) Jesus Christus be-

---

[52] Zur lukanischen Gleichsetzung von παῖς und δοῦλος vgl. Lk 7,2f.7.10.
[53] Vgl. unter 1.2.2, S.22f, und oben unter 4.1.1.b, S.127.

zieht. Die hier bildlich angesprochene Erhöhung des Niedrigen (V.5a: πᾶσα φάραγξ πληρωθήσεται) hat ihr Korrelat in dem Jesajazitat, mit dem Lukas das Auftreten Jesu in Nazareth einleitet (Lk 4,18f). Indem Jesus den Armen das Evangelium verkündet und den Gefangenen und Niedergeschlagenen Freiheit predigt, erfüllt er für Lukas die Erwartungen aus Täuferkreisen, daß Gott gerade die Armen und Niedrigen erwählt. Die Solidarität des Täufers mit diesen Gruppen zeigt sich auch in den ethischen Anweisungen Lk 3,10-14.

Wenn Lukas berichtet, wie Jesus eine verkrümmte Frau heilt und sie „Tochter Abrahams" nennt (13,10-17)[54], greift er damit also nicht nur durch das Stichwort Abraham auf ein Motiv des Täufers zurück. „Krummes soll gerade werden" (3,5b: καὶ ἔσται τὰ σκολιὰ εἰς εὐθείαν); diese Verheißung, die das Auftreten des Johannes kommentiert, erfüllt sich im Wirken Jesu. Deshalb kann Lukas die Pfingstpredigt des Petrus auch mit der Aufforderung zusammenfassen, sich von diesem „krummen Geschlecht" erretten zu lassen (Apg 2,40b: Σώθητε ἀπὸ τῆς γενεᾶς τῆς σκολιᾶς ταύτης).

Auch das Motiv des *kleinen* Zachäus, der ebenfalls von Jesus „Sohn Abrahams" genannt wird, muß in diesem Zusammenhang erwähnt werden. Die Erwählung und Erhöhung der Kleinen und Niedrigen ist ein Motiv, das bei Lukas häufig in Texten begegnet, die darüber hinaus auch noch andere Bezüge zur Verkündigung des Täufers haben (vgl. Lk 3,4-6; 4,18f; 6,20-26: Arme, Hungernde, Verfolgung der Propheten; 7,26-28; 13,10-17; 16,15f.19-31: arm und reich, Vater Abraham, Umkehr, Gesetz und Propheten; 18,9-14: Zöllner, Sünder; 19,1-10).

Das möglicherweise von Lukas zum Teil aus Täuferkreisen übernommene Motiv der Erwählung der Niedrigen erhält bei ihm eine eigenständige soteriologische Bedeutung. Wie Johannes der Täufer lehnt auch Lukas jeden Erwählungsautomatismus ab. Und wie dessen Anhänger glaubt Lukas, daß Gott durch seinen Messias gerade den Armen aufhilft. Aber die Armen, Verlorenen, Erniedrigten sind für Lukas nicht Menschen, die sich selbst so nennen und die sich selbst für erwählt halten, sondern alle Menschen, die nicht auf ihre religiösen Leistungen bauen. Indem Jesus sich mit Zöllnern und Sündern an einen Tisch setzt, religiös marginalisierte Menschen zu Kindern Abrahams erklärt, Verlorene findet und Kinder in den Arm nimmt, realisiert er sein Evangelium.

---

[54] Zu den Bezügen des lukanischen Berichtes über die Heilung der verkrümmten Frau zu Johannes dem Täufer vgl. auch oben unter 4.1.2.b, S.134-136.

Fazit: Lukas illustriert sein Erwählungsverständnis anhand der Motivgruppe „groß und klein; hoch und niedrig". Er verwendet diese wohl auch in Täuferkreisen beliebte Motivgruppe, um sich von diesen abzugrenzen und um an ihr Selbstverständnis anzuknüpfen. Dabei wird deutlich: Für Lukas bedeuten Geburt, Leben, Tod und Auferstehung Jesu Christi und sein Evangelium die eine Heilstat Gottes, nämlich die Erwählung des Menschen in Jesus Christus, dem Erlöser.

4.4 Weisheit

Weisheit ist auch für Lukas ein Kennzeichen für die besondere Erwählung eines Menschen. Wenn Lukas in seinem Evangelium die Weisheit Jesu betont und möglicherweise auch in der Apostelgeschichte darauf anspielt, scheint dies das Resultat einer bereits vorlukanischen Auseinandersetzung mit diesbezüglichen Prädikationen Johannes des Täufers zu sein, was aber im einzelnen noch nachzuweisen wäre.

4.4.1 Johannes und die Weisheit

Verschiedene Stellen im lukanischen Doppelwerk lassen vermuten, daß es in der Täuferbewegung eine Tradition von der besonderen Weisheit des Johannes gab. Weisheit galt ja nicht nur als eine konstitutive Eigenschaft des Messias Gottes[55], sondern wurde seit Salomo auch als besonderes Zeichen der göttlichen Erwählung eines Menschen angesehen[56]. Es gibt zwar keine einzige explizite Aussage bei Lukas über die Weisheit des Johannes, dies hätte auch schwerlich in das lukanische Täuferbild gepaßt, aber er scheint sich mit der Weisheit des Täufers auseinanderzusetzen. Folgende Stellen kommen dabei in Betracht:

Lk 1,80 (καὶ ἐκραταιοῦτο πνεύματι): Diese Formulierung in Lk 1,80 allein besagt eigentlich lediglich, daß der heranwachsende Johannes auch in Bezug auf seine „geistigen" Fähigkeiten erstarkte. Das mehrfache Betonen der Weisheit Jesu in den Notizen über sein Heranwachsen (2,40.52), die deutlich der Bemerkung über Johannes in Lk 1,80 nachgestaltet sind, läßt aber vermuten, daß Lukas hier eine von

---

[55] Vgl. Jes 11,1f; PsSal 17,23.29.35; 18,6f; TgJes 53,5.11; äthHen 49,3; 51,3 (vgl. zu diesen Stellen SCHIMANOWSKI, Weisheit, 102f).

[56] Vgl. 1 Kön 3,12.28; 5,9-14; Hi 32,6-8; Weish 9 u.ö.; vgl. SCHIMANOWSKI, Weisheit, 102f, u. dazu LIPS, Traditionen, 141f.

ihm durch das „Gestärktwerden im Geist" nur angedeutete Überlieferung von der Weisheit des Täufers überbieten will.

Lk 7,35 (καὶ ἐδικαιώθη ἡ σοφία ἀπὸ πάντων τῶν τέκνων αὐτῆς.): Im lukanischen Kontext bezieht sich das Wort von der Rechtfertigung der Weisheit durch ihre Kinder[57] eher auf Jesus, weil bei Lukas nur er und nicht Johannes als Träger der Weisheit vorgestellt wird (2,40.52; 11,31; 21,15). Dennoch dürfte sich dieses Logion, das ja schon vorlukanisch mit der Rede Jesu über den Täufer verbunden war[58], vor seiner lukanischen Rezeption auf beide bezogen haben[59]. Dahinter steht die Vorstellung der personifizierten Weisheit, die Boten sendet (11,49)[60].

Die Beurteilung des Johannes, „mehr als ein Prophet" zu sein (Lk 7,26; Mt 11,9), das Zitat von Mal 3,1 (Lk 7,27; Mt 11,10), der Hinweis auf seine „Größe" gegenüber allen anderen von einer Frau geborenen Menschen (Lk 7,28; Mt 11,11) und das zweifache ἐλήλυθεν (Lk 7,33.34) lassen ihn als den bei Maleachi verheißenen Propheten Elia[61] und als Boten Gottes erscheinen (Mal 3,1.23f). Die Kinder der Weisheit sind diejenigen, die auf seine Botschaft hören. Interessant dabei ist, daß mit dem Volk und den Zöllnern (Lk 7,29) und im übertragenen Sinn auch mit den Kindern (7,32) gerade die Gruppen angesprochen sind, die auch in Lk 3 auf ihn hören sollen (vgl. λαός in 3,15.18; τελῶναι in 3,12; τέκνα τῷ Ἀβραάμ in 3,8). Es wäre also denkbar, daß sich die Anhänger des Täufers als „Kinder der Weisheit" bezeichneten und daß schon in Q deutlich gemacht wurde, daß auch Jesus wie der Täufer durch „Kinder der Weisheit", nämlich durch ihre gemeinsa-

---

[57] Das ἀπό ist hier wie auch in Apg 2,22 passivisch im Sinne von ὑπό zu verstehen; vgl. CHRIST, Sophia, 64; BOVON, Evangelium, 382; BLASS / DE-BRUNNER, § 210.

[58] Vgl. HOFFMANN, Studien, 180, der Lk 7,33-35 / Mt 11,18f als „Q-Komposition" bezeichnet.

[59] SUGGS, Wisdom, faßt die der vorlukanischen Form dieses Logions zugrundeliegende Zuordnung von Johannes und Jesus in Anknüpfung an JEREMIAS, Gleichnisse, 139, Anm.1, treffend zusammen: "In its original form this saying about Jesus and John was one in which they were treated as equals." (a.a.O. 48); vgl. ähnlich auch LINTON, Parable, 178.

[60] Vgl. Spr 9,3 und zur Sache LIPS, Traditionen, 269.276. In der Weisheit Salomos wird die Weisheit zwar nicht personifiziert vorgestellt, aber sie macht zu „Freunden Gottes und zu Propheten" (Weish 7,27) und wird als Gabe Gottes mit seinem „heiligen Geist aus der Höhe" gleichgesetzt (Weish 9,17-19), die den Gerechten wie Abraham (Weish 10,5) und den „Propheten" Mose (Weish 10,15-11,1) gleichermaßen zuteil wurde (vgl. dazu SUGGS, Wisdom, 39-41).

[61] Vgl. 7.2.2.c (*Johannes als Prophet wie Elia*), S.251.

men Anhänger, anerkannt wurde. Das Gleichnis von den spielenden Kindern (Lk 7,31f; Mt 11,16f) wäre dann in der Logienquelle dahingehend zu interpretieren, daß sich die „Menschen dieses Geschlechts", die sowohl Johannes als auch Jesus ablehnen, wie törichte Kinder verhalten, denen es keiner recht machen kann und die Urteile fällen, die ihnen nicht zustehen[62].

Hinter Lk 7,18-35 läßt sich ein Täuferbild erkennen, das sich bereits in den Kindheitsgeschichten andeutete. Der Täufer wurde in Kreisen seiner Anhänger als von Gott mit heiligem Geist (1,15) und Weisheit (1,80; 7,35) begabter Prophet (1,76; 7,26; vgl. Dtn 18,15.18) von besonderer Größe und Bedeutung (Lk 1,15; 7,28) verehrt und als Elias redivivus angesehen (1,17; 7,27; vgl. Mal 3,1.23f). Dieses Täuferbild läßt sich jedoch nur hypothetisch aus den lukanischen Texten erschließen, weil Lukas gerade diese Züge auf Jesus überträgt und die Bedeutung des Täufers weitgehend auf seine Funktion als Ankündiger Christi reduziert. In den vorlukanischen Texten, besonders in der Logienquelle, scheint dagegen der Täufer noch sehr viel positiver bewertet worden zu sein[63].

Lk 11,31 *Die Weisheit Salomos*: In Lk 11,31 (Mt 12,42) begegnet ein ganz ähnlicher Sachverhalt wie in Lk 7,35. Hinter beiden Aussagen Jesu steht die Vorstellung, daß der, der auf einen dezidierten Träger der Weisheit hört, zum Rechtsprechen legitimiert ist. Zudem wecken das Motiv der hinzudrängenden Menge (Lk 11,29, das Gerichtsmotiv (11,31f) und die Erwähnung der Umkehr aufgrund der Predigt des Jona (11,32)[64] deutliche Assoziationen zu Johannes dem Täufer. Es wäre also durchaus denkbar, daß schon in Q sowohl der Bußprediger und Prophet Jona als auch der exemplarische Träger und Verkündiger der Weisheit Salomo typologisch für Johannes den Täufer standen[65].

Die beiden Q-Texte Lk 7,24-28.31-35 (Mt 11,7-11.16-19) und Lk 11,29-32 (Mt 12,39-42) ähneln sich nicht nur formal (vgl. Lk 7,24 mit

---

[62] Dies ist auch das Ergebnis der originellen Analyse des Gleichnisses von COTTER, Parable, die die Beschreibung der am Marktplatz (ἀγορᾷ) sitzenden Kinder mit der Schilderung antiker Gerichtsszenen vergleicht.

[63] "It is to be noticed that this does not include any criticism of the Baptist." merkt LINTON, Parable, 178, treffend zum Schluß seiner Analyse des Q-Textes Lk 7,31-35 / Mt 11,16-19 an.

[64] Zu Lk 11,32 vgl. 3.3, S.104f.

[65] Letzteres würde auch die kritische Haltung der Logienquelle gegenüber Salomo (vgl. Lk 11,31 / Mt 12,42; Lk 12,27 / Mt 6,28f), auf die GRUNDMANN verweist (vgl. DERS., Weisheit, 181-185), erklären.

11,29)[66] und inhaltlich, sie haben auch das gleiche apologetische Anliegen. Die Tätigkeit und die Verkündigung des Täufers und seine Bedeutung als erwählter Bote und Weisheitsträger Gottes werden ausdrücklich anerkannt, aber der Kleinste im Reich Gottes ist größer als er (7,28), und *hier*, das heißt in der Verkündigung und im Auftreten Jesu, *ist mehr als Salomo und Jona* (11,31f). Sollte Lukas sich hier tatsächlich mit einer Verehrung des Täufers als „weise wie Salomo" polemisch auseinandersetzen, dann könnte auch die kritische Erwähnung Salomos in Apg 7,47 als eine von Lukas in die ihm überlieferte Stephanusrede eingefügte abwertende Bemerkung über Johannes interpretiert werden.

Apg 7,22: Stephanus wird in der Apostelgeschichte als Mann voll heiligen Geistes und Weisheit beschrieben (Apg 6,3.10). Doch nicht nur diese Eigenschaften, sondern sein ganzes Auftreten und seine Predigt erinnern an Johannes den Täufer[67]. Wie dieser predigt er davon, daß Gott Abraham und seinen Samen erwählt (7,1-8, vgl. Lk 3,8), und erwähnt die Verstocktheit dieser Generation und ihrer Väter (Apg 7, 51; vgl. Lk 3,7f; 1,17). Und wie Johannes verweist er auf eine messianische Richtergestalt (Apg 7,56; vgl. Lk 3,16f) und wird für seine unerschrockenen Worte umgebracht (7,54-60; vgl. Lk 3,19f; Mk 6,17f).

In unserem Zusammenhang ist nun die Gestalt des Mose in der Rede des Stephanus besonders interessant. Wie Johannes wächst Mose nicht im Haus seines Vaters auf (Apg 7,20f). Die Beschreibung seines Heranwachsens (7,22 καὶ ἐπαιδεύθη Μωϋσῆς [ἐν] πάσῃ σοφίᾳ Αἰγυπτίων, ἦν δὲ δυνατὸς ἐν λόγοις καὶ ἔργοις αὐτοῦ) erinnert an Lk 1,80. Sollte die Gestalt des Mose hier wirklich als Typos für Johannes stehen, wäre dies ein weiterer Beleg dafür, daß es eine Tradition über die besondere Weisheit des Täufers gab[68]. Denn im Judentum der hellenistisch römischen Zeit galt Mose als weisester aller Gesetzgeber[69].

Wenn Stephanus ein Repräsentant oder ehemaliger Anhänger der Täufergruppen gewesen sein sollte, was zugegebenermaßen sehr hypo-

---

[66] Vgl. KATZ, Beobachtungen, 215.

[67] Zur Stephanusrede vgl. 7.1.1.c, S.222-228.

[68] Auch hinter Lk 7,26f ist „eine Spur der Mose-Typologie" (POLAG, Christologie, 159) für Johannes den Täufer zu erkennen.

[69] Vgl. Arist 139, wo Mose als σοφὸς ὢν ὁ νομοθέτης, ὑπὸ θεοῦ κατασκευασμένος εἰς ἐπίγνωσιν τῶν ἁπάνατων bezeichnet wird, oder die Darstellung Moses als Lehrer der griechischen Philosophen bei Josephus (Ap 2,168); vgl. zu den genannten Stellen und zur Sache KÜCHLER, Weisheitstraditionen, 136-139.

thetisch ist, dann könnte die Betonung seiner Weisheit (Apg 6,3.10) ein weiteres Indiz für das Selbstverständnis der Täufergruppen als „Kinder der Weisheit" sein[70].

Fazit: Die genannten Texte zeichnen, wenn auch mit dünnen Strichen, ein Bild des Täufers, das an die Gestalt des Lehrers der Gerechtigkeit in Qumran erinnert. Der aus einem Priestergeschlecht stammende Lehrer der Gerechtigkeit (1 QpHab II,5-8.VII,4f)[71] ist begabt mit heiligem Geist (1 QH VII,6f; XVII,26) und Weisheit (1 QH XIV,25). Gerade in der Hymnenrolle wird deutlich, wie in seiner Gestalt Erkenntnis und Weisheit mit der Erwählung durch Gott verbunden sind[72]. Wie Johannes lehrte der Lehrer der Gerechtigkeit, daß nicht alle Kinder Abrahams, sondern nur die „Umkehrenden Israels" zu den Erwählten Gottes gehören (vgl. CD I,11f; II,14-III,4)[73]. Auch die Anrede des Täufers als „Lehrer" in Lk 3,12 fällt auf, da Lukas diese Bezeichnung in seinem Evangelium ansonsten nur für Jesus gebraucht (vgl. Lk 10,25; 18,18)[74]. Die Parallelen zwischen Johannes und dem Lehrer der Gerechtigkeit[75] sollten aber nicht zu der Annahme verführen, daß die Gestalt des Täufers damit ausreichend erfaßt wäre[76]. In unserem Zusammenhang sind die Analogien deshalb von besonderem Interesse, weil sie zeigen, daß die Vorstellung des Täufers als Träger der göttlichen Weisheit durchaus den Erwartungen seiner Zeitgenossen entsprach. Wie Mose könnte er als weiser Prophet (vgl. Apg 7,22.37) und wie Salomo als Träger der Weisheit (vgl. Lk 11,31f; Apg 7,47)[77] verehrt worden sein. Sein Ruf zur Umkehr, die Forderung nach einem gerechteren Lebenswandel, das Motiv des Fruchtbringens und schließlich der Hinweis auf das Ausströmen des göttlichen Geistes einerseits und den Tod der Nicht-Umgekehrten andererseits erinnern an das Auftreten der personifizierten Weisheit in Spr 1,20-33.

---

[70] Vgl. auch die Bevorzugung der Armen in den „Täufertexten" Lk 1,52f und 3,10-14 mit 11 QPsª XVIII,18, wo die Kinder der Weisheit ausdrücklich als „Arme" (ענו) bezeichnet werden.

[71] Vgl. MAIER / SCHUBERT, Qumran-Essener, 101.

[72] Vgl. SANDERS, Paulus, 245f.

[73] Vgl. auch BERGER, Johannes, 60.

[74] Vgl. zu Lk 3,12f in dieser Arbeit unter 1.3.1, S.50f.

[75] Vgl. dazu besonders BECKER, Johannes, 56-62.

[76] Dies weist ERNST, Johannes, 298f, überzeugend nach.

[77] Vgl. KÜCHLER, Weisheitstraditionen, der in in seiner Arbeit eine Linie der großen Gestalten Israels von Abraham über Mose zu Salomo als „die initiatorischen Weisen" zieht (a.a.O. 549).

Die Weisheit des Täufers wird in Kreisen seiner Anhänger als Beweis seiner göttlichen Erwählung gegolten haben. Deshalb mußte sich Lukas theologisch mit diesem Motiv auseinandersetzen, wenn er die Überordnung Jesu über den Täufer gerade auch gegenüber dessen Anhängern plausibel machen wollte.

4.4.2 Jesus und die Weisheit

Einige der Stellen bei Lukas, die Rückschlüsse auf die „Weisheit" des Johannes zuließen, lassen sehr viel deutlicher erkennen, daß Lukas Jesus als dezidierten Träger der Weisheit darstellen möchte.

Lk 2,40-52: In Lk 2,40 zitiert Lukas die Notiz über das Heranwachsen und Erstarken des Johannes (1,80) und ergänzt, daß Jesus mit Weisheit erfüllt gewesen sei. Nachdem der zwölfjährige Jesus dann seine Weisheit im Tempel eindrucksvoll unter Beweis gestellt hat, heißt es in Lk 2,52, daß seine Weisheit noch zunahm. Drei Dinge erscheinen dabei bemerkenswert:

1. Lukas stellt den Zusammenhang zu Johannes her, indem er das Heranwachsen Jesu mit den gleichen Worten beschreibt. Zugleich macht er dem Leser durch die mehrfache Betonung deutlich, daß er nur Jesus für einen besonderen Träger der Weisheit hält.

2. Sowohl in Lk 2,40 als auch in 2,52 verbindet Lukas die Weisheit Jesu mit der Gnade Gottes. Dies läßt vermuten, daß er Weisheit als Kennzeichen der göttlichen Gnade und somit als Ausdruck seiner Erwählung verstand (vgl. Apg 7,10)[78]. Wahrscheinlich wollte Lukas die Weisheit Jesu als ein so evidentes Zeichen seiner göttlichen Erwählung darstellen, daß zweifelnden Fragen nach der Art der Weisheit Jesu wie in Mk 6,21 nur gestört hätten (vgl. Mk 6,1-6a mit Lk 4,16-30).

3. Das Auftreten Jesu im Tempel „mitten unter den Lehrern" (2,46) und deren Verwunderung über seine Einsicht und seine Antworten (2,47) erweisen ihn selbst als Weisheitslehrer[79]. Auch dies könnte im

---

[78] Vgl. auch GRUNDMANN, Weisheit, 400-407, der zu Lk 2,40-52 nachweist, daß Lukas hier Jesu Erstarken im Geist in Überbietung zum prophetischen Geist des Johannes beschreiben will. GRUNDMANN kommt zu dem Ergebnis: „Wenn Lukas in seiner Einordnung dieses Werkstückes Jesus mit Weisheit und Gnade verbindet und in seinem Schlußsatz vom Fortschreiten Jesu in der Weisheit und Gnade bei Gott und den Menschen spricht, so sagt er damit aus: In seiner Rede von Gott und seinem Willen und in seinem dadurch geprägten Tun wird Jesus zum prophetischen Lehrer der ihm zuteil gewordenen eigenen Weisheit in Gott." (a.a.O. 407).

[79] Vgl. CHRIST, Jesus Sophia, 61.

Zusammenhang der Auseinandersetzung mit der Verehrung des Täufers als „Lehrer" (3,12)[80], vielleicht auch als „Lehrer der Gerechtigkeit"[81], eine Rolle gespielt haben.

Lk 7,35 (καὶ ἐδικαιώθη ἡ σοφία ἀπὸ πάντων τῶν τέκνων αὐτῆς.): Während sich das Logion in Q wahrscheinlich gleichermaßen auf Jesus und Johannes bezog, läßt Lukas eher Jesus als personifizierten Träger der Weisheit erscheinen, denn nur ihm wird im übrigen Werk Weisheit explizit zugesprochen (vgl. Lk 2,40.52; 11,31; 21,15)[82].

In Q waren noch die Deutungen möglich, daß mit den Kindern der Weisheit die Zöllner und Sünder (Lk 7,34; Mt 11,19)[83] oder Jesus und Johannes gemeint sind. Die lukanische Ergänzung πάντων (vgl. Mt 11, 19) und das Stichwort ἐδικαιώθη verweisen nun auf V.29. Im lukanischen Kontext erläutern die beiden vorgeschobenne Verse 7,29f das folgende Gleichnis (V.31-34) und das Logion über die Weisheit (V.35) im vorhinein: *Und das ganze Volk, das zuhörte, auch die Zöllner, gaben Gott recht, denn sie waren mit der Taufe des Johannes getauft worden. Die Pharisäer und Schriftgelehrten aber mißachteten den Plan Gottes mit ihnen, denn sie waren nicht von ihm getauft worden.*[84]

---

[80] Vgl. S.50f u. 56.

[81] Siehe oben unter *Fazit* in 4.4.1 (*Johannes und die Weisheit*), S.151.

[82] Zu einem ähnlichen Ergebnis kommt GRUNDMANN, Weisheit, 170: „Rückt die Spruchquelle Johannes und Jesus als unterschiedliche Boten der Weisheit nahe zusammen, so bringt Matthäus in seiner theologischen Konzeption die Zugehörigkeit des Johannes zum Reiche Gottes ein und setzt die in Q enthaltene Nähe beider fort, während die Markustradition und vor allem die späteren Überlieferungen bei Lukas und im vierten Evangelium sie auseinanderrücken."

[83] Die Überlegung, daß mit φίλος τελωνῶν καὶ ἁμαρτωλῶν (Lk 7,34; Mt 11,19) auch Johannes der Täufer gemeint sein könnte (vgl. Lk 3,3.12f) mag als Hinweis auf ein älteres Stadium des Textes, möglicherweise auf die Überlieferung in Täuferkreisen, gelten. Schon in Q ist aber durch den Titel Menschensohn der Bezug zu Jesus eindeutig, und die Bezeichnung Jesu als „Freund der Zöllner und Sünder" begegnet bereits in Mk 2,15f.

[84] Das Partizip βαπτισθέντες wird von mir effektiv verstanden; wörtlich wäre also zu übersetzen: *„als Getaufte ... gaben sie Gott recht"*. Die übliche Übersetzung: *„sie gaben Gott recht und ließen sich mit der Johannestaufe taufen"* würde nicht nur dem theologischen Konzept des Lukas widersprechen, sondern ihm auch grammatische Formulierungsschwächen unterstellen, da hier ein Aorist-Partizip eine Nachzeitigkeit gegenüber der Zeit der übergeordneten Handlung (Aorist) ausdrücken würde. Die Vorstellung der Gleichzeitigkeit, die ein Aorist-Partizip in Ausnahmefällen intendieren kann (ARS GRAECA, § 195.2, BLASS / DEBRUNNER, § 339), scheitert an den räumlichen Gegebenheiten.

Die Kinder der Weisheit sind demnach diejenigen, die von Johannes getauft worden sind und nun auf Christus hören und damit Gott recht geben (V.29). Die Pharisäer und Schriftgelehrten sind nicht von Johannes getauft und lehnen deshalb Gottes Heilsplan (βουλή) und damit seine Erwählung ab (V.30)[85].

Lukas wirbt hier um die Anhänger des Täufers. Gerade die Menschen, die von Johannes getauft worden sind, erweisen sich als erwählte Kinder der göttlichen Weisheit, indem sie auf die Worte Jesu vom Reich Gottes, in dem Kleine groß werden (V.28), hören. Sie stellen sich dadurch in den Heilsplan Gottes und tanzen - mit den Worten des Gleichnisses gesagt - nach der Weise Christi[86].

In Lk 7,18-35 erscheint Johannes als Bote des Messias (V.27) und Jesus erscheint als der gekommene Menschensohn (V.34) und andeutungsweise auch als Personifikation der göttlichen Weisheit (V.35), die Boten (vgl. Spr 9,3; Weish 7,27) sendet und Kinder hat (vgl. Spr 8,32; Sir 4,12). Weder Q noch Lukas lassen eine ausgeformte Sophia-Christologie erkennen[87]. Aber Lukas scheint Wert darauf zu legen, Jesus gerade gegenüber Johannes als dezidierten Träger der göttlichen Weisheit darzustellen. Ein Grund dafür wird sicher die Vorstellung der Weisheit als messianische Prädikation gewesen sein[88].

Die Tatsache, daß Lukas auf V.35 die Erzählung von der Salbung Jesu (7,36-50) folgen läßt, könnte ein weiterer Beleg dafür sein, daß er gegenüber Johannes die Messianität Jesu betonen will. Eine Sünderin salbt Jesus, das heißt, sie wird zu einem Kind der Weisheit, indem sie Jesus als Christus anerkennt. Und Jesus erweist sich als vollmächtiger Sohn Gottes, indem er ihr die Vergebung der Sünden zuspricht.

Selbst wenn man unterschlägt, daß Johannes nach Lk 3,20 bereits im Gefängnis sitzt und seine Sendung von Boten ja eine geographische Distanz zwischen dem Ort der Handlung und dem Aufenthaltsort des Täufers impliziert (vgl. 7,18f.24-26), braucht es viel Phantasie sich vorzustellen, wie die Menschen gleichzeitig Jesus zuhören, Gott Recht geben und von Johannes getauft werden.

[85] Zur Bedeutung von βουλή als göttlicher Wille, Plan und Erwählung vgl. CHRIST, Jesus Sophia, 78f.

[86] Das Gleichnis von den tanzenden und trauernden Kindern erinnert im Zusammenhang mit dem Vergleich von Jesus und Johannes natürlich an Lk 5,33-35. Wahrscheinlich war diese Frage, ob eucharistische Fröhlichkeit oder asketische Strenge die angemessene Haltung der Glaubenden war, ein echter Streitpunkt in der lukanischen Gemeinde. Vgl. dazu auch 6.3.1, S.202-205.

[87] Dies zeigt LIPS, Traditionen, 275-280, auf; vgl. auch SCHIMANOWSKI, Weisheit, 313f, und SATO, Q, 160f (*Eine „Sophia-Christologie" in Q?*).

[88] Zur Übertragung weisheitlicher Motive auf den Messias vgl. SCHIMANOWSKI, Weisheit, 307f, der dort besonderen Wert auf die Übertragung des Motivs der Präexistenz legt.

Lk 11,31 (καὶ ἰδοὺ πλεῖον Ζολομῶνος ὧδε): Lukas intendiert keinerlei Gleichsetzung von Johannes oder Jesus mit Salomo. Im Gegenteil: Sollte es in Täuferkreisen eine Gleichsetzung von Salomo mit dem als Messias verehrten Täufer gegeben haben[89], dann müßte diese Stelle von Lukas als Argument in der Auseinandersetzung mit den Anhängern des Johannes verstanden worden sein. Jesus ist nicht nur Umkehrprediger wie Johannes und der Prophet Jona, er ist nicht nur ein Gesandter der Weisheit wie Johannes und Salomo, er ist *mehr* als diese. Indem Lukas die Bildworte Jesu über das Licht folgen läßt (Lk 11,33-36), illustriert er die besondere Weisheit Jesu, dessen Wissen Licht und Finsternis voneinander scheidet[90].

Die beiden übrigen „Weisheitsstellen" im Lukasevangelium stellen bereits eine Verbindung zwischen der göttlichen Weisheit und den Aposteln her. In **Lk 11,49** spricht die personifizierte Weisheit davon, daß sie Propheten und Apostel senden werde. Und in **Lk 21,15** verheißt Jesus seinen Jüngern, daß er ihnen Weisheit geben werde, um in Anfechtungen standhaft bleiben zu können.

Lk 12,11f legt nun die Vermutung nahe, daß Lukas Weisheit und Erfülltsein mit heiligem Geist als *eine* Eigenschaft und Gabe Gottes sieht. Apg 6,3.10 bestätigen dies. Heiliger Geist und Weisheit haben die gleiche heilsgeschichtliche Funktion. Vor Christus waren Weisheit und heiliger Geist nur einzelnen großen Propheten und Königen gegeben. Es entsprach dem Willen Gottes, daß sie, wie Johannes auch, dadurch befähigt wurden, Christus anzukündigen. Jesus erwies sich nun bereits zu Lebzeiten als der mit Geist und Weisheit erfüllte Christus Gottes. Von ihm ging nach seinem Tod durch die Taufe mit heiligem Geist die Weisheit und der Geist auf die Apostel über. In der Apostelgeschichte wird das Motiv Weisheit von dem Motiv des heiligen Geistes weitgehend zurückgedrängt. Es ist zwar noch deutlich, daß Lukas vollmächtige Rede und prophetische Erkenntnisse als Folgen des Geistes sieht, aber dies wird gerade im Zusammenhang mit Anhängern des Täufers und bei Stephanus erwähnt (vgl. Apg 19,6; 6,10).

[89] Dies wäre aufgrund einer messianisch verstandenen und auf Johannes bezogenen Nathanweissagung (2 Sam 7,5-16; vgl. Apg 7,46f) ja durchaus möglich und könnte erklären, warum Lukas sich mehrfach sehr subtil mit dieser Weissagung auseinandersetzt (vgl. 2 Sam 7,13f mit Lk 1,32f; 2 Sam 7,15f mit Apg 7,45-50).

[90] Lukas könnte damit eine ähnliche Intention wie der Evangelist Johannes gehabt haben, der den Täufer als Zeugen des Lichts auftreten läßt (vgl. Joh 1,6-8). Vgl. auch NÖTSCHER, Terminologie, 109 (*Absatz θ: Weisheit als Licht*), und MACK, Logos, 65f (*1. Die Weisheit als Licht*).

Apg 7,22.46f: Die nun schon mehrfach erwähnte Hypothese, daß Mose in der Stephanusrede als stellvertretender Typos für Johannes den Täufer stehen könnte, bezieht sich selbstverständlich nur auf den vorlukanischen Text, der von Lukas allerdings weitgehend rezipiert worden sein dürfte. Im lukanischen Kontext tritt Stephanus ja als dezidierter Zeuge Christi auf. Es mag also durchaus im Interesse des Redaktors Lukas liegen, daß der christliche Leser in der Gestalt des Mose einen Vorläufer Jesu sieht. Von der geschilderten Wortmächtigkeit und von der Weisheit des Mose (V.22) mußte dann auf Jesus geschlossen werden.

Sollte der Täufer in Kreisen seiner Anhänger als ein Weiser *wie Mose und Salomo* verehrt worden sein, dann kann nicht nur Jesu Identifizierung mit Mose als Polemik gegen Johannes verstanden werden[91], auch die - wohl redaktionell von Lukas eingefügten - Bemerkungen in Apg 7,46f, daß David und nicht Salomo Gnade bei Gott fand, und in Apg 7,10, daß Joseph Weisheit und Gnade von Gott geschenkt bekam, wirken dann polemisch. Möglicherweise unterstreicht Lukas also durch seine redaktionelle Überarbeitung der Stephanusrede das, was er bereits in den Kindheitsgeschichten deutlich macht: Jesus und nicht Johannes ist der eigentliche Träger der göttlichen Weisheit und Gnade (vgl. Lk 1,80; 2,40.52).

4.4.3 Fazit

Wahrscheinlich gab es in Kreisen, die Johannes den Täufer verehrten, eine besondere Überlieferung von der Weisheit des Täufers. Möglicherweise wurde er mit großen Trägern der Weisheit Israels in Verbindung gebracht, wie mit Mose, der einen Propheten wie sich selbst ankündigte (Apg 7,37), und Salomo, dem Prototypen des Weisen schlechthin (Lk 11,31f). Auch in seinem an den „Lehrer der Gerechtigkeit" erinnernden Auftreten (vgl. Lk 3,10-14) deuten sich weisheitliche Motive an. So ist es durchaus vorstellbar, daß Anhänger des Täufers in der Auseinandersetzung mit den Christen dessen Weisheit als Beweis für seine Messianität und besondere Erwählung durch Gott anführten. Dies würde auch erklären, warum bei Lukas die Weisheit Jesu gerade gegenüber Johannes betont wird. Während in Q Johannes noch als

---

[91] Vielleicht erklärt ein Identifizierung des Täufers mit Salomo auch, warum Jesu im lukanischen Stammbaum wohl als Sohn Abrahams (Lk 3,34 / Mt 1,2) und Sohn Davids (Lk 3,31 / Mt 1,6), nicht aber wie in Mt 1,7 als Sohn Salomos vorgestellt wird. Zum kritischen Bild Salomos bei Lukas vgl. noch Lk 11,31; 12,27; Apg 7,47f.

„Kind der Weisheit" erscheinen kann, scheint es so, als vermeide Lukas bewußt, Johannes weise sein zu lassen. Jesus dagegen ist für Lukas der von Gott schon immer erwählte Sohn, der von den mit göttlicher Weisheit und heiligem Geist erfüllten Propheten inklusive Johannes als der Messias angekündigt wird.

Lukas entwickelt keine eigenständige Sophia-Christologie. Er übernimmt die jüdische Vorstellung der Weisheit als personifizierte Eigenschaft Gottes wahrscheinlich aus der Logienquelle und läßt Jesus einmal als Hypostase der Weisheit (Lk 7,35), meist aber als messianischen Träger der Weisheit erscheinen.

Lukas verweist Anhänger des Täufers, die sich selbst möglicherweise als „Kinder der Weisheit" bezeichneten, darauf, daß viele der von Johannes Getauften nach dem Heilsplan Gottes dadurch zu Kindern der Weisheit wurden, daß sie auf Christus hörten und sich von seinen Boten einladen ließen. Jesus verheißt seinen Jüngern ähnlich wie das Erfülltsein mit heiligem Geist auch Weisheit, um in Anfeindungen zu bestehen.

In der Apostelgeschichte wird dann das Motiv der Weisheit vom Geistmotiv überlagert und schließlich verdrängt. Es scheint also für Lukas seine wesentliche Bedeutung in der Tat in der Auseinandersetzung mit den Anhängern des Johannes zu haben.

4.5 Ergebnisse

Unter dem Stichwort „Erwählungsmotive" wurden verschiedene Motive und Motivgruppen zusammengefaßt, denen zwei Dinge gemeinsam waren. Erstens hatten sie alle etwas mit dem Heilsplan Gottes zu tun. Und zweitens begegnen sie alle im Zusammenhang mit Johannes dem Täufer und werden von Lukas in der Auseinandersetzung mit seinen Anhängern theologisch verwertet.

Dies konnte zunächst an dem Motiv der Abrahamskindschaft gezeigt werden. Während Johannes wahrscheinlich sowohl historisch als auch bei Lukas jeden aus der Abrahamskindschaft abgeleiteten kollektiven Erwählungsautomatismus verwarf und den Einzelnen zur Umkehr und Bewährung aufforderte, verstanden sich seine späteren Anhänger als von Gott erwählte Kinder Abrahams und ordneten sich so in die Heilsgeschichte Israels ein. Ihr Selbstverständnis dürfte dem theologischen Milieu entstammen, in dem sowohl die hymnischen Texte der Kindheitsgeschichten als auch die Rede des Stephanus entstanden beziehungsweise überliefert worden sind.

Lukas verbindet nun beide Modelle der Abrahamrezeption, indem er sowohl die Verkündigung des Täufers als auch die Hymnen der Kindheitsgeschichte und die Stephanusrede christlich interpretiert. Er übernimmt den soteriologischen Individualismus der Täuferpredigt und das Erwählungsbewußtsein der Hymnen in den Kindheitsgeschichten und macht aber deutlich, daß Menschen weder durch religiöse Leistungen noch durch Geburt, Stand oder Frömmigkeit, sondern einzig durch Jesus Christus zu bewährten Kindern Gottes werden. Dem *Individualismus* der Täuferpredigt stellt Lukas den *Universalismus* der Botschaft Jesu entgegen. Die Verheißungen an Abraham erfüllen sich an *allen* Kindern der Auferstehung. Alle Christen gehören zu den von Gott in Christus erwählten Erben der Verheißung.

Die Erwählung der Kleinen und die Erhöhung der Niedrigen ist ein im Zusammenhang mit dem Täufer begegnendes Motiv, das Lukas sowohl in der Auseinandersetzung mit ihm als auch eigenständig gebraucht. Das wohl traditionelle Wort von der Größe des Täufers relativiert sich angesichts der Umkehrung der Verhältnisse im Reich Gottes. In der Zuwendung Jesu zu religiös oder sozial marginalisierten Menschen nimmt das lukanische Erwählungsverständnis Gestalt an. Die verkrümmte Frau, der verlorene Sohn und der in Schuld verstrickte gefangene Sünder werden durch das Evangelium Christi befreit. Ihre Erwählung zeigt sich darin, daß Jesus, der Erwählte, sich ihnen zuwendet.

Als erwählter Sohn Gottes ist Jesus in besonderem Maße erfüllt mit heiligem Geist und ein Träger der Weisheit. Er verheißt den Menschen, deren Erwählung sich in der Begegnung mit ihm realisierte, ebenfalls Geist und Weisheit. Da das Motiv der Weisheit Jesu bei Lukas außerhalb seiner Auseinandersetzung mit dem Täufer kaum eine eigenständige Bedeutung hat, liegt die Vermutung nahe, daß er hier eine Prädikation aus Täuferkreisen übernimmt, um die besondere Erwählung Jesu zu demonstrieren. Diese apologetische Tendenz ist jedoch kein lukanisches Spezifikum, sondern begegnet bereits in der Logienquelle.

Zusammenfassend läßt sich das Erwählungsverständnis des Lukas als durchdachtes theologisches Konzept charakterisieren. Das Faszinierende an diesem Konzept wie an der Theologie des Lukas überhaupt ist die überzeugende narrative Umsetzung. Es gelingt ihm, in einer Erzählung wie der von dem kleinen Zachäus nicht nur das ganze Evangelium Christi zu veranschaulichen, er setzt sich auch noch ganz subtil mit der Verkündigung des Täufers auseinander. Die Menschen, die Johannes auffordert, nicht auf ihre Erwählung, sondern allein auf die

Früchte ihrer Umkehr zu bauen, werden von Jesus zur Umkehr und zum Fruchtbringen befähigt und so in den „Stand der Erwählung" gestellt.

5

GERICHTSMOTIVE

Johannes der Täufer beginnt seine Umkehrpredigt damit, daß er seine Zuhörer davor warnt zu meinen, sie könnten dem „künftigen Zorn" (μελλούσης ὀργῆς) entgehen (Lk 3,7). Dabei gebraucht er verschiedene Motive, um das kommende Gericht zu beschreiben. Er spricht von der *Axt*, die bereits an die Bäume gelegt ist (**5.1** - Lk 3,8a), vom *Feuer* (**5.2** - Lk 3,8b.16.17) und vom *Reinigen der Tenne* (**5.3** - Lk 3,17). Lukas greift in seinem Evangelium diese Motive auf, um mit ihrer Hilfe Jesu Haltung zum Gericht zu verdeutlichen. Im folgenden wird nachzuweisen sein, daß dies in Abgrenzung zum Gerichtsverständnis des Täufers geschieht. Die Gliederung und Reihenfolge ergibt sich dabei aus der genannten Abfolge der Motive in der Predigt des Johannes.

5.1 Die Axt am Baum

Lk 3,9 unterstreicht die „Rationalität" der Gerichtsbotschaft des Johannes. Wer keine Frucht bringt, wird „von der Wurzel her" vernichtet. Das Bild von der an die Wurzel gelegten Axt knüpft an das Motiv der Abrahamskindschaft an. Die Qualität eines Baumes - und damit seine Existenzberechtigung - entscheidet sich nicht an seinen Wurzeln, sondern daran, ob er angemessen Frucht bringt. Ebenso garantiert den Kindern Abrahams ihre Abstammung keine Rettung im Gericht, sie müssen sich erst durch Umkehr und entsprechendes Verhalten bewähren. Ein weiterer Aspekt des Bildes von der angelegten Axt ist die zeitliche Nähe des Fällens, die damit ausgedrückt wird. Johannes der Täufer erscheint hier nicht als Apokalyptiker[1], der die Gegenwart mit Hilfe

---

[1] Vgl. ERNST, Johannes, 47, und BECKER, Johannes, 41-43, die sich im Ergebnis ihrer Überlegungen einig sind: „Johannes war kein Apokalyptiker." (BECKER, Johannes, 43; ERNST, Johannes, 291), aber in seinem Auftreten und seiner Verkündigung begegnen apokalyptische Motive (BECKER, Johannes, 37; ERNST, Johannes, 292). VON DOBBELER, Gericht, kommt bei ihrer Analyse der Um-

der Geschichte deutet, sondern als warnender Prophet, der angesichts des unmittelbar bevorstehenden Gerichts die Menschen in die Entscheidung stellt[2].

Das Bild des Fällens für das Gericht Gottes stammt aus der alttestamentlichen Prophetie (vgl. Jes 6,13; 10,15-19.33f; Am 2,9; Sach 11,1f)[3]. Es unterstreicht das Selbstverständnis eines im Namen Gottes auftretenden Propheten, der die Menschen vor dem Zorn Gottes warnt und sie zur Umkehr auffordert (vgl. Lk 3,8: λέγω γὰρ ὑμῖν). Ein Spezifikum der Täuferpredigt ist aber die Andeutung der Möglichkeit einer *individuellen* Rettung im Gericht. Nicht ganz Israel oder ein heiliger Rest, sondern jeder einzelne kann durch seine Umkehr und ein entsprechendes Verhalten Hoffnung auf Rettung erwirken[4].

Während aber nun bei dem historischen Johannes die Taufe die entscheidende Antizipation dieser Rettung gewesen sein wird, erscheint bei Lukas fast ausschließlich das von Johannes geforderte ethische Verhalten als Bedingung des Heils. Der Plural „Früchte" in Lk 3,8 läßt nämlich nicht wie der Singular in Mt 3,8 die Umkehr als Frucht erscheinen, sondern die im folgenden explizierten ethischen Leistungen (vgl. Lk 3,10-14)[5].

Lukas stellt den Täufer also als jemanden dar, der weiß, wie man durch bestimmte sittlich-religiöse Werke, nämlich durch die Früchte der Umkehr, dem Gericht entgehen kann.

Lk 6,43f: Das Motiv des Baums und seiner Früchte begegnet dann bei Lukas erneut in der Verkündigung Jesu. In der „Feldrede" (Lk 6,20-49) scheint Lukas traditionelles Material neu zu ordnen, um so Jesu Worte über das Fruchtbringen von Bäumen (6,43f) mit denen des Täufers zu kontrastieren. Denn indem er das Logion über die guten

---

kehrpredigt des Täufers (a.a.O. 41-150) zu dem Ergebnis, daß sich die Verkündigung des Täufers formal an „deuteronomistischen Umkehrpredigten" orientiere, inhaltlich aber „eine große Nähe zum apokalyptischen Denken" besitze (a.a.O. 149).

[2] Zur Nähe des Gerichts in der Verkündigung des Täufers vgl. VON DOBBELER, Gericht, 74f.

[3] Vgl. SATO, Q, 212, der das Täuferwort Lk 3,7-9 auch aufgrund dieses prophetischen Charakters auf den historischen Täufer zurückführt.

[4] Vgl. REISER, Gerichtspredigt, 180-182, der die Intention der Täuferpredigt allerdings - vermutlich in Abwehr zur Auffassung BECKERS, der die Heilserwartung nur als ein verstecktes Nebenmotiv der Täuferpredigt ansieht (BECKER, Johannes, 21f) - *sehr* positiv formuliert: „Das Heil der Gerechten (bzw. Israels) ist das Ziel des Gerichts. Dieser Satz gilt wie für die gesamte frühjüdische Eschatologie so auch für den Täufer." (a.a.O. 182).

[5] Vgl. 6. (*Ethische Motive*), S.175-212.

und schlechten Bäume begründend (vgl. V.43) an die Mahnungen
Jesu, nicht über den Bruder zu richten (V.37-42), anfügt, erhalten diese
eine ganz andere Bedeutung als etwa bei Matthäus. Jesus sagt hier
nämlich: *Erwartet von den Menschen keine Früchte, die sie gar nicht
bringen können! Die Menschen sind verschieden. Verlangt von den
Dornen keine Feigen!* Die Kritik an der Drohung des Täufers mit dem
Gericht für diejenigen, die keine gute Frucht bringen, ist deutlich. Für
Lukas hat Johannes kein Recht, von Menschen Früchte zu verlangen,
die zu bringen, diese von sich aus nicht in der Lage sind. Bei Matthäus
dagegen erscheinen diejenigen, die keine gute Frucht bringen, als die
vielen, die den Weg zur Verdammnis gehen (Mt 7,13), und als
„Übeltäter", die sich gegen den Willen Jesu stellen (V.22f). Bezeichnenderweise wiederholt Jesus bei Matthäus die Drohung des Täufers
vom Abhauen und Verbrennen der unfruchtbaren Bäume (V.19; vgl.
Mt 3,10)[6].

Für die Auseinandersetzung des Lukas mit dem Motiv vom Fällen
der unfruchtbaren Bäume läßt sich also bereits folgendes sagen: Bei
Lukas warnt Jesus davor, Menschen nach ihren Früchten zu verurteilen. Es scheint nicht am Wollen und Vermögen der Menschen zu liegen, ob sie gute Frucht bringen oder nicht.

Unklar ist allerdings nach wie vor, wie nun ein unfruchtbarer Baum
gute Frucht bringen und wie ein „schlechter" Mensch zu einem gerechteren Leben umkehren soll, denn über die Qualität und das Erstrebenswerte der vom Täufer verlangten Früchte ist sich Lukas mit diesem
einig.

Lk 13,1-9: Diese Frage, wie jemand, der von sich aus nicht in der
Lage ist, umzukehren und Frucht zu bringen, vor dem Gericht entkommen kann, beantwortet Lukas in Lk 13,1-9[7]. Die Worte Jesu in Lk
13,1-6 knüpfen theologisch an die Botschaft des Täufers an: Wer nicht
umkehrt, ist verloren. Allerdings setzt sich auch hier die Tendenz der
„Feldrede" fort. Denn auch hier wendet sich Jesus gegen ein herablas-
sendes Bewerten und Verurteilen anderer Menschen. *Alle* Menschen
sind schuldig (vgl. V.2: πάντας τοὺς Γαλιλαίους; V.3.5: πάντες ...
ἀπολεῖσθε; V.4: πάντας τοὺς ἀνθρώπους τοὺς κατοικοῦντας Ἰε-
ρουσαλήμ) und werden umkommen, sofern sie nicht umkehren.

---

[6]   VON DOBBELER, Gericht, 141, stellt richtig fest, daß die Verwendung des
Motivs des Fruchtbringens in Mt 7 der Verwendung in der Täuferpredigt entspricht, geht aber auf die Unterschiede dazu in Lk 6,43-45 nicht ein.

[7]   Zur Analyse von Lk 13,1-9 vgl. 3.3, dort unter Lk 13,3.5, S.105-108.

In dem Gleichnis vom Feigenbaum (V.6-9) verwendet Jesus dann die gleiche Metaphorik wie Johannes der Täufer in Lk 3,9. Ein Baum, der keine Frucht bringt, soll abgehauen werden (vgl. ἐκκόπτειν in 3,9 und 13,7.9). Durch die Erzählsituation, in die Lukas das Gleichnis einbettet, wird deutlich, daß auch hier das Motiv des Fällens eines unfruchtbaren Baumes für das Gericht bei mangelnder Umkehrbereitschaft steht (vgl. 13,1-6 und 3,7f). Dieser Bezug des Gleichnisses zur Predigt des Täufers wird auch die Erklärung dafür sein, daß im Codex Bezae in V.7 die Aufforderung an den Gärtner, den Baum zu fällen, durch den Befehl ergänzt wird, die Axt zu holen (φερε την αξινην).

Erneut zeigt der Vergleich mit den anderen Evangelisten, wie profiliert Lukas das Motiv des unfruchtbaren Baums gebraucht, um seine Theologie zu verdeutlichen. Sowohl bei Markus als auch bei Matthäus findet sich ein Bericht von der Begebenheit, wie Jesus in der Nähe von Bethanien zu einem Feigenbaum geht, um Früchte an ihm zu suchen, und ihn „in Ewigkeit" verflucht, weil er keine Früchte trägt (Mk 11,12-14; Mt 21,18f). Matthäus verschärft diese Erzählung noch, indem er berichtet, daß der Feigenbaum sogleich verdorrte (Mt 21,19). Die Intention dieses Textes ist identisch mit den Aussagen der Bergpredigt über unfruchtbare Bäume (Mt 5,16-20) und der Verkündigung des Täufers (Mt 3,8-10). Wer keine Frucht bringt, wird vernichtet.

Bezeichnenderweise übernimmt Lukas die Erzählung von der Verfluchung des Feigenbaums nicht. Aber er übernimmt das Motiv. Jemand kommt in seinen Weingarten und sucht Frucht an einem Feigenbaum, findet keine und „verkündet" daraufhin die Vernichtung dessen, der keine Frucht bringt. Diese augenscheinliche Parallelität zwischen Jesus (vgl. Mk 11,12-14; Mt 21,18f) und Johannes (vgl. Mt 3,10; Lk 3,9) durchbricht Lukas an einer entscheidenden Stelle, nämlich da, wo es um das Gericht geht. Anders als Matthäus (Mt 3,2; 4,17) unterscheidet Lukas die Verkündigung Jesu deutlich von der des Täufers und betont, daß Jesus nicht das Gericht, sondern Freiheit verkündet (vgl. Lk 4,18f; 13,8). Dies wird nun bei Lukas narrativ in dem Gleichnis vom Feigenbaum illustriert. Folgende Züge dieses Gleichnisses veranschaulichen sein Gerichtsverständnis:

- Es ist nicht der Gärtner, also auch nicht Jesus, der das vernichtende „Urteil" über den unfruchtbaren Baum spricht (V.6f).

- Der Gärtner „verkündet" für den Baum nicht das Gericht, sondern ein „Erlaßjahr des Herrn" (V.8: Κύριε, ἄφες αὐτὴν καὶ τοῦτο τὸ ἔτος und 4,18f: ἀπέσταλκέν με κηρύξαι αἰχμαλώτοις ἄφεσιν ... κηρύξαι ἐνιαυτὸν κυρίου δεκτόν). Er selbst will dafür sorgen, daß der Baum Frucht bringt, indem er ihn düngt, ihn also nährt und ihm Kraft gibt.

- Der Gärtner, von dem verlangt wird, den unfruchtbaren Baum zu fällen, lehnt diese Aufgabe ab. Selbst wenn seine Bemühungen vergeblich sein sollten, gibt er ungewöhnlicherweise den Auftrag zur Vernichtung des Baumes an den zurück, von dem er stammt (V.9: εἰ δὲ μή γε, ἐκκόψεις αὐτήν)[8].

Mit dem Gleichnis vom Feigenbaum unterscheidet Lukas die Verkündigung und die Bedeutung Jesu deutlich von der des Johannes[9]. Wie Johannes predigt Jesus vor dem Hintergrund des drohenden Gerichts, aber er verlangt keine sittlich-religiösen Anstrengungen von den Menschen, um die letzte Chance zur Rettung zu ergreifen, sondern er ergreift selber diese Chance und ermöglicht den Menschen, Früchte der Umkehr zu bringen[10]. Ein unfruchtbarer Baum kann keine Frucht bringen, aber durch die Verkündigung des Gottesreichs gilt: Gott selbst befreit durch Christus die, die sich selbst nicht befreien können.

Die von Lukas an das Gleichnis vom Feigenbaum und der „Befreiung" der verkrümmten Frau angefügte Parabel vom Senfkorn (Lk 13,18f), verdeutlicht das Evangelium vom Reich Gottes. Gott selbst bewirkt in seinem Reich Wachstum und Fruchtbringen. Das erstaunliche Wunder, daß aus einem Senfkorn ein großer „Baum" wird, entspricht dem Wunder Jesu, der eine achtzehn Jahre lang vom Satan gebundene Frau befreit, und es spiegelt sich in seiner Verkündigung, in der ein drei Jahre lang unfruchtbarer Baum noch umsorgt wird.

Lk 21,29-32: In diesem Sinne muß auch das Gleichnis vom Feigenbaum in Lk 21,29-32 verstanden werden. In dem Fruchtbringen des Feigenbaums wird bei Lukas nicht ein Zeichen für die Nähe des rich-

---

[8] Sicher darf man das aktive Futur von ἐκκόψεις nicht überinterpretieren. Ein Verständis der Antwort des Gärtners wie: „dann soll der Befehl zur Entfernung gegeben werden" (WIEFEL, Evangelium, 254) legt sich ja nahe. Aber die Spannung zwischen dem deutlich delegierenden Imperativ des Weingartenbesitzers: ἔκκοψον und dem die Zuständigkeit negierenden ἐκκόψεις des Gärtners bestimmt den lukanischen Text des Gleichnisses.

[9] Vgl. MERKLEIN, Gottesherrschaft, 148f, der bei seinem Vergleich von Lk 13,6-9 mit der Gerichtspredigt des Täufers zu dem Ergebnis kommt, daß Jesus nicht wie Johannes das Kommen des Gerichts, sondern das kommende Heil der Gottesherrschaft als Handlungsmotiv verkündigt.

[10] Vgl. dazu ähnlich MERKEL, Gottesherrschaft, 150. Die Pointe dieses Gleichnisses liegt also gerade nicht in der „letzten Chance" für den Baum und der Aufforderung zum rechten Tun, wie SCHRAGE, Ethik, 32, meint, sondern in der *Ermöglichung* dazu durch den Gärtner.

tenden Menschensohn gesehen wie in Mk 13,28f und Mt 24,32f, sondern für die Nähe des Gottesreichs (V.31b). Erneut sind die Unterschiede zu Markus und Matthäus charakteristisch. Lukas spricht nicht nur vom Grünwerden der Blätter des Feigenbaums, sondern allgemein vom „Hervortreiben" des Feigenbaum und *aller* Bäume (V.29f: Ἴδετε τὴν συκῆν καὶ *πάντα τὰ δένδρα·* / ὅταν προβάλωσιν ἤδη)[11]. Die Ergänzung des Codex Bezae von: τον καρπον αυτων (in V.30 nach προβάλωσιν) zeigt, daß hier durchaus an Fruchtbringen gedacht werden kann[12]. Lukas scheint das Wort Jesu vom Feigenbaum im Zusammenhang mit dem Motiv des Fruchtbringens zu interpretieren. Das Fruchtbringen der Bäume ist für ihn ein Zeichen des Gottesreichs und nicht des Gerichts, weil es die von Jesus ermöglichte Umkehr von sündigen Menschen symbolisiert. Die Nähe des Reiches Gottes (V.31: ἐγγύς ἐστιν ἡ βασιλεία τοῦ θεοῦ) bedeutet für ihn Freiheit von den Fesseln der Sünde (vgl. 21,28: ἐγγίζει ἡ ἀπολύτρωσις ὑμῶν).

Fazit: An der Motivgruppe vom Fruchtbringen und vom Fällen unfruchtbarer Bäume läßt sich nicht nur das Gerichtsverständnis Johannes des Täufers verdeutlichen, sondern auch die lukanische Auseinandersetzung damit. Lukas läßt Jesus das Motiv der unfruchtbaren Bäume als Bild für Menschen, die nicht umkehren, aufgreifen und anders akzentuieren. Dabei werden gegenüber der Verkündigung des Täufers vor allem zwei Aspekte besonders entfaltet.

Zunächst betont Jesus, daß Menschen nicht über andere urteilen sollen. Ein fauler Baum kann keine guten Früchte hervorbringen. Wer es von ihm verlangt, übersieht möglicherweise die eigene „Unfruchtbarkeit", den Balken vor den eigenen Augen. Ohne Umkehr sind *alle* Menschen verloren, deshalb steht es niemandem zu, andere zu richten.

Darüber hinaus gebraucht Lukas das Motiv von den Früchten der Umkehr auch außerhalb der Täuferpredigt im Kontext des Gerichts. Der Baum, der keine Frucht bringt, wird gefällt und vernichtet. Aber die Früchte sind nicht Bedingung, sondern Folge der Umkehr. Und die Umkehr ist keine sittlich-religiöse Leistung des Menschen, sondern ein

---

[11] Vgl. dagegen Lk 3,9: πᾶν οὖν δένδρον μὴ ποιοῦν καρπὸν καλὸν ἐκκόπτεται.

[12] Vgl. auch BAUER, Wörterbuch, Art.: προβάλλω.

Geschenk Gottes. Jesus selbst bewirkt, daß unfruchtbare Bäume Frucht bringen können.

Gegen die Umkehrpredigt des Johannes vom Gericht Gottes stellt Lukas seine Theologie der Befreiung durch das Evangelium Christi vom Reich Gottes.

5.2 Feuer

Da die Auseinandersetzung des Lukas mit dem Motiv des Feuers bereits ausführlich im Zusammenhang mit dem Bild von der Feuertaufe erörtert wurde[13], mag es an dieser Stelle genügen, nur auf einzelne darüberhinausgehende Aspekte hinzuweisen.

Es ist bezeichnend, daß den in der Johannes-Predigt gebrauchten Metaphern vom Baum und seinen Früchten, vom Geist- und Feuertäufer und vom Mann mit der Worfschaufel das Element des Feuers gemeinsam ist[14].

Lk 3,3: Möglicherweise spielt Lukas bereits in der Art, wie er das Wirkungsgebiet des Täufers beschreibt, auf dessen Verkündigung eines Feuergerichts an, denn er gebraucht in Lk 3,3 die gleichen Worte, mit denen in der Septuaginta zweimal das Gebiet Lots, nämlich Sodom und Gomorra, bezeichnet wird (vgl. Lk 3,3 und Gen 13,10.11: πᾶσαν τὴν περίχωρον τοῦ Ἰορδάνου). Johannes ist also bei Lukas in einer Gegend angesiedelt, die nicht nur im Lukasevangelium (Lk 17,28f) paradigmatisch für das Feuergericht Gottes steht[15] (vgl. Gen 19,24-28; Dtn 29,22; Am 4,11; Weish 19,13-20; Jud 1,7).

Lk 3,9: Johannes der Täufer steigert das Bild von der Vernichtung der unfruchtbaren Bäume, indem er über die Ankündigung ihres Gefälltwerdens hinaus noch ergänzt, daß sie ins Feuer geworfen werden (καὶ εἰς πῦρ βάλλεται). Dies könnte ein Hinweis auf das dem Gericht folgende „Höllenfeuer" sein, mag aber auch eine Illustration dessen sein, was in Lk 1,17 mit „Geist und Kraft Elias" gemeint ist[16] (vgl. 1 Kön 18,24.36-40; 2 Kön 1,9-16; 2,11). Immerhin wird ja in Mal 3,19-24 Elia als derjenige bezeichnet, der vor dem Tag Jahwes kommt, an dem die Gottlosen mit Wurzel und Zweigen verbrannt werden (Mal 3,19), und an diese Verheißung knüpft Lk 1,17 an.

---

[13] Vgl. 2.2.3.b (*Taufe mit Feuer*), S.80-84.
[14] Vgl. VON DOBBELER, Gericht, 75.
[15] Vgl. KAUT, Befreier, 48, und 1.3.1, S.47-50.
[16] Vgl. FITZMYER, Gospel I, 469.

Lk 3,16 (... αὐτὸς ὑμᾶς βαπτίσει ἐν πνεύματι ἁγίῳ καὶ πυρί·): Johannes kündigt den Stärkeren, der nach ihm kommt, als jemanden an, der mit heiligem Geist und Feuer taufen werde. Dabei läßt der Zusammenhang (vgl. V.9.17) keinen Zweifel darüber, daß die Taufe mit Feuer ein Bild für das endzeitliche Gericht ist. Wahrscheinlich gehörte die Ankündigung des kommenden Weltenrichters zu der Verkündigung des historischen Johannes. Wie die Gemeinschaft in Qumran könnte auch Johannes die Vorstellung von einer Rettung der zu Gott umgekehrten Menschen durch den heiligen Geist (vgl. 1QH IV,20-22; XVI,12) und einer Vernichtung der unbußfertigen Sünder durch das ewige Feuer (vgl. 1QH III,25-36; XVII,12-15) gehabt haben. Das Stichwort Feuer wäre dann als Synonym für die Vernichtung der Gottlosen in Anschluß an das von Johannes angekündigte Gericht zu verstehen. Damit zeigt sich allerdings erneut, wie sehr Johannes in seinem Auftreten und seiner Botschaft dem Typos des Elias redivivus entsprach (vgl. Mal 3,1-24)[17]. In der christlichen Rezeption des Motivs der eschatologischen Feuertaufe erhält dieses allerdings eine andere Bedeutung. Unter 2.2.3.b konnte gezeigt werden, daß Lukas anknüpfend an Joel 3,1-5 das Pfingstereignis sowohl als Taufe mit heiligem Geist als auch als Feuertaufe interpretiert (vgl. Apg 2,1-4.14-21). Damit erhält der richtende Charakter des Feuers ein sehr viel geringeres Gewicht.

Lk 3,17 (... τὸ δὲ ἄχυρον κατακαύσει πυρὶ ἀσβέστῳ.): Das Bild von der Spreu, die im unauslöschlichen Feuer verbrannt wird, läßt Rückschlüsse auf den Gebrauch des Feuermotivs in der Täuferpredigt zu. Es steht für die radikale endzeitliche Vernichtung dessen, was keine Frucht trägt. Allerdings steht nicht das Bild von einem apokalyptischen Weltbrand im Hintergrund[18], denn auch hier zeigt sich in der Verkündigung des Täufers die Tendenz einer soteriologischen Individualisierung. Nicht die ganze Welt, sondern jeder einzelne Mensch wird vernichtet, insofern er nicht zu dem ausgesiebten guten Weizen gehört.

Das Gericht über das Unfruchtbare und Nutzlose ist das durchgehende Thema der Predigt des Täufers. Nur wer umkehrt und Frucht bringt, bewährt sich als Kind Abrahams (V.8), gehört zu dem Weizen, der eingebracht wird (V.17), und zu den Menschen, die durch den heiligen Geist gereinigt und gerettet werden (V.16). Gerichtet zu werden bedeutet für Johannes nicht nur Bestrafung, sondern Vernichtung auf

[17] Vgl. 7.2.2.c (*Johannes als Prophet wie Elia*), S.253-255.
[18] Darauf verweist zu Recht BECKER, Johannes, 30.

ewig. In dem Bild ist die Ernte bereits geschehen, sie ist Vergangen-heit[19]. Dies unterstreicht die bedrohliche Nähe des Gerichts in der Verkündigung des Täufers. Die letzten Tage sind bereits angebrochen. Interessant ist nun der lukanische Umgang mit diesem Motiv in V.17. Während es nämlich in Mt 3,12 heißt, daß der Kommende reinigen, sammeln und verbrennen *werde* (διακαθαριεῖ, συνάξει, κατακαύσει), gebraucht Lukas für die ersten beiden Verben Aorist (διακαθᾶραι, συναγαγεῖν) und nur für das letzte Futur (κατακαύσει). Da für Lukas aber nun eindeutig Jesus derjenige ist, den Johannes als den Kommenden ankündigt, wird deutlich, daß Lukas Gericht und Rettung heilsgeschichtlich voneinander trennt. Durch das Kommen Jesu wird nicht das Feuergericht vollzogen, sondern die Rettung durch den heiligen Geist ermöglicht. Lukas enteschatologisiert also keineswegs die Gerichtsvorstellungen des Täufers, aber er enteschatologisiert sehr wohl dessen Vorstellung von Erlösung und Befreiung.

Lk 9,52-55: Durch das Zitieren zweier alttestamentlicher Texte beziehungsweise Motive, die den Lesern des Evangeliums bereits im Zusammenhang mit dem Täufer begegneten, deutet Lukas an, daß er sich hier mit diesem auseinandersetzt. Jesu Aussendung von Boten wird mit den Worten des Maleachi-Zitats (Mal 3,1) aus Lk 7,27 beschrieben (V.52a), das dort auf Johannes den Täufer angewendet wurde und ihn aufgrund von Mal 3,23 als Elias redivivus erscheinen ließ. Darüber hinaus ist die Bitte der Jünger, Feuer vom Himmel auf Samarien zu schleudern (V.54), ein fast wörtliches Zitat aus 2 Kön 1,10.12 (LXX), ein Text, der bereits oben (zu Lk 3,9) als Beleg dafür angeführt wurde, daß der das Feuergericht Gottes verkündende Johannes Züge Elias trägt[20].

Indem Jesus es nun ablehnt, dieses Feuergericht über die Samaritaner auszuführen, und seine Jünger zurechtweist (V.56), wird erneut deutlich: Jesus ist entgegen den Erwartungen des Johannes nicht zum Gericht in die Welt gekommen. Spätere Textzeugen (K Π u.a.) ergänzen daher ganz im lukanischen Sinne: καὶ εἶπεν, Οὐκ οἴδατε οἵου πνεύματός ἐστε ὑμεῖς; ὁ γὰρ υἱὸς τοῦ ἀνθρώπου οὐκ ἦλθεν ψυχὰς ἀνθρώπων ἀπολέσαι ἀλλὰ σῶσαι.

Lk 12,49 (Πῦρ ἦλθον βαλεῖν ἐπὶ τὴν γῆν, καὶ τί θέλω εἰ ἤδη ἀνήφθη.): Dieses Logion Jesu im Sondergut des Lukas scheint der gerade genannten Stelle, wo Jesus es ablehnt, ein Feuergericht durchzu-

---

[19] Vgl. SCHÜRMANN, Lukasevangelium I, 177.
[20] Zur Gleichsetzung des Täufers mit Elia vgl. 7.2.2.c, S.253-255, und zu den Anspielungen auf Elia in Lk 12,49ff vgl. WINK, John, 44.

führen, zu widersprechen. Hier stellt sich Jesus selbst als der von Johannes angekündigte Feuertäufer dar (vgl. 12,50) und erscheint so als der Elias redivivus. Auch der Zusammenhang (vgl. 12,41-48) läßt das Werfen von Feuer als Gerichtsmotiv erscheinen.

Die Spannung zwischen Jesu Ablehnung eines Feuergerichts und seiner Ankündigung einer Feuertaufe löst Lukas erst in seinem Bericht der Pfingstereignisse.

Apg 2,1-21: Indem Lukas Petrus die Pfingstereignisse als Erfüllung der Joel-Weissagung (Joel 3,1-5) interpretieren läßt (V.16-21), gibt er dem Motiv aus der Täuferpredigt von dem eschatologischen Feuertäufer eine neue Bedeutung. Es steht nicht mehr für das endzeitliche Gericht, sondern für die Ausgießung des heiligen Geistes durch den auferstandenen und erhöhten Christus (Apg 2,32f). Das Feuer, das er vom Himmel werfen wird, ist der heilige Geist.

Bei der Formulierung der Einleitung der Pfingstereignisse könnte Lukas den Bericht über die Episode in Samarien vor Augen gehabt haben (vgl. V.1f: Καὶ ἐν τῷ συμπληροῦσθαι τὴν ἡμέραν τῆς ... / καὶ ἐγένετο ... mit Lk 9,51: Ἐγένετο δὲ ἐν τῷ συμπληροῦσθαι τὰς ἡμέρας ...)[21]. Durch den Bericht von der Ausgießung des heiligen Geistes in den Dörfern der Samaritaner (Apg 8,5-25) werden die Leser daran erinnert, daß Jesus die Bitte der Jünger ablehnte, Samarien durch das Feuer zu vernichten. Wahrscheinlich hatte Lukas mit seiner Schilderung der Pfingstereignisse in Jerusalem und Samarien die theologische Absicht, dem Motiv des Feuergerichts eine neue Bedeutung zu geben. Feuer vom Himmel bedeutete nun nicht mehr Vernichtung, sondern Rettung.

Fazit: Das die Predigt des Täufers beherrschende Motiv des Feuers steht paradigmatisch für seine Gerichtsbotschaft. Wer nicht umkehrt und sich entsprechend seiner Umkehr verhält, wird im unmittelbar bevorstehenden Endgericht vom ewigen Feuer verbrannt. Das apokalyptische Motiv des „unauslöschlichen Feuers" (vgl. Jes 66,24), verläßt in Lk 3,17 bereits die Bildebene[22] und illustriert, daß Johannes keine Höllenqualen oder ein Purgatorium für die noch nicht ganz Umgekehrten ankündigt, sondern deren vollständige Vernichtung. Dieser bedrohliche Ton seiner Verkündigung wird nur durchbrochen von der christlich interpolierten Ankündigung des Messias.

Vermutlich kündigte dagegen der historische Johannes das Kommen Gottes als Richter an, der entweder durch den Geist reinigte oder durch

---

[21] Darauf verweist auch STÄHLIN, Apostelgeschichte, 31.

[22] Vgl. ERNST, Johannes, 304.

das Feuer vernichtete. Auch für Lukas kann das Feuer ein Symbol des Gerichts sein (3,9.17; 9,54; 17,29). Doch das Feuer, das Jesus ankündigt und als auferstandener und erhöhter Christus vom Himmel herab ausgießt, ist nicht das Feuer des Gerichts, sondern die Ausgießung des heiligen Geistes. Während die Taufe mit Feuer bei Johannes als Bild für den vernichtenden Zorn Gottes und die Taufe mit heiligem Geist als Andeutung der Möglichkeit einer eschatologischen Rettung zu verstehen ist, fallen bei Lukas beide Motive im Pfingstereignis zusammen. Somit stellt er Jesus zwar als den von Johannes angekündigten Kommenden dar, nicht aber als den von diesem erwarteten Richter, sondern als Erlöser[23].

So wie Jesus sich bei Lukas dagegen verwehrt, daß unfruchtbare Bäume einfach gefällt werden, weil man gute Frucht von ihnen verlangt, die sie nicht bringen können, so lehnt er es auch ab, mit Feuer vom Himmel unbußfertige Sünder zu vernichten.

Mit Hilfe des Feuermotivs enteschatologisiert Lukas die Heilserwartungen des Täufers und trennt zugleich das kommende Gericht von der „Christologie" ab. Der Messias Jesus bringt Freiheit und nicht Vernichtung.

5.3 Das Reinigen der Tenne

Lk 3,17 οὗ τὸ πτύον ἐν τῇ χειρὶ αὐτοῦ διακαθᾶραι τὴν ἅλωνα αὐτοῦ καὶ συναγαγεῖν τὸν σῖτον εἰς τὴν ἀποθήκην αὐτοῦ, τὸ δὲ ἄχυρον κατακαύσει πυρὶ ἀσβέστῳ.

Das bäuerliche Bild vom Reinigen der Tenne wird in der Predigt des Täufers für das von dem „Kommenden" durchgeführte Gericht gebraucht. Die Taufe mit Geist und Feuer wird also als Reinigungsakt verstanden (διακαθᾶραι).

Die schon in die Hand genommene Worfschaufel erinnert an die Axt, die schon an den Baum angelegt ist. Beide Motive unterstreichen die spürbare Nähe des Gerichts.

---

[23] Zur Gestalt des Kommenden vgl. 7.3 (*Der kommende Stärkere und der Menschensohn*), S.261-271.

Die unfruchtbare Spreu wird wie die fruchtlosen Bäume verbrannt. Auf der anderen Seite sammelt der „Kommende" den Weizen in seiner Scheune. Dieses Bild ist ein weiteres Argument dafür, daß Johannes auch Heil verkündigte (vgl. 3,18)[24]. Allerdings wird er es erst als noch bevorstehendes eschatologisches Ereignis erwartet haben (vgl. διακα-θαριεῖ, συνάξει in Mt 3,12).

Ich halte es nun für möglich, daß Lukas auch dieses Motiv für eine subtile Auseinandersetzung mit Täuferkreisen gebraucht. Denn nur bei Lukas spricht Jesus während des Abendmahls Petrus an und sagt, daß Satan sie wie Weizen habe sieben wollen (Lk 22,31). Im darauffolgenden Vers erwähnt er die bevorstehende „Umkehr" des Petrus (V.32). Hier eine Anspielung auf den Täufer herauszuhören, der ja das Bild vom Sieben des Weizens gebraucht, hieße, dem Lukas eine sehr drastische Polemik gegen Johannes zu unterstellen. Vermutlich setzt Lukas sich hier nur mit Erwartungen auseinander, die im thematischen Zusammenhang mit der Gerichtsankündigung des Täufers standen, nämlich der Vorstellung, daß der Messias als Richter kommen werde. Nicht Jesus, sondern Satan will die Spreu vom Weizen trennen. Bedenkt man, daß Petrus nach den Kategorien des Johannes zu der unfruchtbaren Spreu gehört, - er wird sich ans Feuer (!) setzen und Jesus verraten (22,54-62), und er ist nach V.32 noch nicht umgekehrt, - erhält das Gebet Jesu für seinen Glauben eine besondere Qualität. Erneut zeigt Lukas, daß Jesus nicht zum Gericht, sondern zur Rettung der Verlorenen gekommen ist.

Das Bild vom Reinigen der Tenne erinnert aber auch an Jesu Tempelreinigung. Die Szene der Tempelreinigung (Lk 19,45f) ist bei Lukas zwar nicht so ausgestaltet wie bei Markus (Mk 11,15-17) und Matthäus (Mt 21,10-17), doch reinigt auch hier Jesus den Tempelhof und spricht mit den Worten Jesajas (Jes 56,7) von „meinem Haus". Die Entsprechungen zu dem Bild in der Täuferpredigt, wo der Verheißene „seine Tenne" reinigt und den Weizen in „seine Scheune" sammelt, dürften Lukas, der ein großes Interesse am Tempel als Vaterhaus Christi hat (vgl. Lk 2,46-49), nicht entgangen sein.

Sollte es in Täuferkreisen eine ähnliche Haltung zum Tempel gegeben haben, daß man ihn als verunreinigt zwar ablehnte, aber nach wie vor als Ort, an dem Gott wohnen wollte, ansah, dann muß die christliche Deutung des Wortes vom Reinigen der Tenne auf Jesus auch als Auseinandersetzung mit einem derartigen Tempelverständnis angesehen werden. Der verunreinigte Tempel wurde durch den Messias wie-

---

[24] Vgl. REISER, Gerichtspredigt, 181.

der geweiht und konnte so zum ersten Versammlungsort der Christen werden (vgl. V.17: συναγαγεῖν).

Natürlich ist diese Interpretation des Bildes sehr hypothetisch. Doch könnte sie auch deshalb bedenkenswert erscheinen, weil ein besonderer und zugleich ambivalenter Bezug der Anhänger des Täufers zum Tempel recht wahrscheinlich ist. Johannes stammte väter- und mütterlicherseits aus einem Priestergeschlecht, und seine Geburt wird seinem Vater während des Opferdienstes im Tempel angekündigt. Johannes wird aber kein Priester, sondern wächst in der Wüste heran, wo er möglicherweise Kontakt zu der tempelkritischen Gemeinschaft in Qumran hatte. Die Anhänger des Täufers könnten eine ähnliche Einstellung zum Tempel gehabt haben, wie sie in der Rede des Stephanus deutlich wird. Die Stätte des Tempels ist von Gott geheiligt und den Kindern Abrahams zum Gottesdienst verheißen (vgl. Apg 7,7.46), aber der von Menschen gebaute Tempel entspricht nicht dem Willen Gottes (Apg 7,48-50).

Wenn Lukas in Lk 3,17 durch die beiden Aoriste διακαθᾶραι und συναγαγεῖν deutlich machen will, daß Jesus bereits zu Lebzeiten seine Tenne reinigt und in seiner Scheune sammelt, dann mag er dies in der Tempelreinigung und der Versammlung seiner Jünger im Tempel (24,52f) erfüllt gesehen haben.

Sollte diese Interpretation zutreffen, dann hätte Lukas auch bei diesem Motiv der Täuferpredigt den Gerichtsaspekt zugunsten der Rettung durch Christus ausgeblendet.

5.4 Ergebnisse

Johannes der Täufer gebraucht die Bilder vom Fällen und Verbrennen unfruchtbarer Bäume und vom Verbrennen der Spreu als Gerichtsmotive. Die Axt, die schon an den Baum angelegt ist, die in die Hand genommene Worfschaufel und die bereits eingebrachte Ernte illustrieren die spürbare Nähe des Gerichts und unterstreichen die Rationalität seines Umkehrrufs. Das vernichtende Feuer des Zornes Gottes scheint das Hauptmotiv seiner Verkündigung gewesen zu sein, das aber den Hintergrund für die Hoffnung der von ihm Getauften auf eine Rettung im Eschaton bildete. „Johannes ist wie die Propheten des Alten Testament Gerichtsprediger, das kommende Heil ist zwar nur Nebenmotiv, aber man darf es nicht untergehen lassen."[25]

---

[25] ERNST, Johannes, 308.

Gegen die Vermutung, daß der historische Johannes ein reiner Unheilsprophet war, sprechen folgende Beobachtungen:

Unabhängig davon, ob der von Johannes angekündigte Kommende eine messianische Gestalt oder Gott selbst war, scheint die von diesem durchgeführte Taufe mit heiligem Geist und Feuer doch auch die Möglichkeit einer Rettung zu implizieren. Die Vorstellung von der endzeitlichen Ausgießung des göttlichen Geistes war etwa auch in der Qumran-Gemeinde positiv besetzt (1 QS IV,20f; IX,3-5; 1 QH XVI,12).

Und selbst wenn man die Ankündigung des heiligen Geistes als christliche Ergänzung der Täuferpredigt versteht, bleibt doch die mit religiöser Reinigung und Rettung zu verbindende Bedeutung der von Johannes durchgeführten Taufe. Die Taufe mit Wasser muß doch wohl als Gegenpol zu der Vernichtung mit Feuer verstanden werden.

Die Frage, ob die Taufe des Johannes nicht auch schon der präsentische Vollzug der Rettung und nicht nur die symbolische Antizipation der eschatologischen Reinigung war, erübrigt sich angesichts der radikalen Naherwartung des Täufers. Die von ihm verkündete Taufe war nicht die Rettung, aber als Zeichen der Umkehr war sie die letzte Chance, im anbrechenden Gericht vor der ewigen Vernichtung durch das Feuer gerettet zu werden. In Kreisen seiner späteren Anhänger mag die Taufe als Zeichen der Erwählung und somit als Garantie der Rettung im Gericht verstanden worden sein.

Lukas stellt die Ankündigungen des Täufers, daß jeder, der nicht umkehrt und gute Frucht bringt, im Endgericht vernichtet wird, nicht in Frage. Auch bei Jesus ist der Tod der Gottlosen und das Verlorensein der Sünder Hintergrund der Verkündigung. Aber in der Predigt Jesu wird ein anderes Menschenbild deutlich. Man soll von einem faulen Baum keine guten Früchte erwarten. Ein Baum der drei Jahre lang keine Frucht gebracht hat, kann nicht von sich aus plötzlich Feigen tragen. Die Samaritaner, die Jesus noch abweisen, sollen deshalb nicht gleich mit Feuer vom Himmel vernichtet werden. Die noch nicht umgekehrten Sünder durchsieben und verbrennen, das will auch der Satan. Bei Lukas verlangt Jesus nichts von den Menschen, zu dem sie von sich aus gar nicht in der Lage sind. Statt dessen macht er selber das Unmögliche möglich und sorgt für unfruchtbare Bäume, indem er ihnen Nahrung gibt, er rettet die Sünder, indem er mit ihnen Mahlgemeinschaft hat. Jesus lehnt es ab, das Gericht auszuführen, sein Feuer ist das Feuer des heiligen Geistes, das er als auferstandener und erhöhter Herr seinen Jüngern, den Samaritanern und schließlich als Licht der Heiden in aller Welt vom Himmel herab schenkt.

Insofern enteschatologisiert und radikalisiert Lukas die Heilsvorstellungen des Täufers. Der von diesem angekündigte Kommende ist bereits gekommen. Er hat aber nicht das Gericht, sondern die Befreiung von den Fesseln der Sünde gebracht. Die von Johannes angekündigte Taufe mit heiligem Geist und mit Feuer *ist* die von Jesus, dem erhöhten Christus, eingesetzte Geisttaufe, durch die Menschen Umkehr als Geschenk Gottes erfahren und durch die sie befähigt werden, reichhaltige Früchte der Umkehr zu bringen[26].

Vor dem Hintergrund der Gerichtsankündigung des Täufers entwickelt Lukas eine profilierte Theologie der Befreiung. Die Aufnahme der Motive aus der Täuferpredigt könnte darin begründet liegen, daß Lukas die Menschen, bei denen Johannes eine besondere Wertschätzung widerfuhr, für das Evangelium Jesu Christi gewinnen wollte.

---

[26] Vgl. J. JEREMIAS, Theologie, 172-174, der Jesu Verkündigung mit der des Täufers und den essenischen Versuchen, eine eschatologische Restgemeinde zu errichten, vergleicht: „Was ihn von den Restgemeinden, auch vom Täufer trennt, ist die Botschaft von der Grenzenlosigkeit und Bedingungslosigkeit der Gnade. Der Gott, den Jesus predigt, ist der Vater der Geringen und der Verlorenen, ein Gottt, der es mit den Sündern zu tun haben will und der jubelt, wenn ein Sünder heimfindet (Lk 15,7.10)." (a.a.O. 174).

6

ETHISCHE MOTIVE

Lk 3,10 Καὶ ἐπηρώτων αὐτὸν οἱ ὄχλοι λέγοντες,
Τί οὖν ποιήσωμεν;

Nachdem Johannes seine Zuhörer vor dem Hintergrund der drohenden
Vernichtung im Gericht nachdrücklich dazu aufgefordert hatte, Früchte
der Umkehr zu bringen, wenden sich diese fragend an ihn: „Was sollen
wir nun tun?" (Lk 3,10)[1]. Damit ist die Grundfrage jeder Ethik gestellt.
Ihre Beantwortung in der sogenannten Standespredigt des Johannes
(Lk 3,10-14) läßt nicht nur ein jeweils zielgruppenorientiertes sittliches
Verhalten erstrebenswert erscheinen, sondern bietet zugleich auch Kriterien an, die nun anstelle der Abrahamskindschaft eine Rettung im
Gericht möglich werden lassen. Das Hervorbringen würdiger Früchte
der Umkehr ist das einzige der Taufe und dem nahenden Gericht angemessene Verhalten[2].

Bei der Standespredigt handelt es sich um lukanisches Sondergut.
Ob sie eine lukanische Bildung ist[3] oder aus Quellen übernommen
wurde[4], kann letztlich nicht sicher entschieden werden. Gegen die
Möglichkeit einer lukanischen Bildung spricht aber die Überlegung,
daß Lukas wohl kaum Teile der Verkündigung des Täufers erfunden
hätte, die diesem eine eigenständige Bedeutung gegenüber Jesus ge-

---

[1] Vgl. Lk 3,12.14; 10,25; 18,18; Apg 2,37; 16,30.
[2] Vgl. ERNST, Johannes, 312: „Wenn die Taufe nicht als Sakrament, welches aus
sich Umkehr bewirkt, sondern als Zeichen verstanden wird, müssen ethische
Implikationen mitbedacht werden."; vgl. auch DIBELIUS, Überlieferung, 125:
„... wir werden ... nicht annehmen können, daß Johannes, der Prediger der Sinnesänderung, die Taufe ohne Rücksicht auf die sittliche Beschaffenheit habe
vollziehen lassen."
[3] Argumente hierfür finden sich etwa bei HORN, Glaube, 92-94; vgl. THYEN,
ΒΑΠΤΙΣΜΑ,101.
[4] Vgl. ERNST, Johannes, 93-98.

ben[5]. Wahrscheinlicher ist, daß auch dieser Teil der Täuferverkündigung von Lukas zumindest partiell aus Quellen übernommen wurde. Denkbar wäre etwa eine Entstehung in Schülerkreisen des Täufers[6], die mit Hilfe konkreter Handlungsanweisungen den eschatologisch motivierten Umkehrruf ihres „Lehrers" (V.12) auf ihre Situation anpaßten und seine sittlichen Mahnungen dann als „Regelwort" weitertradierten[7].

Da Lukas in Lk 1-3 die Funktion Johannes des Täufers weitgehend darauf reduziert, auf Jesus hinzuweisen, fällt die Eigenständigkeit der Standespredigt um so mehr auf. Die Wiedergabe der ethischen Weisungen aus dem Mund des Täufers bei Lukas einerseits und die deutliche Aufnahme der in diesem Zusammenhang begegnenden Motivgruppen im lukanischen Doppelwerk andererseits lassen nach der grundsätzlichen Bedeutung der Standespredigt des Täufers für die Ethik des Lukas fragen.

Auf einen möglichen Zusammenhang der lukanischen Ethik mit der Rezeption der Standespredigt des Täufers im Lukasevangelium wird in den wissenschaftlichen Untersuchungen zur lukanischen oder zur neutestamentlichen Ethik zwar gelegentlich hingewiesen[8], doch geschieht dies meist entweder so, daß angebliche Gemeinsamkeiten zwischen der Täufer- und der Jesus-Ethik betont werden[9], oder so, daß aus der Beobachtung der Unterschiede keine theologischen Konsequenzen gezogen werden[10]. Daneben gibt es auch Ethiken, die auf die Standespredigt des Täufers gar nicht erst eingehen[11].

---

[5] Auch die Beobachtung, daß die Standespredigt an Mal 3,5 orientiert ist und damit Johannes als den eschatologischen Gottesboten erscheinen läßt (vgl. STUHLMACHER, Theologie, 61), macht eine lukanische Urheberschaft unwahrscheinlich.

[6] Vgl. SCHÜRMANN, Lukasevangelium, 183, und WIEFEL, Evangelium, 91.

[7] Vgl. dazu ERNST, Johannes, 97.313.

[8] An dieser Stelle sei ausdrücklich auf MERKLEINS „Untersuchung zur Ethik Jesu" mit dem Titel: „Die Gottesherrschaft als Handlungsprinzip" hingewiesen. MERKLEIN unterscheidet den ethischen Ansatz Jesu grundsätzlich von der Verkündigung des Täufers (vgl. a.a.O. 142-172) und kommt auf diese Weise zu sehr instruktiven Ergebnissen.

[9] Vgl. etwa HORN, Glaube, 91-97 u.ö.; DEGENHARDT, Lukas, 59f; SCHULZ, Ethik, 477.

[10] Vgl. etwa MARXSEN, Ethik, 71; LOHSE, Ethik, 32.54; SCHRAGE, Ethik, 28.156-168. Ähnlich wie LOHSE bei seiner Beschreibung von „Jesu Ruf zur Umkehr" (vgl. a.a.O. 32) weist auch SCHRAGE bei seiner Bestimmung von „Jesu eschatologischer Ethik" auf die Unterschiede zur Täuferpredigt hin (a.a.O. 28), identifiziert dann aber in seinem Kapitel über die lukanische Ethik (a.a.O. 156-168) die ethischen Implikationen der Verkündigung des Täufers mit der Ethik des

Im folgenden soll nun keine Ethik des Lukas neu geschrieben werden, sondern es soll lediglich gezeigt werden, wie er einzelne Motivgruppen aus der Täuferpredigt übernimmt und diese theologisch neu einordnet.

Die Frage nach dem *Umgang mit Armut* (6.1) war wohl nicht nur ein das Selbstverständnis der Täuferkreise beherrschendes Thema (vgl. Lk 1,52f; 3,11). Die von Johannes geforderte *Solidarität der Armen* (6.1.1) wird bei Lukas durch die von Jesus praktizierte *Solidarität mit den Armen* (6.1.2) thematisch aufgegriffen und schon in Jesu Antrittspredigt als *Evangelium für die Armen* (a) verkündetet. Das lukanische Ideal *Teilen und Besitzverzicht* (b) wird begleitet von der ebenso pragmatischen wie dringlichen Forderung danach, *Almosen zu geben* (c).

In der Zuwendung des Täufers zu *Zöllnern* (6.2.1) und *Soldaten* (6.2.2) zeigt sich seine *Solidarität mit Randgruppen* (6.2) in der Gesellschaft. Hier wird zu fragen sein, welche Bedeutung und Funktion die einzelnen Gruppen in der Täuferbewegung und für Lukas gehabt haben könnten. Möglicherweise spielte auch der von Lukas beschriebene Umgang Jesu mit den *Frauen* in seiner Auseinandersetzung mit Johannes dem Täufer eine Rolle; hierauf soll unter 6.2.3 eingegangen werden.

Unabhängig von der Täuferpredigt im dritten Kapitel lassen sich bei Lukas auch an anderen Stellen des Evangeliums Hinweise auf eine besondere praxis pietatis in Täuferkreisen erkennen. Anhand der Fragen nach *Askese* (a), *Fasten und Gebet* (b) und dem Verhältnis zu *Gesetz und Politik* (c) soll die *Praxis des Glaubens* in Täuferkreisen (6.3.1) mit den entsprechenden Motiven bei Lukas verglichen werden (6.3.2).

Die *Ergebnisse* der Analyse der genannten ethischen Motive (6.4) eignen sich, um zwischen einem *ethisch-soteriologischen Konzept des Täufers* (6.4.1) und der *lukanischen Konzeption* zu unterscheiden

---

Lukas: „Erst recht ist die bei Lukas beliebte ‚Umkehr' bzw. ‚Buße' *vor* (Lk. 5,32; 15,7 u.ö.) und *nach* Ostern (Lk 24,47; Apg. 2,38; 3,19; 11,18; 17,30 u.ö.) ein und dieselbe, auch die dem entsprechenden ‚Früchte' (Lk. 3,8) bzw. ‚Werke' (Apg. 26,20).“; vgl. auch a.a.O. 160f, wo SCHRAGE auf mehrere Unterschiede zwischen den ethischen Implikationen von Lk 3 und dem übrigen lukanischen Werk hinweist, und dennoch versucht, die Stellen miteinander zu harmonisieren.

[11] WENDLAND setzt in seiner „Ethik des Neuen Testaments" zwar mit Jesu Ankündigung des nahenden Gottesreiches und dem „Umkehr-Ruf Jesu" ein (a.a.O. 6-8), erwähnt dort aber weder die Person noch die Verkündigung des Täufers; vgl. auch SANDERS, Ethics, 34-40.

(6.4.2). Hinter den einzelnen ethischen Themen des Täufers läßt sich ein geschlossenes System erkennen. Das richtige Verhalten erscheint auch als rechter Weg zum Heil. In der Auseinandersetzung des Lukas mit diesen Themen ist die Ethik dagegen der Soteriologie nach- und untergeordnet.

6.1 Umgang mit Armut

Hans-Joachim Degenhardt hat Lukas als „Evangelist der Armen" bezeichnet und damit eine breite Diskussion in der Forschung ausgelöst[12]. Trotz aller Kritik, die zu Recht an dieser Formulierung geübt wurde, weist sie doch auf einen wesentlichen Aspekt der lukanischen Theologie hin. Für Lukas ist das von Jesus verkündigte Evangelium ein Evangelium *für* die Armen; allerdings beschränkt er den Begriff der Armut nicht auf *materielle* Entbehrungen. Indem Jesus die Armen, nämlich die Gefangenen, Blinden und Niedergeschlagenen, befreit (vgl. Lk 4,18), befähigt er die Menschen zur Solidarität untereinander. Dies hat nun, wie Lukas zeigt, auch Konsequenzen für den Umgang mit Armut.

Weil nun aber im Lukasevangelium Johannes der Täufer bereits *vor* Jesus Armut zum Thema macht, liegt es nahe, zunächst die von Johannes geforderte *Solidarität der Armen untereinander* näher zu untersuchen.

6.1.1 Solidarität der Armen untereinander

Lk 3,11 ἀποκριθεὶς δὲ ἔλεγεν αὐτοῖς, Ὁ ἔχων δύο χιτῶνας μεταδότω τῷ μὴ ἔχοντι, καὶ ὁ ἔχων βρώματα ὁμοίως ποιείτω.

Auf die Frage der umkehrbereiten Menge, was sie tun sollen, antwortet Johannes mit der Aufforderung, daß derjenige, der zwei Gewänder habe, dem eins abgeben solle, der keines hat. Ebenso sollen diejenigen verfahren, die etwas zu essen haben. Dies impliziert, daß Johannes die Menge als eine Gruppe von Menschen wahrnimmt, die entweder nur

---

[12] Vgl. z.B. DEGENHARDT, Lukas - Evangelist der Armen, SCHMITHALS, Lukas - Evangelist der Armen, SCHOTTROFF / STEGEMANN, Jesus von Nazareth - Hoffnung der Armen, vgl. auch HORN, Glaube, 28-32, der dort weitere Beispiele aus der Forschungsgeschichte referiert.

die lebensnotwendigsten Dinge besitzen[13], nämlich zwei Gewänder und etwas zu essen, oder selbst dies noch entbehren. Es scheint ihm gerade nicht um ein Almosen der Reichen an die Armen zu gehen, sondern um die Solidarität unter den Armen[14].

Möglicherweise gab es in Täuferkreisen eine legendarische Überlieferung davon, wie Johannes bei den zu ihm strömenden Massen durch den Aufruf zur gemeinschaftlichen Solidarität Hunger und Kälte besiegen konnte. Vielleicht läßt sich aber auch hinter dieser Aufforderung das Selbstverständnis der Täuferanhänger als einer Bewegung des einfachen Volkes erkennen, die sich als Solidargemeinschaft auch in materieller Hinsicht verstand und die Aufforderung zu teilen als „Regelwort" ihres Lehrers tradierte.

Zum erstenmal begegnet ein solches Selbstverständnis bei Lukas im Magnifikat (vgl. bes. Lk 1,52f). Die dort zu findende Selbstbezeichnung der Sängerin als „niedrige Magd" (1,48; vgl. 1,24f) steht exemplarisch für eine Gruppe, die sich mit den „Niedrigen" (V.52) und den „Hungrigen" (V.53), für die Gott hier Partei ergreift, identifizierte und den Trägerkreis für dieses Lied bildete[15]. Durch die Parteinahme Gottes sieht sich die Gruppe in die Erwählung Abrahams gestellt, die Verheißungen an Abraham gelten nun auch ihr (V.54f; vgl. 1,68-75)[16]. Bedenkt man die theologische Qualität der „Armut als Zeichen der Bundestreue"[17] in Qumran (vgl. 1 QH II,31f; V,22; 1 QM XI,9.13;

---

[13] FITZMYER, Gospel I, 469, nennt dies treffend "the essentials of life".

[14] Vgl. SCHOTTROFF / STEGEMANN, Jesus, 138: „Auf der vorlukanischen Stufe meint diese Anweisung konkret die Solidarität der Ärmsten der Armen untereinander."

[15] Vgl. dazu die Charakterisierung dieser Gruppe von ERNST: „Die Armen im Lande, jene Gruppen kleiner Leute in Jerusalem und Umgebung, die von den dort herrschenden Machthabern gesellschaftlich geächtet, politisch an die Wand gedrückt und menschlich verfemt wurden, sahen in der Erwählung Marias zeichenhaft ihrer eigene Befreiung dargestellt." (ERNST, Lukas, 75). HORN spricht von einer „armen judenchristlichen Gruppe", die für die Entstehung des Magnifikats verantwortlich sei (vgl. HORN, Glaube, 137.141) und deren Armut „das sichtbare Zeichen der Abgrenzung gegenüber den reichen Gegnern" sei (a.a.O. 141). Zur weiteren Charakterisierung dieser Gruppe zieht HORN neben Lk 1,46- 55 noch 6,20-26 und 16,19-26 hinzu (vgl. a.a.O. 121-154).

[16] Vgl. 4.1.1 (*Das vorlukanische Erwählungsverständnis*), S.125-131.

[17] MAIER / SCHUBERT, Qumran-Essener, 76 (vgl. a.a.O. 76-79).

XIII,14; 4 QpPs 37,II,10)[18], so ist es durchaus vorstellbar, daß auch die Anhänger des Täufers, die ja als Trägerkreis des Magnifikats und des Benediktus in Frage kamen, sich selbst als „Arme" bezeichneten oder zumindest verstanden[19].

Möglicherweise drückt das Magnifikat also die Hoffnung in Täuferkreisen auf eine eschatologische Umkehrung der Verhältnisse aus[20], wie sie sich bereits in den Verheißungen des Engels an Zacharias andeutete (Lk 1,17). Die gegenwärtige Solidarität der Armen und das Teilen des Essens, wozu Johannes aufrief, konnten dann wie die Taufe als symbolische Vorwegnahme des eschatologischen Heils verstanden werden. So wie die erhoffte eschatologische Reinigung durch den göttlichen Geist die Partizipation der Getauften am Reich Gottes zur Folge hatte, so war auch ihre irdische Partizipation am gemeinsamen Besitz Folge ihrer in der Taufe demonstrierten inneren Reinigung und Umkehr.

Die genannten Texte und die theologische und soziologische Nähe der Täuferbewegung zu der Gemeinschaft in Qumran legen die Vermutung nahe, daß es auch unter Anhängern des Täufers einzelne Gruppen gab, die die Bereitschaft zur Armut und Gütergemeinschaft[21] als Zeichen ihrer Erwählung und als adäquate Bedingung zur Partizipation an der nahenden Erlösung ansahen.

Für Lukas gilt, daß er die Aufforderung des Täufers, mit den Armen zu teilen, durchaus positiv rezipiert. Es ist dies ein eigenständiger Zug seiner Täuferdarstellung, der über dessen Funktion als Ankündiger Jesu hinausgeht. Indem Lukas allerdings die ethischen Weisungen des Johannes in dessen Verkündigung als heilsnotwendige Bedingungen der Umkehr erscheinen läßt, erhalten sie einen soteriologischen Stellenwert, der ihnen im übrigen lukanischen Werk nur sehr bedingt zukommt. Die Frage nach der theologischen Einordnung der ethischen Werke wird also noch zu klären sein.

---

[18] DEGENHARDT, Lukas, schreibt treffend zum Armutsverständnis der Gemeinschaft in Qumran: „In der Erwartung des baldigen Endes im Gottesgericht wird die Haltung des demütigen Sich-Beugens unter Gottes Willen zur einzig möglichen Lebenshaltung, die das Bekenntnis der eigenen Ohnmacht einschließt. Diese ‚Armut' ist eine religiöse Haltung, nicht ein sozialer Zustand." (a.a.O.197).

[19] Ein Vergleich von 1 QH II,31ff mit den beiden Liedern in Lk 1,46-55 und 68-75 zeigt starke Ähnlichkeiten im Selbstverständnis beider Gruppen.

[20] Vgl. SCHOTTROFF / STEGEMANN, Jesus, 41-47.

[21] Zur Gütergemeinschaft in Qumran vgl. z.B. 1 QS I,11-13; VI, 2.

6.1.2 Solidarität mit den Armen

Lukas schreibt sein Werk nicht mit dem Selbstverständnis eines „Armen". Aber indem er das Magnifikat der Maria in den Mund legt und das Zusammenleben der Jünger und der ersten Christen von Besitzverzicht und Gütergemeinschaft geprägt schildert, übernimmt er ein Ideal, das aus Täuferkreisen stammen könnte. Der bei Lukas häufiger als bei den anderen Evangelisten begegnende Appell, den Armen Almosen zu geben, mag Rückschlüsse auf die Situation der lukanischen Gemeinde zulassen, in der Reichtum und Besitz sicher sehr unterschiedlich verteilt waren[22].

a) Das Evangelium für die Armen

Die Parteinahme für die Ärmsten und Unterdrückten ist ein deutlicher Zug der Verkündigung des Täufers bei Lukas. Da Lukas dies aber nun schwerlich erfunden haben wird und Johannes bei ihm ansonsten keineswegs als Vorbild und Lehrer des Glaubens erscheint, muß davon ausgegangen werden, daß Lukas hier einen bekannten Zug aus Täuferüberlieferungen in sein Evangelium aufnimmt, um sich theologisch damit auseinanderzusetzen. Und in der Tat, das erste von Jesus öffentlich vorgetragene Wort ist die Proklamation seines „Evangeliums für die Armen".

In Lk 4,18 macht Lukas durch ein Schriftzitat (vgl. Jes 61,1f; 42,7) deutlich, daß sich mit dem Auftreten Jesu genau das erfüllt, was der Täufer als Bedingung für eine Partizipation am eschatologischen Heil forderte. Den Armen (πτωχοῖς) und Unterdrückten (τεθραυσμένους) wird geholfen. Der Inhalt des an sie gerichteten Evangeliums ist ihre Befreiung (ἄφεσιν / ἐν ἀφέσει). Damit ist der Unterschied zu der Verkündigung des Täufers deutlich markiert. Die von Johannes erstrebte eschatologische „Befreiung" (vgl. Lk 3,3: εἰς ἄφεσιν), deren Bedingung die Erfüllung ethischer Verhaltensnormen war, ereignet sich bereits im Heilshandeln Jesu Christi.

Die wahrscheinlich in Täuferkreisen erwartete Umkehrung der sozialen Verhältnisse im Jenseits ist auch der Hintergrund der Seligpreisungen in der Feldrede (Lk 6,20f.24f). Arme und Hungernde werden Anteil am Reich Gottes haben und satt werden. Die ethischen Weisun-

---

[22] Zu den sozialen und materiellen Unterschieden in der lukanischen Gemeinde vgl. SCHOTTROFF / STEGEMANN, Jesus, 106ff. HORN spricht diesbezüglich aufgrund der von Lukas vorausgesetzten unterschiedlichen ökonomischen Verhältnisse von einer „pluriformen Gemeindesituation" (vgl. DERS., Glaube, 220-228).

gen Jesu in der Feldrede überbieten unter Aufnahme der Thematik sogar noch die Forderungen des Täufers (6,29)[23].

Das Motiv der eschatologischen Erlösung der Armen wird dann erneut in der Antwort Jesu auf die Frage des Täufers, ob er der Kommende sei, aufgegriffen (vgl. Lk 7,18-23). Durch die Begegnung mit Jesus werden bereits Aussätzige rein und Armen wird schon das Evangelium verkündet (V.22). Das heißt, das Heil, was Johannes als noch kommendes Ereignis verkündete, ereignet sich durch Jesus Christus.

Auch die Erzählung von der Speisung der Fünftausend (Lk 9,10-17) trägt bei Lukas einige Züge, die an Johannes den Täufer erinnern:
- Sie spielt in Betsaida (V.10), einer Stadt, die an dem Einfluß des Jordans in den See Genezareth lag[24], die also im weitesten Sinne zum „Gebiet des Täufers" gehörte[25] (vgl. 3,3: περίχωρον τοῦ Ἰορδάνου), und aus der nach Joh 1,40.44 Jünger des Täufers stammten, die sich Jesus anschlossen[26].
- Wie zu Johannes an den Jordan strömt auch in Betsaida eine „Volksmenge" (V.11: ὄχλοι) zu Jesus (vgl. 3,7: ὄχλοις).
- Das Wunder ereignet sich in der Wüste (V.12: ἐν ἐρήμῳ τόπῳ), also einem Ort, der von Lukas wie die Umgebung des Jordans mit Johannes dem Täufer in Verbindung gebracht wird[27].
- Lukas verwendet hier das gleiche Wort für „Essen" wie in der Standespredigt des Täufers, nämlich βρώματα (vgl. 3,11; 9,13), ein Wort, das bei Lukas nur an diesen beiden Stellen begegnet.
- Jesus wiederholt in Lk 9,13 nicht nur de facto die ethischen Forderungen des Johannes, sondern ermöglicht auch deren Erfüllung. Er veranlaßt nämlich seine Jünger, das, was sie haben, mit den Hungrigen zu teilen, und sorgt selbst für genug Speise.
- Schließlich fällt auf, daß die Erzählung nur bei Lukas von zwei Episoden gerahmt ist, in denen es ausdrücklich um die Identität Jesu im Vergleich zu Johannes dem Täufer geht (vgl. 9,7-9.18-20). Wie bei

---

[23] SCHULZ, Ethik, 483, vermutet, daß Lukas sich sowohl in Lk 6,20-26 als auch im Magnifikat mit einem vorlukanischen Armutsideal auseinandersetzt, das mit der Erwartung einer apokalyptischen Umkehrung der sozialen Verhältnisse am jüngsten Tag verbunden war: „Lukas hat bewußt die ebionitischen Armutsforderungen der Tradition gegen ihre ursprüngliche Aussageabsicht in den Kontext seiner Almosen- und Wohltätigkeitsethik hineingenommen und so radikal neu interpretiert." (ebd.).

[24] Vgl. JOSEPHUS, Ant 18,28.

[25] Vgl. dazu 1.3.1, S.48f.

[26] Zumindest gilt dies für Andreas, den Bruder des Petrus.

[27] Vgl. 1.3.1, S.47-49.

Markus und Matthäus folgt die Erzählung von der Speisung der Fünftausend auf die Frage des Herodes nach der Identität Jesu im Vergleich
zu Johannes und Elia. Allerdings läßt Lukas den Bericht über das Martyrium des Johannes aus erklärlichen Gründen weg[28]. Nur bei Lukas
folgt dann aber der Bericht über das Petrusbekenntnis, in dem es wie
zuvor bei der Frage des Herodes um eine Unterscheidung Jesu von Johannes geht. Lukas stellt also das Speisungswunder in die Auseinandersetzung mit dem Täufer und erweist dadurch Jesus als denjenigen,
der im Gebiet des Täufers dessen ethische Forderungen erfüllt und die
von den Täuferanhängern erst im Eschaton erwartete Sättigung „aller"
realisiert (V.17: καὶ ἔφαγον καὶ ἐχορτάσθησαν πάντες).

Diese gezielte Auseinandersetzung mit Johannes dem Täufer wird
nun ein Hauptgrund dafür sein, warum bei Lukas Mk 6,45-8,26 fehlen
und statt dessen das Petrusbekenntnis unmittelbar auf das Speisungswunder folgt (Lk 9,18-20), denn hier wird noch einmal explizit der Unterschied zwischen Johannes und Jesus benannt: Nur Jesus ist der Christus Gottes!

Das Motiv am Ende der Erzählung, daß zwölf Körbe mit Brot üb-
rigblieben (V.17), mag als Zeichen für diese Messianität Jesu gewertet
worden sein[29]. Im Sinne der Seligpreisungen sind die *zwölf* Körbe als
„eschatologischer" Lohn für die Bereitschaft der „Zwölf"[30], das Lebensnotwendigste zu teilen, zu deuten.

Die Anspielungen auf das Abendmahl (V.16; vgl. 22,19) und die lukanische Einleitung des Wunderberichts mit dem Hinweis auf Jesu Rede vom Reich Gottes (V.11) weisen auf die grundsätzliche theologische Bedeutung hin, die Lukas dieser Episode beimißt. Indem Jesus
kranke Menschen heilt und hungrige Menschen sättigt, läßt er sie an
der Herrschaft Gottes partizipieren (vgl. 22,29f)[31] und erweist sich so
als der von Johannes verheißene kommende Stärkere.

Lukas läßt allerdings auch den theologische Unterschied zu Johannes dem Täufer deutlich werden. Jesus fordert nicht dazu auf, mit den
Armen zu teilen und Hungrige zu sättigen, *damit* die Erlösung und das

---

[28] Vgl. S.48.

[29] In Joh 6,14 folgt auch in der Tat die Reaktion des Volkes, in dem Wunder ein
Zeichen dafür zu sehen, daß Jesus der „kommenden Propheten" ist (ὁ προφήτης ὁ ἐρχόμενος). Damit macht Johannes erneut deutlich: Nicht der Täufer,
sondern Jesus ist der messianische Prophet wie Elia (Mal 3,23; vgl. Dtn
18,15.18; Joh 1,15.20f).

[30] Nur Lukas nennt die Jünger in der Erzählung von der Speisung der Fünftausend
„die Zwölf" (V.12).

[31] Zum Zusammenhang von Jesu Mahlgemeinschaft und der Herrschaft Gottes
vgl. 8.2.2.c (*Die ontologische Dimension des Gottesreiches*), S.297f.

Reich Gottes kommen können, sondern indem er die Menschen befähigt, mit anderen zu teilen, und indem er sie satt werden läßt, verwirklicht er sein Evangelium vom Reich Gottes. Das ethisch gewollte Verhalten erscheint durch das Wirken Jesu nicht mehr als Bedingung, sondern als Folge des Heils.

In seiner Version des Gleichnisses vom großen Abendmahl (Lk 14,15-24) veranschaulicht Lukas dann, was er unter dem Evangelium Jesu Christi für die Armen versteht. Die von Lukas als Überschrift gewählte Seligpreisung derjenigen, die ihr Brot im Reich Gottes essen, zeigt, daß das folgende Gleichnis nicht nur ethische, sondern auch soteriologische Implikationen hat. Die Einladung: Ἔρχεσθε, ὅτι ἤδη ἕτοιμά ἐστιν (V.17), impliziert, daß keine Leistungen erwartet werden, um am Reich Gottes zu partizipieren; doch zeigen die Entschuldigungen der Eingeladenen (V.18-20), wie hinderlich Besitz und familiäre Bindungen demgegenüber sein können. Mit der Einladung der Armen (V.21) und derjenigen an den „Hecken und Zäunen" (V.23) illustriert Lukas narrativ, wie der Adressatenkreis der Verkündigung Jesu dem der Täuferpredigt entspricht und zugleich überschreitet. Durch die Aufnahme in die Abendmahlsgemeinschaft Christi werden nicht nur die Armen gesättigt, sondern auch die, die außerhalb der Grenzen der bisher Geladenen leben.

Theologisch sind also die Einladung Jesu und seine Ermöglichung, am „Abendmahl" teilzunehmen, ein Pendant zum Umkehrruf des Täufers. Denn anders als das Gesetz, die Propheten und die Verkündigung des Täufers *fordert* das Evangelium Jesu Christi nicht nur die Umkehr der Reichen und die Rettung der Armen, sondern es ermöglicht sie auch (vgl. Lk 16,16-31). Deshalb kann der Hinweis auf eine Auferstehung von den Toten in der Lazarus-Erzählung als Hinweis auf die befreiende und festgefahrene Verhältnisse verändernde Wirkung der Auferstehung Christi, die eine Umkehr ermöglicht, gewertet werden[32].

Vielleicht läßt sich bei Lukas der Unterschied der Verkündigung des Täufers zur Verkündigung Jesu damit beschreiben, daß bei Johannes die Ethik als Weg *zum* Heil erscheint, während bei Jesus die Ethik der Weg *des* Heils ist. Die von Johannes geforderte Solidarität der Armen ist die *Bedingung* für die Hoffnung auf eine mögliche Rettung im Gericht. Die sich im Evangelium vom Reich Gottes realisierende Solidarität Jesu mit den Armen *bewirkt* deren Rettung und Befreiung.

---

[32] Zur Deutung der Lazarus-Erzählung vgl. unter 3.3, S.111f.

b) Teilen und Besitzverzicht

Das Motiv des Teilens und des Besitzverzichtes stellt einen grundlegenden Zug der lukanischen Ethik dar[33] und kennzeichnet zugleich die Gemeinsamkeiten mit der in der Standespredigt zum Ausdruck kommenden Ethik des Täufers. Jesus lobt in Lk 21,2f ausdrücklich die arme Witwe, die in ihrer Armut noch solidarisch das Lebensnotwendigste teilt. Zachäus tut aufgrund seiner Begegnung mit Jesus noch mehr als das, was Johannes von den Zöllnern forderte (3,13), er teilt seinen Besitz mit den Armen (19,8; vgl. 3,11). Und die strengen Nachfolgeworte Jesu (14,25-33; 18,22; vgl. 16,13) legen die Vermutung nahe, daß Lukas im Verzicht auf Besitz ähnlich wie der Täufer eine Bedingung für das Ererben des Gottesreichs (vgl. 18,18) sah.

Auf der anderen Seite ist Conzelmann sicher darin recht zu geben, daß die Gütergemeinschaft für Lukas eher ein stilisiertes Merkmal der Anfangszeit der Kirche ist. „Lukas ist weit entfernt, solches für seine eigene Zeit zu verlangen."[34] Die Episode von Hananias und Saphira zeigt ja, daß Verzicht auf Besitz keineswegs eine Bedingung war, um zur Gemeinde zu gehören (Apg 5,4). Und die ausdrückliche Erwähnung der Spende des Leviten Josef (Apg 4,36f) unterstreicht das Besondere dieses Tuns. Auch die in Apg 6,1f beschriebene mangelnde Versorgung der griechischen Witwen steht in einer gewissen Spannung zu der vorher geschilderten Gütergemeinschaft[35].

Eine Erklärung dafür, warum Lukas dennoch so großen Wert darauf legt, daß Menschen in der Nachfolge Christi ihren Besitz teilten, könnten folgende zwei Überlegungen bieten:

1. Lukas sieht wie Johannes der Täufer Reichtum als ein großes Hindernis an, am Reich Gottes zu partizipieren (vgl. Lk 12,15.16-20; 14,28-33; 16,13; 18,18-25). Dies ist jedoch bei Lukas nicht eschatolo-

---

[33] Eine Reduktion der lukanischen Ethik auf dieses Motiv, wie es etwa bei DE-GENHARDT, Lukas, oder - wenn auch differenzierter - bei HORN, Glaube, geschieht, halte ich allerdings für unangemessen.

[34] Vgl. CONZELMANN, Mitte, 218; dagegen bleibt ERNST zu sehr in der Tradition seiner Kirche befangen, wenn er die Hervorhebung der Gütergemeinschaft in der Apostelgeschichte darin begründet sieht, daß für Lukas die Güter dieser Welt „Kirchengüter" seien (vgl. ERNST, Lukas, 100-102).

[35] Vgl. SCHRAGE, Ethik, 166: „Wie Jesus tritt entsprechend auch Lukas nicht einfach für ein grundsätzliches Armutsideal oder generellen Besitzverzicht ein. Nicht eine Diskreditierung der irdischen Güter, sondern ihre Einschätzung als Gefahr und ihre rechte Nutzung ist ihm das Entscheidende"; vgl. auch LOHSE, Ethik, 54f, der unter Hinweis auf den sogenannten urchristlichen Kommunismus resümiert: „Von einem Programm, nach dem das Leben der ersten Gemeinde gestaltet worden wäre, kann jedoch nicht die Rede sein." (a.a.O. 55).

gisch, sondern christologisch motiviert. Während bei Johannes die Nähe des Gerichts jede irdische Bindung relativiert[36], ist es bei Lukas der Reichtum der Gegenwart Christi (vgl. Lk 12,21.32-34; Apg 3,6). Deshalb ist es auch nur schwer, aber nicht unmöglich, daß ein Reicher gerettet wird. Das, was bei den Menschen unmöglich erscheint und was weder Johannes noch das Gesetz und die Propheten bewirken konnten, nämlich die Umkehr und Partizipation eines Reichen am Reich Gottes (vgl. Lk 16,16.19-31), das wird bei Gott durch das Evangelium des auferstandenen Jesus Christus ermöglicht (vgl. 18,27)[37].

2. Es ist nicht auszuschließen, daß es in der Nachfolge des Täufers einen Schülerkreis gab, der wie die monastische Gruppe in Qumran Gütergemeinschaft praktizierte und in relativer Armut und Bescheidenheit lebte. Texte wie das Magnifikat und die Standespredigt des Johannes legen diese Vermutung nahe.

Vielleicht wollte Lukas den Anhängern des Täufers im Umfeld seiner Gemeinde sagen: Auch die ersten Anhänger Jesu haben in vorbildlicher Gemeinschaft zusammengelebt. Alles wurde geteilt, und jeder bekam das, was er zum Leben brauchte (vgl. εἶχον ἅπαντα κοινά ... bzw. ἦν αὐτοῖς ἅπαντα κοινά ... καθότι ἄν τις χρείαν εἶχεν in Apg 2,44f und 4,32.34; vgl. Lk 3,11 und 9,3).

Doch auch für dieses Motiv gilt: Es ist nicht die Bedingung für eine Rettung, sondern deren Folge. An beiden Stellen läßt Lukas keinen Zweifel darüber, daß die Gütergemeinschaft ein Reflex der Botschaft von der Auferstehung Christi (Apg 2,36; 4,33) und Kennzeichen für die Wirksamkeit des heiligen Geistes ist (Apg 2,38; 4,31). Interessant sind die Parallelen von Apg 2,37-47 und Lk 3,1-18. Hier wie dort wird zur Umkehr und Taufe aufgerufen (Apg 2,38; Lk 3,3.8), damit Krummes wider gerade wird (Apg 2,40; Lk 3,5), und die Menschen fragen: Was sollen wir tun? (Apg 2,37; Lk 3,10). Doch während Johannes Teilen und Besitzverzicht zur *Bedingung* der Umkehr machte (Lk

---

[496] Es ist durchaus vorstellbar, daß die Anhänger des Täufers eine ähnlich kritische Haltung zu dem als unrein geltenden „ungerechten Mammon" hatten wie die Gemeinschaft in Qumran (1 QS X,19). Lukas geht dagegen sehr viel pragmatischer mit dem „Reichtum" um (vgl. Lk 16,8f: ... οἱ υἱοὶ τοῦ αἰῶνος τούτου φρονιμώτεροι ὑπὲρ τοὺς υἱοὺς τοῦ φωτὸς ... mit 1 QS I,9f und 1 QM I,1-3).

[37] DEGENHARDT, Lukas, 152, beschreibt das lukanische Verständnis von Reichtum anhand von Lk 18,26f als „Versklavung" des Menschen, aus der er sich von sich aus nicht befreien könne: „Rettung ist vom Menschen her nicht möglich, eine Selbsterlösung gibt es nicht, so daß der Mensch von sich aus keine Möglichkeit hat, in die Basileia zu gelangen. Auf sich gestellt, ist er verloren, die Rettung muß von Gott kommen. Nicht die Gesetzeserfüllung rettet, sondern das Heilshandeln Gottes gibt das Heil aus Gnade." (ebd.).

3,10-14), erscheinen sie in der Apostelgeschichte als *Folgen* der Taufe mit heiligem Geist.

In Aufnahme der Forderungen des Täufers, Besitz und Nahrung miteinander zu teilen, zeigt Lukas in der Apostelgeschichte, daß der gemeinsame Besitz und die Mahlgemeinschaft der ersten Christen äußerer Ausdruck ihrer in Christus realisierten Partizipation am Reich Gottes waren (Apg 2,45f). Dies könnte auch der Grund sein, warum die ersten von Jesus ausgesandten Reich-Gottes-Verkünder ohne besonderen Besitz und gute Kleidung aufbrechen sollen (Lk 10,4; Mt 10,9f). Möglicherweise wurde diese „Selbstidentifikation der urchristlichen Q-Gemeinde mit den zeitgenössischen Armen"[38] aus Täuferkreisen übernommen und von Lukas dann seiner Gemeinde als historische Begebenheit berichtet.

c) Almosengeben

Außer in Mt 6,2-4 begegnet das Wort „Almosen" (ἐλεημοσύνη) im ganzen Neuen Testament nur bei Lukas (Lk 11,41; 12,33; Apg 3,2f.10; 9,36; 10,2.4.31; 24,17)[39]. Es handelt sich dabei um ein Motiv, das in keinem direkten Zusammenhang mit der Verkündigung des Täufers steht. Es ist aber deshalb hier zu erwähnen, weil es als ethisches Motiv vom Teilen des Besitzes zu unterscheiden ist. Almosen zu geben ist für Lukas kein Ideal, sondern die konkrete Zuwendung der Christen zu „armen Nichtchristen"[40]. Die Barmherzigkeit (ἔλεος), mit der sich Gott den Menschen zuwendet (vgl. Lk 1,50.54.58), soll notwendig die Barmherzigkeit der Menschen untereinander zur Folge haben (vgl. Lk 10,37; 12,32f). Die Zuwendung Christi zu den Menschen ermöglicht diesen, sich den Armen zuzuwenden (vgl. Lk 19,5-8; Apg 3,2-6).

Dennoch trägt die Almosenfrömmigkeit des Lukas keine ausschließlichen oder spezifisch christlichen Züge[41]. Die Parteinahme für die Armen begegnet ja nicht nur in der Verkündigung Jesu, dem Verhalten der Apostel und in der Predigt des Paulus (Apg 20,35), sondern eben auch in der Verkündigung des Täufers und im Verhalten des römischen Hauptmanns Kornelius (Apg 10,1-4.31). Es könnte aber bei Lukas in der Auseinandersetzung mit den Täuferanhängern eine Rolle gespielt

---

[38] KIM, Trägergruppe, 295.

[39] Vgl. SCHOTTROFF / STEGEMANN, Jesus, 140.

[40] Dies weisen SCHOTTROFF / STEGEMANN, Jesus, 140-143, überzeugend nach.

[41] Zur Frage nach dem „Proprium" der lukanischen Almosenfrömmigkeit gegenüber spätantiken-jüdischen und griechisch-hellenistischen Vorstellungen äußert sich HORN, Glaube, 89-91.

haben, daß ausgerechnet ein Hauptmann und ein Zollvorsteher sich in vorbildlicher Weise den Armen zuwenden.

Dies läßt nun nach den in der Standespredigt des Johannes genannten Personengruppen fragen.

6.2 Solidarität mit „Randgruppen"

Sowohl in der Antrittspredigt des Täufers als auch in der Jesu ist die Solidarität mit bestimmten Randgruppen ein tragendes Motiv.

Zu den „Armen und Hungrigen" wurde unter 6.1 schon einiges geschrieben. Es stellt sich nun die Frage, ob und wie Lukas sich auch mit den *Zöllnern* (6.2.1) und *Soldaten* (6.2.2), auseinandersetzt. Darüber hinaus könnte auch die Erwähnung von *Frauen* im Lukasevangelium einen Zusammenhang mit Täufertraditionen haben (6.2.3). Nun ist die Einordnung der „Frauen" unter dem Oberbegriff „Randgruppen" sicher etwas unglücklich, doch läßt sich zeigen, daß Lukas die Aufhebung gesellschaftlicher Diskriminierung von Frauen durch Jesu Parteinahme für sie gerade an den Stellen besonders deutlich werden läßt, wo er sich theologisch mit dem Täufer auseinandersetzt. Allen drei genannten Gruppen, Zöllnern, Soldaten und Frauen, ist gemeinsam, daß sie von Lukas mit den Motiven „Sünde" und „Besitz-abgeben" in Verbindung gebracht werden, Motive, die auch in der Verkündigung des Johannes eine Rolle spielen.

6.2.1 Zöllner

a) Johannes und die Zöllner

3,12f ἦλθον δὲ καὶ τελῶναι βαπτισθῆναι καὶ εἶπαν πρὸς αὐτόν, Διδάσκαλε, τί ποιήσωμεν; ὁ δὲ εἶπεν πρὸς αὐτούς, Μηδὲν πλέον παρὰ τὸ διατεταγμένον ὑμῖν πράσσετε.

Auch Zöllner wenden sich mit der Frage, was sie tun sollen, an Johannes. Die Überlegung, daß Lukas keinen Grund hätte, eine solche Szene, die Johannes als „Lehrer der Gerechtigkeit" erscheinen läßt, zu erfinden[42], und der innere Zusammenhang der Täuferpredigt machen es wahrscheinlich, daß Lukas diese Episode aus der Tradition übernommen hat[43]. Johannes, der sich mit seiner Umkehrpredigt an das ganze Volk wandte, gibt in der Standespredigt zwei Berufsgruppen konkrete Anweisungen, wie auch für sie Umkehr möglich ist. „In beiden Fällen

---

[42] Zur Frage nach dem Ursprung der Standespredigt, vgl. oben, S.175f.
[43] Vgl. SAHLIN, Früchte, 57f, und HERRENBRÜCK, Jesus, 252-254.

wird nicht der Beruf an sich ins Auge gefasst, sondern die Versuchungen zum Missbrauch der Möglichkeiten des Berufs."[44]

Durch die Aufforderung, keine unrechtmäßigen Steuern einzutreiben, eröffnet er auch ihnen Möglichkeiten, dem Gericht Gottes zu entkommen. Dies war ja gerade der Tenor der Täuferpredigt, daß nur derjenige Hoffnung auf eine Rettung im Gericht hatte, dessen Taufe von einer entsprechend gerechteren Lebensweise begleitet wurde. Der Täufer stellt hier konkretisierte Beispiele jüdischer Ethik[45] in den eschatologischen Zusammenhang seiner Gerichtsverkündigung. Dies schmälert die Dringlichkeit seines Umkehrrufs zwar nicht, könnte aber auf eine Tradierung des Motivs in Kreisen seiner Schüler verweisen.

Auch Lk 7,29 (... οἱ τελῶναι ἐδικαίωσαν τὸν θεόν, βαπτισθέντες τὸ βάπτισμα Ἰωάννου.) könnte ein Beleg dafür sein, daß es noch in Q eine Erinnerung an den besonderen Zuspruch der Täuferverkündigung bei den Zöllnern gab (vgl. Mt 21,32). Unabhängig von dem historischen Befund kann aber gelten, daß zumindest Lukas die besondere Verehrung des Täufers durch die Zöllner als geschichtliche Begebenheit überliefert. Sie nennen Johannes διδάσκαλος, ein Titel, der bei Lukas sonst nur für Jesus verwendet wird[46], und sie sind als von Johannes Getaufte in der Lage, in der Verkündigung Jesu den Heilswillen Gottes zu erkennen. Lukas behandelt die Zöllner also als Repräsentanten der Täuferanhänger. Insofern liegt es nahe, auch die übrigen „Zöllnerstellen" im Evangelium auf ihren Bezug zu Johannes hin zu befragen. In der Apostelgeschichte werden zwar keine Zöllner mehr genannt, doch könnte die sensible Sprache, mit der Lukas es vermeidet, sich mit populären Vorurteilen gegen die Zöllner gemein zu machen, besagen, daß gerade dieser Berufsgruppe in der lukanischen Gemeinde eine gewisse Bedeutung zukam.

b) Lukas und die Zöllner

Alle Stellen, an denen im Lukasevangelium Zöllner erwähnt werden, stehen entweder im direkten Zusammenhang mit Johannes dem Täufer oder lassen einen theologischen Bezug zu der lukanischen Auseinandersetzung mit dessen Verkündigung erkennen.

Die Erzählung von der Berufung des Zöllners Levi (5,27-32) übernimmt Lukas fast wörtlich aus dem Markusevangelium, er vermeidet aber die erzählerische Gleichsetzung von Zöllnern und Sündern (vgl.

---

[44] SAHLIN, Früchte, 55 (Schreibweise wie im Original).
[45] Vgl. SAHLIN, Früchte, 54-58, und ERNST, Johannes, 96.
[46] Vgl. S.50f u. 56.

πολλοὶ τελῶναι καὶ ἁμαρτωλοὶ in Mk 2,15; Mt 9,10) und berichtet stattdessen von „Zöllnern und anderen" (ὄχλος πολὺς τελωνῶν καὶ ἄλλων - V.29). Dieselbe Gleichsetzung im folgenden Vers durch die Pharisäer (Mk 2,16; Mt 9,11) übernimmt er dagegen (V.30). Dies läßt vermuten, daß die Diffamierung von Zöllnern ein dem Lukas bekanntes Problem war, mit dem er sich kritisch auseinandersetzt.

Das an die Szene anschließende Wort Jesu, er sei gekommen, die Sünder zu rufen und nicht die Gerechten (Mk 2,13; Mt 9,17), ergänzt Lukas durch den Hinweis auf die Umkehr (vgl. εἰς μετάνοιαν in Lk 5,32) und deutet dadurch an, daß Jesus gerade bei den Gruppen, die auch Johannes ansprach (Sünder, Zöllner, Schwache), das bewirkte, was dieser forderte, nämlich ihre Umkehr[47]. Schon bei Markus folgt auf das Zöllnergastmahl die Antwort Jesu auf die Frage nach der Fastenpraxis seiner Jünger im Vergleich zu den Pharisäern und Täuferschülern (Mk 2,18-20), was deutlich macht, daß schon vor Lukas das Verhalten der Johannesjünger in Konkurrenz zum Verhalten der Jünger Jesu beziehungsweise seiner Gemeinde (vgl. Mk 2,20) gesehen wurde[48].

In der Bergpredigt findet sich bei Matthäus eine rhetorische Reihe, die die Gleichsetzung von „Ungerechten" (ἀδίκους - Mt 5,45), „Zöllnern" (τελῶναι - V.46) und „Heiden" (ἐθνικοί - V.47) impliziert. Sollte dieser Text aus einer Quelle stammen, die dem Lukas bekannt war, dann könnte die Ersetzung der genannten Personengruppen in Lk 6,32-35 durch das, was gemeint ist, nämlich „Sünder" (ἁμαρτωλοί), ein redaktioneller Akt des Lukas gewesen sein, um eine Verunglimpfung der Zöllner und Heiden zu vermeiden[49]. Ein weiterer Bezug zu den ethischen Forderungen des Täufers besteht darin, daß Jesus bei Lukas diejenigen, die uneigennützig von ihrem Vermögen an Ärmere weitergeben (vgl. Lk 3,11), „Kinder des Höchsten" (υἱοὶ ὑψίστου - 6,35) nennt, eine Bezeichnung, die daran erinnert, daß Jesus in den Kindheitsgeschichten in Abgrenzung von Johannes, der dort nur

---

[47] Vgl. zu Lk 5,32 ausführlicher unter 3.3, S.102-104.

[48] Auch Jesu Wort über das neue Tuch und den neuen Wein (Mk 2,21f par) könnte seinen Ort in der Auseinandersetzung über die Lehren des Täufers gehabt haben.

[49] Sollte Lukas das nur in Mt 18,17 überlieferte Logion Jesu zum Umgang mit dem unbußfertigen Bruder (*Er sei für dich wie der Heide und der Zöllner!*) gekannt haben (vgl. Lk 17,3f mit Mt 18,15-17), dürften auch hier theologische Gründe dafür ausschlaggebend gewesen sein, es nicht zu berichten. Die genannten Stellen dürften ja auf eine gemeinsame Q-Vorlage zurückgehen (vgl. SCHULZ, Q, 320-322), deren Rekonstruktion aber wohl kaum noch möglich ist.

„Prophet des Höchsten" (προφήτης ὑψίστου - 1,76) genannt wird, ebenfalls diesen Titel trägt (υἱὸς ὑψίστου - 1,32; vgl. 8,28).

Nachdem Jesus sich gegenüber den *Jüngern* des Täufers durch den Hinweis auf das Evangelium für die Armen (7,22) als der zu erkennen gab, den Johannes als den Kommenden angekündigt hatte, wendet er sich an dessen *Anhänger* (7,24-28): die Massen (vgl. ὄχλοι in 3,7.10 und 7,24), die damals zu Johannes geströmt waren, das Volk (vgl. λαός in 3,15.18 und 7,29) *und die Zöllner* (vgl. τελῶναι in 3,12 und 7,29), die er getauft hatte. Dabei ist die apologetische Tendenz des Lukas nicht zu übersehen (vgl. auch 7,28). Die von Johannes getauften Menschen hören die Rede Jesu und geben Gott recht (V.29 Καὶ πᾶς ὁ λαὸς ἀκούσας καὶ οἱ τελῶναι ἐδικαίωσαν τὸν θεόν, βαπτισθέντες τὸ βάπτισμα Ἰωάννου·), indem sie seinem Heilsplan zustimmen (vgl. τὴν βουλὴν τοῦ θεοῦ in V.30)[50]. In unserem Zusammenhang ist nun die zweifache Erwähnung der Zöllner von besonderem Interesse, da diese in beiden Fällen in Verbindung mit Jesus *und* Johannes gebracht werden (7,29.34). Wahrscheinlich ist V.29 eine redaktionelle Bildung des Lukas, um das Gleichnis von den spielenden Kindern (V.31-34) und das Weisheitswort (V.35) bereits im Vorhinein deutend einzuleiten. Die Kinder der Weisheit, die ihr recht geben (V.35: ἐδικαιώθη), sind die Zöllner, die zuvor Gott recht gaben (V.29: ἐδικαίωσαν), und deren Freund Jesus ist (V.34). Sie, die besondere Adressaten der Umkehrpredigt des Johannes waren (3,12f) und sich von ihm hatten taufen lassen (7,29), sind es, die auf Jesus hören (V.29) und in seinen Worten über den Täufer und das Reich Gottes (V.28) den Heilsplan Gottes erkennen. Wahrscheinlich verstand Lukas diese Verse als Appell an die Anhänger des Täufers, daß sie - wie die Zöllner auch - auf das Evangelium Jesu Christi vom Reich Gottes hören und darin und in seiner an Johannes erinnernden Zuwendung zu Sündern und Zöllnern die Weisheit und den Heilsplan Gottes erkennen sollten.

Die Gleichsetzung von Zöllnern und Sündern in Lk 15,1 leitet die Verurteilung von Jesu Mahlgemeinschaft mit ihnen durch die Pharisäer ein (15,2). Lukas zeigt, daß Jesus gerade diese Menschen zur Umkehr befähigt und zur Partizipation am Reich einlädt. Den Zöllnern und Sündern stellt er wie in Lk 5,27-32 die Pharisäer und die Gerechten gegenüber (vgl. 15,7), die in der Wüste (!) zurückbleiben (vgl. 15,4-7)

---

[50] Zur Übersetzung von Lk 7,29 vgl. oben unter 4.4.2, S.153f mit Anm. 84.

und die Einladung zur Mahlgemeinschaft ablehnen (vgl. 15,25-32)[51]. Lukas zeigt in Kapitel 15, daß weder das väterliche Erbe (V.12-14; vgl. „Abrahamkindschaft" in 3,8) noch das Halten der Gebote (V.29), also ethische Verdienste, notwendig zur Partizipation am Reich Gottes führen, sondern allein die Zuwendung Gottes zum Verlorenen.

In dem Sondergut-Gleichnis vom Pharisäer und Zöllner in Lk 18,9-14 verdeutlicht Lukas dann erneut am Beispiel eines Zöllners seine „Rechtfertigungslehre". Wie in Lk 15 spricht Jesus zu Leuten, die sich selbst für gerecht halten (V.9; vgl. auch 3,7f). Der Pharisäer in seinem Gleichnis wiederholt nun schon vertraute Vorurteile und reiht den Zöllner in seine Aufzählung von verschiedenen „Übeltätern" ein (V. 11). Der Zöllner dagegen bittet Gott um Versöhnung (V.13: Ὁ θεός, ἱλάσθητί μοι τῷ ἁμαρτωλῷ). Jesus erklärt nun nicht denjenigen, der auf seine ja nicht zu beanstandenden ethischen Leistungen verweisen konnte, für gerechtfertigt (δεδικαιωμένος - V.14a), sondern den, der nur noch auf die Gnade Gottes hoffen und auf keine Früchte einer Umkehr verweisen konnte[52]. Das Motiv des Fastens (V.12) und das folgende Wort Jesu über die, die sich selbst erhöhen oder erniedrigen (V.14b), erinnern an Täufermotive[53].

Das Verhältnis von Ethik und Soteriologie wird hier insofern negativ bestimmt, als Lukas aufzeigt, daß aus dem ethisch richtigen und auch verlangten Verhalten keineswegs notwendig das Heil folgt. Dennoch besteht zwischen der Rettung eines Sünders und seinem ethisch richtigen Verhalten ein kausaler Zusammenhang. Dies macht Lukas in der Erzählung vom Zöllner Zachäus (Lk 19,1-10) deutlich[54].

Der „Oberzöllner" Zachäus erfüllt nicht nur die Weisungen des Täufers an seinen Berufsstand (V.8; vgl. 3,13), er gibt auch die Hälfte seines Besitzes den Armen (vgl. 3,11) und leistet den von ihm schikanierten Menschen Genugtuung (vgl. 3,14)[55]. Dies ist aber nun nicht die

---

[51] KLEIN, Barmherzigkeit, 56, verweist zu Recht darauf, daß hier um die Pharisäer und um die, die an Jesu Annahme der Sünder Anstoß nahmen, *geworben* wird. Zum relativ positiven Bild der Pharisäer bei Lukas vgl. STEMBERGER, Pharisäer, 30-35, und HAENCHEN, Judentum, 339 u. 341.

[52] Vgl. dazu KLEIN, Barmherzigkeit, 67: „‚Rechtfertigung' ist im Sinne des SLK an unserer Stelle die Frucht rechter Buße."

[53] Zum Motiv des Fastens vgl. unten 6.3.1.b (*Fasten und Gebet bei den Täuferschülern*), S.203f, und zur „Erwählung der Niedrigen" vgl. 4.3.2, S.145-147.

[54] Auf die Zusammenhänge dieses Textes mit der Verkündigung des Täufers wurde bereits unter 4.1.2.b (unter Lk 19,9, S.136f) hingewiesen.

[55] Das Wort συκοφατεῖν begegnet im Neuen Testament nur hier in Lk 19,8 und 3,14 (vgl. TAEGER, Mensch, 201)! Die Rückerstattung des vierfachen Betrags

Bedingung, sondern die *Folge* seiner Gemeinschaft mit Jesus. Es zeigt sich der kausale Zusammenhang von Soteriologie und Ethik bei Lukas: *Weil* Jesus zu Zachäus kommt, wendet sich dieser den Armen zu. Johannes der Täufer hatte mit der Dringlichkeit seiner Gerichtsbotschaft die Menschen motiviert, umzukehren und ihr Leben gerechter zu führen. Dem stellt Lukas die Dringlichkeit der Einladung Jesu entgegen: Zachäus soll *schnell* herabsteigen[56], denn Jesus *muß heute* bei ihm einkehren (V.5: Ζακχαῖε, σπεύσας κατάβηθι, σήμερον γὰρ ἐν τῷ οἴκῳ σου δεῖ με μεῖναι.).

Lukas verwendet das Verb ὑποδέχομαι (V.6), um die Aufnahme und Beherbergung von Gästen auszudrücken (Lk 10,38; Apg 17,7; vgl. Jak 2,25). Das Motiv der „Aufnahme in Freuden" (V.6: καὶ ὑπεδέξατο αὐτὸν χαίρων) erinnert an die im Zusammenhang von Jesu Mahlgemeinschaft mit Zöllnern und Sündern (Lk 15,1f) erwähnte Freude über das Wiederfinden des Verlorenen (vgl. 15,5.6.7.9.10.25.32). Bemerkenswert ist auch die Formulierung aus dem Mund „aller" Beobachter des Geschehens: Παρὰ ἁμαρτωλῷ ἀνδρὶ εἰσῆλθεν καταλῦσαι (V.7), Jesus ist zu einem Sünder hineingegangen und *hat* sich dort beherbergen lassen. Indem Lukas hier den Aorist gebraucht und von „Beobachtern" (ἰδόντες) und nicht von „Zuhörern" spricht, wird deutlich, daß sich die Einkehr Jesu bei Zachäus bereits ereignet hat, als Zachäus seine „Umkehr" vollzieht (V.8). Zwar gebraucht Zachäus bei seiner Ankündigung dessen, was er tun will, präsentische und nicht futurische Verbformen, doch lassen seine unwidersprochene Bezeichnung durch die Beobachter als „sündiger Mann" (V.7) und als „Verlorenes" durch Jesus (V.10) und sein Schuldbekenntnis (vgl. ἐσυκοφάντησα in V.8) ihn in der Tat als bisherigen Sünder erscheinen, der erst „heute" durch den Besuch Jesu zu einer Sinnesänderung veranlaßt wurde[57]. Das zweimalige „heute" in V.5 und 9 unterstreicht, daß die „Erlösung, die diesem Haus widerfahren ist" (V.9), *Folge* der Gegenwart Jesu ist[58]. Das veränderte Verhalten des Zöllners ist dann Folge dieser Erlösung.

Wie in Lk 15,2 sind es auch hier die murrenden Beobachter der Gemeinschaft Jesu mit den Sündern, die das Heilsgeschehen verbalisie-

---

des „Gestohlenen" entspricht in etwa der Regelung in Ex 21,37, wobei dort und in Num 5,6f auch die fünffache Erstattung gefordert wird.

[56] Vgl. Lk 14,21, auch dort drängt der einladende Hausherr zur Eile, um die am Rande Stehenden einzuladen.

[57] Vgl. zum futurischen Gebrauch des Präsens BLASS / DEBRUNNER, § 323.

[58] Vgl. auch Jesu Wort zu dem Verbrecher neben ihm am Kreuz: Ἀμήν σοι λέγω, σήμερον μετ᾽ἐμοῦ ἔσῃ ἐν τῷ παραδείσῳ. (Lk 23,43).

ren. Das Verb καταλύσαι bedeutet im hier gebrauchten übertragenen Sinn „rasten, einkehren" und kommt vom Loslösen beziehungsweise Ausspannen der Zugtiere[59]. Jesus ist also bei Zachäus eingekehrt, um ihn von den Fesseln der Sünde loszulösen, ein Motiv, welches auch bei der Befreiung der Tochter Abrahams in Lk 13,15f begegnete (vgl. 4,18f)[60].

c) Fazit

Lukas verwendet die Mahlgemeinschaft Jesu mit den Zöllnern als theologisches Paradigma, um das kausale Verhältnis von Ethik und Soteriologie gegenüber Johannes umzukehren[61]. Es ist nicht dringend notwendig, sich den Armen zuzuwenden, um gerettet zu werden, sondern es ist dringend notwendig, die rettende Einladung Jesu anzunehmen, um das richtige Verhalten zeigen zu können. Nicht das Erfüllen ethischer Weisungen bewirkt die Möglichkeit zur Rettung im Gericht, sondern die in der Mahlgemeinschaft mit Christus erfahrene gnädige Zuwendung Gottes bewirkt die Zuwendung zum Nächsten.

Viermal begegnet das Motiv der Mahlgemeinschaft Jesu mit den Zöllnern im Lukasevangelium (5,27-32; 7,34; 15,1; 19,1-10[62]). An allen vier Stellen ruft dieses Verhalten „Entrüstung" hervor (5,30: ἐγόγγυζον; vgl. 7,29f; 15,2: διεγόγγυζον; 19,7: διεγόγγυζον)[63], meistens die der Pharisäer und Schriftgelehrten (5,30; 7,30; 15,2). Neben den motivlichen und sprachlichen Gemeinsamkeiten in den Perikopen über die Zöllner Levi (5,27-34) und Zachäus (19,1-10) und der Rahmenhandlung von Kapitel 15 ist nun das Gleichbleiben der theologischen Thematik interessant; denn in allen Fällen nimmt Lukas die Zuwendung Gottes zu den Außenseitern zum Anlaß, die ethischen Ansprüche zu relativieren, die auch in der Verkündigung des Täufers zu erkennen waren. Auf die Berufung Levis folgt eine kritische Auseinan-

---

[59]   Vgl. BAUER, Art.: καταλύω 2., und FITZMYER, Gospel II, 1224.

[60]   Vgl. zu Lk 13,16 oben unter 4.1.2.b, S.134-136.

[61]   Ganz ähnlich argumentiert Joachim JEREMIAS: „Selbst von dem Täufer, ... der nach Lk 3,12 die bußwilligen Zöllner nicht abgewiesen hat, unterscheidet sich Jesus: der Täufer nimmt die Schuldigen an, *nachdem* sie ihre Bereitschaft, ein neues Leben zu führen, kundgetan haben; Jesus bietet den Sündern das Heil an, *ehe* sie Buße tun, wie Lk 19,1-10 besonders deutlich zeigt." (JEREMIAS, Theologie, 173).

[62]   In Lk 19,1-10 ist zwar nicht explizit vom gemeinsamen Essen die Rede, doch dürfte die „freudige Aufnahme" eines Gastes für Lukas auch die Mahlgemeinschaft mit ihm impliziert haben (vgl. 10,5-8; 15,25-32 u.ö.).

[63]   Vgl. KLOSTERMANN, Lukasevangelium, 155, der auf die sprachliche und inhaltliche Nähe von Lk 5,29f; 15,1f und 19,7 hinweist.

dersetzung mit der Fastenpraxis der Täuferanhänger (5,33f; vgl. 7,33f), und auf das Murren über die Gemeinschaft Jesu mit Zöllnern und Sündern in Lk 15,1f folgen die Bemerkungen über die neunundneunzig „gerechten" Schafe, die in der Wüste zurückbleiben (15,4-7), und den „gesetzestreuen" und arbeitsamen älteren Bruder, der nicht mitfeiern will (15,25-32)[64]. Und schließlich wird in Lk 19,1-10 zunächst von der Einkehr Jesu bei dem „sündigen" Zöllner Zachäus berichtet und dann erst, wie der sich - ganz im Sinne der ethischen Forderungen des Johannes - den Armen und Betrogenen zuwendet und Abrahams Sohn genannt wird.

Das, was die Pharisäer in Lk 15,2 Jesus vorwerfen, ist eine Zusammenfassung der lukanischen Soteriologie: „Dieser nimmt die Sünder an und ißt mit ihnen." Die Verwendung des Verbs προσδέχομαι verhindert jedes forensische Mißverständnis der „Rechtfertigungslehre" des Lukas. In der „Annahme" der Zöllner und Sünder durch die Mahlgemeinschaft mit Christus realisiert sich das Heil Gottes[65].

6.2.2 Soldaten

Lk 3,14 ἐπηρώτων δὲ αὐτὸν καὶ στρατευόμενοι λέγοντες, Τί ποιήσωμεν καὶ ἡμεῖς; καὶ εἶπεν αὐτοῖς, Μηδένα διασείσητε μηδὲ συκοφαντήσητε, καὶ ἀρκεῖσθε τοῖς ὀψωνίοις ὑμῶν.

Die Antwort des Johannes auf die Frage der Soldaten[66] danach, was sie tun sollen, zeigt Analogien zu seinen Anweisungen an die Zöllner. Die

---

[64] Zur Gesetzestreue und zur Askese des Täufers und seiner Anhänger siehe unten unter 6.3.1 (*Die Praxis des Glaubens in Täuferkreisen*), S.202-205.

[65] In diesem Zusammenhang sei auf die semantischen Überlegungen, die Paul TILLICH in seiner „Pneumatologie" zu dem Begriff *Rechtfertigung* anstellt, verwiesen: „Da ‚Rechtfertigung' ein biblischer Ausdruck ist, kann er auch heute in den christlichen Kirchen nicht vermieden werden. Aber in der Praxis des Unterrichts und der Predigt sollte er durch das Wort ‚Annahme' ersetzt werden. Annahme bedeutet: Wir sind von Gott angenommen, obwohl wir nach den Kriterien des Gesetzes unannehmbar sind (das Gesetz stellt unser essentielles Sein gegen unserer existentielle Entfremdung)." (TILLICH, Systematische Theologie III, 258).

[66] Historisch betrachtet könnte es sich bei den Soldaten um jüdische Soldaten im Dienste des Herodes Antipas gehandelt haben (vgl. FITZMYER, Gospel I, 470). Ob sie die Zöllner in quasi polizeilicher Funktion begleiteten oder als eigene Gruppe auftraten, läßt sich nur schwer sagen (vgl. HERRENBRÜCK, Jesus, 250f), der Text legt allerdings letzteres näher.

Soldaten sollen niemanden schikanieren oder mit Gewalt erpressen[67] und sich mit ihrem Sold begnügen. Das heißt, wie die Zöllner werden sie nicht aufgefordert, ihren Beruf aufzugeben, sondern sollen sich an Recht und Ordnung halten. Erneut stellt sich der ethische Maßstab als eine Gerechtigkeit dar, die durch die Parteinahme für die Unterdrückten motiviert ist[68].

In der lukanischen Darstellung der Täuferpredigt erscheint das verlangte Verhalten der Soldaten als heilsnotwendige Bedingung der Umkehr. Dieses Motiv greift Lukas in **Apg 10** auf. Ähnlich wie der „Oberzöllner" Zachäus ist auch der Hauptmann Kornelius ein führender Repräsentant seiner Berufsgruppe. Und auch er zeigt freiwillig und ohne dazu mit der Drohung des Gerichts aufgefordert zu sein ein ethisches Verhalten, das dem von Johannes verlangten entspricht. Lukas scheint sich hier sogar dem kausalen Denken des Johannes anzuschließen: Weil Kornelius fromm war, viel betete und Almosen gab (Apg 10,2; vgl. Lk 1,6; 3,11.14; 5,33; 11,1), findet er Gnade bei Gott (Apg 10,4.31.35). Die Parallelen der Engelerscheinungen des Kornelius (Apg 10,1-8) zu der des Vaters von Johannes (Lk 1,5-25) sind kaum zu übersehen. Auch die anschließende Engelerscheinung des Paulus und das geistgewirkte Zusammentreffen der beiden erinnern an Lk 1. Doch läßt sich die Auseinandersetzung des Lukas mit der Theologie des Johannes auch noch an anderen Motiven erkennen:

- In der Vision des Petrus belehrt ihn eine göttliche Stimme darüber, daß das, was Gott gereinigt habe, nicht verboten sei (V.15); eine Thematik, die deutlich an das Motiv „rein und unrein" im Zusammenhang mit dem Täufer erinnert[69].

- In Apg 10,37f wird explizit auf die von Johannes verkündigte Taufe hingewiesen und dann wird dieser Verkündigung Jesu geisterfüllte Befreiung derer, die in der Gewalt des Teufels waren, gegenübergestellt. Lukas läßt hier Petrus mit wenigen Worten das Anliegen der Erzählungen in Lk 3f zusammenfassen[70].

---

[67] Vgl. συκοφαντεῖν in Lk 3,14 und 19,8.

[68] Die zutreffende Beobachtung SCHRAGES hierzu: „Die der Buße entsprechenden Früchte (3,8) sollen sich im sozialen und politischen Alltag also so manifestieren, daß dessen Rahmenbedingungen nicht durchbrochen werden." (SCHRAGE, Ethik, 162), ist ein weiteres Argument dafür, daß die Standespredigt erst als „Regelwort" in Täuferkreisen entstanden ist, nachdem die unmittelbare Naherwartung des Johannes bereits zugunsten eines stärkeren Arrangements mit den gesellschaftlichen Bedingungen verdrängt worden war.

[69] Vgl. 3.5 (*Umkehr als Reinigung oder Heilung*), S.118-120.

[70] Es gibt wohl kaum eine präzisere Zusammenfassung der lukanischen Theologie als die in der Rede des Petrus in Apg 10,34-43. Und es ist keineswegs ein Zu-

- Die von Petrus als Inhalt der Verkündigung bezeichnete Bestimmung Jesu zum „Richter der Lebenden und Toten" durch Gott (Apg 10,42: ... οὗτός ἐστιν ὁ ὡρισμένος ὑπὸ τοῦ θεοῦ κριτὴς ζώντων καὶ νεκρῶν) läßt Jesus als den von Johannes angekündigten Kommenden erscheinen (Lk 3,16f).

- Der Hinweis des Petrus, daß *alle* Propheten bezeugen, daß durch den Namen Jesu Christi Vergebung der Sünden empfangen werden kann (Apg 10,43), erinnert an die Umkehrpredigt des Johannes *zur Vergebung der Sünden* (Lk 3,3) und an seine Bezeichnung als *Prophet* (Lk 1,76; 7,26; 16,16; 20,6).

- Die anschließende Gegenüberstellung der Ausgießung des heiligen Geistes und der Wassertaufe (Apg 10,44-48) knüpft an das gleiche Motiv in der Täuferpredigt an (Lk 3,16).

Im Zusammenhang mit unserer Frage nach der lukanischen Einordnung der Ethik im Verhältnis zu der im Lukasevangelium angedeuteten Ethik des Täufers kann folgendes festgehalten werden: Für Lukas ist das ethisch vorbildliche Verhalten des Hauptmanns nicht die Bedingung für seine Rettung, sonder er betont sie aus apologetischen Gründen. Er unterstreicht damit, daß gerechte Lebensführung auch für Menschen möglich ist, die als unreine Sünder gelten. Weder die Taufe des Johannes (Apg 10,37.47) noch die gerechte Lebensführung bewirken hier die Rettung des Hauptmanns und die Ausgießung des heiligen Geistes (V.44), sondern allein die Predigt vom auferstandenen und erhöhten Christus (V.34-43).

Die Erzählungen vom Hauptmann aus Kapernaum (Lk 7,1-10) und die Bekehrung des Aufsehers im Gefängnis von Philippi (Apg 16,23-34) könnten weitere Hinweise darauf sein, daß Lukas exponierte Vertreter der Berufsgruppe der Soldaten als Paradigmata für die Umkehr von Heiden zu Gott gebrauchte (vgl. Lk 7,9; Apg 10,44-46; 16,34). Darüber, ob Lukas dies tat, weil die Soldaten bereits in der Verkündigung des Täufers begegneten beziehungsweise weil sie eine wichtige soziologische Gruppe unter den Täuferanhängern waren, kann nur spekuliert werden. Auszuschließen ist es nicht.

6.2.3 Frauen

Es mag verwundern, ausgerechnet das Thema „Frauen" unter dem übergeordneten Stichwort „Randgruppen" zu finden; denn trotz ihrer im damaligen Juden- und Christentum untergeordneten Stellung im

---

fall, daß in ihr die Verkündigung Jesu deutlich von der des Johannes abgegrenzt wird (V.36f).

Kultus und gewisser Einschränkungen ihrer Persönlichkeitsrechte[71] waren die Frauen ja keine „Randgruppe". Dennoch ist hier bei Lukas ähnliches zu beobachten wie zuvor bei den Zöllnern: Jesus stellt sich auf die Seite von Menschen, die von anderen herablassend verurteilt werden. Indem er Jesus von einer sündigen Frau salben läßt (Lk 7,36ff) und Frauen in der Nachfolge Jesu beschreibt, wertet Lukas die Stellung der Frauen in der christlichen Gemeinde gegenüber möglichen Kritikern erheblich auf[72].

In der Predigt Johannes des Täufers spielen Frauen keine Rolle, aber in seiner Kindheitserzählung wird ausdrücklich auf die priesterliche Abstammung (1,5) und die Frömmigkeit seiner Mutter verwiesen (1,6.24f). Lukas berichtet, daß Elisabeth mit heiligem Geist erfüllt war (1,41), und in der Täuferbewegung wurde ihr wahrscheinlich das Magnifikat in den Mund gelegt[73]. Ihr selbstbewußtes Auftreten in Lk 1,57-60 entspricht ihrer Autorität als von Gott auserwählte Mutter des Täufers.

Möglicherweise taufte Johannes auch Frauen. In Mt 21,31f erklärt Jesus seinen Zuhörern auf deren Frage nach der Herkunft seiner Vollmacht und im Anschluß an seine Gegenfrage bezüglich der Autorität der Johannestaufe (Mt 21,23-27; Lk 20,1-8), daß „die Zöllner und Huren" (οἱ τελῶναι καὶ αἱ πόρναι) eher als sie ins Reich Gottes kommen würden, da sie dem Täufer geglaubt hätten. So wie die Zöllner zu einer besonderen Anhängergruppe des Johannes gerechnet wurden, könnte es also eine Überlieferung gegeben haben, die das gleiche für Prostituierte besagte. Es wäre denkbar, daß diese Überlieferung bereits ihren Niederschlag in der Logienquelle fand (vgl. Lk 7,29f)[74]. Sollte Lukas den Spruch über die Zöllner und Huren (Mt 21,31f) bereits in Q vorgefunden haben, wäre erklärlich, daß er ihn nicht beziehungsweise nur teilweise übernimmt, denn der Weg zum Reich Gottes führt für ihn ausdrücklich nicht über Johannes den Täufer (vgl. Lk 16,16).

Schon in der Antrittspredigt Jesu dient Lukas eine Frau, nämlich die Witwe aus Sarepta, als Beispiel, um Jesus mit Elia und damit zugleich

---

[71] Vgl. MAYER, Frau, 88-92.
[72] Zur Rolle der Frauen bei Lukas vgl. BLANK, Frauen, 39-68; FLENDER, Heil, 15f; MOLTMANN-WENDEL, Mensch, 135-148; L. SCHOTTROFF, Frauen, 100-102.121-124; SCHRAGE, Ethik, 164f; SCHÜSSLER-FIORENZA, Beitrag, 69-72; SCHULZ, Ethik, 474-476; vgl. auch ERNST, Lukas, 151-159, der allerdings zu dem äußerst problematischen Ergebnis kommt: „Die Frau ist die Seele des Hauses, nicht nur im privaten Bereich der Familie." (a.a.O. 159).
[73] Vgl. KAUT, Befreier, 322, und in dieser Arbeit 1.2.2, S.22f.
[74] Vgl. BULTMANN, Geschichte, 178.

polemisch mit Johannes zu vergleichen[75] (4,25f). Auch das folgende Beispiel des Syrers Naaman (4,27), der durch Untertauchen im Jordan gesund wurde, verweist auf eine solche Auseinandersetzung mit Johannes[76]. Der Erwähnung Elias und der Witwe aus Sarepta entspricht im lukanischen Sondergut dann der Bericht über Jesus und die Witwe aus Nain (7,11-17). Wie Elia den Sohn der Witwe aus Sarepta von den Toten auferweckt, erweckt auch Jesus den Sohn der Witwe aus Nain. Und wie Johannes wird Jesus als großer Prophet bezeichnet (7,16; vgl. 1,68). Auch im Anschluß an diese Begegnung Jesu mit einer Frau läßt Lukas eine Auseinandersetzung mit dem Täufer folgen (7,18-35).

Eine weitere Beobachtung läßt es als wahrscheinlich erscheinen, daß Lukas eine Überlieferung von Frauen, die dem Täufer „glaubten" (Mt 21,32), kannte. Das Wort von den Zöllnern, die eine besondere Beziehung zu Johannes dem Täufer hatten (Lk 7,29; vgl. Mt 21,31f), begegnet bei Lukas nur im Rahmen der großen Rede Jesu über den Täufer (Lk 7,24-35). Unmittelbar im Anschluß an diese Rede läßt Lukas den Bericht von der Salbung Jesu durch eine stadtbekannte Sünderin (7,36-50) und die Notiz über die Jüngerinnen Jesu (8,1-3) folgen.

Die Frau, die nach der Darstellung des Lukas eine Prostituierte gewesen sein könnte[77], wäscht Jesu Füße und tut damit das, wozu Johannes sich für unwürdig erklärte (3,16): das Lösen der Schuhriemen in Lk 3,16 steht nämlich synonym für den Sklavendienst der Fußwaschung[78]. Wieviel Wert Lukas darauf legt, daß sich Johannes gegenüber Jesus für unwürdig dazu hielt, zeigt die Wiederholung des Motivs in Apg 13,25. Und Jesus erweist sich dann im weiteren Verlauf des Berichts als „mehr als ein Prophet" (vgl. 7,26.39), denn er tut das, was Johannes erst im Eschaton, er vergibt Sünden (V.47-49). Und schließlich deutet die Erzählung bereits an, was Johannes von sich

---

[75] Vgl. 7.2.3.b (*Jesus als Prophet wie Elia*), S.256-261.

[76] Vgl. 3.5 (*Umkehr als Reinigung oder Heilung*), S.118-120.

[77] Dies wird zwar nicht explizit gesagt, aber ihre Vorstellung als ἦν ἐν τῇ πόλει ἁμαρτωλός, ihr Besitz kostbar parfümierten Öls (7,37) - ein Motiv, das allerdings aus Mk 14,3-5 stammen könnte - und die abfälligen Bemerkungen der Pharisäer (7,39) lassen derartige Assoziationen zu. Vgl. FITZMYER, Gospel I, 688f, und SCHOTTROFF, Frauen, 128, Anm. 51.

[78] Vgl. REICKE, Verkündigung, 57f; REISER, Gerichtspredigt, 170.

ablehnen mußte (3,15f): Jesus ist der „Gesalbte" Gottes[79]. Die Auseinandersetzung mit Johannes dem Täufer könnte übrigens auch der Grund dafür gewesen sein, warum Lukas gegenüber Markus die Erzählung von der Salbung vorzieht und derart verändert.

In der Haltung dieser sündigen Frau, aber auch in der anschließend geschilderten Haltung der Frauen, die Jesus mit ihrer Habe dienten (8,3), also auf Besitz verzichteten, zeigt Lukas, wie auch Frauen die ethischen Forderungen des Täufers in der Nachfolge Jesu erfüllen. Im Unterschied zur Soteriologie des Täufers sind es aber nicht die ethischen *Leistungen* der Frauen, die sie retten. Lukas unterstreicht in Lk 7,50 ausdrücklich, daß der *Glaube* die Sünderin gerettet hat, und in Lk 8,2 beschreibt er die Jüngerinnen Jesu als Frauen, die durch ihn bereits von ihrer Gefangenschaft durch böse Geister befreit worden waren, er stellt also ihren Besitzverzicht als Folge des Heilshandelns Christi dar[80].

Am Beispiel zweier Frauen, die Jesus aufnehmen (10,38-42), verdeutlicht Lukas, daß es nicht auf „Sorgen und Mühen" (V.41), also auf ethische Leistungen, sondern auf die unmittelbare Begegnung mit dem Wort Jesu Christi (V.39) ankommt. Gleich darauf läßt er den Hinweis der Jünger auf das Verhalten des Täufers und seiner Jünger folgen (11,1).

Ganz ähnlich folgt auf die Auseinandersetzung mit dem Bußverständnis des Johannes in Lk 13,1-9 der Bericht über die Befreiung einer Frau (13,10-17)[81], die in Entsprechung zur Täuferpredigt „Tochter Abrahams" genannt wird (V.16)[82].

---

[79] Möglicherweise gehört auch das Gleichnis vom Erlassen geringer und großer Schulden (7,40-43) und die Gegenüberstellung vom Vergeben einiger und vieler Sünden (7,47) in die lukanische Auseinandersetzung mit der Hamartiologie in Täuferkreisen. Der Hinweis auf das Wasser (7,44) könnte dies als Anspielung auf die von Sünden reinigende Wirkung der Taufe andeuten.

[80] SCHMITHALS, Evangelium, 100f, vermutet wohl zu Recht, daß Lukas mit dieser Notiz (8,1-3) nicht nur die Freiheit Jesu im Umgang mit Frauen dokumentieren wollte, sondern daß hier eine Zurückprojektion der tragenden Funktion, die einige Frauen in der lukanischen Gemeinde besaßen, vorliege. Vgl. auch SCHOTTROFF, Frauen, 101. SCHMITHALS' Bezeichnung des Lukas als „Evangelist der Frauen" (a.a.O. 13.101) wirkt allerdings zu plakativ; dies gilt auch für die Einschätzung von SCHÜSSLER-FIORENZA: „Die androzentrische Redaktion des Lukas sucht in sehr subtiler Weise die Frauen als apostolische Zeugen zu disqualifizieren." (DIES., Beitrag, 71).

[81] Vgl. 3.3, dort unter Lk 13,3.5, S.105-108.

[82] Vgl. zu Lk 13,16 oben unter 4.1.2.b, S.134-136.

Die Vorstellung, daß Johannes auch Frauen, vielleicht sogar Prostituierte, taufte, könnte ein populäres Motiv gewesen sein, das Lukas aufgreift, indem er die besondere Beziehung Jesu zu den Frauen herausstellt. Vielleicht gab es in Täuferkreisen eine ähnliche Einstellung zu Frauen und Kindern wie bei den Essenern in Qumran. Dort gehörten diese zwar zu der äußeren nicht-monastischen Gruppe[83], doch durften nur Männer zu Ordensmitgliedern im engeren Sinne werden[84]. Möglicherweise gab es eine ähnliche Unterscheidung zwischen der allgemeinen Täuferbewegung und einem eher frauenfeindlichen Schülerkreis. Lukas würde dem dann die Parteinahme Jesu für die Frauen, die in der Nachfolge den Jüngern gleichgestellt sind (vgl. Lk 8,1f; Apg 1,14), entgegensetzen[85].

Die Tatsache, daß Jesus bei Lukas am Beispiel des Ehebruchs die Gültigkeit des Gesetzes ausgerechnet im Zusammenhang mit einer Einordnung des Täufers in den Bereich des Gesetzes (Lk 16,16) verdeutlicht, könnte ein Indiz dafür sein, daß Täuferkreise der christlichen Gemeinde eine zu laxe oder ungesetzliche Ehepraxis vorwarfen[86]. Immerhin berichtet Lukas davon, daß Johannes wegen der Frau seines Bruders Herodes zurechtgewiesen hatte (3,19). Zusammen mit der für Johannes überlieferten Standespredigt konnte dies bei dessen Anhängern als Beleg dafür gewertet werden, daß er der endzeitliche Gottesbote war, der im Sinne von Mal 3,5 Gewalttäter und Ehebrecher verurteilte[87].

Wahrscheinlich dienten Lukas die Stellen im Evangelium, wo von Frauen berichtet wird und Ehe und Ehescheidung thematisiert werden, dazu, die Rolle der Frauen in der christlichen Gemeinde gegenüber andersdenkenden Gruppierungen und besonders auch gegenüber Anhängern des Täufers theologisch zu untermauern. Ähnlich wie bei den Zöllnern, die schon in der Logienquelle als „besonderes Publikum" des Täufers vorgestellt wurden, zeigt Lukas auch bei den Frauen, wie ihre

---

[83] Vgl. MAIER / SCHUBERT, Qumran-Essener, 42. JOSEPHUS, Bell 2,160f, berichtet von einem zweiten Zweig der Essener, der im Unterschied zu den übrigen Essenern die Ehe befürworte.

[84] Die getrennten Friedhöfe in Qumran für Männer, Frauen und Kinder einerseits und nur für Männer andererseits legen die Unterscheidung einer monastischen von einer nicht-monastischen Gruppe nahe.

[85] Vgl. auch die Erwähnung der Taufe von Frauen in Apg 8,12.

[86] Eine differenzierte Sicht des lukanischen Eheverständnisses bietet HORN, Glaube, 201f.

[87] Vgl. STUHLMACHER, Theologie, 61.

Begegnung mit Jesus sie von möglichen Diskriminierungen befreit[88] und sie in die Nachfolge Jesu stellt.

6.3 Praxis des Glaubens

Angesichts des mehrfachen Vergleichs der praxis pietatis der Jünger des Täufers und der Jünger Jesu bei Lukas (5,33; 11,1) stellt sich die Frage nach der theologischen Einordnung dieses Phänomens. Da es sich bei dem angesprochenen Verhalten *Fasten und Beten*, um ein vom spezifischen Glauben der jeweiligen Gruppe gefordertes charakteristisches Verhalten nach Art eines Sittenkodexes handelt, bietet sich eine Einordnung unter ethischen Motiven an.

6.3.1 Die Praxis des Glaubens in Täuferkreisen

Auch in der Darstellung bei Lukas trägt die Gestalt des Täufers asketische Züge. Sie wird aber unabhängig von der praxis pietatis seiner Jünger berichtet. Deshalb wird im folgenden zwischen der Askese des Täufers und der Glaubenspraxis in Täuferkreisen unterschieden.

a) Die Askese des Täufers

Ob die bekannte Darstellung der Kleidung und Ernährung des Täufers in Mk 1,6 und Mt 1,4 als versteckter Hinweis auf die Prophetenkleidung Elias (vgl. 2 Kön 1,8 LXX) oder nur auf seine asketische Lebensführung diente, muß an dieser Stelle nicht entschieden werden, da Lukas diese Notiz nicht übernimmt[89]. Lukas kennt aber das Motiv von der bescheidenen und eher ärmlichen Kleidung des Täufers und verweist indirekt darauf in der Rede Jesu über den Täufer (vgl. Lk 7,25).

Die Prophezeiung des Engels, daß Johannes keinen Wein und kein starkes Getränk trinken werde (1,15b καὶ οἶνον καὶ σίκερα οὐ μὴ

---

[88] Vgl. SCHOTTROFF, Frauen, 123, die mit Hinweis auf Lk 10,38-42 betont, daß bei Lukas Frauen von traditionellen Rollenzwängen befreit werden.

[89] Vgl. aber die differenzierte Analyse des Problems bei ERNST, Johannes, 284-289, der zu dem Ergebnis kommt, daß die Kleidung und Ernährung vom prophetischen Selbstverständnis des Täufers her als Veranschaulichung seiner Predigt dienten (a.a.O. 289); zu einem ähnlichen Ergebnis kommt auch VIELHAUER, Tracht, 54: „Seine Kleidung und Nahrung haben ihren Sinn als eschatologische Demonstration."

πίῃ), läßt vermuten, daß es eine Überlieferung von einem lebenslänglichen Nasiräatsgelübde Johannes des Täufers gab (vgl. Num 6,3; 1 Sam 1-3)[90].

Zudem deutete das Motiv vom Heranwachsen des Johannes in der Wüste (Lk 1,80: καὶ ἦν ἐν ταῖς ἐρήμοις) eine asketische Erziehung des Priestersohns an[91].

In der Rede Jesu über Johannes wird seine Enthaltsamkeit von „Wein und Brot" erneut bestätigt und als Grund für populäre Vorwürfe bezüglich einer dämonischen Besessenheit angeführt (7,33). Allerdings könnte der Vorwurf der Besessenheit auch mit ekstatischen Phänomenen im Auftreten des Täufers zusammenhängen. Hierfür gibt es aber keine weiteren Belege.

Lukas deutet also ein Bild des Täufers an, das asketische Züge trägt. Möglicherweise galten in Täuferkreisen dessen Nasiräat, die Enthaltsamkeit und sein Aufenthalt in der Wüste als Beweise seiner prophetischen Autorität (vgl. 7,24-26). Für Johannes werden das Einhalten strenger Reinheitsgebote, Fasten und asketische Enthaltsamkeit ein äußerer Spiegel seiner radikalen Umkehrbotschaft gewesen sein. In seiner Person und seinem Auftreten verkörperte er, was seine Predigt verlangte, nämlich gelebte Umkehr als Identifikation mit den Armen.

Der Zusammenhang zwischen Umkehr und ethischer Lebensgestaltung geht also bereits auf die Person der Täufers selbst zurück. Es ist daher nicht verwunderlich, daß Lukas die asketischen Züge des Täufers nur andeutet und sich mit diesen gerade auch am Beispiel des Essens und Trinkens Jesu auseinandersetzt.

b) Fasten und Gebet bei den Täuferschülern

Ein wesentliches Motiv in der lukanischen Darstellung der Jünger des Täufers ist deren Fasten- und Gebetspraxis (Lk 5,33). Durch die Erwähnung ihrer Glaubenspraxis erhalten sie sehr viel mehr Profil als bei Markus oder Matthäus[92]. Mit dem in Lk 5,34 folgenden Gleichnis Jesu von den Hochzeitsgästen, die, wenn sie mit dem Bräutigam zusammen feiern, nicht fasten können, ist der Grund für das Fasten der Johannesjünger angedeutet. Sie warten eben noch auf den Bräutigam und fasten deshalb. Schließlich unterstreicht die Ankündigung des Johannes einer kommenden Richter- und Rettergestalt (3,16) den Stand der eschatolo-

[90] Vgl. unter 1.2.1 zu V.15b, S.16.
[91] Vgl. JOSEPHUS, Vita 7-12, und zu Lk 1,80 unter 1.2.3, S.27-29.
[92] Vgl. RENGSTORF, Evangelium, 80f; BACKHAUS, „Jüngerkreise", 158-160.

gischen Naherwartung, in dem er und wahrscheinlich auch seine Schüler sich befanden.

Die Bitte eines der Jünger an Jesus, sie so beten zu lehren, wie auch Johannes seine Jünger lehre (Lk 11,1f), zeigt, daß eingeübte Gebete, die auf den Täufer selbst zurückgeführt wurden, zum Glaubensleben seiner Anhänger hinzu gehörten und daß dies offensichtlich auch noch von Lukas als erstrebenswerte Praxis angesehen wurde.

Das Fasten und Beten der Täuferjünger kann ebenso wie das von Johannes geforderte ethische Verhalten als praxis pietatis interpretiert werden, die wahrscheinlich den Zweck hatte, sich auf das Kommen des Gerichts einzustellen. Erneut zeigt sich der Kausalzusammenhang von Ethik und Eschatologie. Nur wer ein Leben in Reinheit, Gerechtigkeit und Solidarität mit den Armen führte und seine religiöse Praxis nach den Anweisungen des Täufers gestaltete, konnte auf die rettende Wirkung seiner Taufe im Endgericht hoffen.

c) Politik und Gesetz

In der Verkündigung und dem Auftreten Johannes des Täufers, wie es bei Lukas dargestellt ist, zeigt sich eine ambivalente Haltung zu Gesetz und Politik. Die Weisung an die Zöllner und Soldaten, jeweils in ihren Berufen ein der Umkehr gemäßes Leben zu führen, läßt eine gewisse Loyalität zum Staat erkennen[93]. Auf der anderen Seite deutet Lukas auch an, daß die ethischen Normen des Täufers, die festlegten, was gut und was böse ist[94], über der Macht politischer Repräsentanten standen (3,19f).

Angesichts des nahenden Gerichts relativierten seine ethischen Forderungen die sozialen und politischen Unterschiede. Durch die individuelle Ausrichtung seiner Verkündigung kam es nicht auf soziale Herkunft, religiöse Stellung oder politische Position des Menschen an, sondern einzig und allein auf sein persönliches Verhalten. Nur wenn dieses der Umkehr entsprach, bestand für ihn noch eine Chance im Gericht.

Die entsprechenden Stellen bei Lukas lassen vermuten, daß Johannes von seinen Anhängern als „Lehrer" verehrt wurde, dessen Auslegung der Tora im Sinne von mehr Gerechtigkeit zur Norm des Zusammenlebens erhoben wurde. Es ist allerdings wahrscheinlich, daß seine

---

[93] Zumindest die lukanischen Leser werden bei den Zöllnern und Soldaten an vom römischen Staat eingesetzte Beamten gedacht haben.

[94] Vgl. die Beurteilung dessen, was gut und böse ist, in 3,8f: καρποὺς ἀξίους, καρπὸν καλόν und in 3,19: ... ἐλεγχόμενος ... περὶ πάντων ὧν ἐποίησεν πονηρῶν ὁ Ἡρῴδης.

Forderungen in ihrer Strenge über die des Gesetzes hinausgingen. So verlangt Johannes ja nicht nur den Zehnten oder Almosen, sondern das Teilen mit den Armen. Auch die erwähnten Fastenregeln und Gebetsanweisungen sind Indizien für die Autorität, die er in Kreisen seiner Anhänger genoß.

6.3.2 Die Praxis des Glaubens bei Lukas

Die Praxis des Glauben ist bei Lukas nicht Bedingung, sondern Folge der Partizipation am Reich Gottes. Es konnte bisher gezeigt werden, daß die Ethik für Lukas einen anderen Stellenwert besitzt, als ihr in der Verkündigung des Täufers und dem Verhalten seiner Anhänger zukommt. Da Lukas aber selbst die Glaubenspraxis Jesu und seiner Jünger mit der des Täufers und seiner Schüler kontrastiert, soll dies nun auch anhand der oben unter 6.3.1 aufgeführten Motive aufgezeigt werden.

a) Die Askese Jesu

Die asketische Praxis des Täufers ließ sich bei Lukas auf die Motive des Wüstenaufenthalts und seine Enthaltsamkeit reduzieren. Beide Motive greift er nun auch in seiner Darstellung Jesu auf.

Auch Jesus beginnt wie Johannes (vgl. Lk 1,80; 3,2.4) seine Tätigkeit in der Wüste (vgl. 4,1-13)[95]. Sein Rückzug dorthin, um zu beten (4,42; 5,16), erinnert sowohl an die Askese als auch an das Gebet des Täufers. Jesu Fasten in der Wüste (4,2) weckt natürlich Assoziationen zu der asketischen Praxis des Täufers, dennoch sorgt Jesus auch dort in der Wüste dafür, daß 5000 hungernde Menschen satt werden (9,10-17).

Jesus war kein Asket[96]. Er trägt bei Lukas nur insofern asketische Züge, als er in Parallelität zu Johannes dargestellt wird. Während bei Johannes aber gerade dessen Enthaltsamkeit zu dem populären Vorurteil, er sei von einem Dämon besessen, führte (7,33), ist es bei Jesus

---

[95] Zum Motiv der Wüste vgl. unter 1.3.1, S.47-50.

[96] Darauf verweist auch WENDLAND, Ethik, 24: „Vor allem ist Jesus von den zahlreichen, asketischen Lebensformen seiner Zeit dadurch getrennt, daß ihm die Askese als Mittel zur Erlösung fremd ist - Erlösung gibt allein die Herrschaft Gottes aus eigener Macht! - und daß er zweitens kein Gesetz der asketischen Lebensform aufrichtet, keine Sekte von Asketen stiftet." WENDLAND erwähnt dann im Anschluß daran unter Hinweis auf Mt 11,19 kurz den Unterschied in der Haltung des Täufers und der Haltung Jesu zur Askese (a.a.O. 25), thematisiert dies aber nicht näher.

seine liberalere Haltung gegenüber Speisen und Getränken, die ihm
zum Vorwurf gemacht wird (7,34).

b) Essen und Beten der Nachfolger Jesu

Möglicherweise läßt bereits die Einfügung von Jes 58,6 in das Zitat
aus Jes 61,1, das Jesus bei seiner Antrittspredigt in der Synagoge von
Nazareth vorliest (Lk 4,18f), Rückschlüsse auf eine lukanische Auseinandersetzung mit einer Fastenpraxis, die die Menschen „unterjochte"
(vgl. Jes 58,3-6), zu. Und der Zusammenhang würde dann nahelegen,
daß Lukas hier an die Fastenpraxis des Täufers beziehungsweise seiner
Anhänger denkt.

Die lukanische Ergänzung in Lk 7,33f (vgl. Mt 11,18f), daß Johannes kein *Brot* gegessen und keinen *Wein* getrunken habe[97], ist mehr als
nur ein Hinweis auf dessen asketische Lebensführung[98]. Es ist zugleich
eine theologisch abwertende Qualifikation. Der Genuß von Brot und
Wein steht bei Lukas synonym für das Abendmahl und das eschatologische Mahl im Reich Gottes (vgl. Lk 14,15-17.24; 22,14-20.29f)[99].
Das Brechen des Brots ist für ihn nicht nur das Zeichen, an dem die
Jünger den auferstandenen Christus erkennen (Lk 24,30f.35), es steht
auch symbolisch für die Gemeinschaft der Christen (Apg 2,42.46;
20,7.11) und deren Partizipation am Reich Gottes, und von beidem ist
Johannes, der auf Brot und Wein verzichtete, ausgeschlossen (Lk 7,28;
16,16).

Der Wein, den die Jünger trinken, ist ein neuer Wein, der die alten
Schläuche und Glaubenspraktiken der Anhänger des Täufers sprengt
(Lk 5,33-39). Und das Brot, das Jesus seine Jünger essen läßt, ist heili-
ges Brot, das niemand essen darf, wenn es ihm nicht von Gott gegeben
ist (Lk 6,1-5). Indem Lukas der Fastenpraxis der Täuferjünger das
„Festessen" Jesu und seiner Jünger gegenüberstellt (5,33f; 7,33f), lädt
er die Anhänger des Täufers in seiner Gemeinde ein, nicht wie die
neunundneunzig Schafe in der *Wüste* (15,1-7) oder wie der ältere Bruder, der das Gebot seines Vaters hielt, draußen *vor dem Haus* zu bleiben (15,25-32), sondern mit der Gemeinde das Mahl des Herrn mitzu-

---

[97] Hier dürfte Mt 11,18f dem ursprünglichen Text näher stehen (vgl. FITZMYER, Gospel I, 678), da der Gegensatz zwischen Johannes und Jesus hier ja gerade im Tun bzw. Nicht-Tun der *gleichen* Tätigkeit besteht.

[98] BÖCHER hält die lukanische Schreibweise für ursprünglich und interpretiert Lk 7,33 anhand seiner Korrespondenz zu Mt 3,4 (par Mk 1,6) und mit Hilfe der Doppelbedeutung des hebräischen לחם, das auch Nahrung oder Fleisch bedeu-ten kann (BÖCHER, Johannes, 90-92).

[99] Zum Zusammenhang von Abendmahl und Reich Gottes vgl. 8.2.2.c, S.297f.

feiern, um so durch Brot und Wein daran zu partizipieren, worauf sie noch warteten, nämlich auf das Kommen des Erlösers und das Reich Gottes. Die redaktionelle Ergänzung in Lk 5,39 drückt aber auch das seelsorgerliche Verständnis des Lukas dafür aus, daß es nicht leicht fällt, einen neuen Wein zu kosten, wenn man den alten Wein gewöhnt ist.

Auf der anderen Seite betont Lukas das Gebet Jesu[100] und berichtet auch vom gemeinsamen Beten (Lk 11,2; 24,52; Apg 2,42; vgl. Lk 18,1) und vom Fasten seiner Nachfolger (Lk 5,35; Apg 13,2f). Die Jünger bitten Jesus, sie so beten zu lehren, wie auch Johannes seine Jünger lehrte (Lk 11,1). Aber es fehlt in der lukanischen Darstellung der Glaubenspraxis der ersten Gemeinden jeder gesetzliche Charakter, der Fasten oder Beten als heilsnotwendige Bußübungen erscheinen lassen könnte. Anders als die Jünger des Täufers fasten die Jünger Jesu nicht, damit der „Bräutigam" kommt, sondern sie fasten erst, *nachdem* er gegangen ist (5,33-35). Das heißt, die praxis pietatis der Jünger ist nicht die Bedingung, sondern die Folge ihrer Begegnung mit Christus und dem darin erfahrenen Heil.

c) Politik und Gesetz

Die lukanische Einstellung zu Gesetz und Politik ähnelt der ambivalenten Einstellung, die in der Verkündigung und Haltung des Täufers ausgemacht werden konnte.

„Schließlich stellte Lukas mit Nachdruck heraus, daß das Christentum keine gegen die *Staatsgewalt* gerichtete Bewegung war."[101] Hierfür können die Entlastung des Herodes und Pilatus in der lukanischen Passionsgeschichte (23,13-15), die Darstellung römischer Beamter (Apg 10,1f; 16,27-34; 21,31-40)[102] und die Hochschätzung des römischen Bürgerrechts des Paulus (Apg 16,35-40; 22,25-29) als Argumente angeführt werden[103].

Sicher lag es im Interesse der lukanischen Gemeinde ebenso wie der Täuferanhänger, vom römischen Staat nicht als Aufrührer angesehen

---

[100] Vgl. zum Gebet 2.3, S,88-92.

[101] TOLBERT, Hauptinteressen, 345.

[102] Auch die in Apg 19,31 genannten Paulus-freundlichen „Asiarchen" können hier als Vertreter einer gegenüber Rom loyalen Oberschicht angeführt werden (vgl. STEGEMANN, Synagoge, 209f).

[103] Vgl. TOLBERT, Hauptinteressen, 345f.

zu werden[104]. Die Frage des römischen Tribuns, ob Paulus zu den jüdischen Aufrührern in der *Wüste* gehöre (Apg 21,38)[105], läßt aber wohl kaum polemische Assoziationen zur Täuferbewegung zu. Dennoch endet jede Loyalität gegenüber politischer Macht da, wo man Gott mehr als den Menschen gehorchen muß (Apg 4,19; 5,29). Das mutige Auftreten der Apostel in Jerusalem (Apg 4,1-22) erinnert an die Haltung des Täufers gegenüber Herodes (Lk 3,19).

Ähnlich wie Johannes der Täufer setzt auch Jesus das Gesetz nicht außer Kraft (16,16-18; 18,18-20). Aber er „verschärft" es nicht um der Rettung der Menschen willen, wie es in der Verkündigung des Täufers geschieht, sondern er „entschärft" es um der geretteten Menschen willen. Dies läßt sich am Motiv des Sabbathaltens bei Lukas näher darlegen.

Lukas berichtet mehrfach, daß Jesus am Sabbat am synagogalen Gottesdienst teilnimmt, um zu lehren (Lk 4,16.31; 6,6; 13,10)[106], oder daß er am Sabbat Menschen heilt (Lk 4,31-41; 6,6-11; 13,10-17; 14,1-6). An fast allen diesen Stellen ist ein gewisser Bezug zu Johannes dem Täufer gegeben: Jesus tritt wie Johannes als „Lehrer" (vgl. 3,12) und Ausleger des Gesetzes auf (vgl. 3,10-14). Die erste öffentliche Predigt Jesu geschieht an einem Sabbat (4,16-30; vgl. 4,31) und ist in bewußter Parallelität zum ersten Auftreten des Täufers gestaltet[107]. Jesus verkündigt den Armen das „Sabbatjahr des Herrn" (4,18f)[108]. In Lk 6,1-11 folgen zwei Episoden, die am Sabbat spielen, auf den Vergleich der Glaubenspraxis der Täuferjünger mit den Jüngern Jesu. In Lk 13,10-17 befreit Jesus eine Frau am Sabbat von ihren Fesseln und nennt sie Tochter Abrahams (vgl. 3,8). Dieser Bericht folgt auf die Auseinandersetzung mit dem Bußverständnis des Täufers (13,1-9).

Möglicherweise wurde in Anhängerkreisen des Täufers auf eine besonders strenge Einhaltung des Sabbats geachtet. Nicht nur die Anspielungen bei Lukas, sondern auch die theologische Nähe zu den Lehren

---

[104] Vgl. hierzu STEGEMANN, Synagoge, 276-280, der zeigt, daß für die lukanische Gemeinde wohl eine Gefährdung durch den römischen Staat, nicht aber eine akute Verfolgung anzunehmen ist (vgl. etwa a.a.O. 268).

[105] Zu dem Aufstand der Sikarier vgl. JOSEPHUS, Bell 2,259-263.

[106] Auch Paulus nutzt in der Apostelgeschichte den Gottesdienst der Synagogen am Sabbat als missionarische Plattform (Apg 13,14f; 16,13; 17,2; 18,4). Vgl. zum Sabbat in der Apostelgeschichte: KLINGHARDT, Gesetz, 234-238, der es für denkbar hält, daß in der lukanischen Gemeinde die Gottesdienste am Sabbat beibehalten wurden (a.a.O. 266).

[107] Vgl. die Tabelle unter 1.3.3, S.60.

[108] Zu dem Motiv des „Sabbatjahres" vgl. DIETRICH, Armen, 36-40.

des Essener[109] machen dies wahrscheinlich. Während die Anhänger des Täufers auf eine Befreiung im Endgericht durch die Umkehrtaufe und ein entsprechendes Leben hofften, vollzieht sich bereits die Befreiung im Sabbatjahr des Herrn durch die Verkündigung und das Wirken Jesu. Alle lukanischen Sabbatberichte sind Variationen des einen Themas, das in Lk 4,18f zusammengefaßt ist: die Verkündigung des Evangeliums von der Befreiung der Gefangenen.

Dies realisiert sich aber nicht nur in der Lehre Jesu, die deutlich macht, daß am Sabbat befreit werden darf (13,15f; 14,5), sondern auch darin, daß Jesus am Sabbat auch selbst Menschen von Krankheit, Satan und Dämonen befreit. Lukas hebt das Gesetz nicht auf, aber er zeigt am Beispiel des Sabbathaltens, daß eine zu strenge Einhaltung des Gesetzes der Befreiung durch Christus hinderlich sein kann. Das Gesetz hat seine Bedeutung, insofern es die Befreiung durch Christus ermöglicht[110]. Ganz in diesem Sinne rezipiert Lukas geradezu wie aus dem Lehrbuch das paulinische Gesetzesverständnis in Apg 13,38f[111]: Nicht durch das Gesetz, - und in unserem Zusammenhang läßt sich hinzufügen: nicht durch die Einhaltung des Sabbats oder irgendwelcher ethischen Regeln, - sondern allein durch Christus ist Befreiung von den Sünden möglich.

6.4 Ergebnisse

Der Unterschied zwischen der Ethik des Täufers und der lukanischen Konzeption konnte an allen untersuchten Motiven demonstriert werden. Dabei zeigte sich erneut, daß Lukas Motive aus der Verkündigung des Täufers aufgreift, um in Aufnahme und Abgrenzung davon profilierte theologische Aussagen narrativ zu entfalten. Im folgenden sollen die bereits mehrfach angedeuteten Konzeptionen als jeweils geschlossenes System dargestellt werden.

---

[109] Vgl. CD X,14-XII,6. Nicht nur das Ährenraufen (vgl. Lk 6,1-6) war in der Qumran-Gemeinde verboten (CD X,22f), auch die medizinische Behandlung von Menschen, ihre Rettung mit irgendwelchen instrumentellen Hilfsmitteln und Geburtshilfe beim Vieh waren nicht gestattet (CD XI,9-17; vgl. aber Lk 13,14-17; 14,3-6).

[110] Vgl. auch Lk 6,9 im Codex D.

[111] CONZELMANN, Mitte, 214, Anm. 1, nennt Apg 13,38 eine „popularisierte paulinische Terminologie".

6.4.1 Das ethisch-soteriologische Konzept des Täufers

Die lukanische Darstellung der ethischen Motive in der Verkündigung und im Auftreten des Täufers und deren Zusammenhang mit der beschriebenen praxis pietatis seiner Schüler lassen ein geschlossenes ethisch-soteriologisches Modell erkennen. In dieser Arbeit soll nun nicht entschieden werden, ob dies nun in allen Einzelheiten das Modell des historischen Täufers war oder ob es erst in Kreisen seiner Anhänger entstand und Lukas dann in der Auseinandersetzung mit Gruppen, die Johannes den Täufer favorisierten, begegnete. Wichtig ist in unserem Zusammenhang vielmehr die Tatsache, *daß* Lukas so etwas wie ein Gegenmodell zu seinem eigenen ethischen Konzept an der Person der Täufers und an seinen Anhängern festmacht.

Die Verknüpfung der Gerichtsansage mit der dringlichen Aufforderung, Früchte der Buße zu bringen, setzt die Ethik des Täufers bei Lukas in einen apodiktischen Kausalzusammenhang[112]. Erst wenn die in der Taufe zum Ausdruck kommende innere Umkehr auch einen entsprechenden äußeren Lebenswandel zur Folge hatte, bestanden berechtigte Hoffnungen, nicht durch das ewige Feuer vernichtet zu werden. Nur durch die Einhaltung der Verhaltensregeln des Täufers und die individuelle Lebensführung nach dem Maßstab eines gerechteren Zusammenlebens aller konnte die in der Taufe symbolisch antizipierte Reinigung im Gericht als Option offengehalten werden.

Die Anrede des Täufers als „Lehrer" (3,12) und seine als selbstverständlich vorausgesetzte Autorität, normative Verhaltensregeln im Bereich der Glaubensausübung auszusprechen, lassen vermuten, daß Johannes in Kreisen seiner Anhänger eine ähnliche Verehrung genoß wie der „Lehrer der Gerechtigkeit" in der Qumran-Gemeinde[113].

Lukas deutet an, daß es zu Lebzeiten des Täufers einen engeren Jüngerkreis gab, in dem strenge Fastenregeln, sexuelle und materielle Enthaltsamkeit, Verzicht auf eigenen Besitz und die Solidarität mit den Armen das Zusammenleben bestimmten. Möglicherweise - dies ist nun aber historische Spekulation - gehörten auch die rigide Einhaltung des Sabbats, eigene Gebete und Gottesdienste zu der vorgeschriebenen Glaubenspraxis. In jedem Fall dürfte in der ganzen Täuferbewegung

---

[112] Vgl. MERKLEIN, Gottesherrschaft, 146-148, der den Zusammenhang der Gerichtsbotschaft des Täufers mit dem apodiktischen Charakter seiner Ethik sehr einleuchtend aufzeigt.

[113] Vgl. MAIER / SCHUBERT, Qumran-Essener, 100f, die unter anderem darauf hinweisen, „... daß der Lehrer der Gerechtigkeit wie später auch Johannes der Täufer aus priesterlichem Geschlecht stammte" (a.a.O. 101).

der kausale Zusammenhang von normativer Lebensführung und Hoffnung auf Rettung im Gericht, also von Ethik und Soteriologie, der gleiche gewesen sein. Wahrscheinlich war es gerade nach dem Tod des Täufers und dem Ausbleiben des Gerichts wichtig zu betonen, daß jeder persönlich dafür Sorge zu tragen hatte, daß seine Umkehr Früchte zeigte. Das Zusammenspiel der nach wie vor drohenden Gerichtsbotschaft und der Verweis auf die eigene Verantwortung für die persönliche Lebensführung in der in Kreisen seiner Anhänger überlieferten Predigt des Johannes wehrten jeder allzu bequemen Heilsgewißheit.

Gerade aus solchen Gruppen, die in Anknüpfung an die ethischen Weisungen des Täufers versuchten, ihr Leben entsprechend zu gestalten, könnte massive Kritik an der Glaubenspraxis in der lukanischen Gemeinde gekommen sein. Vielleicht wurden ihr die mangelnde Versorgung der Armen oder der laxe Umgang mit dem Gesetz insbesondere mit dem Sabbatgebot zum Vorwurf gemacht. Die Betonung dieser Themen bei Lukas legt dies nahe. Auf jeden Fall wird aber die Gebets- und Fastenpraxis der Gemeinden ein Streitpunkt zwischen Anhängern des Täufers und Anhängern Christi gewesen sein.

6.4.2 Die lukanische Konzeption

Lukas macht in seinem Evangelium deutlich, daß Jesu Ethik im Unterschied zur Verkündigung des Täufers, in der das ethisch gewollte Verhalten als Bedingung für eine mögliche Befreiung (ἄφεσις) erscheint, eine *Ethik der Befreiten* ist. Sie ist nicht wie bei Johannes der Weg zur Befreiung, sondern der Weg der Befreiten[114].

Weil die Christen durch die Taufe mit heiligem Geist von ihren Sünden und der Macht des Bösen *befreit sind* und weil sie durch das Abendmahl bereits am Reich Gottes partizipieren, verändern sie ihr Leben radikal. Lukas hat nun das apologetische Anliegen zu zeigen, daß diese Veränderungen ganz im Sinne der Verhaltensregeln des Täufers geschehen und daß seine Forderungen noch überboten werden.

Die Gütergemeinschaft der ersten Christen und ihre Solidarität mit den Armen illustrieren die befreiende Wirkung des Evangeliums. Wo sich die Glaubenspraxis der Jünger Jesu von der Praxis der Täuferjünger unterscheidet, begründet Lukas dies ausführlich. Die Christen halten das Gesetz, sorgen für die Armen und teilen ihre Habe. Aber dies geschieht eben nicht, *um* gerettet oder befreit zu werden, sondern es ist

---

[114] Vgl. GARDNER, Jesus' Appraisal, 142: "Whereas John's style of ministry is ascetic in character, marked by fasting and withdrawal, Jesus' style of ministry is life-affirming in character, marked by feasting and fellowship with others."

Folge des befreienden Heilshandelns Gottes in Christus. Nicht durch das Gesetz und das Erfüllen ethischer Normen wird der Mensch befreit, sondern durch die sich im Evangelium Christi realisierende Gnade Gottes (vgl. Apg 13,37-39). Diese Befreiung von der Sünde befähigt zum ethisch guten Verhalten im Sinne des Gesetzes und Gottes.

Jesu Zuwendung zu religiös marginalisierten Menschen und seine Suche der Verlorenen sind Ausdruck der Barmherzigkeit Gottes[115]. Indem die Gemeinde nun ihrerseits sich den Mitmenschen zuwendet, gibt sie Zeugnis für die selbst erfahrene Befreiung. Die Wirksamkeit des Evangeliums vom Reich Gottes zeigt sich für Lukas eben nicht nur in der Verkündigung, sondern auch in der ethischen Umsetzung des Evangeliums. Ethik ist für Lukas also Handlungsermöglichung und somit Folge des von Jesus verkündigten kommenden Heils und nicht, wie Lukas es für die Verkündigung des Täufers erscheinen läßt, letzte Chance und Bedingung zur Rettung vor dem kommenden Gericht.

Jeweils exemplarisch für die beiden ethischen Konzeptionen, die von Lukas einander gegenübergestellt werden, stehen die Antworten, die zu Beginn jedes seiner beiden Werke auf die Frage: *Was sollen wir tun?* (Lk 3,19; Apg 2,37) gegeben werden. Johannes und Petrus fordern dazu auf, umzukehren und sich taufen zu lassen, um Vergebung der Sünden zu erlangen (Lk 3,3.8; Apg 2,38)[116], doch anders als bei Johannes erscheint in Apg 2,37-42 das solidarische Zusammenleben nicht als Bedingung, sondern als Folge der Taufe und somit als Konsequenz aus dem Heilshandeln Gottes (Apg 2,41.47).

---

[115] Für KLEIN, Barmherzigkeit, 138, ist „Barmherzigkeit gegenüber den Gedrückten und Hilflosen" die „Botschaft des lukanischen Sonderguts".

[116] Vgl. TANNEHILL, Unitiy 1, 295f, der unter Hinweis auf Lk 24,47 zeigt, wie Lukas die Themen des Täufers aufgreift und neu akzentuiert.

7

JESUS UND JOHANNES - CHRISTOLOGISCHE MOTIVE

Lk 3,15 Προσδοκῶντος δὲ τοῦ λαοῦ καὶ διαλογιζομένων πάντων ἐν ταῖς καρδίαις αὐτῶν περὶ τοῦ Ἰωάννου, μήποτε αὐτὸς εἴη ὁ Χριστός

Nachdem Johannes den fragenden Menschen seine ethischen Weisungen gegeben hat, überlegen diese, ob er nicht der Christus sei (Lk 3,15)[1]. Möglicherweise legten seine Umkehrpredigt und sein Auftreten als *Lehrer (der Gerechtigkeit?)*, der heilsrelevante ethische Weisungen gibt, eine solche Vermutung nahe. Die Antwort des Täufers, in der er auf einen kommenden Stärkeren verweist, wurde in der christlichen Überlieferung als Hinweis auf Jesus verstanden. Die Christen und mit ihnen auch Lukas sahen in Jesus den von der Schrift verheißenen Messias und zugleich den von Johannes angekündigten Stärkeren.

Die Tatsache nun, daß Lukas die Messianität und das Prophetentum Jesu gerade gegenüber Johannes besonders herausstellt, läßt vermuten, daß diesem bei seinen Anhänger eine viel höhere Wertschätzung widerfuhr, als sich das hinter der erwähnten Frage nach der Messianität des Täufers (3,15) oder etwa in Lk 7,24-29 noch widerspiegelt. Damit stellt sich erneut das hermeneutische Problem, über ein Bild des Täufers nachzudenken, das bestenfalls Spuren in der lukanischen Zeichnung seiner Gestalt hinterlassen hat. Und nur aus dem lukanischen „Gegenbild" der Gestalt Jesu Rückschlüsse auf das Bild des Johannes in Täuferkreisen ziehen zu wollen, wäre reichlich spekulativ. Deshalb soll im folgenden ein Motivfeld untersucht werden, das zumindest als religionsgeschichtliches Modell dienen könnte, um sich eine heilsgeschichtliche Zuordnung von Johannes und Jesus auch in Täuferkreisen vorzustellen. Gemeint ist das Pattern von den beiden Messiassen und dem eschatologischen Propheten, das ja bereits verschiedentlich als

---

[1] Wenn im folgenden die Bezeichnung „christologisch" verwendet wird, geschieht dies nicht im allgemeinen dogmatischen Sinn, sondern im engen Sinn der Fragestellung, ob Johannes der Christus, also der Messias, sei.

Hintergrund von Lk 1f angesehen wurde[2]. Es liegt nahe, die lukanischen Texte über Johannes und Jesus auf mögliche Beziehungen zu dieser religionsgeschichtlichen Vorstellung zu untersuchen.

Zunächst wird unter Aufnahme der in Lk 3,15 gestellten *Frage nach der Messianität* (7.1) gezeigt, daß Lukas in seinem Doppelwerk wahrscheinlich der *Vorstellung von den beiden Messiassen* (7.1.1) und der Verehrung des *Johannes als Träger von Prädikationen aus dem Motivfeld des priesterlichen Messias* (7.1.2) das Bekenntnis zu *Jesus als dem einen und königlichen Christus* entgegenstellt (7.1.3).

Weil Lukas einerseits sehr deutlich den Messias Jesus von dem Propheten Johannes unterscheidet, andererseits aber auch Jesus bei ihm prophetische Züge trägt[3], stellt sich die Aufgabe, seine Zeichnung von *Johannes und Jesus als Propheten* (7.2) näher zu betrachten. Zwar deutet der Titel „Prophet" zunächst keine messianischen Implikationen an, er konnte aber aufgrund der traditionellen Vorstellung vom Auftreten *des eschatologischen Propheten* (7.2.1) leicht in Verbindung mit messianischen Erwartungen gebracht werden. So könnte Johannes in Anhängerkreisen sowohl als messianischer *Prophet des Höchsten* (7.2. 2.a) als auch als *Prophet wie Mose* (b) oder *wie Elia* (c) bezeichnet worden sein. Daß Lukas die Vorstellung des messianischen beziehungsweise eschatologischen Propheten Johannes kannte, zeigen seine Auseinandersetzung mit diesem Motiv und die Bezeichnung Jesu als *Prophet* (7.2.3). Möglicherweise diente aber der auf Johannes angewandte Titel „Prophet" in der apologetischen Auseinandersetzung mit Anhängern des Täufers seiner heilsgeschichtlichen Einordnung, um eine Hochschätzung sowohl in christlichen als auch in Täuferkreisen zu ermöglichen, ohne ihn als Messias erscheinen zu lassen.

Johannes kündigt als Antwort auf die Frage nach seiner Messianität einen *kommenden Stärkeren* an (7.3 - vgl. Lk 3,16). Dieses Motiv wird ein eigenständiges Pattern *in der Verkündigung des Täufers* gewesen sein (7.3.1), das später mit dem Motiv des kommenden Menschensohns verbunden wurde (7.3.2). Die Erwartung des *Menschensohns* könnte in *Anhängerkreisen des Täufers* eine Rolle gespielt haben (a) und dann in Auseinandersetzung mit ihnen auch die lukanische Darstellung *Jesu als Menschensohn* (b) beeinflußt haben.

---

[2]   Vgl. BERGER, Messiastraditionen, 38f, THYEN, ΒΑΠΤΙΣΜΑ, 123, und WINK, John, 81f.

[3]   Vgl. dazu bes. NEBE: „Prophetische Züge im Bild Jesu bei Lukas".

7.1 Johannes und Jesus und die Frage der Messianität

Lk 3,15 kann aufgrund der stilistisch ausgefeilten Satzstruktur, der Wortwahl[4] und seiner rahmenden Funktion als ein Produkt lukanischer Redaktion angesehen werden. Anders als Markus und Matthäus, aber ganz ähnlich wie Johannes (Jh 1,25f) läßt Lukas den Hinweis des Täufers auf den nach ihm Kommenden (Lk 3,16; vgl. Jh 3,27) als Antwort auf die Frage, ob er der Christus sei, erscheinen. In beiden Fällen dürfte dies von der apologetischen Absicht getragen sein, Menschen, die Johannes den Täufer als Messias verehrten oder die sich zumindest fragten, ob er nicht der verheißene Messias war, mit der Autorität ihres Lehrers zu versichern, daß nicht er, sondern Jesus der Messias war.

Wenn im folgenden zunächst religionsgeschichtlich argumentiert wird, hat dies seinen Grund darin, daß einerseits der Textbefund bei Lukas allein nicht ausreicht, um das Modell von den beiden Messiassen zu rekonstruieren, daß er aber andererseits zahlreiche Indizien dafür bietet, in diesem Modell eine Art Motivreservoir für die Verehrung des Täufers in Kreisen seiner Anhänger zu sehen[5].

7.1.1 Die Vorstellung von den beiden Messiassen

Die Vorstellung von den beiden Messiassen war geeignet, um sowohl Johannes als auch Jesus in ein messianisches Modell einzuordnen[6].

---

[4] Vgl. JEREMIAS, Sprache, 109.

[5] Auf einen weiteren Grund, der mich bewogen hat, das religionsgeschichtliche Material hier aufzuführen, verweist auch KLINGHARDT: „Das Material, das zur Genüge diskutiert ist, muß hier zT. noch einmal angeführt werden, weil die Diskussion sich überwiegend mit der Frage beschäftigt hat, warum die Züge des priesterlichen Messias nicht auf Jesus übertragen wurden (außer Hebr) und dabei einige Merkmale des priesterlichen Messias weniger berücksichtigt hat." (DERS., Gesetz, 71 [Abkürzungen und Zeichensetzung wie im Original]). KLINGHARDT meint, die lukanische Redaktion der Täuferaussagen durch die Übertragung des Modells von den beiden Messiassen auf das Verhältnis von Jesus und Johannes geschlossen erklären zu können (vgl. a.a.O. 70-77).

[6] Vgl. THYEN, ΒΑΠΤΙΣΜΑ, 121-123, der mit Hilfe des Patterns von den zwei Messiassen erklärt, warum das Neue Testament mit Ausnahme des Hebräerbriefs die Vorstellung vom messianischen Hohenpriester nicht auf Jesus bezieht und „... eine so spröde Zurückhaltung in der Zeichnung Jesu als dieses eschatologischen Heilsbringers zeigt" (a.a.O. 123); vgl. auch BÖCHER, Art.: Johannes, 178: „Daß die Evangelisten Lukas und Johannes so nachdrücklich dem Täufer eine messianische Würde absprechen (Lk 3,15f; Joh 1,8.20; 3,28), beweist, daß sie sich mit Kreisen auseinandersetzen mußten, die nicht bzw.

Bevor nun auf mögliche Bezüge des Patterns zur lukanischen Theologie eingegangen wird (c), soll es zunächst unter Hinweis auf alle relevanten Texte dargestellt werden (a und b). Die Vorstellung von den zwei Messiassen begegnet sowohl in den in Qumran gefundenen Schriftrollen als auch in den Testamenten der zwölf Patriarchen. Sie geht auf den Bileamspruch Num 24,15-17 zurück und könnte in Anlehnung an das Motiv der beiden Gesalbten in Sach 4 (vgl. Sach 3,8; 6,9-13) entstanden sein[7]. Bileam prophezeit das Aufgehen eines Sterns aus Jakob: דרך כוכב מיעקב und das Kommen eines Zepters aus Juda: וקם שבט מישראל (Num 24,17).

a) Messiasvorstellungen in der Gemeinschaft von Qumran

Die Vorstellungen in Qumran ergeben keineswegs ein geschlossenes und in allen Details stimmiges Bild; dafür ist das Textmaterial zu uneinheitlich. Dennoch lassen sich einige Grundmotive erkennen, die hier kurz referiert werden sollen, da sie Assoziationen zu Johannes und Jesus nahelegen.

Die beiden Messiasse aus Aaron und Israel: In 1 QS IX,11 ist vom Kommen der beiden Messiasse aus Aaron und Israel die Rede: עד בוא נביא ומשחי אהרון וישראל. Das Motiv des Messias aus Aaron und Israel begegnet auch in CD XII,23f; XIV,19; XIX,10f und XX,1, wobei allerdings an diesen Stellen auch *eine* Gestalt gemeint sein könnte. Das Kommen der beiden Gesalbten wurde als zukünftiges eschatologisches Geschehen betrachtet, mit dem das Ende der Tage und das Gericht Gottes über alle Unbußfertigen verbunden war (vgl. CD XIX, 10-17). Ihre Aufgabe scheint darin zu bestehen, diejenigen, die im „Bund Abrahams" (ברית אברהם - CD XII,11) und dem „Bund

---

nicht nur Jesus, sondern auch Johannes den Täufer als Licht und Messias verehrten (mit Joh 1,8 vgl. Lk 1,78f)". WINK, John, 81f, hält es immerhin für möglich, daß die Parallelen in den Kinheitsgeschichten Lk 1f auf eine *„two-messiahs* theology" zurückzuführen sind, bei der Johannes als priesterlicher und Jesus als davidischer Messias angesehen wurden. Vgl. auch KUHN, Messiahs, 63: "The juxtaposition of a new prophet and the messianic king can be seen in the question of whether John the Baptist (Jn. 1,20f.) or Jesus (Mk 8,28 par.; Jn. 7,40f.) were one or the other of these two figures." REBELL, Erfüllung, 11, setzt in seiner Erörterung von Jesu Geistzeugung u.a. voraus, „... daß die Jesusgläubigen gegenüber den Täuferanhängern, die Johannes den Täufer als messianische Gestalt verehrten, *Jesus* als Messias herausstellen mußten", begründet dies allerdings nicht näher.

[7]   Vgl. SCHUBERT, Messiaslehre, 364.

der Umkehr" (ברית תשובה - CD XIX,16) standen und ihr Leben in Reinheit führten, von ihren Sünden zu entsühnen (CD XIV,19).

Auch hinter der Verwendung der Symbole „Stern aus Jakob" und „Stab aus Juda" aus dem Bileamsspruch (Num 24,17) in den Schriften der Qumran-Gemeinde dürfte die Vorstellung von zwei Messiassen stehen (vgl. CD VII,18-20; evtl.1 QM XI,6f ; 4 QTest 9-13).

Der priesterliche Messias: In den Texten aus Qumran ist der aus Jakob aufgehende Stern (דרך כוכב מיעקב - Num 24,17) das Symbol für den Priestermessias. In 1 QSa II,11-22 ist von einem *aaronidischen Priester* die Rede (13), der *Messias Israels* genannt wird (14) und den Gott geboren werden läßt (11)[8], um ihn an die Spitze der ganzen Gemeinde zu stellen (12). Im eschatologischen Mahl[9] spricht dieser Messias vor dem Essen den Segen über Brot und Wein (18-20), so wie es im alltäglichen rituellen Vollzug des Mahles der inneren Gemeinschaft von Qumran gleichsam antizipatorisch der vorsitzende Priester tat (1 QS VI,4f)[10]. In CD VII,18 wird der *Stern aus Jakob* als *Erkunder des Gesetzes* bezeichnet (והכוכב הוא דורש התורה), eine Bezeichnung, die wohl auch auf Mose angewandt wurde (vgl. CD VI,7)[11]. Die Gegenüberstellung von dem eindeutig messianisch zu interpretierenden Sproß Davids und dem *Erkunder des Gesetzes* in 4 QFlor [174] I,11 zeigt, daß auch letzterer als messianische Gestalt angesehen wurde.

Der königliche Messias: Für den Messias aus Israel werden verschiedene Symbole und Bezeichnungen gebraucht. Er ist das aus Juda kommende „Zepter" (שבט - Num 24,17), der „Sproß" Davids (צמח - Jes 11,1; vgl. שבט in V.4) und der davidische „Fürst" der Gemeinde (נשיא - Ez 34,24; 37,25). In 1 QSa II,11-21 ist der *Messias aus Israel* deutlich dem priesterlichen Messias aus Aaron untergeordnet (20). Zwar segnet er mit dem messianischen Priester zusammen Brot und Wein, doch beginnt jeweils der Priester mit der Handlung. Beide stehen an der Spitze der gesamten Gemeinde, aber zunächst nehmen

---

[8] Der Vorschlag von LOHSE, Texte, 50f, dürfte den ursprünglichen Sinn des Textes treffen: אם יו[ל]י[ד] [אל] א[ת] המשיח אתם (a.a.O. 50) = „... *wenn [Gott] geb[or]en werden läßt d[en] Messias unter ihnen ...*" (a.a.O. 51), ähnlich auch MAIER / SCHUBERT, Qumran-Essener, 297.

[9] Vgl. 1 QSa I,1: „Und dies ist die Ordnung für die ganze Gemeinde Israels am Ende der Tage ...".

[10] Vgl. JOSEPHUS, Bell 2,131.

[11] Vgl. dazu CD V,20-VI,10 mit Num 21,18.

die aaronidischen Priester gegenüber dem Priestermessias Platz und
dann erst die „Häupter Israels" vor dem Messias aus Israel (12-16).
Das in 1 QSb V,24-26 auf den *Fürsten der Gemeinde* (נשיא העדה -
1 QSb V,20) angewandte Zitat aus Jes 11,2.4f macht deutlich, daß es
sich dabei um eine messianische Gestalt handelt, von der man die
politische Herrschaft und Befreiung im Eschaton erwartete. Das Zeichen dieser Herrschaft ist ein *Zepter* (שבט), das in 1 QSb V,24 charak-
teristischerweise als militärisches Machtinstrument und nicht wie in Jes
11,4 als entmilitarisiertes Sprachwerkzeug gebraucht wird[12]. Auch in
der Damaskusschrift wird das in Num 24,17 verheißene *Zepter aus Is-*
rael auf den *Fürsten der ganzen Gemeinde* gedeutet (CD VII,20: העדה
השבט הוא נשיא כל). Dieser wiederum wird ausdrücklich von dem
Stern aus Jakob, dem Erkunder des Gesetzes, unterschieden (CD
VII,18-20). Verbunden mit dem Auftreten der beiden messianischen
Gestalten ist das „Gericht über diejenigen aus Israel, die umgekehrt
sind" (CD VIII,16: המשפט לשבי ישראל), und die, weil sie Schlangen-
gift tranken (CD VIII,9-11), den Bund der Väter wieder verließen (CD
VIII,18)[13].

In der Kriegsrolle zeigt sich erneut, daß es die vornehmliche Aufgabe des *Fürsten der Gemeinde* ist, im eschatologischen Krieg als messianischer Heerführer Israels alle Gottlosen zu vernichten (1 QM V,1).

Das kurze Fragment des Patriarchensegens (4 QPatr) verbindet in
der Auslegung von Gen 49,10 das Symbol *Sproß Davids* (צמח דויד -
3f) mit der eschatologischen Königsherrschaft und dem Titel „Messias
der Gerechtigkeit" (משיח הצדק - 3). Darüber hinaus erinnern die Verheißung eines „Machthabers aus Juda" (משפט יהודה - 1) als wörtliche
Anspielung und die Erwähnung des Herrscherstabs (המחקק - 2) als
motivliche Anspielung an das messianische Symbol des Zepters (שבט -
Num 24,17)[14]. 4 QPatr zeigt also, daß die drei Bezeichnungen *Stab*,
Sproß und *Fürst* in Qumran für einen aus Juda erwarteten königlichen
Messias standen.

---

[12] In Jes 11,4 ist vom „Stab seines Mundes" (שבט פיו) die Rede, und in 1 QSb
V,24 wird שבט absolut gebraucht.
[13] Die Bezeichnung der Abgefallenen als „Mauernerbauer" und „Wändevertün-
cher" (CD VIII,12.18) könnte ein Hinweis darauf sein, daß es sich hier um eine
Polemik gegen die Pharisäer handelt (vgl. Mt 3,7; 23,27.33; zu Polemiken gegen die „Pharisäer" in den Schriftfunden aus Qumran vgl. FLUSSER, Pharisäer,
bes. 126-149, und MAIER / SCHUBERT, Qumran-Essener, 36-41).
[14] Allerdings wird המחוקק in CD VI,7 für Mose als „Erkunder des Gesetzes" gebraucht.

Nach 4 QFlor [174] I,11-13 wird der *Sproß Davids* zusammen mit dem „Erkunder des Gesetzes" in Zion am Ende der Tage die zerfallene Hütte Davids (vgl. Am 9,11) wieder aufrichten, um Israel zu retten.

Fazit: Zusammenfassend läßt sich sagen, daß es in Qumran die Vorstellung vom Kommen von zwei verschiedenen messianischen Gestalten gab[15]. Selbst wenn man alle genannten Stellen im Sinne eines Parallelismus membrorum auf *einen* Messias deuten würde, müßten dennoch zwei deutlich differierende Motivgruppen postuliert werden. Während auf der einen Seite vom Stern und vom priesterlichen Messias gesprochen und über den Titel „Erkunder des Gesetzes" und den gemeinsamen Stammvater Levi (vgl. Ex 2,1) eine Linie zu Mose gezogen werden kann (vgl. CD VI,7), erscheint auf der anderen Seite das Zepter aus Israel als messianischer Fürst und königlicher Sproß aus dem Haus Davids. Die Tatsache, daß in Qumran kultisch-sakramentale Dinge ohnedies eine größere Bedeutung als die Politik hatten, aber auch 1 QSa II,11-22 lassen eine Unterordnung der königlich-messianischen Prädikationen unter die priesterlichen erkennen. Während der Priestermessias der kultischen Gemeinschaft *und* ganz Israel vorstehen wird und durch die Erkundung der Tora der Rettung der Umgekehrten und Reinen dienen wird, leitet der davidische Fürst der Gemeinde „nur" die Vernichtung der Unbußfertigen ein.

b) Messiasvorstellungen in TestXII

Ähnliche Vorstellungen wie bei der Gemeinschaft in Qumran bezüglich der messianischen Gestalten, die am Ende der Zeit erwartet werden, begegnen auch in den Testamenten der zwölf Patriarchen. Möglicherweise gab es eine aramäische Grundschrift der Testamente, die in essenischen Kreisen entstanden ist[16].

In TestRub 6,8-12 wird zwischen den Aufgaben Levis und Judas unterschieden[17]: Levi wird das Gesetz erkennen und in Rechts- und Kultfragen bis zur Vollendung der Zeiten des hohenpriesterlichen

---

[15] Vgl. STEGEMANN, Essener, 287f.

[16] Vgl. SCHUBERT, Messiaslehre, 354, der auch auf den Fund aramäischer Fragmente von TestLev in Höhle 1 und 4 in Qumran hinweist. BECKER, Untersuchungen, 91, lehnt eine literarische Abhängigkeit von TestLev und den aramäischen Fragmenten ab; DE JONGE, Testament, 253, resümiert: "*T. Levi*, then, represents an abbreviated and heavily redacted version of the Levi-material, preserved in the various fragments of *Ar. Levi.*"

[17] Zur Stelle und textkritischen Problemen vgl. KLINGHARDT, Gesetz, 47f.

Messias (ἀρχιερεὺς χριστός) entscheiden[18]. Juda dagegen ist von Gott erwählt, um über die Völker zu herrschen, und wird ein ewiger König sein. „Zwar sind hier nicht die beiden Messias im Blick, aber die oben beobachtete Typisierung der messianischen Gestalt nach dem betreffenden Stamm ist hier insofern sicher vollzogen, als bei Juda (6,11f) offensichtlich die Aufgabe des Stammes nach der Funktion des aus ihm stammenden Messias beschrieben ist."[19]

In Anknüpfung an den Bileamspruch heißt es in TestSim 7,1f von Levi und Juda, aus ihnen werde das Heil Gottes aufgehen; der Herr werde aus Levi jemanden wie einen Hohenpriester und aus Juda jemanden wie einen König als Gott und Mensch auferstehen lassen, um Israel und die Völker zu retten.

In unserem Zusammenhang ist das Testament Levis besonders interessant; nicht nur weil von dieser Schrift aramäische Fragmente in Qumran gefunden wurden, sondern auch weil die Darstellung des messianische Hohepriesters hier große Ähnlichkeiten mit der in Qumran hat.

In einer Vision salben sieben weißgekleidete Männer Levi zum Hohenpriester (TestLev 8,1-10) und ihm werden für seinen Samen drei Ämter verheißen (8,11-15) „als Zeichen für die Herrlichkeit des kommenden Herrn" (11: εἰς σημεῖον δόξης κυρίου ἐπερχομένου); dabei ist sowohl von einem König aus Juda, der auferstehen wird, als auch von einem neuen Priesteramt die Rede.

In TestLev 17 wird im Stil apokalyptischer Schriften anhand von sieben Perioden des Priestertums die Geschichte Israels gedeutet. Dabei ist die Beschreibung des ersten Priesters, der am Ende der Zeit wieder auferstehen wird, bemerkenswert: *Der erste, der zum Priestertum gesalbt wird, wird groß sein* (μέγας ἔσται); *und er wird mit Gott reden wie mit einem Vater; und am Tag seiner Freude wird er zur Erlösung der Welt auferstehen* (TestLev 17,2; vgl. Lk 1,14-17.32f.35).

---

[18]   Vgl. TestRub 6,8: διὰ τοῦτο ἐντέλλομαι ὑμῖν ἀκουεῖν τοῦ Λευί, ὅτι αὐτὸς γνώσεται νόμον κυρίου, καὶ διαστελεῖ εἰς κρίσιν καὶ θυσίας ὑπὲρ παντὸς Ἰσραήλ, μέχρι τελειώσεως χρόνον ἀρχιερέως χριστοῦ, ὅν εἶπε κύριος. Wenn nicht anders vermerkt, wird aus DE JONGE, Testaments, zitiert. Zur viel diskutierten Frage, ob es sich bei ἀρχιερέως χριστοῦ um eine christliche Interpolation handelt, vgl. BECKER, Untersuchungen, 197-202, und KARRER, Gesalbte, 341-345. KARRER verweist darauf, daß der neutestamentlich nicht belegte Ausdruck ἀρχιερεὺς χριστός eher als jüdisch „sehr naheliegende, eschatologisierte Übersetzungsvariante für das alttestamentlich-priesterliche משוח / כהן משיח" vorgestellt werden könne (a.a.O. 342).

[19]   KLINGHARDT, Gesetz, 75.

Die beschriebene Zeit (7 Wochen; vgl. Dan 9,24) endet mit der Verunreinigung des Tempels durch Götzendienst und Hurerei der Priester (TestLev 17,11; vgl. 15,1). In TestLev 18 folgt dann die Schilderung der eschatologischen Ereignisse nach dieser Zeit: Gott wird einen neuen Priester erwecken, der das Gericht der Wahrheit halten wird (18,2). Von diesem Priester heißt es nun in Anknüpfung an das Motiv aus Num 24,17, sein Stern werde am Himmel aufgehen wie der eines Königs und er werde als Licht der Erkenntnis leuchten (18,3)[20] und wie die Sonne die Erde erhellen und vom Himmel her jede Finsternis verdrängen und Frieden auf die ganze Erde bringen (4). Himmel und Erde werden jubeln, und die Engel der Ehre werden sich mit ihm freuen (5). Die Himmel werden geöffnet (6), und die Herrlichkeit des Herrn (δόξα ὑψίστου) und der Geist der Einsicht und der Heiligung werden über ihm sein (7). Unter seinem Priestertum werden die Völker mit Erkenntnis erfüllt sein, und jede Sünde wird erlöschen (9).

Auch in Testament Judas werden zwei messianische Gestalten voneinander unterschieden. In TestJud 21,1-4 wird die in den Texten aus Qumran angedeutete Unterordnung des messianischen Königs aus Juda unter den Priestermessias von Juda selbst ausgesprochen: Ἐμοὶ γὰρ ἔδωκε κύριος τὴν βασιλείαν κάκείνῳ τὴν ἱερατείαν, καὶ ὑπέταξε τὴν βασιλείαν τῇ ἱερωσύνῃ (2).

Und in TestJud 24,1-6 wird unter Bezug auf die Bileamweissagung der „Stern aus Jakob" (1) von dem „Herrschaftsstab" aus Juda (5) unterschieden[21]. Der Stern wird „Sproß des höchsten Gottes" (βλαστὸς Θεοῦ ὑψίστου) genannt (4). Seine Aufgabe scheint es zu sein, durch die Ausgießung des Geistes das Wandeln in den Geboten Gottes zu ermöglichen (2f). Das Zepter aus Juda dagegen ist ein „Stamm" (πυθμήν) an der Wurzel Israels (5)[22], dem die Herrschaft über die Völker obliegt (6). Beide sind Kinder Abrahams, doch ist der wiederauferstandene Levi mit seinen „himmlischen" Aufgaben dem mehr „irdischen" Juda übergeordnet[23].

---

[20] TestLev 18,3a: καὶ ἀνατελεῖ ἄστρον αὐτοῦ ἐν οὐρανῷ ὡς βασιλεύς φωτίζων φῶς γνώσεως ὡς ἐν ἡλίῳ ἡμέρας.

[21] Es ist aber nicht sicher zu entscheiden, ob der ἄνθρωπος ἐκ τοῦ σπέρματός μου ὡς ἥλιος δικαιοσύνης in TestJud 24,1 mit dem ῥάβδος δικαιοσύνης in 24,6 identisch ist.

[22] TestLev 24,4 und 5 spielen beide auf Jes 11,1 an, die Unterscheidung von βλαστός und πυθμήν dient also dazu, die beiden messianischen „Zweige" aus der einen Wurzel Israels voneinander abzuheben.

[23] Vgl. die Reihenfolge in TestJud 24,1.5 und 25,1f.

In TestIss 5,7 heißt es, der Herr habe durch Losentscheid das Priestertum für Levi und die Königsherrschaft für Juda bestimmt.

Bereits TestLev 18,2-4 hatte ja deutlich die Verbindung der Sonne mit dem messianischen König aus Juda erkennen lassen. In TestNaph 5,3-5 werden dann Levi und Juda mit Sonne und Mond verglichen. Die Sonne wird durch zwölf wohl kreisförmig gehaltene *Palmzweige* dargestellt, das heißt, sie wird mit einem weiteren messianischen Symbol verknüpft[24]. Die Stelle spricht dafür, daß die Vorstellung von den beiden Messiassen unabhängig vom Christentum existierte.

Insgesamt muß bei den genannten Stellen aus den Testamenten wohl mit christlichen Interpolationen gerechnet werden[25], doch dürfte die Vorstellung als solche kaum in christlichen Kreisen entstanden sein.

Fazit: Die TestXII belegen, daß die Vorstellung von zwei Messiassen auch über Qumran hinaus verbreitet war, und bestätigen zugleich die unter 7.1.1.a noch recht hypothetisch erscheinenden Ergebnisse. Levi und Juda stehen in den TestXII als Namen für die beiden Stammesväter *und* für die „aus ihrem Samen" erwarteten messianischen Hoffnungsträger in den letzten Tagen. Bevor sie erscheinen, wird es zur Verunreinigung des Tempels kommen. Der Stern aus Jakob wird jedoch als Hoherpriester denen, die auf ihn hören, Erkenntnis geben, damit sie durch den Geist Gottes gereinigt in Frieden und Gerechtigkeit nach seinen Geboten leben können. Das Zepter Judas dagegen ist der königliche Messias aus dem Stamm Davids. Er hat die Aufgabe, über die Völker auf der Erde zu herrschen, und ist dem priesterlichen Messias untergeordnet.

c) Messianische Typologien in der Stephanusrede (Apg 7)

Die Vorstellung von den beiden Messiassen begegnet im Lukasevangelium nicht. Die Verteilung priesterlich- und königlich-messianischer Eigenschaften in den Kindheitsgeschichten auf Johannes und Jesus läßt allerdings vermuten, daß Lukas dort Texte oder Traditionen aufgreift, die dieses Modell sozusagen als Motivreservoir für die Verehrung des

---

[24] Zum messianischen Symbolwert der Palme, vgl. VON GEMÜNDEN, Palme, 95. Frau VON GEMÜNDEN verdanke ich den Hinweis auf TestNaph 5,3-5.

[25] Deshalb lehnt etwa DE JONGE, Messiahs, es ab, daß die Vorstellung von *zwei* Messiassen überhaupt in den Testamenten vorkomme: "Wherever 'a human agent of divine deliverance' comes into the picture, there's only one: Jesus Christ." (a.a.O. 192). KLINGHARDT dagegen hält eine christliche Überarbeitung von TestLev 18 und TestJud 24 für unwahrscheinlich, da die Nähe zu Qumran größer als die zum neutestamentlichen Textmaterial sei (KLINGHARDT, Gesetz, 73f, Anm. 13).

Täufers verwandten[26]. Dieses Pattern läßt sich nun noch an einer anderen Stelle im lukanischen Doppelwerk erahnen, und zwar in der Rede des Stephanus, einem Text, in dem Lukas ebenfalls auf eine ältere ihm vorliegende Quelle zurückgreift[27]. Erneut läßt sich also eine Verwandtschaft der Stephanusrede mit dem theologischen Milieu, in dem die Kindheitsgeschichten Johannes des Täufers entstanden sind, vermuten[28].

Nach der Schilderung der an Abraham gerichteten Verheißung einer Stätte, an der seine Nachkommen Gott dienen werden (Apg 7,1-8), und der Erwähnung der Josefsgeschichte (V.9-16) setzt die Rede mit einer Erfüllungsformel neu ein (V.17: ἤγγιζεν ὁ χρόνος τῆς ἐπαγγελίας ἧς ὡμολόγησεν ὁ θεὸς τῷ Ἀβραάμ ...) und kommt nun zu ihrem Hauptteil, einer typologisch zu deutenden Beschreibung der Gestalt des Mose (V.20-44). Durch V.17a ist die Zeit des Mose als Zeit der Erfüllung der Verheißungen an Abraham gekennzeichnet. Schon dies deutet an, daß Mose hier als Typos für eine eschatologische Rettergestalt stehen könnte. Weitere Indizien kommen hinzu:

- Die Erzählung von Geburt, Kindheit und Heranwachsen des Mose weicht an prägnanten Punkten von der alttestamentlichen Vorlage ab[29]. Er wird als „Gott wohlgefällig" (ἀστεῖος τῷ θεῷ) beschrieben (V.20) und sei, heißt es im Gegensatz zu Ex 4,10, in aller Weisheit der Ägypter unterrichtet und „mächtig in Worten und Taten" (V.22)[30].

---

[26] Zur Anwendung der messianischen Prädikationen, die sich noch rudimentär in den Kindheitsgeschichten erkennen lassen, auf Johannes vgl. unten unter 7.1.2, S.228-232, und zu den messianischen Prädikationen Jesu unter 7.1.3, S,233-243.

[27] Eine instruktive Zusammenfassung der in der Forschung differierenden Meinungen zu Umfang und Herkunft der Traditionsstücke in Apg 7 bietet WEISER, Apostelgeschichte I, 180f.

[28] Vgl. 4.1.2.a zu Apg 7,2-53, S.132-134. Die viel diskutierte Abhängigkeit der Stephanusrede vom samaritanischen Pentateuch ist u.a. von SCHNEIDER, Stephanus, 238f, widerlegt worden; die Lokalisierung der Patriarchengräber in Sichem (Apg 7,15) und dieTempelkritik reichen nicht aus, um daraus einen samaritanischen Ursprung ableiten zu können (vgl. CULLMANN, Jesus, 240-242; PUMMER, Pentateuch). SCHNEIDER zeigt desweiteren, daß auch die Gruppe der Hellenisten nur vage zu bestimmen ist (a.a.O., 249-252).

[29] Vgl. dazu auch STEMBERGER, Stephanusrede, 165-168.

[30] Bemerkenswert im Zusammenhang mit der Vermutung, daß die Gestalt des Mose in der Stephanusrede als Typos für Johannes den Täufer gedeutet wurde, ist ein Motiv der jüdischen Tradition, auf das STEMBERGER, Stephanusrede, 167, hinweist. Er bringt die Bezeichnung des Mose als „Führer und Retter" in Zusammenhang mit der Prophezeiung Mirjams, „...die Moses Mutter schon während ihrer Schwangerschaft erklärte, das erwartete Kind werde Israel erlö-

- Auf die Schilderung der ersten vierzig Lebensjahre des Mose, die sich auf einen kurzen Abriß seiner Kindheit und seines Heranwachsens beschränkt (V.20-22), folgt die Beschreibung einer weiteren vierzig-jährigen Periode seines Lebens, in der er „an die Öffentlichkeit tritt" und aufgrund seiner „Verkündigung" fliehen muß (V.23-29). Er sieht fürsorglich nach seinen Brüdern (ἐπισκέψασθαι - V.23), steht dem, der Unrecht leiden muß, bei und rächt den Unterdrückten (V.24). Seine göttliche Sendung und das Heil, das Gott durch seine Hand seinen Brüdern geben will, trifft jedoch auf Unverständnis (V.25)[31].

- Die dritte vierzigjährige Periode (vgl. V.36) beinhaltet Moses Berufung und Tätigkeit in der Wüste (V.30-44). Mose erhält hier in seiner Beschreibung messianische Prädikationen, die eine typologische Deutung nahelegen. Er wird durch den Engel Gottes von Gott als „Anführer und Erlöser" (ἄρχοντα καὶ λυτρωτὴν) bezeichnet (V.35). Außerdem läßt die Verwendung der Formel „dieser ist der Mose, der ..." (V.35.37.38; vgl. V.40) ihn bereits als typologisch zu interpretierende Gestalt erscheinen. Dies unterstreichen zudem der Hinweis auf die Ankündigung des Mose, daß Gott einen Propheten wie ihn erwecken werde (V.37), und die Parallelen zum Benediktus, wo die Rettergestalt als jemand beschrieben wird, durch den Gott seinem Volk „Erlösung" aus der Hand seiner Feinde bereitet[32]. Mose erhält in der „Gemeinde in der Wüste", wo er zwischen dem Engel und „unseren Vätern" steht, lebendige Worte, um sie an „uns" weiterzugeben[33]. Der Zug, daß Stephanus diese Rede vor einem *Hohenpriester* hält (7,1), kann als Hinweis dafür genommen werden, daß hier unter Zuhilfenahme des Modells eines priesterlichen Messias ein Gegenmodell zu dem herrschenden prie-

---

sen (z.b. *Sota* 12b)." (ebd.). Diese Tradition, die in der Tat im Hintergrund von Apg 7,20-43 gestanden haben könnte, erinnert natürlich stark an die lukanischen Kindheitsgeschichten.

[31] Die Nähe der Motive zum Benediktus ist - wenn dieses Wortspiel gestattet ist - „mit Händen zu greifen". Hier wie dort gedenkt Gott seines Bundes mit Abraham, um durch die Sendung eines Heilsbringers sein Volk aus den Händen der Feinde zu befreien. Auch im Magnifikat werden die Parteinahme Gottes für die Unterdrückten und die Entmachtung der Mächtigen als Erfüllung seiner Verheißung an Abraham beschrieben.

[32] Vgl. Lk 1,68f.71: ... ἐποίησεν λύτρωσιν τῷ λαῷ αὐτοῦ, / καὶ ἤγειρεν κέρας σωτηρίας ἡμῖν ... / σωτηρίαν ἐξ ἐχθρῶν ἡμῶν καὶ ἐκ χειρὸς πάντων τῶν μισούντων ἡμᾶς.

[33] Ich halte ἡμῖν für ursprünglich, weil es an πατέρων ἡμῶν anknüpft und zugleich eine Identifikation des ursprünglichen Trägerkreises der Rede mit der „Gemeinde in der Wüste" und „unseren Vätern" deutlich werden läßt.

sterlichen Strukturen am Jerusalemer Tempel entwickelt wird. Dies würde die Tempelkritik in der Rede erklären.

In ihrer Summe lassen die Beobachtungen zur Darstellung des Mose in der Stephanusrede Ähnlichkeiten zum Pattern des priesterlichen Messias im Rahmen der Vorstellung von den beiden Messiassen erkennen.

Wenn es nun richtig ist, daß Mose hier als Typos des „Heilands" und priesterlichen Messias erscheinen soll, stellt sich natürlich die Frage, warum dann auch Abraham, Josef und David so positiv dargestellt werden und gleichsam messianische Qualitäten erhalten. Denn es fällt ja auf, daß auch Josef mit äußerst positiven göttlichen Eigenschaften bedacht wird, und von David heißt es: „Dieser fand Gnade bei Gott." (V.46). Diese wertende Art der Darstellung, die zum Teil auch im Widerspruch zu den alttestamentlichen Texten steht, läßt sich nun durch die Verwendung des Patterns von den beiden Messiassen erklären.

David und Mose sind Kinder Abrahams. Die Verheißung einer Stätte, an der die Nachkommen Abrahams Gott dienen werden (V.7), erfüllt sich an beiden, da sie beide dem Haus Jakob einen Ort geben, an dem sie Gott dienen können (V.44.46). Aber Israel trägt statt der Stiftshütte die Hütte Molochs (V.43f) und errichtet einen unwürdigen irdischen Tempel (V.47-51). Dennoch deutet sich bei beiden ein Fortbestand der Verheißung an. Mose kündigt einen Propheten wie er selbst an (V.37), den Gott aus seinen Brüdern erwecken werde, und bei David macht die auf die Erwähnung der von ihm bei Gott gefundenen Gnade (V.46) folgende Verwerfung des Salomonischen Tempels (V.47 -49) deutlich, daß sich in ihm noch nicht die Verheißung für das Haus Jakobs erfüllt hat. Bedenkt man nun, daß Mose aus dem Hause Levis stammt (Ex 2,1f; 4,14)[34] und in Apg 7 wie ein Hoherpriester dargestellt wird, der der Gemeinde vorsteht und sie vollmächtig über den Willen Gottes belehrt (V.22.38), so ist es vorstellbar, daß er in der Rede als Typos für den messianischen Hohenpriester erscheinen soll, der aus Levi und als Stern aus Jakob erwartet wurde. Hierfür spricht auch, daß der in der Wüstengemeinde von Qumran als „Stern aus Jakob" bezeichnete priesterliche Messias ebenso „Erkunder des Gesetzes" genannt wird wie Mose (vgl. CD VII,18; VI,7 u. Num 21,18). Dies würde auch die besondere Erwähnung Jakobs in der Stephanusrede erklären (vgl. Apg 7,8.14-16.32.46).

---

[34] Das Auftreten, die levitische Herkunft und der Aufenthalt bei dem Priester von Midian (Ex 2,16-22), ließen Mose priesterlich erscheinen und legten es nahe, in dem Propheten wie Mose eine priesterliche Gestalt zu sehen.

Und ganz parallel dazu wären dann auch Josef und David zu interpretieren. Josef wird mit ähnlichen Worten wie Jesus in Lk 2,40 beschrieben: „Gott war mit ihm.". Auch er erhält Gnade und Weisheit
von Gott (V.10)[35]. Die deutliche Betonung der Weisheit Josefs als
Gottesgabe, die von der biblischen Tradition abweicht (vgl. Gen
41,37-41), läßt sich eher durch eine bewußt konstruierte Überbietung
der Weisheit des Mose, die dieser nur von den Ägyptern hat (Apg
7,22), erklären als durch den Hinweis auf einzelne jüdische Traditionen[36]. Auch dies wäre dann eine deutliche Analogie zu der überbietenden Darstellung des Heranwachsens Jesu im Vergleich zu Johannes in
den Kindheitsgeschichten (vgl. Lk 1,80; 2,40.52)[37]. So wie die Weisheit Jesu die des Täufers übertrifft, übertrifft auch die Weisheit Josefs
die des Mose. Und nur Josef und der im Unterschied zu dem Leviten
Mose von Juda abstammende David finden Gnade bei Gott (Apg
7,10.46).

Falls nun die Stephanusrede in Teilen in Täuferkreisen bekannt gewesen sein sollte, ist es vorstellbar, daß Mose als Typos für den hohepriesterlichen Messias und für Johannes den Täufer interpretiert wurde. Immerhin gab es auch von dem Täufer die Überlieferung einer
besonderen Kindheit. Er stammte väter- und mütterlicherseits aus demselben Haus wie Mose und war der Sohn eines Priesters[38]. Der von
Mose geschilderte Aufenthalt in der Wüste, seine vollmächtige Verkündigung und sein Auftreten vor der Gemeinde in der Wüste konnten
ebenfalls als Hinweise auf Johannes verstanden werden, der ja wie hier
Mose für sein Volk Israel eintrat. Und schließlich legen seine Bezeichnung als Prophet des Höchsten (Lk 1,76; vgl. 7,26; 20,6) und die explizite Ankündigung eines neuen Propheten wie Mose in Apg 7,37 eine
typologische Gleichsetzung der beiden nahe. Auch die Erwähnung des
Prophetenmords an denen, die das Kommen des Gerechten verkündeten (V.52), erinnert an Schicksal und Verkündigung des Täufers. Auf
der anderen Seite konnte in der christlichen Rezeption David als Typos
für Jesus erscheinen, denn Jesus, der Sohn Josefs, wurde als königli-

---

[35] Vgl. Apg 7,9f: καὶ ἦν ὁ θεὸς μετ᾽ αὐτοῦ / ... καὶ ἔδωκεν αὐτῷ χάριν καὶ
σοφίαν ... mit Lk 2,40: ... πληρούμενον σοφίᾳ, καὶ χάρις θεοῦ ἦν ἐπ᾽ αὐτό
und Apg 10,38: ... ὁ θεὸς ἦν μετ᾽ αὐτοῦ. Sowohl in Lk 2,40 als auch in Apg
10,38 werden die Aussagen über Jesus im direkten Gegenüber zu Johannes dem
Täufer gemacht (vgl. Lk 1,80; Apg 10,37)!

[36] Vgl. STEMBERGER, Stephanusrede, 160, mit dem Hinweis auf Ps 105,22 und
JOSEPHUS, Ant 2,87-94, und dazu WEISER, Apostelgeschichte I, 184.

[37] Vgl. zur Weisheit von Johannes und Jesus 4.4 (*Weisheit*), S.147-159.

[38] Der Schwiegervater des Mose war Priester (Ex 2,16ff). Vgl. auch die eher
negativ gefärbte Rolle Aarons in Apg 7,39-43.

cher Messias aus Juda verehrt, und seine Herkunft wurde schließlich etwa in Lk 3,23ff auf David, Juda, Jakob, Abraham und schließlich auf Gott zurückgeführt.

Ob nun in den Kreisen, in denen die Stephanusrede entstand[39], oder in späteren Redaktionsstufen das Modell von den beiden Messiassen typologisch auf Mose und David oder auf Mose und Josef und dann auf Johannes und Jesus übertragen wurde, läßt sich nicht mehr mit Sicherheit sagen. Jedenfalls ist die Vorstellung, daß es Kreise gab, in denen sowohl Johannes als auch Jesus eine hohe Wertschätzung genossen, nach Bekunden des Lukas keineswegs abwegig (vgl. Apg 18,24-19,5).

Die Beobachtung, daß Mose in Apg 7,31f vor dem Dornbusch erheblich ängstlicher reagiert als in Ex 3,2-4, oder auch die Betonung der göttlichen Gnade und Weisheit bei Josef und der Gnade bei David, die in einem gewissen Gegensatz zu der Darstellung des Mose steht (vgl. Apg 7,9f.22.46), könnten auf lukanische oder vorlukanische redaktionelle Eingriffe hinweisen, die den königlich-davidischen Messias Jesus dem priesterlich-mosaischen Typos des Johannes überordnen wollten. In jedem Fall macht aber Lukas, indem er schon in Apg 3,19-26 die Abrahamverheißung und die Ankündigung des Mose, daß Gott einen Propheten wie ihn erwecken werde, ausdrücklich auf Jesus bezieht, deutlich, daß alle typologischen Anspielungen in der Rede des Stephanus, die messianische Qualität haben, ebenfalls auf Jesus zu beziehen sind. Dies unterstreicht auch das programmatische Christusbekenntnis des sterbenden Stephanus (Apg 7,59). Für Lukas ist Jesus und nicht Johannes Träger der Verheißungen an Abraham (Apg 7,1-8; vgl. 3,25)[40], nur Jesus ist für ihn Träger der göttlichen Weisheit wie Josef, Mose und Salomo (Apg 7,10.22.47; vgl. Lk 2,40-52; 11,31f)[41] und Träger der Gnade Gottes wie Josef und David; und Gott ist mit ihm wie mit diesen (Apg 7,10.46; vgl. Lk 2,40.52; Apg 10,38). Er und nicht Johannes ist der Prophet wie Mose (Apg 7,37; vgl. Lk 7,16.26-28.39; 24,19; Apg 3,21-23), und nur Jesus ist es, der als Sohn Davids die zerfallene Hütte Davids als wahres Haus Gottes wieder aufrichtet (Apg 7,42-50; vgl. Lk 1,69; 2,46-49; 13,34f; 23,45; Apg 13,22-25.32-37; 15,16). Die gegenüber der Anklage wegen des Prophetenmords an denen, die den kommenden Gerechten ankündigten, nachgeschobene Anklage wegen der Ermordung dieses Gerechten (vgl. Apg 7,52) wird

---

[39] Daß dies jüdische und nicht rein-samaritanische Kreise waren, hat STEMBERGER, Stephanusrede, überzeugend nachgewiesen.

[40] Vgl. 4.1 (*Abraham und seine Kinder*), S.125-142.

[41] Vgl. 4.4.2 (*Jesus und die Weisheit*), S.152-156.

eine redaktionelle Ergänzung des Lukas sein, um eine Anspielung auf den Tod Johannes des Täufers durch einen Hinweis auf Jesu Tod zu nivellieren.

Fazit: Sowohl in den Kindheitsgeschichten als auch in Apg 7 läßt sich erahnen, daß diese Texte vor ihrer lukanischen Rezeption einzelne Motive des Patterns von dem priesterlichen Messias auf Johannes den Täufer übertrugen. Möglicherweise deuten sie auch eine vorlukanische Verwendung der Vorstellung von den beiden Messiassen an. Dies wäre dann als nachträgliche christliche Auseinandersetzung mit der Verehrung des Johannes zu verstehen, die darin bestand, daß man dem Priester Johannes den königlichen Sohn Davids Jesus hinzugesellte; oder es wäre als Versuch von Täuferkreisen zu interpretieren, die Verehrung Jesu als Messias mit der Verehrung des Johannes zu harmonisieren. In beiden Fällen ist eine solche Anwendung des Patterns von den zwei Messiassen auf Jesus und Johannes in einer Phase der Entwicklung des Urchristentums vorstellbar, in der die Übergänge zwischen den Gruppen, die den Täufer verehrten, und den Anhängern Christi noch fließend waren. Die von Lukas beschriebene Situation in Ephesus (Apg 19,1-7) könnte paradigmatisch für diese Phase sein. Im Zuge der Tradierung der Texte verlagerte sich dann die Gewichtung. Johannes wurde mehr und mehr als Bote und untergeordneter Ankündiger des Messias Jesus angesehen. Schließlich, am Ende der Traditionskette und spätestens bei der Aufnahme der Texte in das lukanische Doppelwerk, wurden die messianischen Implikationen allein auf Jesus hin interpretiert[42].

7.1.2 Johannes als Träger von Prädikationen des priesterlichen Messias

Mehrere Gründe waren dafür ausschlaggebend, sich im Zusammenhang mit der Frage nach der Messianität des Täufers so ausführlich mit der Darstellung des Motivs von den beiden Messiassen in den Qumrantexten und TestXII zu beschäftigen: So könnte die Vorstellung von den beiden Messiassen über die sprachlichen und inhaltlichen Entsprechungen hinaus ein Motivfeld sein, auf welches das in den lukanischen Kindheitsgeschichten verwendete und höchstwahrscheinlich aus Täuferkreisen stammende traditionelle Material zurückgriff und das es mit den Texten aus Qumran und den Testamenten der zwölf Patriarchen verband. Zudem erinnert die Darstellung Johannes des Täufers in den

---

[42] Vgl. 7.1.3 (*Jesus als königlicher Messias*), S.233-243.

Texten, die Lukas aus der Tradition übernimmt, zum Teil überraschend deutlich an das Pattern von dem hohepriesterlichen Messias, das sich aus den genannten Stellen der Qumran-Texte und TextXII ergab.

a) Motivliche Entsprechungen

Folgende Motive begegnen sowohl in der Darstellung des hohenpriesterlichen Messias als auch in der Darstellung des Johannes bei Lukas:

- Johannes wird in Lk 1 als Priestersohn vorgestellt. Die Angaben in Lk 1,5 über seinen Vater und seine Mutter führen seine Herkunft auf Aaron zurück, was wiederum auf den Stammvater Levi verweist (vgl. Ex 4,14). Von daher liegt eine Gleichsetzung von Johannes mit dem aaronidischen Priestermessias nahe.

- Die Geburt des Johannes geschieht durch ein von Gott bewirktes Wunder (Lk 2,7). Auch der messianische Hohepriester „ersteht" in wunderbarer Weise aufgrund göttlicher Verheißung (1 QSa II,11f[43]; TestRub 6,8; TestJud 24,4).

- Beiden wird verheißen, daß sie groß sein werden (vgl. ἔσται γὰρ μέγας in Lk 1,15 mit μέγας ἔσται in TestLev 17,2).

- Der Engel spricht auch vom Erfülltsein des Johannes mit heiligem Geist. In TestLev 18,7 heißt es von dem messianischen Priester: πνεῦμα συνέσεως καὶ ἁγιασμοῦ καταπαύσει ἐπ᾽ αὐτον ἐν τῷ ὕδατι.

- Im Lobgesang des Zacharias wurde ursprünglich wohl Johannes als „Aufgang aus der Höhe" (ἀνατολὴ ἐξ ὕψους) bezeichnet (Lk 1,78). Dies dürfte auf den aus Jakob aufgehenden Stern in der Weissagung Bileams verweisen, der in den Qumrantexten und TestXII als Symbol für den messianischen Hohenpriester gebraucht wurde (vgl. CD VII,18; TestSim 7,1: ἐξ αὐτῶν ἀνατελεῖ ὑμῖν τὸ σωτήριον τοῦ θεοῦ; TestLev 18,3a: καὶ ἀνατελεῖ ἄστρον αὐτοῦ ἐν οὐρανῷ ὡς βασιλεύς φωτίζων φῶς γνώσεως ὡς ἐν ἡλίῳ ἡμέρας; TestJuda 24,1: ἀνατελεῖ ὑμῖν ἄστρον ἐξ Ἰακὼβ ἐν εἰρήνη.)

- Das Kommen des Johannes und das des priesterlichen Messias bedeuten Heil für Israel (vgl. Lk 1,69: χέρας σωτηρίας ἡμῖν; V.71: σωτηρίαν ἐξ ἐχθρῶν ἡμῶν; V.77: γνῶσιν σωτηρίας; 4 QFlor [174] I,11-13; TestSim 7,1: σωτήριον. 2: σώσει; TestLev 17,2: σωτερία).

---

[43] Vgl. oben Anm. 9, S.217.

- Beide werden den Menschen „erhellende Erkenntnis" über den rechten Weg bringen (vgl. Lk 1,17.77; TestLev 4,3; 18,3: φῶς γνώσεως ὡς ἐν ἡλίῳ ἡμέρας).

- Das Kommen des Johannes und das des priesterlichen Messias ermöglichen es den Gerechten, in Heiligkeit und Frieden zu wandeln (Lk 1,75.79; vgl. 4 QFlor [174] I,11-13; TestLev 18,4; TestJud 24,1).

- Johannes wird zwar nicht wie der Priestermessias in den Qumrantexten „Erkunder des Gesetzes" genannt, aber er wird als „Lehrer" und insofern als Kundiger angeredet (Lk 3,12) und gibt Anweisungen, wie ein der Umkehr gemäßes Leben zu führen ist (3,10-14).

- Wie der priesterliche Messias sorgt Johannes für die Reinheit der Umgekehrten und die Vergebung ihrer Sünden (Lk 1,77; CD XIV,19).

Interessant ist nun, daß in den Testamenten über die Vorstellung eines messianischen Hohenpriesters hinaus auch noch weitere Motive an Johannes den Täufer erinnern:

- Die Verheißung Levis, daß ein Mann kommen werde, der in der Kraft des Höchsten (ἐν δυνάμει ὑψίστου) das Gesetz erneuern wird, und der getötet werden wird und wieder aufersteht (TestLev 16,3-5), paßt ebenso gut wie auf Jesus auf Johannes (vgl. Lk 1,17; 9,7-9).

- TestLev 16,5: ἐν πίστει καὶ ὕδατι muß kein *christlicher* Zusatz sein[44]. Die Vorstellung, daß Menschen durch den Glauben und aufgrund ihrer Wassertaufe auf Gottes Barmherzigkeit hoffen konnten, ist ebenso in jüdischen Täuferkreisen oder essenischen Gruppen denkbar.

- Auch das im Zusammenhang mit dem messianischen Priester in TestLev 18 begegnende Motiv vom Ausgießen der Erkenntnis wie Wasser (TestLev 18,5) und die Erwähnung des im Wasser auf dem Priestermessias und den Geretteten ruhende Geist der Heiligung (Test Lev 18,7.11) könnten weitere Hinweise auf eine Tradierung dieser Texte in Täuferkreisen sein, ebenso das Motiv vom offenen Himmel, aus dem der Geist Gottes ausgegossen wird (TestJud 24,2).

Darüber hinaus gibt es auch einige motivliche Entsprechungen zwischen der Darstellung des Mose in der Stephanusrede (Apg 7) und dem Typos des messianischen Priesters. Mose wird zwar nicht als „Stern aus Jakob" beschrieben, aber seine Abstammung von Jakob ergibt sich

---

[44] Zu TestLev 16,3-5 vgl. BECKER, Untersuchungen, 284f, und BECKER, Testamente, 58f, mit der grundsätzlichen und deshalb problematischen Tendenz, wenn Sünden Israels oder auch Geist und Wasser erwähnt werden, christliche Redaktion zu vermuten.

aus dem vorherigen Teil der Rede (V.8-16). Auch seine Geburt trägt
wunderbare Züge (V.20f). Er ist in besonderem Maß von Weisheit und
der Gnade Gottes erfüllt (V.22), um durch Gottes Hand Rettung zu
bringen (V.25) und Gottes Willen den Israeliten zu verkündigen
(V.38). Er wird als „Anführer und Erlöser" (V.35) seines Volkes bezeichnet und kündigt an, daß Gott einen Propheten wie ihn erwecken
werde (V.37). Die Erwähnung seines vierzigjährigen Aufenthalts in
Midian (V.29) könnte einmal eine Ausbildung als Priester angedeutet
haben. Auch seine Funktion als Mittler zwischen der Gemeinde in der
Wüste und dem Engel, von denen er Weisungen empfängt (V.38), erinnert an die Mittlerfunktion eines Priesters[45]. Die Entlastung Aarons
in V.40f - anders als in Ex 32,1-6 stellt nicht er, sondern das Volk das
goldene Kalb her, - spricht ebenfalls für eine positive Einschätzung des
Priestertums. Lukas erwähnt im Zusammenhang mit der Berufung des
Stephanus „Mengen von Priestern", die zum Glauben kommen (Apg
6,7). Möglicherweise galt Stephanus als Repräsentant priesterlicher
Kreise, die in Distanzierung zum Tempel den Wiederaufbau des Hauses Jakobs (V.44-46) von einem als priesterlichen Messias wiederauferstandenen Mose erwarteten. Indem Lukas nun Stephanus in seiner
Vision des geöffneten Himmels Jesus als den Erlöser bezeichnet, erklärt er die messianischen Erwartungen dieser Kreise als in Jesus erfüllt.

b) Erste Ergebnisse

Es ergibt sich folgendes Bild. Johannes der Täufer wurde, möglicherweise erst nach seinem Tod, in Kreisen seiner Anhänger in einem so
hohen Maße verehrt, daß ihm einzelne priesterlich-messianische Eigenschaften zugeschrieben wurden. Eine historische Wahrscheinlichkeit für diese quasi-messianische Verehrung ergibt sich nicht nur aus
den im Anschluß an seine Belehrungen über die Früchte der Umkehr
angestellten Überlegungen des Volkes, ob er der Christus sei (Lk
3,15), und den mit ihm vorlukanisch verbundenen messianischen Prädikationen in den Kindheitsgeschichten, sondern auch via negationis
aus allen vier neutestamentlichen Evangelien (vgl. Mk 6,14-16; 8,27-
29; Mt 11,9f; 14,1-5; 16,13-19; Lk 7,27; 9,7f.18-20; Joh 1,6-8.19f.25;
3,28)[46].

---

[45] Man denke nur an die Angelophanie des Zacharias im Tempel.
[46] Vgl. CULLMANN, Beginnings, 24, der davon ausgeht, daß das Johannesevangelium in einer Umgebung entstand, in der der Täufer als wahrer Messias
verehrt wurde und Jesu Messianität bestritten wurde.

Im theologischen Umfeld des Täufers und seiner späteren Anhänger, das sich etwa durch die Texte aus Qumran und in diesem Zusammenhang auch durch die Testamente der zwölf Patriarchen erfassen läßt, gab es nun die Vorstellung von zwei Messiassen: einem hohenpriesterlichen aus dem Stamm Levi und einem königlichen aus Juda. Diese Vorstellung konnte nun Anhängern des Täufers als Pattern dienen, um den verheißenen Hohenpriester mit dem aaronidischen Priestersohn Johannes gleichzusetzen und gleichzeitig den von den Christen verehrten Davidsohn (vgl. Röm 1,3) diesem unterzuordnen. Möglicherweise wurden hierbei Texte verwendet, die später als Quellen für die lukanischen Kindheitsgeschichten und für die Rede des Stephanus dienten[47].

In jedem Fall bestand für die Christen ein apologetisches Dilemma. Betonte man die „davidische" Messianität Jesu gegenüber dem Täufer, konnten dessen Anhänger auf die Vorrangstellung des priesterlichen Messias und auf die des älteren Johannes verweisen. Und bestritt man dessen göttliche Sendung, konnte mit Recht gefragt werden, warum Jesus sich dann von ihm taufen ließ (vgl. Lk 20,1-8[48]). Es bestand also die Notwendigkeit, Johannes als zwar von Gott beauftragten Boten, aber nicht als Messias erscheinen zu lassen und gleichzeitig die alleinige Messianität Jesu zu betonen. Diese apologetische Aufgabe wird bei Lukas bewältigt, indem er traditionell auf Johannes angewandte messianische Motive auf Jesus überträgt und gleichzeitig das Prophetentum des Täufers betont[49]. Damit gelingt es ihm, die messianischen Prädikationen des Täufers zu minimieren und dessen Anhängern ein schriftgemäßes Modell zu bieten, nach dem sie Johannes als gottgesandten Boten, aber eben auch Jesus als den einen Christus verehren konnten.

---

[47] Diesen Zusammenhang vermutete auch THYEN, ΒΑΠΤΙΣΜΑ, 123: „Da wir die Nähe des Benedictus zur Welt der Testamente der zwölf Patriarchen schon oben gesehen haben, legt sich die Vermutung nahe, daß die ἀνατολὴ ἐξ ὕψους nichts anderes ist als der »Stern aus Jakob«, der priesterliche Messias, der die Heilsgnosis vermittelt. Wir hätten also in dieser spätjüdischen Literatur das Reservoir vor uns, aus dem die Anhänger des Täufers das Material zur Messianisierung ihres Meisters schöpften.".

[48] Das Streitgespräch über die Frage nach Jesu Vollmacht (Mk 11,27-33; Mt 21,23-27; Lk 20,1-8) ist auch insofern bemerkenswert, als hier Jesu ἐξουσία in einen Kausalzusammenhang mit der Autorität des Johannes bzw. seiner Taufe gebracht wird. Allerdings streicht Lukas in Lk 20,3 das ἕνα aus Mk 11,29 und macht so aus der „Gretchenfrage" nach der Johannestaufe eine unbetonte rhetorische Fangfrage (vgl. FLENDER, Heil, 48).

[49] Vgl. unten unter 7.2.2 (*Johannes als Prophet*), S.245-253.

7.1.3 Jesus als königlicher Messias

Lukas wendet das Pattern von den beiden Messiassen in seinem Evangelium zwar nicht auf Johannes an, aber er scheint sich damit auseinanderzusetzen, indem er a) gegenüber den von ihm verwendeten Quellen messianische Konnotationen des Täufers vermeidet, b) mögliche messianische Prädikationen des Täufers auf Jesus überträgt, c) Jesus als königlich-davidischen Messias erscheinen läßt, der größer und stärker als Johannes ist[50], und schließlich d) Jesu alleinige Messianität auch gegenüber Johannes mehrfach betont herausstellt.

a) Streichung messianischer Konnotationen
- Die kurze Notiz über das Heranwachsen des Täufers in der Wüste und sein Erstarken im Geist auf der einen Seite (1,80) und die ausführliche Schilderung des geistlichen Erstarkens und der Weisheit Jesu auf der anderen Seite (2,40-52) lassen vermuten, daß es Traditionen gab, die auch dem Heranwachsen des Täufers messianische Qualitäten zubilligten. Immerhin war sein Aufenthalt in der Wüste ja durchaus ein Motiv, das mit Befreiung und Erlösung in Verbindung gebracht werden konnte[51]; und auch das Stichwort Geist könnte über rein menschliche Klugheit hinaus auf messianische Prädikationen verweisen.
- Wahrscheinlich bezogen sich die messianischen Konnotationen des Benediktus vorlukanisch alle auf Johannes den Täufer. Im christlich-lukanischen Kontext dürften aber die meisten messianischen Motive auf Jesus angewandt worden sein. Durch den Hinweis auf das Horn des Heils im Haus *Davids* (1,69) und das Vorhergehen des Propheten *vor dem Herrn* (1,76), das von christlichen Lesern ja nur als Unterordnung des Propheten Johannes unter den κύριος Χριστός verstanden werden konnte, erscheint in diesem Hymnus die soteriologische Bedeutung Jesu größer als die desjenigen, zu dessen Geburt er angestimmt wurde.

---

[50] Die Darstellung Jesu als königlich-davidischer Messias verlangte allerdings auch eine Neudefinition der Königsherrschaft Gottes, denn während der königliche Messias in der Vorstellung von den beiden Messiassen die eher irdische Aufgabe hatte, die Völker der Herrschaft Gottes zu unterwerfen und sein Reich zu errichten, hatte Jesu Reich-Gottes-Botschaft ja doch eine andere Qualität. Durch seine Darstellung der Verbreitung des Evangeliums vom Reich Gottes in alle Welt hat Lukas auch hier systematisch-theologische Eckpfeiler gesetzt.

[51] Vgl. Jes 40,3-5 und die Rezeption in Lk 3,4-6 und in 1 QS VIII,12-16; IX,19f; vgl. auch 1 QM I,2f und Apg 21,38.

- Die Änderungen des Zitates von Jes 40,3 in Lk 3,4: aus τὰς τρίβους τοῦ θεοῦ ἡμῶν in der LXX wird τὰς τρίβους αὐτοῦ (vgl. Mk 1,3), bewirkt, daß nun der Titel κυρίος nicht mehr nur auf Gott, sondern auch auf Jesus bezogen werden konnte. Dadurch wird Johannes, wenn denn das Jesajazitat aus der Septuaginta auf ihn angewendet wurde, vom messianischen Ankündiger Gottes zum Boten Jesu degradiert.

Insgesamt ist davon auszugehen, daß Lukas die Quellen, die er aus Täuferkreisen übernahm und in denen Johannes messianische Prädikationen erhielt, insofern überarbeitet hat, als er mögliche messianische Konnotationen zu dem Täufer gestrichen oder auf Jesus übertragen hat. Da er aber seine Quellen nur sehr behutsam redaktionell verändert, lassen sich solche Streichungen in den Kindheitsgeschichten, möglicherweise aber auch in Lk 3 und Apg 7, noch erahnen.

b) Übertragung messianischer Motive von Johannes auf Jesus
Die Ankündigung des Heilands in der Stadt Davids durch die Engel in Lk 2,9-14 erinnert sprachlich und motivlich an die Ankündigung des wie der Stern eines Königs aufgehenden neuen Priesters in TestLev 18:

Lk 2,9-14:	TestLev 18:
9: καὶ ἄγγελος κυρίου ἐπέστη αὐτοῖς καὶ δόξα κυρίου περιέλαμψεν αὐτούς...	5: ... καὶ οἱ ἄγγελοι τῆς δόξης τοῦ προσώπου κυρίου χαρήσονται ἐν αὐτῷ.
10: ... εὐαγγελίζομαι ὑμῖν χαρὰν μεγάλην ἥτις ἔσται παντὶ τῷ λαῷ,	14: ... κἀγὼ χαρήσομαι καὶ πάντες οἱ ἅγιοι ἐνδύσονται εὐφροσύνην
14: Δόξα ἐν ὑψίστοις θεῷ καὶ ἐπὶ γῆς εἰρήνη ἐν ἀνθρώποις εὐδοκίας.	7: καὶ δόξα ὑψίστου ἐπ'αὐτὸν ῥηθήσται καὶ ἔσται εἰρήνη ἐν πάσῃ τῇ γῇ

Die deutlichen motivlichen Entsprechungen, von denen in der Tabelle nur die markantesten aufgeführt sind, machen eine traditionsgeschichtliche Verwandtschaft der beiden Texte wahrscheinlich. Doch muß auch hier mit der Möglichkeit gerechnet werden, daß in TestLev

18 christliche Interpolationen vorliegen[52]. Es wäre aber auch denkbar, daß TestLev in Anhängerkreisen des Täufers entstanden, überarbeitet oder zumindest rezipiert worden ist. Immerhin sind die aramäischen Fragmente von TestLev, die in Qumran gefunden wurden, ein Beleg für die Entstehung oder Rezeption dieser Schrift in unmittelbarer geographischer Nähe zum wahrscheinlichen Wirkungsgebiet des Täufers. Ohne eine Abhängigkeit von Lk 2,9-14 von TestLev 18 behaupten zu wollen, halte ich es dennoch für möglich, daß Lukas hier Motive aus der „Täuferquelle", die urspünglich auf den priesterlichen Johannes angewendet wurden, auf Jesus überträgt.

Ähnliche Motive könnten auch für die Darstellung Jesu als „Gesetzeskundiger" im Tempel (Lk 2,46f) eine Rolle gespielt haben (vgl.a. Lk 2,49b mit TestLev 17,2: καὶ λαλήσει θεῷ ὡς πατρί und 18,6).

Ein weiteres messianisches Motiv, das von Johannes auf Jesus übertragen worden sein könnte, ist die Speisung Hungriger[53]. Es begegnet im Magnifikat (Lk 1,53) und in der Verkündigung des Täufers (3,11), und es wird von Lukas als wunderhafte Heilstat Jesu beschrieben und redaktionell durch zwei Vergleiche mit Johannes dem Täufer gerahmt, die mit einem Bekenntnis zur Messianität Jesu enden (vgl. 9,7-20)[54].

Der Hinweis darauf, daß Johannes kein Brot aß und keinen Wein trank (Lk 7,33), könnte vor dem Hintergrund der sakramentalen Mahlgemeinschaft in Qumran (vgl. Brot und Most in 1 QS VI,5f u. 1 QSa II,17-20) und dem Motiv, daß Levi bei seiner Salbung zum Hohenpriester Brot und Wein als das Heiligste erhält (TestLev 8,4f), als frühchristliche Polemik gegen die Gleichsetzung des Täufers mit dem Priestermessias verstanden werden. Die Bezeichnung Jesu als „Fresser und Weinsäufer" (Lk 7,34) wäre dagegen als Polemik aus asketischen Kreisen wie denen der Täuferanhänger gegen Jesus vorstellbar.

Weil die Einsetzung des Abendmahls durch Jesus mit dem Segen über das Brot und den Kelch (Lk 22,14-20) stark an die Funktion des priesterlichen Messias beim eschatologischen Mahl in 1 QSa II,11-22 erinnert, könnte auch dieses Motiv bei der lukanischen Auseinandersetzung mit Täuferkreisen eine Rolle gespielt haben. Ähnlich wie die Taufe als sakramentaler Akt war vielleicht auch das erwartete eschato-

[52] Vgl. dazu bes. die Anmerkungen in der Übersetzung bei BECKER, Unterweisung, der - allerdings nicht immer nachvollziehbar - bis in Viertelverse genau christliche Interpolationen als solche zu erkennen meint.

[53] Vgl. etwa Hes 34,23-31, wo der gute Hirte David dafür sorgt, daß seine Schafe satt werden (vgl. Sach 9,9.17). Zur Speisung Hungriger als eschatologischem Ereignis vgl. z.B. Jes 29,8; 35,5-7; 55,1-5 und Hes 36,29f.

[54] Vgl. zu Lk 9,10-17 in dieser Arbeit unter 6.1.2.a, S.182f.

logische Freudenmahl ein Geschehen, das in Kreisen seiner Anhänger mit Johannes in Verbindung gebracht wurde. So wie die Taufe für diese eine Antizipation der erwarteten eschatologischen Reinigung darstellte, konnte auch das Fasten als Vorbereitung auf das erwartete eschatologische Freudenmahl dienen (vgl. Lk 5,33-35). Johannes, der zu Lebzeiten keinen Wein trank, würde dann als priesterlicher Messias Brot und Wein segnen.

Sollte es diese Vorstellungen tatsächlich in Täuferkreisen gegeben haben, dann müssen Taufe und Abendmahl als die sakramentalen Handlungen bei Lukas verstanden werden, bei denen er das spezifisch Christliche theologisch zu demonstrieren hatte. Ihm gelingt dies, indem er bei beiden Handlungen die eschatologischen Erwartungen der Gruppen, die Johannes favorisierten, im Heilshandeln Christi für erfüllt erklärt. Wer im Namen Christi getauft wird, wird bereits durch den heiligen Geist von seinen Sünden befreit, und wer am Mahl des Herrn teilnimmt, partizipiert bereits am Reich Gottes.

Alle hier genannten Motive, die von Johannes auf Jesus übertragen werden, haben etwas mit den *priesterlichen* Messias-Eigenschaften des Täufers zu tun. Denkbar wäre also, daß es sich dabei nicht um originär christliche Traditionen, sondern um erst in der Auseinandersetzung mit den Anhängern des Täufers sekundär auf Jesus projizierte messianische Qualitäten handelte.

Möglicherweise war die Vorstellung von dem hohenpriesterlichen Messias den Täuferkreisen aus den Lehren der Gemeinschaft in Qumran und vielleicht auch aus den Testamenten der zwölf Patriarchen bekannt und wurde als Muster partiell auf Johannes angewandt. Dies könnte dann wiederum einzelne Motive der lukanischen Darstellung Jesu, insbesondere der Ereignisse bei seiner Geburt, beeinflußt haben[55].

c) „Messianische" Überordnung Jesu

Schon in der Analyse der Kindheitsgeschichten hatte sich gezeigt, daß Jesu Messianität mögliche messianische Prädikationen des Johannes bei weitem überbietet.

- Während bei Johannes die verheißene Freude nur irdischer Natur ist (Lk 1,58) und sich auch nur *viele* freuen werden (1,14), ist die an-

---

[55] Vgl. nicht nur den von der „Herrlichkeit des Herrn" begleiteten Engeljubel in Lk 2,8-14 und die anderen aufgezeigten Analogien zu TestLev 18, sondern auch den Stern in Mt 2,1-12 (TestLev 18,3; zur Bedeutung des Sybols „Stern" in der vorchristlichen Überlieferung allgemein und speziell in Mt 2,2 vgl. KÜCHLER, Stern).

läßlich der Geburt Jesu verheißene Freude irdischer *und* himmlischer Natur, und sie wird *allem* Volk widerfahren (2,10-14).

- Johannes und Jesus wird wie dem messianischen Hohenpriester verheißen, daß sie groß sein werden (vgl. μέγας ἔσται in TestLev 17,2 mit ἔσται γὰρ μέγας in Lk 1,15 und οὗτος ἔσται μέγας in 1,32); aber der Kleinste im Reich Gottes ist größer als Johannes (7,28).

- Johannes ist *von Mutterleib an* erfüllt mit heiligem Geist (1,15), aber Jesu Verbindung mit dem heiligen Geist beginnt bereits bei seiner Zeugung (1,35).

- Johannes wird im Geist und in der Kraft *Elias* vorhergehen, um dem Herrn ein Volk vorzubereiten (1,17); Jesus wird durch den *heiligen* Geist und die Kraft des *Höchsten* (1,35) eingesetzt, um das Volk Gottes auf ewig zu regieren (1,33).

- Johannes wird *Prophet des Höchsten* heißen (1,76), aber Jesus wird *Sohn des Höchsten* genannt werden (1,32.35). Auch diese Bezeichnung überträgt Lukas ähnlich wie das Motiv der Größe (7,28) auf die Jünger Jesu (vgl. 6,35).

- Das Heranwachsen des Johannes in der Wüste und sein „Erstarken im Geist", was beides als Beleg seiner Messianität gedeutet werden konnte, werden nur kurz erwähnt (1,80). Jesus dagegen erweist seine Weisheit und sein Getragensein von der Gnade Gottes (2,40.52) auf wunderbare Weise bereits als Knabe im Tempel (2,41-50).

Zusammenfassend läßt sich sagen, daß Lukas unter Aufnahme von Motiven seiner zum größten Teil aus Quellen übernommenen Täuferdarstellung die messianische Bedeutung Jesu hervorhebt und in der Beschreibung seiner Kindheit diesbezügliche Akzente setzt.

Im übrigen Evangelium sind hier die Stellen zu nennen, an denen die Messianität Jesu im Gegenüber zu Johannes dem Täufer betont wird. Besonders deutlich wird die lukanische Tendenz durch die Verwendung der beiden Jesajazitate zu Beginn der öffentlichen Tätigkeit der beiden, weil sie sowohl den Täufer als Ankündiger des Herrn und Heilands (Lk 3,4-6) als auch Jesus als den Gesalbten Gottes erscheinen lassen (4,18-21). Darüber hinaus muß hier auch die Antwort Jesu an die Boten des Täufers erwähnt werden, in der er auf seine messianischen Heilstaten verweist[56] (Lk 7,18-23; vgl. Jes 35,5f; 61,1f)[57].

---

[56] Eine in unserem Zusammenhang sehr interessante Erklärung für die Motivation der Täuferanfrage (Mt 11,2-6; Lk 7,18-23) bietet MARXSEN: „Verständlich wird die Frage, weil es damals neben der Jesus-Gemeinde und in Konkurrenz mit ihr eine Täufer-Gemeinde gab. Beide Gemeinden erhoben den Anspruch, Gemeinde der Endzeit zu sein, die eine unter Berufung auf Jesus, die andere unter Berufung auf den Täufer." (DERS., Ethik, 81).

Ähnliches dürfte für die Stephanusrede gelten, insofern Lukas tatsächlich die Mose-Typologie aus Kreisen übernommen haben sollte, die diese auf Johannes anwendeten. Denn das deutliche Bekenntnis des Stephanus zu Jesus (Apg 7,55-60) läßt im Kontext der Apostelgeschichte nur noch die Deutung der messianischen Typologien in der Rede des Stephanus auf Jesus zu. Während möglicherweise in einer früheren Traditionsstufe des Textes Mose als Typos für Johannes und David als Typos für Jesus[58] gebraucht wurden, erscheint Jesus nun sowohl als der angekündigte Prophet wie Mose als auch als Sproß Davids, der für ihn das Haus Jakobs beziehungsweise das Haus Gottes (V.46 ℵc A C E P Ψ u.a.) errichtet. In jedem Fall wird durch die Betonung der Gnade, die David fand (V.46), diesem in der Stephanusrede auch im Vergleich mit Mose eine äußerst positive Einschätzung zuteil. Ob über die Davidsohnschaft Jesu hinaus auch noch der Name seines Vaters, Josef, für die Interpretation der Rede eine Rolle spielen könnte, denn wie David findet auch der gleichnamige Erzvater Gnade bei Gott (V.9f), wäre möglich, läßt sich aber nur vermuten.

d) Betonung der alleinigen Messianität Jesu

Von den zwölf Stellen, an denen die Bezeichnung „Christus" im Lukasevangelium vorkommt, sind acht Stellen lukanisches Sondergut. Allein dieses Zahlenverhältnis läßt vermuten, daß Lukas mit seiner Verwendung des Christustitels akzentuierte christologische Vorstellungen verbindet. Die Analyse der Einzelstellen zeigt nun, was bereits zu anderen theologischen Topoi beobachtet werden konnte. Lukas entwickelt auch seine Christologie, indem er Jesus von Johannes dem Täufer abgrenzt.

In den Kindheitsgeschichten bezeugen göttliche Mächte, nämlich ein Engel und der heilige Geist, daß Jesus der Christus ist (Lk 2,11.26). Und der Engel bei den Hirten und der geisterfüllte Simon machen deutlich, daß dieser Christus der Herr und Heiland Israels und aller Welt ist (vgl. 2,10f.29-32). Durch die Kombination dieser messianischen Titel erreicht Lukas, daß die Verheißungen, die sich in den Kindheitserzählungen auf Johannes den Täufer beziehen, nun nicht mehr als messianische Qualifikationen des Johannes „mißverstanden"

---

[57] Auch in der Gemeinschaft von Qumran wurden Jes 35,5f und 61,1f auf den Messias bezogen (vgl. 4 Q 521 [Fragment 1, Spalte 2 bei EISENMAN / WISE, Jesus, 27]).

[58] Vgl. Apg 7,46: ὃς εὗρεν χάριν ἐνώπιον τοῦ θεοῦ ... mit Lk 2,40: ... καὶ χάρις θεοῦ ἦν ἐπ' αὐτό und Apg 10,38: ... ὁ θεὸς ἦν μετ' αὐτοῦ.

werden können. Johannes ist nicht selbst der Messias oder Erlöser, sondern er bereitet ihm den Weg. Nicht Johannes, sondern Jesus bedeutet nun das Heil, aufgrund dessen Zacharias Gott lobt (1,68-71). Und war ursprünglich mit „Herr" Gott selbst gemeint (vgl. 1,16.76b-78a), wird im lukanischen Kontext Jesus zu dem Herrn und Christus, den Johannes nur anzukündigen hat (1,17.43.76). Der Titel Christus wird von Lukas in den Kindheitsgeschichten also auch deshalb gebraucht, um Jesus von Johannes abzugrenzen und Jesu Messianität diesem gegenüber zu betonen; gleichzeitig werden dabei messianische Konnotationen des Johannes auf ein Minimum reduziert.

Anders als Markus und Matthäus leitet Lukas den Hinweis des Täufers auf den, der nach ihm kommen werde, redaktionell durch die Schilderung der Überlegungen des Volkes ein, ob Johannes nicht der Christus sei (Lk 3,15). Dies besagt zweierlei. Zum einen würde Lukas die Frage nach der Messianität des Täufers nicht vom Volk stellen lassen, wenn dies nicht in der Tat auch eine virulente und populäre Ansicht gewesen wäre; und zum anderen muß so der Hinweis auf den kommenden Stärkeren als Verneinung dieser Frage aus dem Mund des Täufers selbst verstanden werden. Das „Bekenntnis" der von Jesus ausgetriebenen unreinen Geister und ihr nur redaktionell beschriebenes Wissen, daß er der Christus sei in Lk 4,41[59], muß daher als abschließende Beantwortung der Frage in Lk 3,15 gewertet werden. Nicht Johannes, sondern Jesus ist der Christus.

Das Christusbekenntnis des Petrus (Lk 9,20) übernimmt Lukas von Markus (Mk 8,27-30). Aber indem er es unmittelbar auf die durch das Gerücht, Johannes der Täufer sei auferstanden, veranlaßte Frage des Herodes, wer Jesus sei (Lk 9,7-9), und auf das messianische Speisungswunder (9,10-17) folgen läßt, erhält es einen anderen Stellenwert. In Lk 9,7-20 geht es Lukas deutlich um eine Reduktion möglicher messianischer Konnotationen des Täufers und darum, gleichzeitig Jesu alleinige Messianität herauszustellen. Dies zeigt unter anderem der synoptische Vergleich.

Während bei Markus sowohl das Volk als auch Herodes und bei Matthäus nur Herodes unwidersprochen Jesus als den von den Toten auferstandenen Johannes bezeichnen können (Mk 6,14-16; Mt 14,1f), erwähnt Lukas dies nur als ein Gerücht einiger, das noch dazu von Herodes selbst negiert wird (Lk 9,7-9). Dann folgt wie bei Markus auch bei Lukas die Erzählung von der Speisung der Fünftausend (Mk

---

[59] Bei den vergleichbaren Texten Mk 1,32-34 und Mt 8,16f fehlt ein solcher Hinweis auf die „Messianität" Jesu.

6,30-44; Mt 14,12b-21; Lk 9,10-17), in der Jesus sich im Gebiet des Täufers[60] als derjenige erweist, der die Hungrigen sättigt. Und dann scheint Lukas das Thema der Messianität Jesu und die Ablehnung seiner Gleichsetzung mit Johannes dem Täufer so wichtig zu sein, daß er Mk 6,45-8,26 ausläßt und das Petrusbekenntnis unmittelbar folgen läßt. In Lk 9,18-21 wird die Frage nach einer möglichen Messianität des Täufers durch das Bekenntnis zu Jesus, dem einen Christus Gottes (V.20: τὸν χριστὸν τοῦ θεοῦ), negativ beantwortet. Es verwundert daher nicht, daß die bei Markus und Matthäus folgende Beschimpfung des Petrus als Satan (Mk 8,32f; Mt 16,22f) von Lukas ebenfalls weggelassen wird.

Die Frage nach der Davidsohnschaft des Messias (Lk 20,41-44) übernimmt Lukas ebenfalls von Markus (Mk 12,35-37). Dieser Text kann als frühe christliche Auseinandersetzung mit einer möglicherweise volkstümlichen Unterordnung des davidischen Messias interpretiert werden[61]. Jesus führt hier einen Schriftbeleg an, nach dem David selbst erklärt, daß der Sohn Davids der κύριος zur Rechten Gottes ist. Raum für eine andere messianische Gestalt, die dem Sohn und Herrn Davids noch übergeordnet sein könnte, bleibt da nicht.

Auch in seiner Darstellung der Frage nach der Messianität Jesu in dem Verhör durch den Hohen Rat (Lk 22,67-71) bleibt Lukas eng an der markinischen Vorlage (Mk 14,61-64; vgl. Mt 26,63-65). Indem er aber Jesus sich durch das deklamatorische ἐγώ εἰμι (Lk 22,70) zu allen drei Titeln bekennen läßt, nämlich *Christus* (V.67), *Menschensohn* (V.69) und *Sohn Gottes* (V.70), unterstreicht er seine Messianität.

Lukanisches Sondergut ist der Inhalt der Anklage Jesu vor Pilatus durch den Hohen Rat (Lk 23,2). Dabei ist neben den Vorwürfen der Volksverhetzung und des Aufrufes zum Steuerboykott der dritte Anklagepunkt besonders interessant. Er lautet, Jesus habe sich als „königlicher Messias" bezeichnet (λέγοντα ἑαυτὸν χριστόν βασιλέα εἶναι). Lukas interpretiert hier also χριστός als βασιλεύς!

Lukas nimmt das markinische Motiv von der Verhöhnung der Messianität Jesu (Mk 15,32; Lk 23,35) zum Anlaß, durch ein eingefügtes Gespräch der beiden mit Jesus gekreuzigten Kriminellen eine narrative Apologie seiner Konzeption von der Messianität Jesu folgen zu lassen (23,39-43). Während der eine Kriminelle auf Jesus das traditionelle messianische Pattern von dem Christus als äußerlichem (politischen) Befreier anwendet (V.39: σῶσον σεαυτὸν καὶ ἡμᾶς), belehrt der an-

---

[60] Vgl. dazu 1.3.1, S.47-50.
[61] Vgl. MAIER / SCHUBERT, Qumran-Essener, 121.

dere ihn und die Leser, daß die Königsherrschaft Christi von anderer Qualität ist. Obwohl es hier unterschiedliche Textvarianten gibt, wird doch durch die Gleichsetzung der βασιλεία mit dem Paradies (V.41f) deutlich: Das Reich Christi ist kein irdisch-politisches, sondern ein transzendentes Reich. Und der Messias Jesus befreit nicht von irdischen Fesseln, sondern von den Fesseln der Sünde und der drohenden Verdammnis (V.40: κρίματι). Der Satz Jesu: *Heute wirst du mit mir im Paradies sein!* (V.43: Ἀμήν σοι λέγω, σήμερον μετ᾽ ἐμοῦ ἔσῃ ἐν τῷ παραδείσῳ.) erinnert stark an Lk 19,5: σήμερον γὰρ ἐν τῷ οἴκῳ σου δεῖ με μεῖναι[62]. Durch die Gemeinschaft Jesu mit den Sündern ermöglicht er diesen die Partizipation an seinem Reich, an einem Reich, das keine politische Herrschaft des königlichen Messias bedeutet, aber in dem Menschen von den Fesseln der Sünde und des Todes befreit werden. Durch das akzentuierte „heute" werden die messianischen Erwartungen der Leser nicht nur „enteschatologisiert", sondern zugleich auch „existentialisiert", da hier durch den Tod Jesu bereits sein Reich als Möglichkeit der individuellen Rettung hindurchscheint[63].

Der auferstandene Jesus erklärt seinen Jüngern mehrmals *das Gesetz und die Propheten* (Lk 24,25.27.44f). Dabei betont er zweimal, daß der Christus nach der Schrift leiden mußte (24,26.46). Offensichtlich setzt Lukas sich hier mit Erwartungen derer auseinander, die von dem Messias die politische Befreiung Israels erhofften (V.21); und er läßt Jesus selbst aussprechen, daß das Leiden des Messias schriftgemäß ist und die Befreiung von der Sünde ermöglicht. Damit knüpft Lukas an Lk 16,16 und die Verkündigung des Täufers an: Der Messias Jesus ermöglicht das, was Gesetz und Propheten und Johannes nur verheißen haben, nämlich Umkehr und Vergebung der Sünden (V.44-47)[64].

Auch in der Apostelgeschichte ist es der gekreuzigte und auferstandene Jesus, der gemäß der Schrift von Gott zum Christus gemacht wurde, und der Umkehr und Vergebung der Sünden ermöglicht (vgl. Apg 2,36-38; 3,18f; 17.2f; 26,22f). In seiner Rede im Haus des Kornelius betont Petrus die Messianität Jesu (Apg 10,36-38). Er sei von Gott mit Geist und Kraft gesalbt[65], um Menschen von der Macht des Teufels

---

[62] Vgl. auch Lk 4,18-21: ... Σήμερον πεπλήρωται ἡ γραφὴ αὕτη ἐν τοῖς ὠσὶν ὑμῶν. (V.21).

[63] Vgl. auch das programmatische σήμερον in Lk 4,18 und 19,5.

[64] Vgl. Lk 24,47: κηρυχθῆναι ἐπὶ τῷ ὀνόματι αὐτοῦ μετάνοιαν εἰς ἄφεσιν ἁμαρτιῶν mit 3,3: κηρύσσων βάπτισμα μετανοίας εἰς ἄφεσιν ἁμαρτιῶν.

[65] Vgl. Lk 4,18 und 1,17.

zu befreien (V.38). Der Hinweis auf den Täufer (V.37) dient auch dazu, ihm gegenüber die Messianität Jesu zu betonen (vgl. Lk 4,18)[66].

Die Tatsache, daß ausgerechnet Apollos öffentlich durch die Schrift
belegt, daß Jesus der Christus ist (Apg 18,28), könnte auf die apologetische Absicht des Lukas verweisen, Anhänger des Johannes zu gewinnen, die in dessen Namen mit Wasser und nicht mit heiligem Geist auf
den Namen Jesu getauft worden waren (vgl. Apg 19,1-7). Möglicherweise gebraucht Lukas die zwölf Anhänger des Apollos in Ephesus als
Paradigma für die Gruppen, in denen sowohl Johannes als auch Jesus
Verehrung genossen (vgl. Apg 19,4f)[67]. Die Anwendung des Patterns
von den zwei Messiassen wäre in einer solchen Gruppe vorstellbar. In
jedem Fall ist aber hier eine Betonung der Messianität Jesu zusammen
mit einer eher abwertenden Erwähnung des Täufers zu beobachten.

Erstaunlich ist desweiteren die Beobachtung, daß alle Stellen an denen Jesus „Heiland" (σωτήρ) genannt wird, einen fast immer unmittelbaren Bezug zu Johannes dem Täufer haben. In Lk 2,11.30 wird Jesus
in deutlicher Parallelität zu den Prädikationen des Johannes in Lk 1
von einem Engel und dem geisterfüllten Simeon Heiland genannt. In
Lk 3,6 erscheint Johannes selbst als derjenige, der den Heiland ankündigt, und in Apg 5,31 wird Jesus als Heiland bezeichnet, durch den
Gott seinem Volk das gibt, was Johannes explizit verkündigt hat (Lk
3,3; vgl. 1,46ff), nämlich Umkehr und Vergebung der Sünden[68].
Schließlich folgt in Apg 13,23f die Erwähnung der Verkündigung des
Johannes erst auf die Deklaration Jesu als Heiland.

Fazit: Die Betonung der alleinigen Messianität Jesu war für
Lukas sicher nicht nur in der Auseinandersetzung mit Gruppen, die
Johannes den Täufer favorisierten, von Bedeutung. Aber seine Chri-
stologie gewinnt in dieser Auseinandersetzung an Profil. Denn wenn es
Menschen gab, die Johannes für den Messias hielten, dann war es für
Lukas und die Christen generell von theologisch höchster Relevanz,

---

[66]   Vgl. zu Apg 10,34-43, STUHLMACHER, Theologie, 50, der diesen Text als
„Leittext" für seine Rekonstruktion der Botschaft Jesu verwendet und dabei
ausführlich auf das Verhältnis der Messianität Jesu zu der Verkündigung des
Täufers eingeht (vgl. a.a.O. 57-66).

[67]   BACKHAUS, „Jüngerkreise", 211, spricht bei den Jüngern in Ephesus von einer
„Ursprungseinheit von Johannes- und Jesus-Bewegung"; vgl. auch unter 2.2.2,
S.78.

[68]   Zu Apg 5,31 merkt SCHUBERT, Messiaslehre, 352, an: „Möglicherweise ist
auch der Ausdruck ἀρχηγός, der Apg 5,31 von Petrus auf Jesus angewandt
wurde, die griechische Wiedergabe des auf den David-Messias hinweisenden
Begriffes נשיא."

das Proprium der Messianität Jesu herauszustellen. Indem Lukas in Lk 3,15-17 das Volk über die Messianität des Johannes nachdenken und diesen aber mit seinen eigenen Worten auf Jesus verweisen läßt, begibt er sich an einen der dringlichsten theologischen Brandherde seiner Zeit und läßt seinen Gegner selbst die „Löscharbeiten" machen.

Die auch im übrigen lukanischen Doppelwerk deutlich zu spürende Betonung der Messianität Jesu und die damit verbundene Bezugnahme auf Johannes den Täufer vollbringen ein übriges im Dienst der christlichen Apologetik.

7.2 Johannes und Jesus als Propheten

„Nun ist es für unsere Untersuchungen auffällig, daß der Täufer sowohl in Lk 1f als auch später durchgehend als Prophet erscheint, Jesus dagegen in Lk 1f vor allem als Messias oder auch als Soter, Kyrios, Gottessohn, nicht aber als Prophet (vgl. auch schon 3,21f; 4,1) hervortritt."[69] Mit dieser in der Tat auffallenden Beobachtung faßt Nebe in seiner 1989 erschienenen Untersuchung *„Prophetische Züge im Bilde Jesu bei Lukas"* die Ergebnisse seiner Analyse der lukanischen Vorgeschichten zusammen.

Meines Erachtens ist die Anwendung des Patterns von der Auferstehung eines eschatologischen Propheten, der das Kommen Gottes ankündigt, der Grund, warum auf das Prophetentum des Täufers in Kreisen seiner Anhänger und in seinen unter ihnen überlieferten Kindheitserzählungen besonderer Wert gelegt wurde. Indem Lukas nun dieses Pattern aufgreift und zugleich das Prophetenamt des Täufers darauf reduziert, auf Jesus hinzuweisen, ermöglichte er es den Christen, Johannes eine herausgehobene Stellung in der Heilsgeschichte Gottes einzuräumen, ohne ihm deshalb allzu viele messianische Attribute zukommen zu lassen. Johannes konnte so unter Rückgriff auf die gleiche Motivgruppe, mit der die Vorstellungen von den beiden Messiassen verbunden waren, vom messianischen Hohenpriester zum Propheten des kommenden Stärkeren „zurückgestuft" werden.

7.2.1 Der eschatologische Prophet in der Tradition

Die Vorstellung eines am Ende der Tage wiederauferstehenden Propheten konnte auf Dtn 18,18 und Mal 3,23 zurückgreifen[70]. In Dtn

---

[69] NEBE, Züge, 63.
[70] Einen Überblick über Verbreitung und Charakteristika der Vorstellung vom eschatologischen Propheten gibt HAHN, Hoheitstitel, 351-404.

18,15.18 berichtet Mose im Anschluß an die Bestimmungen über die levitischen Priester (Dtn 18,1-8) davon, daß Gott ihm verheißen habe, aus seinen Brüdern einen Propheten wie ihn, zu erwecken, der verkünden solle, was Gott ihm gebieten werde. Und in Mal 3,1 wird die Verheißung angeführt, daß Gott einen Boten senden werde, um ihm den Weg zu bereiten. In Mal 3,23f ist dann von dem Propheten Elia die Rede, den Gott vor dem schrecklichen Tag Jahwes senden werde, um die Herzen der Väter zu den Söhnen zu bekehren (V.24a).

Auch in den Makkabäerbüchern begegnet die Vorstellung eines eschatologischen Propheten. In 1 Makk 4,46 heißt es von den Steinen des zum Schutz vor heidnischer Verunreinigung abgerissenen Brandopferaltars, daß sie verwahrt werden sollen, bis ein Prophet auferstünde, der über sie Antwort geben könne. In 1 Makk 14,41 wird ganz ähnlich vom künftigen Auferstehen eines Propheten gesprochen: ἕως τοῦ ἀναστῆναι προφήτην πιστὶν[71].

In den in Qumran gefundenen Schriftrollen wird neben dem priesterlichen und dem königlichen Messias eine weitere *prophetische* Gestalt erwähnt (1 QS IX,11: עד בוא נביא ומשחי אהרון וישראל). Möglicherweise wurde dieser erwartete Prophet mit dem Lehrer der Gerechtigkeit gleichgesetzt[72]. Es fehlen jedoch Belegstellen, um hier genauere Aussagen machen zu können. 1 QS IX,11 läßt aber vermuten, daß es sich bei dieser prophetischen Gestalt - ähnlich wie bei dem Lehrer der Gerechtigkeit - *nicht* um einen Messias im Sinne eines eschatologischen Heilsbringers handelte.

Im TestLev werden im Zusammenhang mit der Salbung Levis zum Hohenpriester (TestLev 8,4) seinem Samen drei Ämter verheißen (8,11-15). Die Zuordnung der einzelnen Ämter ist zwar unklar, auch ist mit redaktionellen Änderungen zu rechnen, doch werden folgende Amtsbezeichnungen verwendet: das Priesteramt (13: ἱερωσύνη; 14: ἱερατεία νέα), ein neuer König, der aus Juda auferstehen wird (14), und ein *Prophet des Höchsten* aus dem Samen Abrahams „unseres Vaters" (TestLev 8,15: ὡς προφήτου ὑψηλοῦ [v.l.: προφήτου ὑψίστου] ἐκ στέρματος - ᾿Αβραὰμ πατρὸς ἡμῶν).

---

[71] Vgl. G. JEREMIAS, Lehrer, 286, der für 1 Makk 14,41 auf die Parallelität zu dem am ENDE der Tage kommenden Lehrer der Gerechtigkeit in CD VI,10f verweist: עד עמד יורה הצדק באחרית הימים.

[72] Vgl. SCHUBERT, Messiaslehre, 345, der als Belege 1 QpHab VII,4f; CD I,11f und TestBenj 9,2f anführt.

In TestBen 9,2 stellt der „Höchste" sein Heil unter die Aufsicht des *eingeborenen Propheten* (ὁ ὕψιστος ἀποστείλῃ τὸ σωτήριον αὐτοῦ ἐν ἐπισκοπῇ μονογενοῦς προφήτου).

Zusammenfassend läßt sich sagen, daß es zur Zeit Jesu und Johannes des Täufers die Vorstellung von einem eschatologischen Propheten gab, der als letzter Prophet den Anfang der Endzeit und somit das Gericht und das Heil Gottes ankündigte. Wahrscheinlich wurde dieser Prophet in der Gemeinschaft in Qumran nicht mit einem der beiden Messiasse gleichgesetzt[73]. Er könnte ähnliche Funktionen wie der Lehrer der Gerechtigkeit gehabt haben, mit dessen Wiederkommen ja ebenfalls gerechnet wurde, ohne daß man in ihm eine messianische Heilsgestalt sah[74]. Beide, sowohl der Lehrer der Gerechtigkeit als auch der eschatologische Prophet, sind jedoch trotz der Vorstellung ihres Wiedererscheinens nicht mit dem als „Erkunder des Gesetzes" (vgl. CD VII,18; 4 QFlor [174] I,11) bezeichneten Priestermessias zu verwechseln. Allerdings besteht eine motivliche Verwandschaft wohl eher zu dem priesterlichen als zu dem königlichen Messias[75].

7.2.2 Johannes als Prophet

Johannes der Täufer wird im Lukasevangelium mehrfach als Prophet bezeichnet (1,76; 7,26; 20,6). Lukas gebraucht diesen Titel keineswegs als messianische Prädikation des Täufers, sondern um ihn in die Reihe der Propheten und Prophetinnen einzuordnen, die wie Hanna (2,36), Samuel (Apg 3,24) oder David (Apg 2,29-31) Jesus erkennen oder verheißen. Von seiner Funktion als Prophet her kann Johannes bei Lukas zum Gesetz beziehungsweise zu Mose und den Propheten hinzugerechnet werden (Lk 16,16), denn er tut nichts anderes als diese auch, er kündigt Jesus als den Christus an. Und weil, wie es in der

---

[73] Vgl. DAHL, Eschatologie, 7f, der betont, daß es sich bei dem Propheten und dem königlichen und priesterlichen Gesalbten um drei verschiedene eschatologische Gestalten handelt.

[74] G. JEREMIAS resümiert seine Untersuchung des Lehrers der Gerechtigkeit in der Qumran-Gemeinde folgendermaßen: „An keiner einzigen Stelle hat sich in irgendeiner Weise eine über menschliche Grenzen hinausgehende Funktion des Lehrers gezeigt, nirgendwo fand sich auch nur eine Anspielung auf eine Erwartung, die mit dem wiederkommenden Lehrer verknüpft worden wäre." (DERS., Lehrer, 269).

[75] Vgl. HAHN, Hoheitstitel, 355, der zeigt, daß eine Verbindung der Erwartungen eines messianischen Hohenpriesters und des Elia redivivus sachlich nahelag, da „... sich die Anschauungen vom Priester und Propheten ohnedies leicht verbunden haben." (ebd.).

Rede des Petrus im Haus des Kornelius heißt, *alle* Propheten bezeugen, daß durch den Namen Christi die Vergebung der Sünden empfangen werden kann (Apg 10,37), dürfte auch Johannes zu diesen Zeugen gezählt werden (vgl. Apg 10,37.43; Lk 1,76f). Bei Lukas erscheint
Johannes weder als einziger noch als letzter lebender Prophet[76] (vgl.
Lk 2,36: Hanna; 7,16; 24,19: Jesus; Apg 15,32: Judas und Silas; 21,10:
Agabus). Aber dennoch lassen die Texte erkennen, daß es mit dem
Prophetentum des Täufers eine besondere Bewandtnis hatte. Dies läßt
sich anhand der Bezeichnungen „Prophet des Höchsten" (7.2.2.a) und
den Gestalten des Moses redivivus (b) und des Elias redivivus (c)
zeigen[77].

a) Prophet des Höchsten

Im Lobgesang des Zacharias heißt es von Johannes, er werde „Prophet
des Höchsten" genannt werden (Lk 1,76: καὶ σὺ δέ, παιδίον, προφήτης ὑψίστου κληθήσῃ). Dies ist eine Bezeichnung, die meines Wis-
sens nur noch in TestLev 8,15 vorkommt. Hier wie dort begegnet die
gleiche Motivwelt. Es wird in beiden Texten von „unserem Vater Abraham" gesprochen (Lk 1,73; TestLev 8,15), und in beiden Fällen steht
der „Prophet des Höchsten" im Zusammenhang mit den messianischen
Gestalten, in TestLev mit dem priesterlichen Stern aus Jakob und dem
königlichen Messias aus Juda und im Benediktus mit dem heilbringenden „Aufgang aus der Höhe" (Lk 1,78: ἀνατολὴ ἐξ ὕψους).

Die Formulierung in TestBen 9,2, daß der „Höchste" sein Heil in
das „Episkopat" eines eingeborenen Propheten entsende (ὁ ὕψιστος
ἀποστείλῃ τὸ σωτήριον αὐτοῦ ἐν ἐπισκοπῇ μονογενοῦς προφήτου), erinnert ebenfalls sehr stark an das Benediktus (vgl. Lk 1,76: ...
προφήτης ὑψίστου κληθήσῃ, 77: ... τοῦ δοῦναι γνῶσιν σωτηρίας
78: ... ἐν οἷς ἐπισκέψεται ἡμᾶς ἀνατολὴ ἐξ ὕψους).

Ohne hier über die Traditionsgeschichte dieser Texte allzusehr spe-
kulieren zu wollen[78], erscheint es doch als recht wahrscheinlich, daß

---

[76] CONZELMANN, Mitte, 19, zieht Lk 9,9 heran, um Johannes in der Sicht des
Lukas als letzten der Propheten erscheinen zu lassen; vgl. dazu auch
WILCKENS, Missionsreden, 106.

[77] Vgl. zur Thematik bes. ERNST, Johannes, 290-300, und BECKER, Johannes, 41-
65.

[78] Eine Lösung des traditionsgeschichtlichen Problems könnte in der Verbindung
der beiden Texte zu Qumran gesucht werden. Sehr interessant ist in diesem Zusammenhang auch der Hinweis KARRERS, daß in der Kairoer Geniza neben CD
auch Fragmente des hebräischen Sirach und des aramäischen TestLev gefunden
wurden (KARRER, Gesalbte, 340), denn in allen drei Texten begegnet die Vor-

der *Prophet des Höchsten* eine eschatologische Gestalt war, die in Verbindung mit der Vorstellung von den beiden Messiassen stand und selbst mit messianischen Prädikationen bedacht werden konnte.

Die Gleichsetzung dieses eschatologischen Propheten mit Johannes dem Täufer könnte ein in Kreisen seiner Anhänger verbreitetes Motiv gewesen sein. Möglicherweise erfolgte eine Auseinandersetzung mit dieser Vorstellung bereits in der Logienquelle (vgl. Lk 7,26-28; Mt 11,9-11)[79]. Denn wenn der Kleinste im Himmelreich größer als der große Prophet Johannes ist, dann heißt das ja, daß Johannes zwar ein bedeutender Mensch und Prophet sein konnte, aber eben keine eschatologische Heilsrelevanz besaß. In diesem Sinne muß auch die lukanische Rezeption des Prophetentitels für Johannes verstanden werden. Johannes ist zwar groß (Lk 1,15; 7,28) und ein Prophet des Höchsten, aber Jesus ist ein großer Prophet und ein *Sohn* des Höchsten (vgl. 1,32: οὗτος ἔσται μέγας καὶ υἱὸς ὑψίστου κληθήσεται; 7,16: Προφήτης μέγας ἠγέρθη ἐν ἡμῖν).

b) Prophet wie Mose

Da Johannes der Täufer im Lukasevangelium mehrmals als besonderer Prophet bezeichnet wird, stellt sich die Frage, inwieweit sich Lukas nicht auch mit dem Motiv auseinandersetzt, daß Johannes als „der Prophet wie Mose" und somit als Moses redivivus angesehen wurde.

In Dtn 18,15.18 ist von einem Propheten wie Mose die Rede, den Gott aus seinen Brüdern erwecken will: נביא מקרבך מאחיך. In den Texten aus Qumran besteht nun eine gewisse motivliche Verwandtschaft zwischen dem erwarteten eschatologischen Propheten wie Mose,

---

stellung von der Auferstehung eines eschatologischen Propheten bzw. von den beiden Messiassen, denen er vorangeht. Vgl. die Vorstellung von dem wiederkommenden Elia und dem Fürsten im Hause Davids in Sir 18,1-18; die Erwähnung der drei eschatologischen Ämter in TestLev 8,11-15 und zu CD I,11f SCHUBERT, Messiaslehre, 345, der unter Hinweis auf 1 QpHab VII den Lehrer der Gerechtigkeit mit dem eschatologischen Propheten identifiziert; vgl. auch oben 7.1.1, S.215-228.

[79] In diesem Zusammenhang sei noch einmal ausdrücklich auf KATZ, Beobachtungen, verwiesen, der in seiner Dissertation zu dem Ergebnis kommt, die „hellenistisch-judenchristliche Redaktion" der Logienquelle habe in „Konfrontation mit der Täufergemeinde" (a.a.O. 296) gestanden und sei vom missionarischen Werben und von der Auseinandersetzung mit dieser geprägt gewesen (a.a.O. 295). KATZ meint allerdings, diese Auseinandersetzung erst nach der schriftlichen Fixierung der Logienquelle, im Zuge ihrer vor der Entstehung der Evangelien liegenden Rezeption und Redaktion ansetzen zu können (a.a.O. 307, Anm.1).

dem Lehrer der Gerechtigkeit und dem priesterlichen Messias (vgl. CD VI,7; VII,18; 1 QpHab VII,4)[80]. Johannes könnte bei seinen Anhängern Züge aller dieser drei Gestalten getragen haben[81]. Von daher liegt es nahe zu untersuchen, ob bei Lukas die Verbindung dieser Vorstellungen mit Johannes noch zu erkennen ist. Dies soll hier nun im Hinblick auf das Motiv des Propheten wie Mose geschehen.

In den Kindheitsgeschichten wird Johannes bei Lukas nicht als Täufer, wohl aber als großer Prophet des Höchsten vorgestellt (Lk 1,15.76). Jesus selbst unterstreicht später das besondere Prophetentum des Johannes: er ist mehr als ein Prophet (7,26: περισσότερον προφήτου), und kein normaler Mensch ist größer als er (7,28: μεῖζον ἐν γεννητοῖς γυναικῶν Ἰωάννου οὐδείς ἐστιν). Der Aufenthalt des heranwachsenden Johannes in der Wüste (1,80), seine Berufung in der Wüste (3,2) und sein späteres Auftreten aus der Wüste heraus (7,24) konnten neben seiner Herkunft aus dem gleichen Stamm wie Mose (vgl. Lk 1,5; Ex 4,14) Assoziationen zu diesem wecken (vgl. Apg 7,20f.30.38). Auffallend ist auch die Parallelität von Lk 3,2 (... ἐγένετο ῥῆμα θεοῦ ἐπὶ Ἰωάννην ... ἐν τῇ ἐρήμῳ zu Apg 7,30f. Dort *geschieht die Stimme des Herrn in der Wüste zu Mose* (vgl. Apg 7,30f: ... ἐν τῇ ἐρήμῳ .../... ἐγένετο φωνὴ κυρίου).

Johannes wird bei Lukas dem Bereich von *Mose* und den Propheten hinzugerechnet (Lk 16,16.29.31) und auch vom Volk für einen Propheten gehalten (20,6). Sollte meine Vermutung zutreffen und die Gestalt des Mose in der Stephanusrede ursprünglich als Typos für Johannes den Täufer gebraucht worden sein[82], dann hieße das, daß hier nicht nur die Vita des Mose mit der des Täufers parallelisiert wurde, sondern

---

[80] Vgl. dazu SCHUBERT, Messiaslehre, 342-346 und G. JEREMIAS, Lehrer, 269-275; Letzterer kommt zu dem Ergebnis, daß in CD VI,2-11 die Gestalt des Mose zwar typologisch auf den Lehrer der Gerechtigkeit gedeutet wurde, dieser aber nicht als eschatologische Gestalt gesehen worden sei. Vgl. auch oben 7.2.1, S.243-245.

[81] Zu Johannes und dem Lehrer der Gerechtigkeit vgl. S.50f und 4.4.1 (*Johannes und die Weisheit*), S.147-152. Vgl. auch G. JEREMIAS, Lehrer, 307, der seine Untersuchung zu der Frage, ob der Lehrer der Gerechtigkeit als eschatologische Heilsgestalt angesehen wurde, mit der Feststellung zusammenfaßt: „Der Lehrer zeigte sich uns stets als der Führer seiner Gemeinde, der seine Anhänger aufrief, jetzt, in der Zeit des Verfalls und der Schlechtigkeit, in der Krisenzeit vor der endgültigen Vernichtung der Bösen, Gott eine heilige Gemeinde zu bauen, die sein Wohlgefallen findet." (ebd.). Diese Charakterisierung erinnert massiv sowohl an Johannes den Täufer als auch an die Gestalt des Mose in Apg 7.

[82] Vgl. etwa Lk 3,2: ... ἐγένετο ῥῆμα θεοῦ ἐπὶ Ἰωάννην ... ἐν τῇ ἐρήμῳ mit Apg 7,30f: ... ἐν τῇ ἐρήμῳ .../... ἐγένετο φωνὴ κυρίου.

dann muß auch die Ankündigung des Mose, daß Gott einen Propheten
wie ihn erwecken werde (Apg 7,37), ursprünglich auf Johannes bezogen worden sein.

Ein weiterer Beleg dafür, daß Johannes für „den Propheten" gehalten wurde, und damit wird eben dieser „Prophet wie Mose" gemeint
gewesen sein, ist Joh 1,21, wo Johannes, nachdem er erklärt hat, daß er
weder der Messias noch der Elia sei, auch die Frage, ob er „der Prophet" sei, verneint[83].

In Kreisen seiner Anhänger konnten seine orakelhaften Worte über
„diese Steine", aus denen Gott Kinder Abrahams erwecken könne (Lk
3,8; Mt 3,9), als Beleg für die Erfüllung von 1 Makk 4,46 und 14,41
interpretiert werden. Dort wird vom künftigen Auferstehen eines Propheten gesprochen, der über die fortgeschafften Steine des abgetrage-
nen Brandopferaltars Bescheid geben könne[84].

Möglicherweise ist die lukanische Version der Verklärungsgeschichte Produkt der Auseinandersetzung mit Vorstellungen, die in
Johannes den auferstandenen Elia (vgl. Mt 17,10-13; Mk 9,11-13) *und*
den Moses redivivus sahen. Nicht nur indem Lukas die Ausführungen
über die Auferstehung des Menschensohnes und das vorherige Kommen des Elia gegenüber Mk 9,9-13 wegläßt, vermeidet er eine Identifizierung von Elia und Mose mit Johannes, sondern auch indem er betont, daß Mose und Elia existieren (Lk 9,30: ἦσαν Μωϋσῆς καὶ
Ἠλίας) und ausschließlich mit Jesus über dessen Bestimmung sprechen (9,30f)[85].

Eine ähnliche Absicht dürfte Lukas verfolgen, wenn er Herodes in
Lk 9,7-9 erklären läßt, daß Johannes nicht auferstanden sein könne,
weil er ihn habe enthaupten lassen. Sowohl in Lk 9,8 als auch in 9,19
ergänzt Lukas gegenüber Markus und Matthäus bei der Frage, ob in Jesus Johannes, Elia oder einer von den Propheten auferstanden sei, die
Formel προφήτης τις τῶν ἀρχαίων ἀνέστη. Wenn Lukas also die
„alten Propheten" noch von Elia unterscheidet, liegt es nahe, hier an
noch ältere Propheten, also etwa an Mose zu denken, denn Lukas
kannte ja die Ankündigung der Auferstehung eines Propheten wie Mo-

---

[83] Vgl. zum Bezug der Stelle auf den Propheten wie Mose, HAHN, Hoheitstitel,
359. Auch KRAFT, Entstehung, 15, bezieht Joh 1,21 auf Dtn 18,15.

[84] Auf die Nähe dieser in den Makkabäerbüchern erwähnten prophetischen Gestalt
zu dem eschatologischen Propheten wie Mose verweist G. JEREMIAS, Lehrer,
286.

[85] Vgl. dazu CONZELMANN, Mitte,19, der die lukanische Verklärungsgeschichte
in diesem Sinn interpretiert.

se (Apg 3,22f)[86]. Wahrscheinlich, dies macht der Hinweis des Herodes auf die Enthauptung des Täufers deutlich, verstand Lukas die beiden Passagen Lk 9,7-9 und 9,18-20 nicht nur als Zeugnis für die alleinige Messianität Jesu, sondern auch als indirekte Belege dafür, daß Johannes weder der auferstandene Elias noch der Moses redivivus sein konnte[87]. Im folgenden soll nun der Frage, wie Lukas die traditionelle Gleichsetzung von Johannes und dem Elias redivivus theologisch rezipiert, noch näher nachgegangen werden.

c) Prophet wie Elia

Das prophetische Auftreten des Täufers, seine Ankündigung des Feuergerichts Gottes, seine Umkehrpredigt und vielleicht auch sein Selbstverständnis als „Rufender in der Wüste" (Jes 40,3) legten es nahe, die im Judentum verbreitete Vorstellung des wiederauferstandenen Elias (Mal 3,1.23f; Sir 48,10; 4 Esra 6,26)[88] auf ihn anzuwenden[89], so wie es etwa in Mt 11,14 und 17,10-13 explizit und in Mk 8,28 (Mt 16,14; Lk 9,19) implizit geschieht. Ähnlich wie Elia, von dem es hieß, daß er dreimal Feuer hervorgebracht habe und daß sein Wort wie eine Fackel brannte (Sir 48,1-3)[90], kündigt Johannes in der Überlieferung der Logienquelle dreimal die Vernichtung durch Feuer an (Mt 3,10.11.12; Lk 3,9.16.17). Seine Anhänger werden in seinem Auftreten und seiner Umkehrpredigt das erfüllt gesehen haben, was für den Propheten Elia, der vor dem Tag Jahwes kommen sollte, und für Johannes verheißen worden war (Mal 3,24; Sir 48,10; Lk 1,17), nämlich, daß er die Herzen der Väter zu den Kindern bekehrte.

Bereits in der Verheißung des Engels an Zacharias wird Johannes mit Elia verglichen und Mal 3,23f zitiert (Lk 1,17). Dabei könnte Lukas mit der wohl traditionellen Formulierung ἐν πνεύματι καὶ δυνάμει Ἠλίου (vgl. 1 QH VII,6f) andeuten wollen, daß Johannes

---

[86] So auch FITZMYER, Gospel I, 759; im Unterschied dazu setzt etwa SCHMIT-HALS, Evangelium, 111, die „alten" einfach mit den „alttestamentlichen" Propheten gleich.

[87] Zum Streit um die Auslegung dieser Stelle vgl. BACHMANN, Johannes, 135.

[88] Vgl. dazu G. JEREMIAS, Lehrer, 286, HAHN, Hoheitstitel, 354-356, und STRACK / BILLERBECK, Kommentar IV, 794-796.

[89] In diesem Zusammenhang möchte ich ausdrücklich auf die sorgfältigen Beobachtungen HAHNS zu dem Thema „Johannes der Täufer als endzeitlicher Elia" hinweisen (HAHN, Hoheitstitel, 371-380).

[90] Vgl. dazu ROBINSON, Elijah, 265, der Elia als „man of fire *par exellence*" bezeichnet.

zwar Züge des Elia trägt, aber nicht Elia *ist*. Wie bei Elisa wirkte eben nur der Geist Elias durch ihn (vgl. Sir 48,13).

Die Aufgabe des Johannes, vor dem Herrn herzugehen und das Volk für ihn vorzubereiten, ist im lukanischen Kontext als seine Funktion, *Jesus* anzukündigen, zu interpretieren. Wendet man dagegen das Interpretationsschema des Elias redivivus an, muß Johannes im Sinne von Mal 3,1.23f und Jes 40,3 als Wegbereiter *Gottes* verstanden werden. Er wäre dann der wiedergeborene Elia, der das Kommen und den Tag Jahwes ankündigt (Lk 3,16f) und im Namen Gottes über Gewalttäter und Ehebrecher das Gericht ausspricht (Lk 3,10-14.19; Mal 3,5).

Jesus bezeichnet Johannes in Lk 7,26f als „mehr als ein Prophet" und bezieht Mal 3,1 auf ihn, was die Assoziation zu Mal 3,23 nahelegt. Dennoch wäre eine Gleichsetzung des Täufers mit Elia durch Jesus, wie sie in Mt 11,14 geschieht[91], bei Lukas nicht vorstellbar (vgl. Lk 7,28f; 16,16)[92]. Auch in Lk 9,7-9 und 9,19 wird Johannes jeweils im Zusammenhang mit der Vorstellung eines auferstandenen Elias zwar genannt, aber eben nicht mit diesem gleichgesetzt[93]. Während Herodes in Mk 6,14-16 aus seiner Ermordung des Täufers geradezu kausal ableitet, dieser müsse nun in Jesus auferstanden sein, ist seine Argumentation bei Lukas genau entgegengesetzt (9,7-9). Weil er Johannes enthaupten ließ, kann dieser weder auferstanden noch in Jesus reinkarniert sein.

Schon diese wenigen Stellen deuten an, daß Lukas die Gleichsetzung von Johannes dem Täufer mit dem wiederauferstandenen Elia zwar kannte, aber bewußt vermied[94].

Hinzu kommt das Fehlen der *möglicherweise* an Elia erinnernden Bemerkung über die Kleidung und Ernährung des Täufers aus Mk 1,6

---

[91] HOFFMANN, Studien, 58f, rechnet Mt 11,14 zur matthäischen Redaktion, da dieser Vers das Logion Mt 11,12f im Sinne des matthäischen Johannes-Verständnisses interpretiere.

[92] ERNST, Johannes, 86, weist in Abgrenzung zu BÖCHER, Lukas, 35, aber zu Recht darauf hin, daß das Fehlen der Gleichsetzung von Johannes mit Elia in dem redaktionellen Vers Mt 11,14 bei Lukas für dessen Theologie nichts aussage.

[93] Dagegen wird Johannes in Mk 6,14-16 und Mt 14,1-5 ausdrücklich Prophet genannt, und der Möglichkeit seiner Auferstehung wird keineswegs widersprochen.

[94] CONZELMANN hat die lukanische Tendenz zutreffend erfaßt, wenn er schreibt, daß Lukas die Anwendung des Modells eines wiederauferstandenen Elias auf Johannes im Sinne einer „apokalytische Vorläuferidee" gegenüber seinen Quellen widerlegen will (DERS., Mitte, 19; vgl. 16-21).

bei Lukas (vgl. 2 Kön 1,8)[95], das Fehlen des Berichts über den Tod des Täufers aus Mk 6,17-29 (vgl. 1 Kön 19,2; 21,17-29)[96] und das Fehlen der Erwähnung Elias unter dem Kreuz (Mk 15,35)[97].

Offensichtlich ist auch, daß Lukas Jesu Belehrung seiner Jünger darüber, daß Elia schon gekommen sei (Mk 9,11-13), gegenüber Markus streicht (vgl. Lk 9,36ff). Wahrscheinlich wollte er genau das unbedingt vermeiden, was der Erzähler bei Matthäus einmal ausdrücklich betont (Mt 17,13), nämlich, daß Johannes als der verheißene Elias redivivus erscheint. Anders als Markus (9,2-13) und Matthäus (17,1-13) macht Lukas vielmehr deutlich, daß Elia nicht ein irdischer Vorläufer ist, sondern ein himmlischer Bote, der nur mit *Jesus* und gerade nicht vor der „Weltöffentlichkeit"[98] (Lk 9,30-33) spricht.

Die Vorstellung eines Wiederauferstehens Elias mußte nicht zwangsläufig eschatologischer Natur sein[99], doch legt Mal 3,23f solche Assoziationen nahe. In jedem Fall dürfte die Gestalt des Elias redivivus traditionell eher prophetische als messianische Züge getragen haben[100]. Anhänger des Täufers werden ihn für den wiederbelebten Propheten Elia gehalten haben, der am Ende der Zeit den Tag Jahwes ankündigt und selber als Zeichen für das baldige Kommen Gottes angesehen wurde. Die Rezeption des Patterns von den beiden Messiassen erlaubte es aber, auch eine nicht-davidische eschatologische Gestalt mit messianischen Zügen zu behaften. Es ist daher vorstellbar, daß in Täuferkreisen Motive, die traditionell mit dem priesterlichen Messias verbunden waren, mit dem Motiv des eschatologischen Propheten wie Elia verknüpft wurden[101].

Ähnlich wie der Evangelist Johannes, der den Täufer selber ausdrücklich vor den Priestern und Leviten aus Jerusalem erklären läßt,

---

[95] Ob die Kleidung und Ernährung des Täufers tatsächlich als Hinweis auf Elia verstanden werden konnte (vgl. CONZELMANN, Mitte, 16, Anm. 3; WINK, John, 42, Anm. 1), bezweifelt etwa ERNST, Johannes, 284-289.

[96] BACHMANN sieht im Zuge seiner Widerlegung CONZELMANNS im Auslassen des Berichts vom Tod des Täufers einen Ausdruck des lukanischen Wunsches, das Ende Jesu und des Johannes zu parallelisieren (DERS., Johannes, 136, Anm. 66). Der Grund für diese Auslassung dürfte aber in der von CONZELMANN zutreffend beobachteten Funktionalisierung und der damit verbundenen Unterordnung des Täufers als Vorläufer Jesu liegen (vgl. CONZELMANN., Mitte, 16-21).

[97] Vgl. BÖCHER, Art.: Johannes, 174.

[98] CONZELMANN, Mitte, 19.

[99] Vgl. dazu BERGER, Auferstehung, 15-22.

[100] Vgl. KARRER, Gesalbte, 351-363.

[101] Dies weist sehr überzeugend VON DOBBELER in ihrem Exkurs: „Die Elia-redivivus-Vorstellung im Frühjudentum" (DIES., Gericht, 169-171) nach.

daß er nicht der Elia sei (Joh 1,21), lehnt Lukas dessen Gleichsetzung mit dem Elias redivivus ab. Für ihn hat Johannes zwar einige Gemeinsamkeiten mit dem Propheten Elia (vgl. Lk 1,17), aber eine Identifizierung mit dem auferstandenen Elia würde ihm eine zu eigenständige Bedeutung beimessen. Allerdings, und das bleibt festzuhalten, Johannes ist auch bei Lukas ein besonderer eschatologischer Prophet. Er kündigt die Erfüllung der Verheißungen und das Kommen Christi an, aber er ist nicht selbst der Messias, sonder sein Prophet. Er mag ein Prophet *wie* Elia oder Mose sein, aber er ist nicht *der* Elia und nicht *der* Mose. Johannes ist der Prophet, der den Herrn Christus ankündigt, mehr nicht.

7.2.3 Jesus als Prophet

Es gehört zum theologischen Programm des Lukas, daß er das Prophetsein Jesu gerade im Vergleich zu Johannes betont. Erstaunlich ist dabei aber, an wie vielen Stellen und wie subtil dies geschieht.

In seiner Antrittspredigt in Nazareth, die große strukturelle Ähnlichkeiten mit der Antrittspredigt des Täufers hat, macht Jesus nicht nur deutlich, daß er der Gesalbte Gottes ist und - wie der in Mal 3,1-5 verheißene und in Mal 3,23 mit Elia gleichgesetzte Bote Gottes - Freiheit bringt (Lk 4,18), sondern er bezeichnet sich auch indirekt als Propheten, indem er seine Ablehnung mit dem Satz kommentiert, daß kein Prophet in seiner Vaterstadt etwas gelte (4,24). Der anschließende Vergleich seiner Tätigkeit mit der des Elia und Elisa unterstreicht dies nicht nur, er vergleicht auch den universalen Charakter des Prophetentums Jesu mit dem des Täufers.

In Lk 7,16 wird Jesus dann auch ausdrücklich als „großer Prophet, der unter uns auferstanden ist" bezeichnet: Προφήτης μέγας ἠγέρθη ἐν ἡμῖν καὶ ὅτι Ἐπεσκέψατο ὁ θεὸς τὸν λαὸν αὐτοῦ. Diese Formulierung erinnert natürlich stark an die in den Kindheitserzählungen auf Johannes bezogenen Prädikationen. Auch von ihm hieß es, er werde groß und ein besonderer Prophet sein (1,15.76), und anläßlich seiner Geburt hieß es, Gott habe sein Volk besucht (1,68). Von daher kann es kein Zufall sein, daß diese Bezeichnung Jesu als großer Prophet erstens eine Totenauferweckung im Stil Elias abschließt (Lk 7,11-17) und zweitens die folgende Frage des Täufers (7,18-23), wer Jesus sei, einleitet.

Die lange Passage in Lk 7,18-35 wird aber nicht nur von einer Demonstration und Proklamation des Prophetentums Jesu eingeleitet

(7,11-17), sondern auch mit einer weiteren von Lukas ähnlich funktionalisierten Erzählung abgeschlossen (7,36-50). Als Jesus zu einem Essen in das Haus des Pharisäers Simon eingeladen ist und eine stadtbekannte Sünderin ihn salbt, zweifelt der Pharisäer an, ob Jesus ein Prophet ist (7,39)[102]. Jesus stellt dann darauf nicht nur seine prophetischen Qualitäten unter Beweis, sondern er vergibt auch die Sünden der Frau (7,47). Da auch die Salbung bei Lukas als Hinweis auf die Messianität Jesu zu werten ist (vgl. 4,18; Apg 10,38), ergibt sich die interessante Konstellation, daß Lukas die lange Passage über Johannes den Täufer (7,18-35), wo dieser als „besonderer Prophet" (7,26) und als „groß" (7,28) bezeichnet wird, von zwei Sondergut-Erzählungen[103] umrahmt sein läßt, in denen Jesus sich sowohl als Prophet erweist als auch seine Messianität eindrücklich unter Beweis stellt. Beide Erzählungen (Lk 7,11-17.36-50) haben also die Funktion, das zu unterstreichen, was Jesus in seiner Antwort an Johannes ausrichten läßt: Er ist mehr als der größte Prophet, nämlich der verheißene Messias. Und Johannes und seine Jünger können seliggepriesen werden, wenn sie daran keinen Anstoß nehmen (7,18-23)[104].

Die beiden Stellen Lk 9,8 und 9,19 heben hervor, daß Jesus nach Meinung des Volkes ein auferstandener Prophet war. Sie zeigen aber auch, daß Lukas die populäre, wenn auch hier nur als Aufzählung gegebene, Verknüpfung des Motivs von der Auferstehung eines Propheten mit Johannes dem Täufer kannte. Die entscheidende Betonung liegt aber im Duktus der lukanischen Erzählung auf dem Bekenntnis des Petrus, daß Jesus der *Gesalbte Gottes* ist (9,20). Durch den Zusammenhang erhält diese lukanische Formel (vgl. 2,26; 23,35; Apg 4,26) zusätzlich eine prophetischen Färbung[105].

Mit diesem Zusammenhang von Prophetentum und Messianität Jesu setzt Lukas sich auch in der Emmausperikope (Lk 24,13-35) auseinander. Die Erzählung zeigt, daß Lukas die „gemeinde-pädagogische"

---

[102] Die schwächer bezeugte Textvariante ὁ προφήτης (B* Ξ) könnte eine Gleichsetzung Jesu mit dem eschatologischen Propheten wie Mose oder Elia andeuten (vgl. BOVON, Evangelium I, 392 ‚Anm. 42).

[103] Bei Lk 7,36-50 dürfte es sich aber in Teilen um die lukanische Version der markinischen Salbungserzählung handeln. Dafür sprechen die Verwendung von ἀλάβαστρον μύρου in Mk 14,3 und Lk 7,37, der gleiche Name Σίμων in Mk 14,3 u. Lk 7,40 und das gleiche Handlungsschema in beiden Texten. Zum synoptischen Problem vgl. FITZMYER, Gospel I, 685-688.

[104] Zu weiteren Motiven, die in der lukanischen Salbungserzählung (Lk 7,36-50) an Johannes den Täufer erinnern, vgl. in dieser Arbeit 6.2.3, S.198-200.

[105] Vgl. dazu KARRER, Gesalbte, 312.356.

Aufgabe sah, das Prophetentum Jesu vor messianischen Mißverständnissen zu schützen. Für Lukas ist Jesus ein Prophet „mächtig an Worten und Taten" (V.19), *und* er ist auch der verheißene Messias und Erlöser Israels (V.21). Indem Lukas nun Jesus sowohl in die Reihe der leidenden Propheten einordnet (vgl. 13,33f; Apg 7,52) als ihn auch als Heiland der Welt darstellt (vgl. Lk 2,10f; 3,6; Apg 5,31; 13,23), löst er die Paradoxie auf, daß der siegreiche König zugleich der leidende Messias ist (Lk 24,26: οὐχὶ ταῦτα ἔδει παθεῖν τὸν Χριστὸν καὶ εἰσελθεῖν εἰς τὴν δόξαν αὐτοῦ;). Das von Jesus bewirkte Heil ist aber nicht die politische Befreiung Israels, sondern die Befreiung des Verlorenen von der Sünde durch den nach seinem Leiden und seinem Tod auferstandenen Messias (V.46f). Möglicherweise diente Lukas also die Vorstellung vom eschatologischen Propheten als Pattern, um Jesu Leiden und seine Messianität miteinander zu verbinden.

a) Prophet wie Mose

Ob Lk 11,16 eine Anwendung der Mose-Typologie auf Jesus im Sinne von Dtn 18,15ff impliziert[106], kann ich nicht sehen[107]. Aber Apg 3,22f zeigt, daß Lukas die Mose-Typologie im Unterschied zu seiner Verwendung des Elias-redivivus-Gedankens, die für ihn nur eine begrenzte Volksmeinung wiedergab (Lk 9,8.19), ins „Kerygma" aufnimmt[108]. Möglicherweise hielt er die Elias-redivivus-Vorstellung schon für zu eng mit Johannes verknüpft, während die Mose-Typologie hier noch größeren Spielraum ließ. Zudem implizierte Dtn 18,15.18 ja nicht zwangsläufig die Vorstellung eines Moses redivivus[109]. Denn daß weder Johannes noch Jesus der auferstandene Mose sein konnte, hatte Lukas in der Verklärungsgeschichte (Lk 9,28-36) angedeutet. Aber Jesus ist für ihn sehr wohl ein Prophet *wie* Mose und als solcher die Erfüllung der Verheißungen. Wie Mose befreit er sein Volk von der Gefangenschaft, allerdings von der Gefangenschaft durch die Sünde,

---

[106] Vgl. POLAG, Christologie, 45, mit Hinweis auf HAHN, Hoheitstitel, 356-360, der diese Stelle allerdings nicht erwähnt.

[107] Ähnliches gilt für Lk 19,40 καὶ ἀποκριθεὶς εἶπεν, Λέγω ὑμῖν, ἐὰν οὗτοι σιωπήσουσιν, οἱ λίθοι κράξουσιν. Dieser Vers aus dem lukanischen Sondergut könnte eine bewußte Entsprechung zu den Aussagen des Täufers über die Steine (Lk 3,8) sein, wenn denn tatsächlich derartige Sätze in Kreisen der jeweiligen Anhänger als Erfüllung der Weissagungen in 1 Makk 4,46 über den Propheten, der über die Steine Bescheid geben könne (vgl. 7.2.1, S.244), verstanden wurden (vgl. 7.2.2.b, S.249).

[108] Vgl. NEBE, Züge, 83; zu der Thematik insgesamt vgl. das ausführliche Kapitel „Jesus als neuer Mose" bei HAHN, Hoheitstitel, 380-404.

[109] Vgl. HAHN, Hoheitstitel, 356 Anm. 4.

denn als Prophet wie Mose ist er zugleich der erwartete Heilsbringer[110].

Ich vermute, daß Lukas die Stephanusrede nur wenig redaktionell überarbeitet hat. Das deutliche Bekenntnis des Märtyrers zu Jesus als messianischer Erlösergestalt ermöglichte bereits so, die Mose-Typologie in seiner Rede auf Jesus zu beziehen, zumal Lukas ohnehin dessen Kindheit und Jugend der des Täufers nachgestaltet hatte und ihm so „mosaische" Züge gegeben hatte.

Mit der expliziten Anwendung der Verheißung des Mose auf Jesus durch Petrus in seiner Rede in der Halle Salomos (Apg 3,12-26) legt Lukas den hermeneutischen Schlüssel zum Verständnis der Mose-Typologie in der Stephanusrede bereits im vorhinein fest. Der Leser weiß nun, wer gemeint ist, wenn Stephanus von Mose redet (vgl. Apg 6,11.14; 7,20-44). Es ist nicht der, der über das Gesetz des Mose lästert, wie die Pharisäer meinen (Apg 6,11.14), sondern der, der als „neuer Mose" die Erfüllung des Gesetzes ist.

b) Prophet wie Elia

"Not once is Jesus 'the prophet'; he is only 'a prophet' (4: 24; 7: 16, 39; 22: 64; 24: 19; Acts 3: 22 f.; 7: 37). Luke develops not an Elijah typology but rather an *Elijah-midrash* based on the account of Elijah in the Books of Kings. Jesus is compared with Elijah ..."[111]. Dieses Zitat Winks bringt auf den Punkt, wie Lukas das Elia-Motiv auf Jesus anwendet. Jesus ist nicht *der* Prophet und *der* Elias redivivus, aber er trägt zahlreiche Züge Elias, mehr jedenfalls als Johannes der Täufer, so daß der Begriff *Elijah-midrash* keineswegs abwegig erscheint[112].

In der Predigt Jesu in Nazareth lassen nicht nur die Namen Elia und Elisa (**Lk 4,25-27**) an den Täufer denken, der ja wie Elisa vom Geist Elias erfüllt sein sollte (Sir 48,13), auch die Erwähnung der Reinigung des Heiden Naamans (Lk 4,27), dessen Heilung durch Untertauchen im Jordan geschah, erinnert an Johannes und seine Taufe. Wahrscheinlich leitet Lukas hier ein, was dann später offensichtlich wird: Jesus steht viel eher als Johannes in der Tradition der Propheten Elia und Elisa,

---

[110] Zur Verknüpfung der Vorstellung des Propheten wie Mose und dem Begriff σωτηρία vgl. Sir 46,1 (LXX) und dazu, HAHN, Hoheitstitel, 360.

[111] WINK, John, 43. Bei WINK findet sich auch eine sehr aufschlußreiche Zusammenstellung der meisten lukanischen Stellen, an denen sich eine Anwendung von Elia-Motiven auf Jesus erkennen läßt (DERS., John, 44); vgl. auch MILLER, Elijah, 620.

[112] Vgl. dazu auch ERNST, Johannes, 84.

weil sein Wirken sich eben nicht auf die Kinder Abrahams beschränkte. Zudem kann das auf Jesus angewandte Schriftzitat in Lk 4,18 ebenso Assoziationen zu der Tätigkeit des mit Elia gleichgesetzten Boten (vgl. Mal 3,1.5.23) wecken wie die Standespredigt des Täufers und dessen Verurteilung des Ehebruchs des Herodes.

Der in der Rede Jesu in Nazareth erwähnte Aufenthalt Elias bei der Witwe aus Sarepta (Lk 4,25f), bei dem Elia die Speisen vermehrte (1 Kön 17,10-16) und den toten Sohn der Witwe auferweckte (1 Kön 17,17-24), hat seine Entsprechungen in der Brotvermehrung Jesu (Lk 9,10-17) und der Auferweckung des toten Sohnes der Witwe aus Nain (7,11-17). Die Heilung des Syrers Naaman findet ihr Korrelat in Lk 17,11-19[113]. Jesus erweist sich also vor allem im lukanischen Sondergut als in der Tradition der Propheten stehend, mit denen er sich in seiner Antrittspredigt verglichen hat. Nicht nur Johannes, sondern auch Jesus ist ein Prophet wie Elia oder Elisa, und er ist dies in einem noch höheren Maße als Johannes, weil er sich wie diese eben nicht nur an die Kinder Abrahams wendet.

Aufschlußreich ist noch ein weiteres: Alle genannten Stellen stehen bei Lukas im Zusammenhang mit weiteren Bemerkungen über Johannes den Täufer, sind also bewußt in den Vergleich von Jesus und Johannes hineingezogen. Hinzu kommen noch andere Texte, überwiegend aus dem lukanischen Sondergut, in denen ebenfalls Worte und Taten Jesu sowohl an Elia als auch an Johannes erinnern.

Jesus erweckt einen Toten wie Elia (**Lk 7,11-17**; vgl. 1 Kön 17,17-24) und betont gegenüber den Jüngern des Täufers seine messianischen Heilstaten (**Lk 7,18-23**). Indem Lukas Jesus nun nicht aufgrund seiner Verkündigung, sondern aufgrund eines Wunders, das in Form und Inhalt sehr stark an eine Wundertat Elias erinnert, als großen wiederaufgestandenen Propheten bezeichnen läßt (7,16), zeigt er, daß Jesus vom Volk für den Elias redivivus gehalten wurde. Und zugleich erweist Jesus sich als derjenige, auf den die Anhänger des Täufers warten (7,18-23).

Auch **Lk 9,7-20** ist eine Passage, in der Lukas darlegt, daß Jesus vom Volk für den Elia redivivus gehalten wird (9,8.19) und in der Jesus sich als der machtvolle Messias erweist (9,10-17) und als solcher

---

[113] Vgl. dazu 3.5 (*Umkehr als Reinigung oder Heilung*), S.119f und die Arbeit von BRUNERS, Reinigung.

bekannt wird (9,20)[114]. Er und nicht Johannes ist Prophet *und* der Messias, der die Hungrigen speist.

In **Lk 9,51-62** folgen dann mehrere Anspielungen auf Elia und Johannes den Täufer hintereinander:

- Die Einleitung der „großen Einschaltung" verweist auf die Zeit der „Hinwegnahme" Jesu (ἀναλήμψεως) und verwendet den gleichen Begriff wie die Septuaginta für die „Entrückung" Elias (2 Kön 2,9.11).

- Die Aussendung von Boten durch Jesus (**Lk 9,52; 10,1**) erinnert im Wortlaut an Mal 3,1 (LXX), das in Lk 7,27 auf Johannes angewandt wurde und nach Mal 3,23f auf den kommenden Elia zu beziehen ist. Durch diese polemische Anspielung unterstreicht Lukas, was in Lk 7,28 schon gesagt wurde. Johannes ist ein großer Prophet, aber nicht mehr als jeder Jünger Jesu[115].

- Jesus lehnt es ab, wie Elia Feuer vom Himmel fallen zu lassen (Lk 9,51-55, vgl. 2 Kön 1,10-12). Das heißt, er besitzt die von Gott verliehenen Fähigkeiten des Elia und ist zugleich der von Johannes angekündigte „Feuertäufer" (Lk 3,16f), aber das Feuer, das er bringt, ist anderer Natur als das, was Johannes erwartete[116].

- Gegenüber den Nachfolgeworten in Mt 8,19-22 berichtet Lukas zusätzlich von der Aufforderung Jesu, das Reich Gottes zu verkündigen (Lk 9,60), ein Motiv, das an die lukanische Unterscheidung der Verkündigung Jesu von der des Täufers denken läßt (vgl. 16,16).

- Außerdem spielen die beiden Sondergut-Verse Lk 9,61f erneut (vgl. 9,8.19.30.33.52.54) auf Elia an (vgl. 1 Kön 19,19f)! Entscheidend in unserem Zusammenhang ist aber wieder der Unterschied zu der Elia-Tradition. Elisa will Elia nachfolgen, ebenso wie der Anonymus in Lk 9,61 Jesus nachfolgen will. Aber Elisa, der „die Hand am Pflug" hatte, verläßt die Rinder, um sich zuerst von seiner Familie zu verabschieden. Dies wird ihm von Elia ausdrücklich gestattet. Jesus dagegen lehnt ein derartiges „Zurückblicken" ausdrücklich ab (9,62; vgl. 17,31f). Das heißt, Jesus tritt auf wie Elia, aber seine Verkündigung ist nicht mit dessen Verhalten identisch. Nachfolge Jesu ist etwas anderes als Nachfolge Elias. Diese eigentümliche lukanische Antithese könnte sich aus der traditionellen Gleichsetzung des Johannes mit Elia

---

[114] Vgl. KARRER, Gesalbte, 360, der zu Lk 9,20 nach einem Vergleich mit den Parallelstellen richtig bemerkt: „Die von Lukas dort gewählte Titelform Gesalbter Gottes wird in diesem Duktus prophetisch akzentuiert.".

[115] Vgl. zur Stelle auch TANNEHILL, Unity 1, 229-235, der überzeugend zeigt, daß bei Lukas die Apostel die Funktion des Johannes übernehmen.

[116] Vgl. zu Lk 9,52-55 in dieser Arbeit etwa unter 5.2 (*Feuer*), S.168.

erklären. Auch dieser Text wäre dann im Kontext der Auseinandersetzung des Lukas mit Kreisen, die Johannes favorisierten, zu verstehen.

Nur bei Lukas erwähnt Jesus die *Raben*, die von Gott ernährt werden, ein Motiv, das an die wundersame Ernährung des Elias denken läßt (**Lk 12,24**; vgl. 1 Kön 17,1-7)[117].

In **Lk 12,49-59** findet sich eine zweite länger Passage, die inhaltlich an Lk 9,51ff anknüpft und ebenfalls den Charakter eines *Elia-Midraschs* trägt:
- Der Wunsch Jesu, ein Feuer auf Erden anzuzünden, und die Erwartung und Furcht vor seiner Taufe (Lk 12,49f) müssen zunächst als Anspielung auf die Ankündigung des Johannes verstanden werden, der von dem Kommenden eine Taufe mit Feuer und heiligem Geist erwartete (3,16f). Darüber hinaus erinnert das Motiv des Feuers erneut an Elia (1 Kön 18,24-39; 2 Kön 1,9-14)[118]. Lukas deutet hier an, daß Jesus in der Tat das von Johannes angekündigte Feuer bringen will. Aber in seinem Bericht der Pfingstereignisse zeigt er, daß dies das Feuer des heiligen Geistes ist (vgl. Apg 2,1-21)[119]. Auch die Bezeichnung von Jesu Tod als Taufe kann als kritische Auseinandersetzung mit der Bedeutung der Wassertaufe in Täuferkreisen interpretiert werden.
- In Lk 12,50-53 kündigt Jesus dann an, daß er genau das Gegenteil dessen bewirken wird, was für den Elia redivivus und Johannes verheißen war (Mal 3,24; Lk 1,17). Er wird nicht Frieden, sondern Streit zwischen den Generationen bringen.
- Auch in den folgenden Worten über die Beurteilung der Zeit (12,54-56), ein Thema, das in Täuferkreisen von wesentlicher Bedeutung gewesen sein dürfte, begegnet ein Motiv aus der Elia-Tradition, das bei Matthäus (Mt 16,2f) nicht vorhanden ist, nämlich die Wolke,

---

[117] Dieser Hinweis findet sich ebenfalls bei WINK, der zudem noch auf den stärkenden Engel in Lk 22,43 (vgl. 1 Kön 19,4-8) und das Jesus und Elia gemeinsame Motiv des Betens verweist (vgl. WINK, John, 44, mit zahlreichen Belegen), beides Motive, die auch einen Bezug zu Johannes haben (vgl. der Engel in Lk 1,.11ff; evtl. auch Apg 7,30.38; und zum Gebet Lk 5,33; 11,1). GRUNDMANN, Evangelium nach Lukas, 269, deutet die Raben unter Hinweis auf Lev 11,15 und Dtn 14,14 als Beispiel für unreine Tiere.

[118] Vgl. RENGSTORF, Evangelium, 166, der vermutet, daß Lk 12,49 wie 9,5ff.57ff und die übrigen „Zeichenforderungen" in 11,16.29ff „in den größeren Zusammenhang der Auseinandersetzung mit einer Elias-Christologie" gehören. Dabei verweist er auf Sir 48,3f, wo vom dreimaligen Feuer-vom-Himmel-Herabbringen als Zeichen des Elia die Rede ist (RENGSTORF, Evangelium, 151.166).

[119] Vgl. zu Apg 2,1-21 und dem Motiv des Feuers 5.2, S.169.

die als Zeichen von Westen her aufsteigt (vgl. 1 Kön 18,44)[120]. Die beiden weiteren bei Lukas im Vergleich zu Matthäus auffallenden Formulierungen: „Es kommt Regen" und „Es wird brennend heiß werden"[121] - könnten auf die Gerichtsankündigung des Täufers anspielen (vgl. Lk 3,16). Jesus würde dann kritisieren, daß die Anhänger des Täufers, trotz ihrer an sich richtigen Deutung der Zeit, nicht in ihm den von Johannes angekündigten Stärkeren erkennen[122].

- Die folgende Paränese über den Weg zum Gericht (12,57-59) unterstützt diese Deutung, denn Jesus fordert hier nicht wie bei Matthäus (Mt 5,25f) auf, sich mit dem Gegner auf dem Weg zum Gericht zu versöhnen, sondern sich von ihm zu „befreien" (Lk 12,58: ἀπηλλάχθαι). Dies könnte natürlich im Kontext der lukanischen Auseinandersetzung mit den Täuferanhängern als Empfehlung verstanden werden, nicht deren Weg zum Gericht mitzugehen, sondern eben im Evangelium Jesu von der Freiheit für die Gefangenen die richtigen Zeichen der Zeit zu erkennen (vgl. 4,18-21). Die folgende Auseinandersetzung mit dem Bußverständnis des Täufers (13,1-9), die deutlich auf seine Gerichtspredigt anspielt, ist ein weiteres Argument für diese Interpretation.

In Lk **17,11-19** heilt Jesus zehn Aussätzige so, wie Elisa, der wie Johannes erfüllt war vom Geist Elias (Lk 1,17; Sir 48,13), einen Aussätzigen geheilt hatte (vgl. 2 Kön 5,8-19a). Auf den Zusammenhang dieser Erzählung mit den Reinheitsvorstellungen des Täufers wurde bereits unter 3.5 hingewiesen. Nachzutragen bleibt, daß diese weitere „nachgeahmte prophetische Erzählung"[123] auch als Illustration von Lk 16,16 verstanden werden kann. Wahre Heilung geschieht nur durch die von Gott bewirkte Umkehr zu Jesus und nicht durch das von Johannes propagierte Reinwerden und die Befolgung des Gesetzes.

Auch die lukanische Beschreibung der „Entrückung" Jesu (Lk 24,49-51; Apg 1,4f.9f) mit Jüngerunterweisung, Geistausteilung und anschließender „Himmelfahrt" hat einige inhaltliche und formale Analogien zu der des Elia (vgl. 2 Kön 2,4-11).

---

[120] Vgl. auch das Motiv des „Zeichens vom Himmel" (Lk 11,16) und die Zeichenforderung von „diesem Geschlecht" (11,29-32).

[121] In diesem Sinne muß καύσων ἔσται in Lk 12,55 wohl verstanden werden. Vgl. FITZMYER, Gospel II, 1000, der von "scorcher" und "the burning heat of the sun" spricht.

[122] In diesem Sinne ist auch die Rede von den Tagen des Menschensohns in Lk 17,22-33 zu interpretieren (vgl. unten 7.3.2.b, S.268f).

[123] BRUNERS, Reinigung, 118-122.

Die Vielzahl der genannten Stellen läßt erneut die lukanische Tendenz erkennen, traditionell auf Johannes den Täufer angewandte Motive überbietend auf Jesus zu übertragen. Lukas rezipiert die Volksmeinung, Jesus sei der Elias redivivus, aber er bezeichnet Jesus nie explizit als den auferstandenen Elia. Dies mag damit zusammenhängen, daß diese Bezeichnung schon viel zu eng mit dem Täufer verbunden war (Lk 1,17). Stattdessen veranschaulicht Lukas, daß Jesus gerade im Vergleich zu Johannes viel mehr Fähigkeiten und Züge des Elia besitzt. Weil Johannes eben nicht der Elias redivivus ist, sondern nur von dessen Geist erfüllt (1,7) und nur von einem Menschen geboren ist (7,28), kann Lukas umso mehr Analogien zwischen Elia und Jesus aufzeigen[124].

7.3 Der kommende Stärkere und der Menschensohn

Die Ankündigung eines kommenden Stärkeren durch den Täufer wird hier deshalb unter der Überschrift „Christologische Motive" behandelt, weil sie auf die Frage nach seiner Messianität (Lk 3,15) folgt, und weil Lukas sie - wohl gegen ihre historisch ursprüngliche Intention - christologisch interpretiert.

7.3.1 Der kommende Stärkere in der Verkündigung des Täufers

Lk 3,16 ἀπεκρίνατο λέγων πᾶσιν ὁ Ἰωάννης, Ἐγὼ μὲν ὕδατι βαπτίζω ὑμᾶς· ἔρχεται δὲ ὁ ἰσχυρότερός μου, οὗ οὐκ εἰμὶ ἱκανὸς λῦσαι τὸν ἱμάντα τῶν ὑποδημάτων αὐτοῦ· αὐτὸς ὑμᾶς βαπτίσει ἐν πνεύματι ἁγίῳ καὶ πυρί·

Als das Volk überlegt, ob Johannes der Christus sei, verneint Johannes dies und verweist auf den Stärkeren, der nach ihm kommen werde, um mit Feuer und heiligem Geist zu taufen. Der durchgehende Gerichtscharakter der Verkündigung des Johannes legt es nahe, in dem kommenden Stärkeren eine Richtergestalt zu sehen. Das Motiv der Taufe mit heiligem Geist und mit Feuer deutet die Ausübung seines Richteramts an[125]. Weil eine ähnliche Verknüpfung von Ausgießung

---

[124] Dies ist auch das Ergebnis der Analyse von WINK, John, 44f, das ERNST, Johannes, 84, wiederum nur insofern teilt, als es nicht notwendig mit dem „Abbau der eschatologischen Täufer-Elija-Typologie" in Verbindung gebracht werde (ebd.), doch gerade dies dürfte m.E. der eigentliche Grund für die Jesus-Elia-Stellen bei Lukas sein.

[125] Vgl. 2.2.3.a-b, S.79-84.

des heiligen Geistes und Vernichtung durchs Feuer mit dem endzeitlichen Gericht auch in den Schriftrollen von Qumran und andeutungsweise auch in TestXII begegnet (1 QS IV,20f; 1 QH XVI,12; XVI-I,12f; TestJuda 24,2.6; 25,3), bietet es sich an, Lk 3,16 im Kontext dieser zeitgenössischen Zeugnisse zu interpretieren. Dabei stellt sich allerdings das Problem, daß es in den genannten Texten aus Qumran *Gott* ist, der das Gericht ausführt (1 QS IV,20; 1 QH XVI,8ff), während in TestJud Gericht und Rettung als Aufgabe des *Messias* erscheinen (TestJud 24,5f). Möglicherweise handelt es sich aber bei der letztgenannten Stelle nur um eine Aufgabenkumulation des Messias, der göttliche Eigenschaften auf sich zieht, denn immerhin wird in TestLev 3,2 eindeutig das Gericht mit Feuer, Eis und Schnee als *Gottes* gerechtes Gericht beschrieben, das er am Tag des Gerichts ausüben wird[126].

Die Hörer des Täufers werden bei seiner Ansage des drohenden Gerichts an den von den Propheten angekündigten Tag Jahwes gedacht haben. Von daher liegt eine Identifikation des kommenden Richters mit Gott nahe[127]. Der Vergleich des Johannes mit Elia (Lk 1,16f) läßt ebenfalls bei dem von ihm angekündigten Stärkeren an Gott denken (vgl. Mal 3,1.23f). Der häufig gegen diese Deutung angeführte Einwand, daß Johannes dann unangemessen anthropomorph vom Lösen der Sandalen Gottes sprechen würde[128], kann durch den Vergleich mit Ps 108,10 und dem Hinweis, daß es sich hier ja um ein Bild handelt, widerlegt werden.

Wahrscheinlich stehen Lk 1,16f.76 und Mal 3,1.23f (vgl. Lk 3,4f; 7,27) paradigmatisch für das Selbstverständnis des Täufers[129]. Er sah sich als Bote des zum Gericht kommenden Gottes.

---

[126] Auch in TestLev 8,11 werden die drei eschatologischen Gestalten von der Herrlichkeit des kommenden Herrn unterschieden (... εἰς σημεῖον δόξης κυρίου ἐπερχομένου). Vgl. BECKER, Johannes, 34, der zeigt, daß eine Gleichsetzung des Messias mit dem eschatologischen Richter gänzlich unwahrscheinlich ist.

[127] Vgl. übereinstimmend dazu REISER, Gerichtspredigt, 171, ERNST, Johannes, 49-51.305-308 und VON DOBBELER, Gericht, 144-147.

[128] Vgl. etwa BECKER, Johannes, 34f, und REISER, Gerichtspredigt, 172f, der sich mit diesem Einwand auseinandersetzt.

[129] Vgl. REISER, Gerichtspredigt, 172.

7.3.2 Der kommende Stärkere als Menschensohn

Die Identifikation des kommenden Stärkeren in der Verkündigung des Täufers mit Gott selbst kann heute als die historisch am wahrscheinlichsten anzunehmende Hypothese gelten[130]. Dennoch sprechen auch für die Identifikation des kommenden Stärkeren mit der Gestalt des Menschensohn aus Dan 7,13[131] einige nachvollziehbare Argumente[132]. Zwar kommt der „Menschensohn" in Dan 7,13 nicht zum Gericht[133], aber sein Kommen wird im Rahmen einer Vision beschrieben, deren Zentrum die Beschreibung eines göttlichen Feuergerichts ist (Dan 7,9-11). Zudem läßt die Nennung des ἐρχόμενος im Gegensatz zu der expliziten Benennung Gottes in Lk 3,8 offen, wer nun gemeint ist[134]: Gott selbst, der Menschensohn oder Jesus?

a) Die Anhänger des Täufers und der Menschensohn

Daß der historische Johannes mit dem von ihm angekündigten Stärkeren Gott gemeint haben dürfte, ist anzunehmen, ebenso die Gleichsetzung dieses Kommenden mit Jesus in der christlich-lukanischen Rezeption der Täuferverkündigung. Offen bleibt, ob es für das Wort von dem kommenden Stärkeren nicht auch eine Rezeptionsstufe gab, in der es auf den kommenden Menschensohn bezogen wurde. Es gibt Indizien, die eine solche Rezeption in Täuferkreisen möglich erscheinen lassen.

Zunächst muß hier die in der Logienquelle überlieferte Frage der Täuferjünger an Jesus, ob er der Kommende sei, erwähnt werden (Mt 11,3; Lk 7,19f). Sollte diese Frage die Spur einer historischen Erinnerung der Christen an die Erwartung des ἐρχόμενος in Täuferkreisen enthalten, dann liegt die Vermutung nahe, daß der oder die Verfasser der Logienquelle Jesus als den von den Täuferanhängern erwarteten Menschensohn erscheinen lassen wollten. Denn die Frage, ob Jesus der kommende Gott sei, gäbe ebensowenig Sinn wie die Vermeidung des

---

[130] Vgl. dazu die genannten Stellen bei VON DOBBELER, Gericht, REISER, Gerichtspredigt, und ERNST, Johannes.

[131] Zum „Menschensohn" in den Bilderreden des ersten Henochbuches, in denen Dan 7,1 gebraucht wird, und zu 4 Esr 13 vgl. MÜLLER, Ausdruck, 66-88. Letzterer zeigt, daß hier keine eigenständige jüdische „Menschensohn"-Konzeption, die über einen „Gebrauch der Symbolsprache aus Dan. 7,13" (a.a.O. 87) hinausginge, zu erkennen ist.

[132] Vgl. BECKER, Johannes, 35-37, und STUHLMACHER, Theologie, 61f.

[133] Hierauf legt REISER, Gerichtspredigt, 171, Anm. 9, in der Auseinandersetzung mit BECKER, Johannes, 36, großen Wert.

[134] Vgl. VON DOBBELER, Gericht, 146.

Titels Messias, wenn dieser gemeint sein sollte[135]. Deutlich ist aber in der Logienquelle der Bezug zu dem Kommenden, den Johannes der Täufer ankündigt. Da dieser nun aber eher Assoziationen zu der Gestalt des Menschensohns in Dan 7,13 als zu der eines Messias zuließ, erscheint die Erwartung vom Kommen des Menschensohns immerhin für die Anhänger des Täufers, mit denen sich die Logienquelle auseinanderzusetzen hatte[136], als möglich. Auch die Bezeichnung von Johannes als „Prophet des Höchsten" (Lk 1,76) ist ein Hinweis darauf, daß in Kreisen seiner Anhänger die Motivsprache aus Dan 7 verwendet wurde; denn dort ist sowohl von dem „Heiligen des Höchsten" als auch vom Menschensohn die Rede[137]. Letztlich muß aber offen bleiben, wer oder was ursprünglich mit ὁ ἐρχόμενος gemeint war[138], und ob die Vorliebe von Q für den Menschensohntitel einerseits und die deutlich zu spürende Auseinandersetzung mit der Täuferbewegung andererseits in einem kausalen Zusammenhang standen[139].

---

[135] Vgl. HOFFMANN, Studien, 198-215, mit dem Ergebnis, daß in Q „die von Johannes angekündigte endzeitliche Richtergestalt" (a.a.O. 211) als identisch mit dem Menschensohn und Messias Jesus erscheinen soll.

[136] Daß diese Auseinandersetzung mit Täufergruppen ein wesentlicher Hintergrund für die „Redaktion" der Logienquelle ist, hat KATZ, Beobachtungen, in seiner Dissertation detailliert nachgewiesen, seine Erarbeitung verschiedener Redaktionsstufen (vgl. a.a.O. 312f) bleibt dagegen auf viele Hypothesen angewiesen. HOFFMANN, Studien, 233, hält eine ehemalige Bindung der Trägergruppe von Q an Johannes für möglich. POLAG, Christologie, 154-157, arbeitet heraus, daß in der Einleitungsperikope der Logienquelle Material, „... das der Täufertradition entstammt" (a.a.O. 157), verwendet wurde. Vgl. auch SATO, Q, 371f, der annimmt, daß der Trägerkreis von Q zunächst als Abspaltung von Jesus und einigen Anhängern Johannes des Täufers entstand und dann lange Zeit in Spannung zu den „Johannes-Sympatisanten" (Schreibweise wie im Original) stand (a.a.O. 372).

[137] Zum Verständnis der beiden Begriffe in Dan 7 vgl. DEISSLER, Menschensohn, der den „Menschensohn" sowohl als „Symbolfigur für das ewige Gottkönigtum" als auch als „Repräsentationsgestalt der ‚Heiligen des Höchsten'" interpretiert (a.a.O. 91).

[138] Auch für eine Deutung auf den kommenden Propheten (wie Mose) gibt es gute Argumente, vgl. FITZMYER, Gospel I, 666.

[139] Einen solchen kausalen Zusammenhang vermutet etwa HOFFMANN, Studien, wenn er über die Trägergruppe der Komposition Mt 11,2-19 / Lk 7,18-35 schreibt: „Im Zusammenhang mit dem Menschensohn-Bekenntnis griff die Gruppe also auch auf die Johannes-Verkündigung vom Kommenden zurück und nahm sie für Jesus, den kommenden Menschensohn, in Anspruch. Dabei bezog sich die Gruppe vermutlich auf eine ihr *durch die* (einstige?) *Bindung* an Johannes vertraute Tradition." (a.a.O. 233).

Zwei weitere Indizien für die Erwartung des Kommens des Menschensohns in Täuferkreisen sind die Vision des Stephanus (Apg 7,56) und die wahrscheinlich ehemaligen Jüngern des Täufers (vgl. Joh 1,35-45) angekündigte Vision in Joh 1,51. Auffallend ist die Parallelität der beiden Visionen. In beiden werden der offene Himmel[140] und der Menschensohn zur Rechten Gottes erwähnt! Möglicherweise könnte die Verbindung der Menschensohnvorstellung mit der Erwartung des Kommenden in Täuferkreisen eine Erklärung sein, warum der Menschensohn in Apg 7,56 *steht* [141]. Er ist eben im Begriff zu *kommen*. Die in Joh 1,51 den Jüngern verheißene Vision erinnert motivlich an die Erzählung von der „Jakobsleiter" in Gen 28,10ff. Und diese Erzählung entschlüsselt auch das Motiv vom Stehen des Menschensohnes in der Vision des Stephanus, denn in Jakobs Vision von der Rampe zum Himmel *steht* (נצב) Jahwe (Gen 28,13).

Natürlich sind die genannten Indizien viel zu schwach, um für die Täuferanhänger die Erwartung eines zum Gericht und zur Rettung kommenden Menschensohns zu postulieren. Dennoch könnten sie auf eine richtige Spur lenken, da sich im Zusammenhang mit der lukanischen Verwendung des Menschensohntitels mehrfach eine von Lukas redaktionell bewirkte Abgrenzung zu Johannes dem Täufer erkennen läßt.

b) Jesus als gekommener und kommender Menschensohn

Zum erstenmal begegnet die Verwendung des Titels Menschensohn bei Lukas als Selbstbezeichnung Jesu in der fast wörtlich aus Mk 2,1-12 übernommenen Erzählung von der Heilung des Querschnittgelähmten (Lk 5,17-26). Sowohl bei Markus als auch bei Lukas - wenn auch mit mehr oder weniger großem Abstand - folgt diese Erzählung auf den

---

[140] Das Motiv eines mit einer Engelerscheinung verbundenen geöffneten Himmels geht auf Gen 28,12 zurück, vgl. auch TestLev 2,6 und die Berichte von Jesu Taufe (Lk 3,21 par).

[141] Einen Überblick über die verschiedenen Interpretationsmodelle zum Stehen des Menschensohnes geben MÜLLER, Ausdruck, 139f, HAENCHEN, Apostelgeschichte, 283, Anm. 2, und sehr ausführlich auch PESCH, Vision, 13-24; PESCH bietet auch eine kritische Diskussion dieser Deutungssuche (a.a.O. 25-36), er selbst sieht in dem Stehen des Menschensohnes einen Hinweis auf dessen Funktion als „Richter" (a.a.O. 37-58). BERGER, Auferstehung, 123, mit Anm. 560, deutet das Stehen als Hinweis auf seine Funktion als „Beisitzer" beim Gericht; CULLMANN, Jesus, 52, meint, das Stehen drücke aus, daß der Menschensohn in Apg 7,56 als „Zeuge und Anwalt" vorgestellt sei. MUSSNER, Wohnung, hält das Partizip ἑστώς für „bedeutungslos", es habe hier wie in Lk 1,11 lediglich die Bedeutung von „Vorhandensein" (a.a.O. 291 mit Anm. 37).

Bericht über die Verkündigung des Täufers von der Taufe zur Vergebung der Sünden (Mk 1,4; Lk 3,3). In ihr erweist sich Jesus als der, der
das vermittelt, was Johannes - zumindest in der lukanischen Darstellung - von dem kommenden Stärkeren erwartete, er spricht nämlich
die Vergebung der Sünden zu[142]; das heißt, der von Johannes und seinen Anhängern erwartete kommende Stärkere ist der Menschensohn
Jesus, der die Vollmacht zur Sündenvergebung besitzt (Lk 5,24).

Die bei Markus und Lukas folgenden Erzählungen greifen die Motive der Täuferpredigt erneut auf, denn Jesus zeigt seine Solidarität mit
Zöllnern und Sündern, dem „traditionellen" Publikum des Täufers, und
setzt sich anschließend mit der *praxis pietatis* der Johannesjünger auseinander[143]. Dies fügt sich nahtlos in das erkennbare theologische Konzept: Jesus ist der von Johannes angekündigte Stärkere, er ist der Menschensohn, der die Vollmacht hat, das zu tun, was die mit der Taufe
des Johannes getauften Menschen für das Gericht von Gott (oder dem
Menschensohn?) erhofften, und er spricht die Vergebung der Sünden
zu[144].

Die auf die genannten Erzählungen bei Lukas und Markus folgenden Episoden über Jesu Haltung zum Sabbat (Lk 6,1-11) gipfeln in
dem Logion, daß der Menschensohn Herr über den Sabbat sei (Mk
2,28; Lk 6,5). Sollte nun ähnlich wie bei der Qumran-Gemeinde (vgl.
CD X,14-XII,6) die strenge Einhaltung des Sabbats ein Charakteristikum der Täuferanhänger gewesen sein[145], liegt es nahe, daß auch das
Menschensohnwort über den Sabbat in der Auseinandersetzung mit
diesen eine Rolle spielte, jedenfalls könnte Lukas es so verstanden
haben.

Innerhalb der Rede Jesu über Johannes in der Logienquelle wird
schließlich das Kommen des Menschensohns Jesus[146] explizit dem

---

[142] Ἀφέωνται in Lk 5,20 ist *passivum divinum*. BOVON, Evangelium I, 248,
spricht zutreffend von einem „performatorischen Sprechakt" Jesu.

[143] Vgl. 6.3.1.b (*Fasten und Gebet bei den Täuferschülern*), S.203f.

[144] TÖDT, Menschensohn, 120f, zeigt richtig auf, daß die in Mk 2,10 von Jesus
beanspruchte Sündenvergebung eben nicht die Zusage der Vergebung einst im
Endgericht, sondern ein gegenwärtiges Geschehen ist.

[145] Vgl.6.3.2.c (*Politik und Gesetz*), S.208f.

[146] MÜLLER, Ausdruck, 192, vertritt die These, daß hier der Begriff „Menschen-
sohn" ursprünglich nicht titular, sondern im Sinne des aramäischen בר אנש als
Synonym für „Mensch" gebraucht wurde, doch zeigt schon textimmanent die
Gegenüberstellung zu Johannes dem Täufer, daß er hier nicht als allgemeine
Bezeichnung, sondern als spezieller Titel für Jesus gebraucht wurde. Auch für
TÖDT, Menschensohn, 107f, ist diese Bezeichnung Jesu in Mt 11,19 / Lk 7,34
nicht einfach nur ein Ersatz für den Gebrauch des Personalpronomens der er-

Kommen des Täufers gegenübergestellt (Lk 7,33f; Mt 11,18f). Besonders bei Lukas (Lk 7,24-35) scheint es darum zu gehen, daß die von Johannes getauften Menschen den Heilsplan Gottes (Lk 7,29f) im Kommen des Menschensohnes Jesus (7,34) erkennen[147].

In Lk 9,26 (Mk 8,38; Mt 16,27) ist vom Kommen des Menschensohnes *in seiner Herrlichkeit und der Herrlichkeit des Vaters und der heiligen Engel* die Rede. Die Beschreibung der Ereignisse bei der Geburt Jesu in Lk 2,9-14 zeigt nun, daß Lukas in Jesu Geburt bereits partiell vorweggenommen sah, was von dem Wiederkommen des Auferstandenen (vgl. 24,7) erwartet wurde. Jesus ist der gekommene Menschensohn und wird auch als Menschensohn wiederkommen, ein Motiv, das sich in Lk 12,40; 17,24f; 18,8 und 21,27 wiederholt.

Daß Lukas in Lk 9,51-62 mehrfach auf Elia und Johannes den Täufer anspielt, konnte oben gezeigt werden (7.2.3.c). Interessant ist nun, daß auch hier die Bezeichnung Menschensohn für Jesus verwendet wird (Lk 9,58). Doch könnte es sich dabei um eine unreflektierte Übernahme aus der Logienquelle handeln. (vgl. Mt 8,20). Die Ergänzung einiger Textzeugen in Anschluß an Lk 9,55: καὶ εἶπεν, Οὐκ οἴδατε οἵου πνεύματος ἐστε ὑμεῖς; ὁ γὰρ υἱὸς τοῦ ἀνθρώπου οὐκ ἦλθεν ψυχὰς ἀνθρώπων ἀπολέσαι ἀλλὰ σῶσαι, ist dagegen geradezu ein Beleg dafür, daß Lk 9,51ff als Auseinandersetzung mit solchen Gerichtsvorstellungen verstanden werden konnte, wie sie in Täuferkreisen vorauszusetzen sind. Jesus ist der gekommene Menschensohn, aber das Feuergericht, das er bringt, bedeutet nicht, wie von Johannes erwartet, die Vernichtung, sondern die Befreiung der Menschen[148].

In Lk 11,29-32 wiederholt sich die theologische Aussage von Lk 7,24-35. Erneut geht es darum, wie sich „dieses Geschlecht" (vgl. ἡ γενεὰ αὕτη in 11,29 mit 7,31) entscheidet. So wie in Lk 7,29f die von Johannes getauften Menschen den Unbußfertigen gegenübergestellt wurden, werden in Lk 11,30.32 ausdrücklich die aufgrund der Predigt Jonas Umgekehrten gegenüber *diesem Geschlecht* hervorgehoben. Und ähnlich wie der Kleinere im Reich Gottes *größer als Johannes* genannt wurde (7,28), ist auch hier *mehr als Jona* (11,32). In beiden Texten

---

sten Person, sondern: „Sie bezeichnet nichts anderes als Jesus selbst in seinem Hoheitshandeln, d.h. sie ersetzt das Ich Jesu, gibt ihm aber zugleich den Ausdruck einer besonderen Hoheit; denn es geht um die Sendung des *Menschensohnes im ganzen*, wie der Ausdruck *er ist gekommen* deutlich zeigt." (a.a.O. 108). Vgl. auch HAHN, Hoheitstitel, 24f.
[147] Vgl. unter 4.4.2 (Jesus und die Weisheit), S.153f.
[148] Vgl. 5.2 (*Feuer*), S.156.

werden Menschen, die aufgrund der Predigt Jonas beziehungsweise des Johannes[149] umgekehrt sind, als positives Beispiel für *dieses Geschlecht* aufgeführt. Aber es wird auch deutlich, daß nicht dies, sondern die aktuelle Haltung zu dem Menschensohn entscheidend ist (vgl. 7,34f; 11,30.32). Nur wer in ihm die Zeichen der Zeit erkennt, kann vor dem Gericht gerettet werden (vgl. 12,54-56). Es ist bezeichnend, daß auch diese Stelle (12,54-56) auf Elia und die Gerichtsverkündigung des Täufers anspielt[150] und auf ein Wort vom Kommen des Menschensohnes (12,40) und eine Stellungnahme Jesu zu Gericht (12,41ff), Feuer und Taufe (12,49f) folgt. Offensichtlich hat die Vorstellung von dem kommenden Menschensohn für Lukas ihren festen Ort in der Auseinandersetzung mit den Gerichtsvorstellungen des Täufers.

Auch das Wort von der Lästerung des heiligen Geistes könnte im Kontext der Kontroverse mit Täuferanhängern eine Rolle gespielt haben. Lk 12,8-10 müßte dann als Apologie verstanden werden[151]. Wer in dem irdischen Jesus nicht den Menschensohn erkennt, dem kann dies vergeben werden, wer aber die Wirkung des göttlichen Geistes in der christlichen Gemeinde abstreitet, der wird im Endgericht von dem wiederkommenden erhöhten Menschensohn verleugnet werden.

Die eschatologische Rede über das Kommen des Menschensohnes (Lk 17,24-37) übernimmt Lukas aus der Logienquelle. Bemerkenswert sind nun einige lukanische Eigentümlichkeiten, die ebenfalls auf eine Auseinandersetzung mit Täuferkreisen hinweisen könnten.

In Lk 17,22 ersetzt Lukas die *Tage der Bedrängnis* in Mk 13,19 durch die *Tage des Menschensohns* und macht dadurch deutlich, daß das Kommen des Gottesreiches, nach dem die Pharisäer Jesus gefragt hatten (Lk 17,20), mit dem Kommen des Menschensohns zusammenfällt[152]. Dennoch fällt die Formulierung auf, weil in Lk 17,24 dann vom *Tag* des Menschensohns die Rede ist. Wahrscheinlich ist der Plural in V.22 eine lukanische Bildung in Entsprechung zu den *Tagen Noahs*

---

[149] Zur lukanischen Deutung Jonas als Typos für Johannes vgl. 1.3.2, S.54f, und 3.3 zu Lk 11,32, S.104f; zur Weisheit Salomos und der Weisheit des Täufers vgl. 4.4.1 (*Johannes und die Weisheit*), S.147-152.

[150] Vgl. oben 7.2.3.b, S.259f.

[151] Vgl. 2.4 (*Sünde wider den heiligen Geist*), S.92-93.

[152] Vgl. dazu VIELHAUER, Gottesreich, 87-91, der in der nachösterlichen Verbindung des „ältesten Menschensohnglaubens" mit der Reich-Gottes-Verkündigung Jesu den Anfang der Christologie sieht. Zur diesbezüglichen Auseinandersetzung zwischen VIELHAUER und TÖDT vgl. VIELHAUER, Jesus, 94-114, und TÖDT, Menschensohn, 298-316.

(V.26) und *Lots* (V.28)[153], mit der er der ganzen Rede eine eigene Thematik gibt. Die singularische Benennung des Tages des Menschensohnes in Lk 17,24 ist textkritisch umstritten, entspricht aber der lukanischen Tendenz, denn die folgende Beschreibung dieses Tages mit der Vernichtung der Gottlosen durch Feuer in Lk 17,24-30 erinnert an den ähnlich beschriebenen *Tag Jahwes* in Mal 3,19. Lukas beziehungsweise der Interpolator könnte hier also mit der Aufnahme des Motivs aus Mal 3 sagen wollen: Der Tag des Menschensohns ist der Tag Jahwes, den der wiederauferstandene Prophet Elia ankündigen sollte (vgl. Mal 3,23f) und von dem der Täufer gesprochen hat (vgl. Lk 1,17; 3,9.16f).

Zudem erinnern die in Lk 17,26-29 beschriebenen Tage Noahs mit der Vernichtung der Gottlosen durch das Wasser der Sintflut und die Tage Lots mit dem tödlichen Feuerregen vom Himmel sehr stark an die Ankündigung des Täufers von dem kommenden Geist- und Feuertäufer (3,16f)[154]. Aber nicht nur das Motiv des Gerichts mit Wasser und Feuer erinnert an Johannes, sondern auch die nur bei Lukas begegnende Erwähnung Lots; denn schon in Lk 3,3 beschrieb Lukas das Gebiet des Täufers mit den gleichen Worten wie die Septuaginta das Gebiet Lots[155]. Und ähnlich wie in Lk 7,31-35 und 11,29-32, wo es ebenfalls um den Vergleich von Johannes dem Täufer und Jesus, dem Menschensohn, ging, ist auch hier die ablehnende Haltung von „diesem Geschlecht" das Ausgangsmotiv für die mahnende Rede Jesu (vgl. 17, 25ff). Die Formulierung dürfte aus Gen 7,1 stammen, wo es von Noah heißt, daß Gott ihn vor „diesem Geschlecht" (בדור הזה) als gerecht befunden habe. Die Rabbinen bezeichnen es als „Geschlecht der Flut", dem Noah dann - ähnlich wie Mose dem „verkehrten Geschlecht in der Wüste" - als Bußprediger entgegentritt (Dtn 32,5)[156]. Eine typologische Entsprechung von Noah, Jona und Johannes dem Täufer konnte also auf das ihnen gemeinsame Motiv der *Umkehrpredigt vor diesem Geschlecht* zurückgreifen. Wie Noah, Jona und partiell auch Lot (vgl. Gen 19,14) versuchte Johannes, dieses Geschlecht vor der drohenden

---

[153] Vgl. FITZMYER, Gospel I, 1168; zu den Interpretationsmodellen der „Tage des Menschensohns" vgl. a.a.O. 1168f, und MÜLLER, Ausdruck, 133-135.

[154] Zum Zusammentreffen vom Motiv der Sintflut und dem Feuergericht Gottes vgl. äthHen 91,5-9 und dazu BRANDENBURGER, Gerichtskonzeptionen, 32. Auch in Lk 12,54f könnte die Erwähnung von „Feuer und Wasser" eine Anspielung auf die Gerichtsvorstellungen des Täufers sein.

[155] Vgl. Lk 3,3: ... εἰς πᾶσαν τὴν περίχωρον τοῦ Ἰορδάνου ... mit Gen 13,10f LXX; vgl. S.47-50.

[156] Vgl. REISER, Gerichtspredigt, 201.

Vernichtung durch das Gericht Gottes zu bewahren, indem er die Menschen zu einer veränderten Lebensführung aufforderte.

Aber, und dies macht Lukas in Lk 17,33 möglicherweise ebenfalls in Abgrenzung zur Täufer-Theologie deutlich: Überleben wird nicht, wer sich sein Leben aus eigener Kraft zu verschaffen sucht, sondern wer es verlieren wird. Hieran knüpft nun das Menschensohnwort in Lk 19,10 an: „Der Menschensohn ist gekommen, um das Verlorene zu suchen und zu retten", das Jesus spricht, nachdem der Zöllner Zachäus gerade das vollzogen hatte, was Johannes verlangte, nämlich Umkehr zu einer gerechteren Lebensführung. Für Lukas werden Menschen vom verlorenen Sünder zum Kind Abrahams nicht durch die Predigt des Täufers, sondern durch die Begegnung mit dem Menschensohn (vgl. 19,9f)[157].

Erneut zeigt sich also, daß Lukas Jesus als den Kommenden erscheinen lassen will, den der Täufer angekündigt hatte und auf den seine Anhänger warteten. Dabei läßt er unabhängig davon, ob er vom irdischen Wirken Jesu oder von seiner erwarteten Wiederkunft spricht, diesen als Selbstbezeichnung den Titel Menschensohn verwenden.

7.3.3 Fazit

Lukas verwendet viel rhetorisches Geschick, subtile Anspielungen und die redaktionelle Anordnung des Materials dazu, um Aussagen über Jesus als Menschensohn, der *gekommen ist* und der *wiederkommen wird*, mit der Verkündigung Johannes des Täufers und der Erwartung seiner Anhänger in Verbindung zu bringen[158]. Möglicherweise hatte dies seinen Grund darin, daß die Täuferanhänger das Motiv des kommenden Stärkeren mit dem Motiv des Menschensohns in Dan 7,13 verknüpften.

Lukas bezeichnet den irdischen Jesus als gekommenen Menschensohn (Lk 7,34; 19,10), spricht aber andererseits vom eschatologischen Kommen des erhöhten Christus als Menschensohn (Lk 9,26; 12,40;

---

[157] Vgl. SCHNEIDER, Menschensohn, der von einer lukanischen „Menschensohnchristologie" spricht (a.a.O. 112) und zu dem Ergebnis kommt: „Neben traditionellen Worten über den irdisch wirkenden Menschensohn zeigt gerade die Neubildung des Wortes vom Gekommensein des Menschensohnes (19,10), daß für Lukas das gesamte irdische Wirken Jesu die soteriologische Bedeutung der ,Rettung des Verlorenen' hat." (a.a.O. 113).

[158] Die Auffassung SCHÜRMANNS, Lukas verwende den Menschensohntitel „immer skriptural in Anlehnung an Vorlagen" (DERS., Beobachtungen, 126) und das lukanische Sondergut scheine ihn nicht zu kennen (a.a.O. 125), kann ich nicht teilen (vgl. etwa Lk 18,8; 19,10).

18,8). Beide Vorstellungen werden durch das Pattern des leidenden Menschensohnes (Lk 9,22; 17,24f; 18,31-33; 24,7) miteinander harmonisiert, denn dadurch erscheint der irdische Jesus zugleich als der, der leiden, sterben und wiederkommen würde. Als gekommener Menschensohn tut er das, was Johannes im Endgericht von Gott erhoffte, er vergibt Sünden (Lk 5,24; vgl. Apg 7,56.60) und rettet die verlorenen Kinder Abrahams (Lk 19,9f). Als gestorbener und erhöhter Menschensohn übernimmt er die Funktion des von den Jüngern des Täufers am Ende der Zeit erwarteten Kommenden. Er sitzt zur Rechten Gottes (Lk 22,69) und wird von dort in Herrlichkeit zum Gericht kommen (Lk 9,26; 17,24; 18,8; 21,27; Apg 7,56). Tödt weist aber zu Recht darauf hin, daß bei Lukas „die Funktion des Menschensohnes als Richter oder Vollstrecker des Weltgerichts" an keiner Stelle deutlich hervortrete, sondern daß er eher als *Anwalt und Fürsprecher der Christen vor dem Gerichtshof Gottes* erscheine[159]. Der Grund hierfür könnte darin liegen, daß Lukas traditionelle Menschensohnvorstellungen, die mit dem Tag Jahwes und seinem Gericht verbunden waren, zwar aufgreift, aber ihnen ihren drohenden Charakter nimmt[160]. Die Vision des Stephanus (Apg 7,5-60) mag paradigmatisch für diese Absicht stehen, gerade auch Anhängern des Täufers gegenüber zu betonen: Jesus ist nicht nur der zum Urteil sitzende Richter, sondern der zur Befreiung von den Sünden aufgestandene und gekommene Menschensohn. Er „steht" an der Stelle Gottes und übernimmt die von Johannes von dem Kommenden erwartete Aufgabe der Errettung der Sünder im Gericht[161].

7.4 Ergebnisse

Anhand der Bezeichnungen Jesu als Messias, Prophet und Menschensohn konnte gezeigt werden, daß Lukas einzelne traditionelle Vorstellungen übernimmt und in Abgrenzung zu Johannes auf Jesus bezieht.

Lukas läßt keinen Zweifel daran, daß Johannes ein besonderer Prophet ist. Aber er ist nicht *der eschatologische Prophet.* Er trägt zwar Züge Elias und ist wie dieser der Bote des kommenden Herrn, aber er ist nicht *der* wiedererstandene Elia. Zudem hat die Darstellung Jesu im

---

[159] TÖDT, Menschensohn, 102.

[160] SCHNEIDER, Menschensohn, 99-102, zeigt am Beispiel von Lk 21,36 auf, daß Lukas im Zusammenhang mit dem Kommen des Menschensohns zwar Gerichtsterminologie verwendet, aber daß der Menschensohn hier dennoch nicht als „Endrichter" zu bezeichnen sei (a.a.O. 101).

[161] Vgl. die Anrufung des „Herrn" durch den sterbenden Stephanus in Apg 7,60: Κύριε, μὴ στήσῃς αὐτοῖς ταύτην τὴν ἁμαρτίαν.

Lukasevangelium erheblich mehr Analogien zu dem Propheten Elia als die des Täufers, obwohl auch Jesus nur in der Volksmeinung und nie direkt als Elias redivivus bezeichnet wird. Lukas vermeidet es, dem Prophetentum des Täufers eschatologische oder messianische Prädikationen zukommen zu lassen, die über seine Funktion als Ankündiger Christi hinausgingen. Dennoch läßt seine apologetische Auseinandersetzung mit dem Propheten Johannes den Schluß zu, daß dieser in Kreisen seiner Anhänger mit dem für die Endzeit erwarteten Propheten wie Mose oder Elia, identifiziert wurde; denn mit dem verheißenen Propheten wie Elia hatte Johannes sein Selbstverständnis als Bote des Gerichts Gottes und seinen Ruf zur Umkehr gemeinsam (vgl. Mal 3,1.23f) und mit dem Propheten wie Mose seine Verkündigung des Willen Gottes (vgl. Dtn 18,18) und die levitische Abstammung (Lk 1,5; Ex 4,14). Wenn Lukas nun Jesus als Propheten oder auch ausdrücklich als den Propheten wie Mose erscheinen läßt, scheint dies fast ausschließlich in Auseinandersetzung mit diesem Täuferbild zu geschehen.

Möglicherweise ist 11 QMelch ein Schlüssel zum Verständnis der Übertragung messianischer Konnotationen des Täufers auf Jesus durch Lukas. Die Rede dort vom *Groß-sein-auf-der-Erde* und vom *Sohn des Höchsten* erinnert ja nicht nur massiv an die Verheißungen anläßlich der Geburt Jesu (Lk 1,32a), sondern eben auch an die auf Johannes bezogenen Verheißungen (1,15.76). Lukas könnte diese Formulierungen also aus der von ihm in den Kindheitserzählungen verwendeten Täuferquelle übernommen haben, die wiederum mit den hinter 11 QMelch stehenden Traditionen vertraut gewesen sein könnte. Ähnliches mag auch für die Ankündigung eines Gnadenjahres (Lk 4,19; vgl. Jes 61,2) gelten, die in 11 QMelch begegnet. Hinzu kommt, daß in 11 QMelch der „Freudenbote" aus Jes 52,7 als „Gesalbter des Geistes" ([ח]הרוח משיח) bezeichnet wird (vgl. Jes 61,1; CD II,12)[162]. Dies ist eine Motivkoppelung, die gestattete, die prophetischen Prädikationen des Täufers mit dessen Verehrung als Messias zu verbinden (vgl. Lk 3,15; Joh 1,20), und mit der sich Lukas auseinanderzusetzen scheint.

Ich halte es nun für möglich, daß innerhalb der Täuferbewegung eine Entwicklung stattfand, und zwar von der Bezeichnung des Täufers als Prophet wie Elia über seine Identifikation mit dem einen verheißenen eschatologischen Propheten wie Mose bis hin zu einer partiellen

---

[162] Zur Rekonstruktion und Interpretation vgl. KARRER, Gesalbte, 355f; REISER, Gerichtspredigt, 69, und STEGEMANN, Essener, 167-169.

motivlichen Verknüpfung mit der Gestalt des priesterlichen Messias[163]. In der Auseinandersetzung mit der christlichen Bezeichnung Jesu als davidischer Messias und im Übergangsbereich der Täufer- und der Jesusbewegung konnte den Täuferanhängern nun das wahrscheinlich aus der Gemeinschaft in Qumran stammende Pattern von den beiden Messiassen als Paradigma dienen, um Jesus gegenüber Johannes unterzuordnen. Inwieweit die lukanische Gemeinde in den Disput über messianische Prädikationen des Täufers und eine möglicherweise daraus abgeleitete Herabsetzung Jesu involviert war, läßt sich jedoch wohl kaum feststellen. Lukas könnte jedenfalls derartige Auseinandersetzungen gekannt haben. Denn es ist deutlich, daß er mit seinem Werk ein christologisches Fundament legen will, das Jesus *von Anfang an* als den *einen* Messias Gottes erweist und keinen Zweifel darüber läßt, daß Johannes nicht mehr ist als ein Prophet, der genau dies bestätigt.

Die Erwartung des zum Gericht kommenden Menschensohnes wird in Täuferkreisen bekannt gewesen sein. Lukas betont jedenfalls mehrmals gerade im Zusammenhang mit Anspielungen oder Hinweisen auf Johannes, daß Jesus der kommende Menschensohn war und als Menschensohn wiederkommen wird. Er identifiziert also sowohl den irdischen als auch den zum Endgericht wiederkommenden Christus mit dem Menschensohn, den Johannes als kommenden Stärkeren ankündigte. Dabei zeigt sich etwa im Vergleich zu Matthäus, daß bei Lukas die richterliche Funktion des Menschensohnes erheblich stärker zu Gunsten seiner Darstellung als Fürsprecher und Befreier zurücktritt[164].

Die gezeigten christologischen Grundlinien bei Lukas liegen gebündelt vor in dem Logion Jesu, das Lukas im Anschluß an die Umkehr eines Kindes Abrahams wiedergibt: „Der Menschensohn ist nämlich gekommen, um das Verlorene zu suchen und zu retten." (Lk 19,10).

Jesus und nicht Johannes ist der gesalbte Priester, König und Prophet, der die Befreiung von der Herrschaft der Sünde als Menschensohn, der leiden muß und in der Herrlichkeit Gottes wiederkommen

---

[163] Vgl. STUHLMACHER, Theologie, 59, der zu den aus Mal 3,23f und Sir 48,10f genährten messianischen Erwartungen schreibt: „Faßt man diese Erwartungen ins Auge, konnten sich mit dem Auftreten des Täufers in den Spuren Elias leicht apokalyptisch-messianische Hoffnungen verbinden."
[164] Zum Menschensohnverständnis bei Matthäus vgl. die Zusammenfassung TÖDTS in: DERS., Menschensohn, 85-88; zum lukanischen Menschensohnverständnis vgl. SCHNEIDER, Menschensohn, 112f.

wird, machtvoll demonstriert[165]. Er ist der von Johannes angekündigte Kommende und zugleich, wie es nur bei Lukas im Jüngerjubel anläßlich Jesu Einzug in Jerusalem heißt, der König (vgl. 19,38). Indem Lukas die christologischen und eschatologischen Titel miteinander verknüpft und auf Jesus anwendet, Johannes dagegen nur als dessen Prophet und Ankündiger erscheinen läßt, legt er dogmatische Grundlagen für die christologische Diskussion der folgenden Jahrhunderte[166].

---

[165] Vgl. auch THEISON, Richter, 202-205, der in seiner Untersuchung der Menschensohngestalt in den Bilderreden des Äthiopischen Henoch zu dem Ergebnis kommt, daß dort mit den Bezeichnungen „Menschensohn" und „Erwählter" eine eschatologische Richtergestalt gemeint ist, die unter Verwendung von Motiven des Königtums (Gerechtigkeit; Weisheit; das Sitzen auf dem Thron der Herrlichkeit) dargestellt wird. Dieser eschatologische Richter dürfe „... als eine Gestalt jüdischer Heilserwartung neben anderen (König, Prophet, Priester) angesprochen werden." (a.a.O. 203).

[166] Die resignative Feststellung ERNSTS: „Der Leser des Lukasevangeliums sucht vergeblich die wohldurchdachte oder gar systematisch aufgebaute Christologie." (ERNST, Lukas, 110) - teile ich daher nicht.

8

ESCHATOLOGISCHE MOTIVE

Die Predigt des Täufers endet mit dem Hinweis auf die „letzten Dinge" (Lk 3,16f). Die Ankündigung eines kommenden Stärkeren hatten bereits unter 7.3 und die verschiedenen Gerichtsmotive unter 5. zu einer Beschäftigung mit der Eschatologie des Täufers geführt. Zu ergänzen wäre nun noch eine Analyse der lukanischen Eschatologie in Hinblick auf einen grundsätzlichen Unterschied in der Darstellung der Verkündigung Jesu und der des Johannes. Lukas faßt nämlich bereits in dem einleitenden Teil seines Werkes (Lk 3f) die Tätigkeit Jesu im Unterschied zu der von Gerichtsmotiven geprägten Verkündigung des Täufers als *Verkündigung vom Reich Gottes* zusammen (4,43). Auf der anderen Seite charakterisiert er aber sowohl Jesu Predigt als auch die des Täufers explizit durch das Motiv der *Vergebung* (vgl. ἄφεσις in 3,3; 4,18f). Da es sich nun bei beiden Leitmotiven, der Sündenvergebung und dem Reich Gottes, um traditionell eschatologische Motive handelt, sollen sie nun in ihrem jeweiligen Kontext bei Lukas hinsichtlich seiner Unterscheidung von Jesus und Johannes untersucht werden.

Zunächst wird dabei auf die Verbindung der beiden eschatologischen Motive *Sündenvergebung und Gericht* (8.1) in der Verkündigung des *Johannes* (8.1.1) und dann auf die lukanische Auseinandersetzung damit in seiner Darstellung der von *Jesus* praktizierten und verkündeten Sündenvergebung (8.1.2) eingegangen.

Das zentrale Motiv der lukanischen Eschatologie ist das *Reich Gottes* (8.2). Sowohl dessen Verkündigung (8.2.1) als auch seine mehrdimensionale inhaltliche Darstellung (8.2.2) dienen Lukas zur Abgrenzung der Botschaft Jesu von der des Täufers.

Innerhalb dieses Kapitels werden nur die Motive untersucht, die in der Auseinandersetzung des Lukas mit den Anhängern des Täufers eine Rolle gespielt haben könnten. Auf weitere Aspekte der lukanischen Eschatologie - wie etwa die Aufnahme der apokalyptischen Rede

Jesu aus Mk 13 in Lk 21[1] oder das Motiv der Auferstehung von den Toten - einzugehen, würde den Rahmen dieser Arbeit sprengen.

8.1 Vergebung der Sünden und Gericht

Auf das Thema Gericht und Sündenvergebung bei Johannes dem Täufer und in der lukanischen Theologie wurde in dieser Arbeit schon verschiedentlich eingegangen. Es soll nun die Frage nach dem Verhältnis von Sündenvergebung und eschatologischem Gericht bei Jesus und Johannes behandelt werden. Beiden war ja gemeinsam, daß der Mensch als ein Individuum betrachtet wurde, das ohne Umkehr und Vergebung seiner Sünden verloren war[2]. Lukas scheint nun gegenüber Johannes dem Täufer deutlich machen zu wollen, daß nicht Umkehr und eine veränderte Lebensführung die Vergebung der Sünden im Endgericht zur Folge haben können, sondern daß durch die in der Begegnung mit Jesus bereits erfahrene Sündenvergebung Umkehr, ein Leben nach gerechteren Maßstäben und ein Bestehen im Gericht ermöglicht werden.

8.1.1 Johannes und die Vergebung der Sünden im Gericht

Lukas übernimmt aus Mk 1,4 die Formel zur Charakterisierung der Tätigkeit des Täufers: κηρύσσων βάπτισμα μετανοίας εἰς ἄφεσιν ἁμαρτιῶν (Lk 3,3). Damit dürfte er wohl dem historischen Sachverhalt Rechnung tragen, daß die von Johannes praktizierte Taufe eine Antizipation der eschatologischen Reinigung von Sünden im Gericht darstellte[3]. Die Rede von dem kommenden Stärkeren, der mit heiligem Geist taufen werde (Mk 1,7f; Mt 3,11; Lk 3,16), deutet trotz ihrer christlichen Überformung an, daß Johannes die endgültige Abwaschung der Sünden durch den Geist Gottes erhoffte. Möglicherweise war ihm diese Vorstellung aus der Gemeinschaft in Qumran vertraut (vgl. 1 QS IV,20f; IX,3-5; 1 QH XVI,12), in deren Nähe er ja gewirkt

---

[1] Hier sei allerdings noch einmal ausdrücklich auf die Rede Jesu über den Tag des Menschensohns in Lk 17,22-37 verwiesen, da Lukas dort sehr subtil auf den Täufer anzuspielen scheint, vgl. 7.3.2.b, S. 260f.

[2] Vgl. ELLIS, Funktion, 384f, der aufzeigt, daß dieses alttestamentliche Bild des Menschen als „der Macht des Todes unterworfen" (a.a.O. 385) als Hintergrund der lukanischen Eschatologie gesehen werden muß.

[3] Vgl. ERNST, Johannes, 333; für den zukünftigen Charakter der Sündenvergebung spricht auch die Ansage des kommenden Geisttäufers (Lk 3,16).

haben dürfte[4]. Denkbar wäre aber auch, daß die Taufe mit Wasser nur eine *negative* Entsprechung im Endgericht, und zwar in der Vernichtung der Gottlosen durch die Feuertaufe hatte[5]. Der Befund bei Lukas ist jedoch unabhängig von der historischen Rekonstruktion eindeutig: Die von Johannes vollzogene Taufe *bewirkt* nicht die Sündenvergebung, denn „Sünden vergeben kann nur Gott" (Lk 5,21)[6]. Aber als sakramental-prophetische Zeichenhandlung demonstrierte sie, was Johannes für diejenigen verkündigte, die von ihrem sündigen Lebenswandel umkehrten und sich taufen ließen, nämlich die zukünftige Vergebung und Abwaschung der Sünden[7]. Sein radikaler Ruf zu Umkehr, ehe es zu spät ist, aber auch das Motiv vom Weizen, der in der Scheune gesammelt werden wird (Mt 3,12; Lk 3,17), deuten die Möglichkeit einer individuellen Rettung an. Das heißt, Taufe und Verkündigung des Täufers sollen helfen, die letzte Chance der Sündenvergebung im Gericht wahrzunehmen. Damit stehen aber die gesamte Predigt und die Tätigkeit des Täufers unter einem eschatologischen Vorzeichen. Angesichts des nahen Endes ist die Taufe der Umkehr zur Vergebung der Sünden ein durch Johannes vermittelter Grund der Existenz, der zugleich ein der Umkehr entsprechendes Leben in der Spannung zwischen Rettung und Gericht impliziert.

Johannes verkündet bei Lukas zwar die Taufe zur Vergebung der Sünden, auf der anderen Seite läßt aber die lukanische Darstellung keine *explizit* soteriologischen Implikationen der Johannestaufe erkennen. Lukas übergeht das Sündenbekenntnis der zu Johannes drängenden Leute in Mk 1,5 (Mt 3,6) und unterläßt „selbst eine flüchtige Beschreibung des Taufvorgangs"[8]. Dies legt die Vermutung nahe, daß Lukas den Zusammenhang der Johannestaufe und der Vergebung der Sünden sehr wohl kannte (vgl. Lk 1,77; 3,3), ihn aber dahingehend modifiziert, daß Johannes der Täufer bei ihm nur noch insofern mit der Sündenvergebung in Verbindung gebracht wird, als er auf den nach ihm kommenden Stärkeren verweist, der erst Sündenvergebung ermöglicht.

Bei Lukas liegt der Akzent der Täuferpredigt nicht auf der Vergebung, sondern auf dem eschatologischen Gericht. Die mehrfache Erwähnung des Feuers läßt das Gericht als durchgehendes Thema der

---

[4] Vgl. Mk 1,4f par; Lk 1,80 und 1.2.4, S. 36f.

[5] So REISER, Gericht, 174.

[6] Vgl. VON DOBBELER, Gericht, 173, und THYEN, ΒΑΠΤΙΣΜΑ, 98f.

[7] MERKLEIN, Jesu Botschaft, 32, nennt die Johannestaufe eine „praeparation soteriologica für den Empfang des eschatologischen Heils" (a.a.O. 32).

[8] KAUT, Befreier, 65, vgl. 64-58.

Predigt des Täufers erscheinen[9]; und seine abschließende Charakterisierung als „unauslöschlich" (3,17) verläßt die Ebene des Bildes und
deutet die Bestrafung der Verurteilten durch Verbrennen an[10].

8.1.2 Jesus und die Vergebung der Sünden

Bei Lukas wird Jesu öffentliche Tätigkeit mit dem programmatischen
Zitat aus Jes 61,1f ; 58,6 eingeleitet (Lk 4,18f), durch das sein Wirken
als Verkündigung der Befreiung (ἄφεσις) qualifiziert wird. Die Einfügung von Jes 58,6, der „Befreiung der Unterdrückten", zeigt, daß Lukas gerade auf dieses Motiv der ἄφεσις großen Wert legt. Die in der
Taufe von Johannes sichtbar gemachte Verheißung der eschatologischen Befreiung von den Sünden wird also nun christologisch (vgl.
ἔχρισεν με - Lk 4,18a) als erfüllt erklärt. Beide, Johannes und Jesus,
beginnen bei Lukas ihre Tätigkeit mit der Verkündigung der Sündenvergebung (3,3; 4,18). Während diese bei Johannes aber als eschatologisches Ziel der Umkehr erscheint, proklamiert Jesus ihren Vollzug
(4,21). Das *Erlaßjahr* des Herrn (vgl. 4,19; vgl. Jes 61,2; Lev 25,10)
liegt für Lukas nicht in der Zukunft, sondern wird durch die Worte und
Taten Jesu zum Ereignis in dieser Zeit (vgl. Lk 4,21; 13,6-9).

In Lk 5,17-26 erweist sich Jesus dann als derjenige, den Johannes
ankündigte. Er ist der kommende Stärkere, der Menschensohn mit der
Vollmacht zur Sündenvergebung. Auf diese Erzählung folgt eine Auseinandersetzung mit Jesu Art, „Zöllnern und Sündern" Umkehr zu ermöglichen, und mit der Fastenpraxis der Täuferjünger (Mk 2,13-22;
Lk 5,27-39). Ganz ähnlich ist auch die Täufer-Rede Jesu aus der Logienquelle bei Lukas mit einer Demonstration über die Fähigkeit Jesu
verbunden, Sündenvergebung zu bewirken (vgl. Lk 7,18-35.36-50)[11].

Jesus unterweist seine Jünger, Gott um Vergebung ihrer Sünden zu
bitten, nachdem ihn seine Jünger gebeten haben, sie so beten zu lehren,
wie auch Johannes seine Jünger lehre (Lk 11,1.4).

---

[9]   Vgl. VON DOBBELER, Gericht, 141-144.

[10]   Während REISER, Gerichtspredigt, 168, vermutet, daß hier in Anknüpfung an
   Jes 66,24 die ewigen Qualen der Gehenna gemeint seien (ähnlich auch SCHULZ,
   Q, 376, der von der „Feuerhölle" spricht), zeigt VON DOBBELER, Gericht, 141-
   144, auf, daß das Motiv des Feuers in der Täuferpredigt im Sinne eines endgültigen Vernichtungsgerichts zu verstehen ist.

[11]   In diesem Zusammenhang sei auch auf die von WILCKENS unter Hinweis auf
   die jüdische Novelle von Joseph und Aseneth gemachte Vermutung bezüglich
   der Taufe als ursprünglichem Überlieferungsort der Geschichte von der Sünderin in Lk 7 hingewiesen (vgl. DERS., Vergebung, 419-422).

Die sich schon in Lk 1,76f und 3,3ff andeutende lukanische Gegenüberstellung: Johannes der Täufer kündigt den kommenden Sünden-
vergeber an - Jesus bewirkt die Vergebung der Sünden - wiederholt
sich in den Predigten von Petrus im Haus des Kornelius und von Paulus in Antiochia. In beiden Fällen wird erwähnt, daß Johannes die
Taufe gepredigt habe (Apg 10,37; 13,24), und dann wird ausdrücklich
betont, daß durch Jesus Sündenvergebung ermöglicht wird (Apg 10,43;
13,38f)[12].

Dies heißt aber nun nicht, daß die *Gerichtsbotschaft* des Täufers bei
Lukas enteschatologisiert würde; im Gegenteil: Jesus wiederholt bei
Lukas ja geradezu die Warnungen des Täufers vor dem drohenden
Zorn Gottes (vgl. Lk 11,29-32; 13,1-7)[13]. Für beide, Jesus und Johannes, macht das drohende Gericht eine Umkehr des gefangenen Sünders
lebensnotwendig. Der Unterschied zwischen den beiden liegt nun vielmehr in der Akzentuierung der eschatologischen Ereignisse. Während
Johannes der Täufer bei Lukas als dezidierter Vertreter der eschatologischen „Institution" des Gerichts erscheint, tritt Jesus als Repräsentant
des Gottesreiches auf (4,43)[14]. Dies läßt sich an der Umakzentuierung
einzelner Motive aus der Täuferpredigt zeigen, die Lukas im Zusammenhang mit der Verkündigung Jesu wieder aufgreift. Ein Baum ohne
Früchte, dessen Vernichtung unabweislich ist, ist in der Predigt des Johannes ein warnendes Beispiel für die drohende Vernichtung im Gericht (Lk 3,9). In der Predigt Jesu wird er zum Paradigma für das von
ihm angekündigte und vollzogene „Gnadenjahr" des Herrn (4,19; 13,
8f). Der Feigenbaum ist nicht mehr Zeichen für das Kommen des Menschensohnes zum Gericht, sondern für das Kommen des Gottesreiches
(Lk 21,29-31; vgl. Mk 13,28f; Mt 24,32f). Das von Johannes in seiner
Verkündigung als Metapher für das Gericht gebrauchte Feuer wird bei
Lukas zum Zeichen des heiligen Geistes; das Evangelium von der Umkehrtaufe zur Vergebung der Sünden wird zum befreienden Evangelium vom Reich Gottes.

---

[12] Vgl. KAUT, Befreier, 66f.

[13] Vgl. zur „Enteschatologisierung" der vorlukanischen Verkündigung des Täufers
bei Lukas, CONZELMANN, Mitte, 16f, der dies für eine grundsätzliche lukanische Tendenz hält; ähnlich auch HOFFMANN, Studien, 196.

[14] MERKLEIN, Jesu Botschaft, 36, zeigt, daß in der Verkündigung Jesu von der
Herrschaft Gottes an die Stelle der „apodiktischen Gerichtsaussage" des Täufers eine „apodiktische Heilszusage" tritt.

8.1.3 Fazit

In der Verkündigung des Täufers wird Sündenvergebung das göttliche Korrelat zur Umkehrtaufe des Menschen gewesen sein. Angesichts der Radikalität seiner Gerichtsbotschaft ist weiterhin anzunehmen, daß Johannes diese „Befreiung" durch Gott als eschatologisches Geschehen ansah, das in seiner Taufe symbolisch vorweggenommen wurde.

Lukas und auch die übrigen Evangelisten *enteschatologisieren* nun insofern die Botschaft des Täufers, als sie deutlich machen, daß die von Johannes verkündigte zukünftige Sündenvergebung bereits in Jesus Christus Ereignis geworden ist[15]. Sie stellen Johannes nicht primär als eschatologischen Bußprediger, sondern als Ankündiger Jesu dar. Lukas setzt dabei theologische Akzente, denn er betont fast immer, wenn er Johannes erwähnt, daß Jesus Umkehr und Vergebung der Sünden bewirkt. Dennoch bleibt auch bei Lukas *Gott* das eigentliche Subjekt der Sündenvergebung[16]. Diese wird aber nicht mehr nur in der Taufe symbolisch vorweggenommen, sondern in der Gemeinschaft mit Christus real erfahren. Die Befreiung des von der Sünde gefesselten Sünders ist nicht eine kultische Antizipation des Heils, sondern existentielle Partizipation am Reich Gottes. Durch den Duktus Lk 3f zeigt Lukas, daß Jesu befreiende Verkündigung vom Reich Gottes (Lk 4,18f.43) die sachgemäße Aufnahme und Weiterführung der Verkündigung des Täufers von der Umkehrtaufe zur Vergebung der Sünden (3.3.18) ist. Durch diese befreiende Botschaft vom Reich Gottes wird die Sündenvergebung allerdings aus ihrem Ort im Gericht vorverlagert in die Zeit Jesu.

---

[15] MERKEL, Gottesherrschaft, 161, verweist unter Anspielung auf Lk 16,16 auf das Proprium der Verkündigung Jesu gegenüber apokalyptischem Denken: „Während die Apokalyptiker bis hin zu Johannes dem Täufer den Anbruch der Heilszeit mit dem Gericht Gottes verbinden, verbindet Jesus das Herrwerden Gottes mit der Ansage einer bedingungslosen Amnestie."

[16] Vgl. Lk 11,4; in der Regel gebraucht Lukas, wenn er von der Sündenvergebung Jesu spricht, das Passivum divinum (vgl. Lk 5,20; 7,47f u.ö.).

8.2 Reich Gottes

Ob Johannes der Täufer wirklich, wie Matthäus es darstellt (Mt 3,2)[17], das kommende Reich Gottes verkündete[18], kann nicht mit Sicherheit gesagt werden[19]. Doch könnte für die Meinung, Johannes habe das Reich Gottes verkündet, neben Mt 3,2 der von daher interpretierte Stürmerspruch Mt 11,12 als Argument angeführt werden. Johannes hätte dann durch seine Umkehrpredigt die Bewegung ausgelöst, *die mit Gewalt ins Himmelreich drängt*[20]. Auch das Magnifikat mag als ein Beleg dafür gelten, daß in Täuferkreisen traditionelle Motive aus dem Motivfeld der Herrschaft Gottes verwendet wurden[21]. Sollte dem so sein, wären diese Kreise im lukanischen Werk der Gruppe derjenigen hinzuzurechnen, *die auf das Reich Gottes warteten* (vgl. Lk 23,50)[22].

Dagegen bleibt aber festzuhalten: Bei Lukas verkündet gerade nicht Johannes, sondern Jesus das Reich Gottes[23]. Im folgenden soll nachge-

---

[17] Mt 4,17; 10,7 legen nahe, daß dieser Vers redaktionell ist.

[18] Vgl. CONZELMANN, Mitte, 16f; ELLIS, Funktion, 393.

[19] Vgl. LINDEMANN, Art.: Herrschaft IV, 201, der darauf verweist, daß die sich an den einzelnen richtende Taufpraxis des Johannes und seine Verkündigung der Nähe des Gottesgerichts eine Verkündigung der Herrschaft Gottes zwar unwahrscheinlich machen, aber eine Verwendung des Begriffs der βασιλεία im Sinne der jüdischen Eschatologie, in der Gericht und Herrschaft Gottes miteinander verknüpft waren, nicht auszuschließen sei. LINDEMANN weist nach, daß der Begriff *Herrschaft Gottes* im spätantiken Judentum keine allzu bedeutende Rolle spielt (a.a.O. 196-200); zu einem ähnlichen Ergebnis kommt auch CAMPONOVO, Königtum (vgl. dort etwa 437). HENGEL / SCHWEMER halten diese Feststellung für „irreführend" (DIES., Vorwort, 2) und versuchen, mit der von ihnen herausgegebenen Aufsatzsammlung zur „Königsherrschaft Gottes" in Anschluß an ZENGERS Artikel über die Herrschaft Gottes im Alten Testament nachzuweisen, „... daß die Vorstellung von der Herrschaft Gottes in der Zeit des Frühjudentums zu einer zentralen theologischen Kategorie wurde" (ZENGER, Art.: Herrschaft II, 187; HENGEL / SCHWEMER, Vorwort, 5).

[20] Vgl. GRUNDMANN, Evangelium nach Matthäus, 399.

[21] Zu den Herrschaftsmotiven im Magnifikat vgl. KAUT, Befreier, 312f.

[22] Simeon (Lk 2,25), Hanna (2,38) und Josef von Arimathäa (23,50f) könnten Repräsentanten einer solchen Bewegung gewesen sein (vgl. S. 41).

[23] Vgl. MERKLEIN, Gottesherrschaft, 146: „Die Verkündigung Jesu ist von ihrem zentralen Ansatz her Botschaft von der Gottesherrschaft. Die Zukunft ist also grundsätzlich als zukommendes Heil charakterisiert, und zwar als Heil für alle. Insofern stellt schon die bloße Tatsache der Basileia-Botschaft Jesu ein Novum gegenüber Johannes dar, der die Zukunft ausschließlich negativ thematisiert."

wiesen werden, daß Lukas das Reich Gottes in der Verkündigung Jesu (8.2.1) und in allen seinen Dimensionen (8.2.2) als Kriterium der Unterscheidung zu Johannes und dessen Gerichtsbotschaft verwendet.

8.2.1 Die Verkündigung vom Reich Gottes

Lk 3,18: Πολλὰ μὲν οὖν καὶ ἕτερα παρακαλῶν εὐηγγελίζετο τὸν λαόν. Lk 4,43: ὁ δὲ εἶπεν πρὸς αὐτοὺς ὅτι Καὶ ταῖς ἑτέραις πόλεσιν εὐαγγελίσασθαί με δεῖ τὴν βασιλείαν τοῦ θεοῦ, ὅτι ἐπὶ τοῦτο ἀπεστάλην.

Im ersten Kapitel dieser Arbeit wurde unter 1.3 dargelegt, daß Lukas in Lk 3f die erste öffentliche Predigt und den Beginn der Tätigkeit seiner beiden Hauptpersonen, Jesus und Johannes, parallelisiert. Wenn Lukas nun die bei Markus eher beiläufige Bemerkung Jesu über einen beabsichtigten Ortswechsel aufgreift (Mk 1,38) und daraus eine Proklamation des Heilsplanes Gottes macht (Lk 4,43), erweist er sich als Theologe und Redaktor zugleich; denn dieser Satz Jesu macht den Lesern deutlich, daß die bisher beschriebene und die noch zu beschreibende Tätigkeit Jesu erstens dem göttlichen Willen entspricht und zweitens als Verkündigung der Gottesherrschaft aufzufassen ist.

Zwar faßt Lukas auch die Tätigkeit des Täufers mit εὐαγγελίζεσθαι zusammen (3,18), aber Johannes verkündet bei ihm nur Heil, insofern er den *Heiland* (3,6), als den *Stärkeren* nach ihm (3,16), ankündigt.

Zum Sprachgebrauch wäre anzumerken, daß die Übersetzung von εὐαγγελίζεσθαι mit „das Evangelium verkünden" etwas zu stark ist, „verkündigen" oder „predigen" aber zu schwach wäre. Das Verb εὐαγγελίζεσθαι begegnet bei Lukas fünfundzwanzigmal. Es ist ausschließlich positiv besetzt und wird meistens durch ein folgendes Objekt, hier das Reich Gottes, ergänzt[24]. Das Substantiv εὐαγγέλιον gebraucht Lukas nur zweimal (Apg 15,7; 20,24) als Terminus technicus der Missionssprache. Anders als Markus versteht Lukas sein Werk nicht als „Evangelium", sondern als „Lehre" über Jesu Wirken und Verkündigung[25]. Für ihn hat das „Evangelium" seinen historischen Ort in der

---

[24] Vgl. auch alle verwandten Formulierungen, die inhaltlich ebenfalls die Verkündigung des Gottesreiches meinen: κηρύσσειν τὴν βασιλείαν τοῦ θεοῦ (Lk 9,2; Apg [20,24f]; 28,31); λαλεῖν περὶ ... (Lk 9,11); διαγγελλεῖν ... (9,60); λεγεῖν τὰ περὶ ... (Apg 1,3); πείθειν ... (Apg 19,8); διαμαρτυρεῖσθαι ... (Apg 28,23). Vgl. MERK, Reich, 204.

[25] Vgl. den Gebrauch von λόγος in Lk 1,4 und Apg 1,1.

Verkündigung der Kirche²⁶, und der Inhalt des Evangeliums ist die Verkündigung Jesu von der Herrschaft Gottes. Symptomatisch ist die redaktionellen Änderung von ἕνεκεν ἐμοῦ καὶ ἕνεκεν τοῦ εὐαγγελίου in Mk 10,29 zu ἕνεκεν τῆς βασιλείας τοῦ θεοῦ in Lk 18,29²⁷. Die Wendung εὐαγγελίζεσθαι τὴν βασιλείαν τοῦ θεοῦ begegnet in Lk 4,43; 8,1; 16,16 und mit der Ergänzung von περί auch in Apg 8,12. Im folgenden wird unter anderem zu zeigen sein, daß alle drei Stellen aus dem Evangelium programmatische Bedeutung in der Auseinandersetzung mit Johannes haben. Dies geschieht unter zwei Aspekten, die bei Lukas in einer ambivalenten Beziehung zu Johannes dem Täufer stehen. Zunächst wird dabei unter der Überschrift: *„Der universale Anspruch der Verkündigung"* auf den evangelistisch-missionarischen Aspekt der Reich-Gottes-Verkündigung eingegangen (a), dann folgt eine inhaltliche Bestimmung dieser Verkündigung durch das Motiv der *„Annahme des Verlorenen"* (b).

a) Der universale Anspruch der Verkündigung

Die Kritik des Täufers am Erwählungsbewußtsein seiner Zuhörer und sein durch die Praxis der Individualtaufe und bei Lukas auch durch die Standespredigt demonstriertes Insistieren auf die Verantwortung jedes einzelnen lassen in Ansätzen bereits eine universale Tendenz erkennen, die durch das sicher von Lukas in seine Quelle eingefügte Zitat von Jes 40,5 in Lk 3,6 noch unterstrichen wird²⁸. Dennoch oder vielleicht auch deshalb scheint Lukas gegenüber Johannes betonen zu wollen, daß der Anspruch der von Jesus proklamierten Herrschaft Gottes auch den Heiden gilt. Der Hinweis in der Antrittspredigt Jesu in Nazareth auf Elia und die heidnische Witwe und auf die Heilung des Naaman im Jordan (4,25-27) deuten dies jedenfalls an; denn zumindest das Beispiel der Heilung Naamans (4,27), mit der Jesus gegenüber Kritikern sein Auftreten rechtfertigt, läßt vermuten, daß Lukas, der es zuvor in Kapitel 1-

---

²⁶ Wenn im folgenden dennoch gelegentlich von „Evangelium" Jesu die Rede ist, ist damit seine Verkündigung der βασιλεία τοῦ θεοῦ gemeint.

²⁷ Vgl. BAARLINK, Eschatologie, 130.

²⁸ Vgl. RICHTER, Elias, 246, der darauf hinweist, daß Lukas Jes 40,4f gegenüber Mk 1,3 ergänzt haben könnte, weil Jes 40,5 sowohl einen „ausgesprochenen Heilsuniversalismus" als auch eine „deutliche Distanzierung des Täufers vom Heil" ausdrücke.

3 bewußt vermied, die Tauftätigkeit des Johannes zu erwähnen[29], sich hier kritisch mit der Johannestaufe auseinandersetzt[30].

Wahrscheinlich versteht Lukas die Verkündigung des Täufers als imaginären Punkt Null, von dem an das Evangelium immer weitere Kreise zog (vgl. 16,16). Jesus selbst verkündet bei ihm die Herrschaft Gottes zunächst in Galiläa und Judäa (4,43; 8,1) und möglicherweise im Gebiet des Täufers (vgl. 9,10-12)[31]. Die Notiz über die Verbreitung der Botschaft vom Reich Gottes durch Jesu Predigt (8,1) läßt Lukas ausgerechnet auf den großen Block Lk 7,11-50 folgen, in dem er sich mit Johannes auseinandersetzt[32]. Die Verbreitung der Botschaft von der Gottesherrschaft scheint also für Lukas das spezifische Proprium der Tätigkeit Jesu gegenüber der des Täufers zu sein[33].

Dann beauftragt Jesus erst die zwölf (9,1f) und anschließend die zweiundsiebzig Jünger (10,1), dies ebenfalls zu tun. Die Zahl zweiundsiebzig deutet die zunehmende Universalität in der Verbreitung des Evangeliums an, denn als Multiplikationsprodukt aus den beiden Zahlen sechs und zwölf steht sie bereits in Gen 10 (LXX) als Synonym für die Völkerwelt. Der Auftrag wird in Samaria und auf dem Weg nach Jerusalem wiederholt (9,60; 10,1). Vielleicht verband Lukas mit der aus der Logienquelle übernommenen Begründung für den Verkündigungsauftrag an die zweiundsiebzig Jünger (10,1f) eine Anspielung auf die Verkündigung des Täufers. Hierfür sprechen mehrere Indizien:

- Zunächst erinnert die wohl redaktionelle Einleitung über die Einsetzung der Jünger durch den Herrn (10,1a)[34] an die in Lk 1,80 erwähnte Einsetzung des Johannes, denn nur in Lk 1,80; 10,1 und Apg 1,24 verwendet Lukas ἀνάδειξις / ἀναδείκνυμι. Es scheint, als habe diese Vokabel bei ihm heilsgeschichtliche Qualität. So wie Gott Johannes in sein „Amt" einsetzte, setzt auch Jesus seine Jünger ein, und so wird auch nach seiner Himmelfahrt ein weiterer Apostel in sein Amt als Zeuge der Auferstehung Jesu eingesetzt[35]. In Apg 1,21-26 wird

---

[29] Vgl. dagegen Mk 1,5.9.

[30] Zur Rolle, die das Motiv der Reinigung von Aussätzigen für Lukas in der Auseinandersetzung mit der „Täufer-Theologie" spielt, vgl. S. 115-117.

[31] Zu Betsaida und der „Wüste" als Orten des Täufers vgl. S. 46-49.

[32] Vgl. unter 7.2.3 (*Jesus als Prophet*), S.253f.

[33] Dies weist trotz aller Differenzen zu CONZELMANN auch MERK, Reich, 207-211, nach.

[34] Ein Kennzeichen für redaktionelle Arbeit ist die von Lukas oft gebrauchte Einleitung μετα δε ταυτα; vgl. FITZMYER, Gospel II, 842. 845f.

[35] Ob mit der Gebetsanrede: σὺ κύριε καρδιογνῶστα (Apg 1,24), Gott oder der erhöhte Christus gemeint ist, muß im Sinne der lukanischen Theologie wohl nicht alternativ entschieden werden (vgl. Lk 20,42). Vgl. aber BURCHARD,

aber nicht nur durch die Verwendung von ἀναδείκνυμι auf Johannes Bezug genommen, sondern darüber hinaus wird ausdrücklich betont, daß die Zeugenschaft mit der Taufe des Johannes beginnt und bis zur Auferstehung Jesu reicht. Unabhängig von der Frage, ob Lukas hier traditionelles Material verwendet[36], kann also davon ausgegangen werden, daß die Einsetzung von Zeugen, die für die Verbreitung des Evangeliums sorgen sollen, zumindest einen assoziativen Bezug zu der Einsetzung des Täufers herstellt.

- Die Formel καὶ ἀπέστειλεν αὐτοὺς ἀνὰ δύο πρὸ προσώπου αὐτοῦ (Lk 10,1b; vgl. 9,2.52)[37] ruft Lk 7,27 und das dort von Jesus auf Johannes bezogene Zitat Mal 3,1 ins Gedächtnis. Lukas könnte damit andeuten wollen, daß die Jünger Jesu, und das heißt alle Jüngerinnen und Jünger (vgl. Lk 8,1-3), genauso Boten Gottes sind wie Johannes auch. Aber das Proprium ihres Glaubens, nämlich die Verkündigung der Herrschaft Gottes (9,2.60; 10,9), läßt selbst den Kleinsten von ihnen größer als Johannes erscheinen (vgl. 7,28).

- Das Motiv von dem Herrn der Ernte, der dafür sorgt, daß seine Ernte eingebracht wird (Lk 10,2), erinnert an den von Johannes angekündigten Kommenden, der den Weizen in seiner Scheune sammelt (3,17). In beiden Fällen entstammt das Motiv der Vorstellung vom eschatologischen Gericht (vgl. Joel 4,13; Mal 3,19; Mk 4,29)[38]. Versteht man nun die Ernte als Chiffre für die eschatologischen Ereignisse, dann hieße das, daß Lukas in der in Lk 10,1-9 mit der Ernte parallelisierten Verkündigung der Herrschaft Gottes durch die Jünger Jesu (10,9) bereits die Erfüllung der von Johannes angekündigten Endzeit vorweggenommen sieht. Die Zeit der Ernte hat bereits begonnen, und die Jünger sammeln den Weizen in die Scheune des Gottesreiches[39].

Zeuge, 130.135, der von einer „Erwählung zum Zeugen durch den Auferstandenen" (a.a.O. 135) ausgeht, und auf der anderen Seite WEISER, Apostelgeschichte I, 71f, der καρδιογνῶστα mit Hinweis auf Lk 16,15 und Apg 15,8 auf Gott bezieht.

[36] FLENDER, Heil, 109-111, setzt die traditionellen Anteile von Apg 1,21f höher an als etwa BURCHARD, Zeuge, 134.

[37] In allen drei Fällen ist diese Formel lukanisches Sondergut.

[38] Vgl. GRUNDMANN, Evangelium nach Lukas, 208; vgl. auch das rabbinische Gleichnis über die „Zeit der Tenne" in ShirR zu Hld 7,3 und dazu REISER, Gerichtspredigt, 167f.

[39] Die Vorstellung, daß den Jüngern im Reich Gottes eine quasi richterliche Funktion übertragen wird - denn sie übernehmen ja die Aufgabe, die Johannes als spezifische Tätigkeit der kommenden Richtergestalt beschrieb (3,16f) -, wiederholt sich in dem Logion Lk 22,29f.

- In Joh 4,35-38 könnte der Spruch von den Arbeitern in der Ernte an die Auseinandersetzung zwischen den Täuferjüngern und den Jüngern Jesu anknüpfen (vgl. Joh 4,37f mit 4,1; 3,22ff). Das Logion Joh 4,37: ἄλλος ἐστὶν ὁ σπείρων καὶ ἄλλος ὁ θερίζων, wäre dann auf Johannes den Täufer und Jesus zu beziehen.

Möglicherweise ist Lk 10,2 par als Herrenwort in der frühen christlichen Auseinandersetzung mit Anhängern des Täufers verwendet worden, wobei sich die Christen in durchaus positiver Anknüpfung als „Erntearbeiter" in die Tradition der Johannesjünger stellten. Bei Lukas ist dies allerdings nicht mehr zu erkennen, denn er berichtet zunächst von der Aussendung der Zwölf (9,1f) und dann erst von der Aussendung der 72 Jünger (10,1ff). Der Grund für diese lukanische Dublette könnte also darin liegen, daß Lukas das ihm überlieferte und in der Auseinandersetzung mit den Täuferanhängern verwendete Jesuswort interpretieren, aber nicht verändern wollte. Lk 10,2 und Mk 9,73 stimmen ja wörtlich überein, aber erst durch den Kontext bei Lukas wird deutlich, daß mit den „wenigen Arbeitern" die zwölf Jünger gemeint sind. Lukas vermeidet es hier also, die Verbreitung des Evangeliums mit Johannes und seinen Jüngern beginnen zu lassen.

Der universale Anspruch der Verkündigung vom Reich Gottes setzt sich in der im Evangelium bereits angedeuteten Reihenfolge fort. Zunächst verkünden die Apostel wie Jesus im Jerusalemer Tempel[40] das Evangelium (Lk 20,1; Apg 5,42). Dann zieht es seine Kreise über Samaria (Apg 8,12) bis nach Rom (28,31). Der Bogen reicht von der

---

[40] Die christliche „Okkupation" des Tempels im lukanischen Doppelwerk könnte ebenfalls das Produkt einer Auseinandersetzung mit einem eschatologischen Motiv aus Täuferkreisen sein. Denkbar wäre, daß die Anhänger des Täufers eine ähnliche Einstellung zum Tempel in Jerusalem hatten wie die Gemeinschaft in Qumran, die sich selbst als Haus Gottes in der Wüste bezeichnete (1 QS V,6; VIII,5; IX,5-7; XI,8; 4 QFlor I,1-6; vgl. Apg 7,44; zum Selbstverständnis der Essener von Qumran vgl. FITZMYER, Qumran, 394f) und deren Mitglieder dort als *Priester* (vgl. Apg 6,7) ihren Dienst versahen (CD III,19-IV,4). Eine Verbindung der Täuferbewegung zu dieser Haltung läßt sich bei Lukas allerdings nur insofern erkennen, als die Geburt des Johannes im Tempel verheißen wird und in der Rede des Stephanus eine kritische Haltung zum Tempel als Menschenwerk deutlich wurde (Apg 7,46-50). Lukas könnte die Tempelreinigung Jesu (Lk 19,45f) als Erfüllung der Verheißung des Täufers von dem Kommenden, der seine Tenne reinigt (3,17), verstanden haben, durch die es möglich wurde, den verunreinigten Tempelplatz seiner eschatologischen Bestimmung zuzuführen. Durch Jesus und die von ihm gegründete Gemeinde wurde die zerfallene Hütte Davids wieder aufgebaut (vgl. Am 9,11f; Apg 7,46; 15,15-18). Und von hier aus verbreitet sich das Evangelium vom Reich Gottes.

summarischen Zusammenfassung der Predigt Jesu (Lk 4,43) bis zur ungehinderten Verkündigung des Paulus in Rom (Apg 28,31[41]); wobei Johannes der Täufer sowohl im Evangelium als auch in der Apostelgeschichte als Fixpunkt erscheint, von dem ab diese universale Bewegung der Reich-Gottes-Verkündigung beginnt (vgl. Lk 1-3; 16,16; Apg 1,5.8. 22).

b) Die Annahme des Verlorenen

Das in Lk 4,43 zum Ausdruck kommende göttliche δεῖ, unter dem Jesu Verkündigung vom Reich Gottes steht (εὐαγγελίσασθαί με δεῖ τὴν βασιλείαν τοῦ θεοῦ), wiederholt sich in den Erzählungen über die Begegnungen Jesu mit der verkrümmten Frau und mit dem Zöllner Zachäus (vgl. Lk 13,16: οὐκ ἔδει λυθῆναι ἀπὸ τοῦ δεσμοῦ τούτου τῇ ἡμέρᾳ τοῦ σαββάτου; und 19,5: σήμερον γὰρ ἐν τῷ οἴκῳ σου δεῖ με μεῖναι).

So wie Jesus die Herrschaft Gottes verkünden *muß*, *muß* er an einem Sabbat, dem Tag der Befreiung durch Gott (vgl. Dtn 5,15), eine Tochter Abrahams von der Herrschaft Satans befreien (Lk 13,13-16) und *muß* „heute" einen verlorenen Sohn Abrahams, einen Zöllner, retten (19,9f). Das heißt, es gibt einen göttlichen Heilsplan für die Befreiung der Verlorenen.

Lukas qualifiziert also die Verkündigung vom Reich Gottes inhaltlich am Beispiel von Personengruppen, die bei ihm zuerst von Johannes dem Täufer angesprochen wurden oder mit diesem in Verbindung gebracht werden konnten (vgl. die „Kinder Abrahams" in 3,8; 13,16; 19,9 und die „Zöllner" in 3,12; 19,2)[42]. Auch in Lk 7,28-30 läßt Lukas ja diejenigen der von Johannes getauften Menschen als vorbildlich erscheinen, die auch in der Bemerkung Jesu, daß der Kleinste im Reich Gottes größer als Johannes sei, den Heilsplan Gottes erkannten[43].

Der Heilsplan Gottes scheint nun darin zu bestehen, daß sich die Befreiung von Menschen in ihrer Begegnung mit Jesus vollziehen muß. Der *Sabbat*, an dem die verkrümmte Frau von den Fesseln Satans befreit wird, das *Heute*, an dem Jesus im Haus des Zöllners sein muß, und - dies kann nun ergänzt werden - das *Jahr*, in dem für den un-

---

[41] Vgl. zu Apg 28, VÖLKEL, Deutung, 63-70, der die These vertritt, daß in Apg 28 die eher „national gefärbte Heilserwartung, wie sie insbesondere die Vorgeschichte durchzieht," von Lukas zugunsten eines spezifisch lukanischen Reich-Gottes-Verständnisses „liquidiert" werde (a.a.O. 70).

[42] Vgl. auch die „Armen" in Lk 1,53; 3,11 und 4,18.

[43] Vgl. zu dieser Auslegung von Lk 7,29, S.153f (4.4.2), und S.189 (6.2.1.b).

fruchtbaren Feigenbaum gesorgt wird (13,6-9), entsprechen dem „Erlaßjahr", das sich durch die Verkündigung Jesu von der Befreiung der Gefangenen „heute" erfüllt hat (4,18-21). Das Evangelium von der Herrschaft Gottes realisiert sich also im Evangelium für die Armen von der *Befreiung* der Gefangenen. Es ist die von Johannes verheißene und die durch Jesus erfüllte Befreiung von den Sünden[44].

Bemerkenswert ist in diesem Zusammenhang auch Apg 20,24f, weil hier διαμαρτύρασθαι τὸ εὐαγγέλιον τῆς χάριτος τοῦ θεοῦ (V.24) und κηρυσσεῖν τὴν βασιλείαν (V.25) gleichgesetzt werden. Lukas könnte mit dieser Formulierung andeuten wollen, daß sein Verständnis des Evangeliums vom Gottesreich dem paulinischen Gnadenverständnis entspricht[45]. Das gemeinsame Dritte dürfte dabei in der Tat die unverdiente Annahme des Sünders sein. Gnade - Lukas spricht sonst eher vom Heil - gehört zum Wesen der Herrschaft Gottes, sie ereignet sich durch die Verkündigung des Evangeliums und findet ihre Realisierung in der Annahme der Verlorenen durch Jesus (vgl. Lk 15,2; 19,10)[46].

Die von Johannes und seinen Anhängern wohl ebenfalls nach dem Plan Gottes im Eschaton erwartete Befreiung der Umgekehrten vollzieht sich bereits durch die Annahme der Verlorenen, an die sich Jesus mit seiner Verkündigung wendet. Da in Jesu Person der Inhalt seiner Verkündigung Ereignis wird, gebraucht Lukas in der Apostelgeschichte die Formel εὐαγγελίζεσθαι τὸν Χριστὸν Ἰησοῦν synonym zu εὐαγγελίζεσθαι τὴν βασιλείαν τοῦ θεοῦ (Apg 5,42; 8,12.35; 11,20; 17,18).

c) Fazit

Die beiden aufgezeigten Aspekte der Botschaft vom Reich Gottes, Universalität und Annahme des Verlorenen, haben gemeinsam, daß sie sich sowohl im Inhalt der Verkündigung Jesu als auch in seiner Tätigkeit ausdrücken; und sie sind beide bereits tendentiell in der Verkündi-

---

[44] Vgl. VOSS, Jesusverkündigung, 136-140, der ebenfalls das lukanische Verständnis der Gottesherrschaft als Befreiung der Verlorenen herausarbeitet, nachdem er auf die heilsgeschichtliche Trennungslinie zwischen Jesus und Johannes verwiesen hat (vgl. a.a.O. 129-136).

[45] Vgl. LINDEMANN, Paulus, 170, der den Ausdruck εὐαγγέλιον τῆς χάριτος τοῦ θεοῦ als „in durchaus paulinischer Weise" dem Wesen des Evangeliums entsprechend bezeichnet; CONZELMANN, Mitte, 206, spricht von paulinischer Färbung.

[46] Vgl. MERKEL, Gottesherrschaft, 150, der zeigt, daß das Lk 15,11-32 die Gottesherrschaft als die „Annahme der Verlorenen" darstellt.

gung des Täufers angelegt. Ein Unterschied in der Verkündigung der beiden lag nun, wie gezeigt werden konnte, in der stärkeren Akzentuierung des Gerichts bei Johannes, der in der Predigt Jesu die Betonung der sich bereits ereignenden Befreiung gegenüberstand. Der wichtigste Unterschied liegt für Lukas aber in der Person des jeweiligen Verkündigers. Denn während der Inhalt der jeweiligen Verkündigung zahlreiche Entsprechungen hat[47], sind die Personen sachlich und erzählerisch streng voneinander getrennt. Johannes kündigt das Heil in der Person Jesu nur an (1,76f; 3,6.16f). Jesus dagegen vermittelt in seiner Person das Heil. In ihm ist die Herrschaft Gottes wirksam und gegenwärtig[48].

Für Lukas scheint die Botschaft vom Reich Gottes neben der Taufe mit heiligem Geist eines der wichtigsten Themen in der Auseinandersetzung mit Gruppen, die Johannes den Täufer favorisierten, gewesen zu sein. „Das Gottesreich gehört zu jenen katechetischen Gegenständen, über die Lukas durch gewissenhafte historische Arbeit meint ἀσφάλεια herstellen zu können (Lk 1,4).“[49] Es könnte deshalb programmatischen Charakter haben, daß Lukas in Anschluß an die Taufe der Johannesanhänger in Ephesus auf den Namen Jesu (Apg 19,1-7) ausdrücklich die Lehre und Überzeugungsarbeit des Paulus vom Reich Gottes erwähnt (19,8). Die universale Verbreitung des Evangeliums von der Annahme der Verlorenen durch die in Christus manifestierte Herrschaft Gottes beginnt in Ephesus mit der Überzeugung der Anhänger des Täufers.

8.2.2 Die Mehrdimensionalität des Gottesreiches

Die Problematik des Begriffes der βασιλεία τοῦ θεοῦ zeigt sich bereits in den Schwierigkeiten bei seiner Übersetzung. Während *Herrschaft Gottes* eher abstrakt den dynamischen Aspekt betont, drückt *Reich Gottes* auch einen räumlichen Aspekt aus und ist dadurch konkreter. Beide Übersetzungen scheinen aber geeignet, Teilaspekte dieses mehrdimensionalen Begriffes auszudrücken; denn die βασιλεία kann bei Lukas sowohl an Personen gebunden sein, die sie entweder haben (Lk 1,33; 6,20) oder noch bekommen sollen (12,31f; 18,16f; 22,29), als auch als sichtbarer Raum erscheinen (Lk 9,27), in den man

---

[47] Vgl. dazu etwa MERKLEIN, Jesu Botschaft, 34: „... bei aller Verschiedenheit stimmt Jesus in der ‚anthropologischen‘ Prämisse seiner Verkündigung mit Johannes überein: Ganz Israel ist so, wie es sich vor-findet, ein Unheilskollektiv und dem Gericht verfallen.“

[48] Vgl. MERK, Reich, 210f.

[49] GRÄSSER, Parusieerwartung, 108.

hineinkommen kann (Lk 7,28; 18,17.24f; 22,16.30; 23,42; Apg 14,22), und schließlich wird sie auch noch unter einem zeitlichen Aspekt gesehen, denn es ist von ihrem Kommen die Rede (Lk 10,9.11; 11,2.20; 17,20f; 21,31; 22,18; 23,51)[50].

Auch die Rede von den Geheimnissen der Herrschaft Gottes (8,10), die unterschiedlichen Vergleiche, mit denen Jesus das Reich Gottes anschaulich illustriert (13,18.20; 19,11), und die Sprüche Jesu, die sowohl von der gegenwärtigen Gabe und Annahme der βασιλεία τοῦ θεοῦ als auch von dem zukünftigen Hineinkommen in diese handeln (vgl. Lk 12,31f; 18,16f), unterstreichen die Multidimensionalität des Gottesreiches.

a) Die zeitliche Dimension

Es wäre nicht angebracht, bei Lukas von einer präsentischen Eschatologie zu sprechen. Die Vorstellung von einem zukünftigen Gottesreich begegnet bei ihm ebenso wie bei den anderen Evangelisten (vgl. Lk 11,2; 13,28f; 21,31; 22,16.18.30). Es fällt allerdings auf, daß die baldige Herrschaft Gottes bei Lukas mehrfach nicht von Jesus, sondern von anderen Personen erwartet wird. In Lk 16,16 heißt es, daß *jeder* mit Gewalt in sie hineindränge (καὶ πᾶς εἰς αὐτὴν βιάζεται)[51]. Im lukanischen Sondergut fragen die *Pharisäer* nach dem Kommen des Gottesreiches (17,20); es sind die *Zuhörer* der Worte Jesu über sein Kommen zur Rettung des Verlorenen (vgl. 19,7-10), die die Meinung vertreten, daß das Reich Gottes bald erscheinen werde (19,11); und in Lk 23,51 heißt es von *Josef aus Arimathäa*, daß er auf das Reich Gottes warte. In Apg 1,6 fragen die *Jünger* Jesus, wann er sein Reich für Israel aufrichten werde. Die genannten Stellen zeigen, daß Lukas sich mit der wohl von außen an ihn herangetragenen Frage nach dem Kommen des Gottesreiches auseinandersetzt. Das Problem der Parusieverzögerung wurde wahrscheinlich im Umfeld der lukanischen Gemeinde auch als Kritikpunkt an den eschatologischen Vorstellungen der Christen angebracht. Die Antworten, die Jesus bei Lukas auf die Frage nach dem Kommen des Gottesreiches gibt, könnten in der Auseinandersetzung mit den eschatologischen Erwartungen der Anhänger des Täufers eine Rolle gespielt haben. Dies deuten Stellen wie Lk

---

[50] Vgl. FITZMYER, Gospel I, 155f, der die Übersetzung „kingdom" gegenüber „kingship" bevorzugt. Zur Ambivalenz des Begriffes, vgl. JACOBS, Art.: Herrschaft III, 190, und LINDEMANN, Art.: Herrschaft IV, 196.200. Vgl. auch den Formulierungsvorschlag von MARXSEN: „Das Reich Gottes will als Herrschaft Gottes anbrechen." (DERS., Ethik, 75).

[51] Zur Übersetzung von βιάζεσθαι vgl. KÜMMEL, Gesetz, 407f.

7,28; 16,16 und vielleicht auch 11,1f an. Ebenfalls kann das in Anschluß an die Umkehr des Zöllners Zachäus berichtete Gleichnis von den anvertrauten Minen (**Lk 19,11-27**) in diese Richtung hin ausgelegt werden.

Lukas leitet das Gleichnis mit dem Hinweis auf die Erwartung der baldigen Gottesherrschaft ein[52]. Anders als in dem eher ethisch ausgerichteten Gleichnis in Mt 25,14-30 liegt bei ihm die Betonung nicht auf dem Verhalten der Knechte, sondern auf dem Verhalten der Bürger, die, nachdem ihr Herr die βασιλεία erlangt hat und wiedergekommen ist, seine Herrschaft nicht anerkennen. Diese und nicht der dritte Knecht (vgl. Mt 25,30) sollen hingerichtet werden (Lk 19,27). Das Gleichnis von den anvertrauten Minen scheint sich also bei Lukas gegen eine Gruppe zu richten, die die Herrschaft Christi - nur er kann mit dem *wohlgeborenen Menschen, der in ein fernes Land zog, um die Herrschaft zu erlangen* (V.12), und danach *wiederkommt* (V.15), gemeint sein - nicht anerkannten. Lukas fordert hier also einerseits dazu auf, während der Zeit des Wartens auf die kommende βασιλεία nicht zu bequem zu werden, zeigt aber auf der anderen Seite, daß darüber, ob jemand gerichtet oder gerettet wird, nicht die Zahl seiner Werke, sondern die Haltung zur Königsherrschaft Christi entscheidet. V.21, wo der Knecht seine Furcht ausdrückt, weil sein Herr ernte, wo er nicht gesät habe, erinnert an Lk 10,2 und erneut an Joh 4,37[53]. Es könnte ein Indiz dafür sein, daß Lukas auch diesen Text als Kontrapunkt zur Theologie der Täuferanhänger verstand. Das Gleichnis würde dann besagen, daß Jesus da erntet, wo Johannes gesät hat. Er ist der von Johannes angekündigte, zum Gericht kommende Stärkere; aber das Gericht, das er bringt, geschieht nicht nach Qualität oder Quantität der vollbrachten ethischen Leistungen, sondern danach, ob in ihm die Herrschaft Gottes anerkannt wird.

Auch **Lk 16,16-31** können dahingehend verstanden werden, daß das Gesetz, die Propheten und Johannes den Zugang zum Reich Gottes

---

[52] Daß Lk 19,11 zur Redaktion gehört, ist in der Literatur kaum umstritten, vgl. etwa JEREMIAS, Gleichnisse, 51 u. 84, und FLENDER, Heil, 58f.

[53] Das heißt aber, daß für Lukas die Pointe gerade nicht darin besteht, was SCHULZ ebenfalls mit Hilfe von Lk 19,21 als Intention dieses Gleichnisses für die Überlieferung der Logienquelle erarbeitet hat: „Nur wer so tüchtig, hart und keineswegs zimperlich mit dem ihm vom Kyrios anvertrauten Pfund in der letzten Zeit im wahrsten Sinn des Wortes wuchert, ... , der wird im nahen apokalyptischen Gericht vor diesem unerbitterlich Rechenschaft fordernden Kyrios bestehen und nicht schrecklich untergehen." (DERS., Q, 298). Zu Lk 10,2 vgl. oben unter 8.2.1.a, S.285f.

zwar ermöglichen, daß dieser jedoch de facto nicht gewaltsam, durch religiöse Leistungen, sondern durch den Auferstandenen und das Hören auf sein Evangelium bewirkt wird[54].

Auf den schwierigen Vers Lk 16,16 (Ὁ νόμος καὶ οἱ προφῆται μέχρι Ἰωάννου ἀπὸ τότε ἡ βασιλεία τοῦ θεοῦ εὐαγγελίζεται καὶ πᾶς εἰς αὐτὴν βιάζεται.) sollen im Rahmen dieser Arbeit keine allzu großen Hypothesen aufgebaut werden, da dieser Spruch Jesu bei Lukas weder redaktionell besonders herausgehoben noch unmißverständlich formuliert ist. Er ist allerdings in unserem Zusammenhang anzuführen, da hier die zeitliche Dimension der Reich-Gottes-Verkündigung angesprochen wird.

Läßt man die umstrittene Frage, ob ἀπὸ τότε inklusiv oder exklusiv zu verstehen ist[55], zunächst offen, zeigt sich, daß der eigentliche Gegensatz des Spruchs zwischen der Verkündigung des Gottesreiches einerseits und Gesetz und Propheten andererseits liegt. Daß die Verkündigung des Gottesreiches jedoch nicht das Ende des Gesetzes bedeutet, verdeutlicht Lukas mit den folgenden Worten Jesu über das Gesetz und seine Anwendung (16,17f)[56]. Also ist der Satz keineswegs so zu interpretieren, daß das Evangelium das Gesetz aufgelöst habe. Im Gegenteil: Das Evangelium ist die Erfüllung von Gesetz und Propheten. Das, was Gesetz und Propheten und natürlich auch Johannes verheißen haben, ist weder ungültig noch veraltet, aber es ist im Leben und in der Verkündigung Jesu bereits „heute" Ereignis geworden[57]. Insofern ist Conzelmann Recht zu geben: Mit der Proklamation des Gottesreiches beginnt theologisch eine neue Epoche[58], nämlich das „Gnadenjahr" des

---

[54] Zu dieser „paradoxen" Auslegung von Lk 16,16ff vgl. S.111f (3.3).

[55] Für ein inklusives Verständnis plädieren KÜMMEL, Gesetz, 413-415, und WINK, John, 46-57, die sich beide intensiv mit dem exklusiven Verständnis bei CONZELMANN, Mitte, auseinandersetzen. Zum exklusiven Verständnis vgl. etwa SCHNEIDER, Evangelium II, 337f. MARSHALL, Gospel, 628f, vermutet, daß Lukas eine ursprünglich exklusive Bedeutung von ἀπὸ τότε in eine inklusive „zurückinterpretiert" habe.

[56] BALTENSWEILER, Ehe, 78-81, und BÖCHER, Art.: Johannes, 176f, vermuten, daß Lukas in Lk 16,16-18 Jesus drei Aussprüche des Täufers in den Mund gelegt hat. Dies ist jedoch als zu hypothetisch abzulehnen.

[57] Vgl. Lk 2,11 ὅτι ἐτέχθη ὑμῖν σήμερον σωτὴρ ὅς ἐστιν Χριστὸς ...; 4,21 ... σήμερον πεπλήρωται ἡ γραφὴ ...; 19,9 ... σήμερον σωτηρία τῷ οἴκῳ ἐγένετο. Zur Bedeutung des Wortes „Heute" für die lukanische Eschatologie vgl. FLENDER, Heil, 135-137, und BAARLINK, Eschatologie, 134f.

[58] Vgl. CONZELMANN, Grundriß, 161f, und DERS., Mitte, 92f u.ö.; zur Auseinandersetzung mit CONZELMANN, vgl. ROBINSON, Weg, KÜMMEL, Gesetz, und BACHMANN, Johannes. Schon vor CONZELMANN hat VON BAER, Geist, den Gedanken der Heilsgeschichte und deren Gliederung in Heilsepochen als kon-

Herrn (vgl. Lk 4,19; 13,8), das die Gerichtsbotschaft des Täufers relativiert; es ist eine Zeit der Freude über die Anwesenheit des Bräuti-
gams und nicht eine Zeit des traurigen Fastens wie bei den Jüngern des
Täufers (vgl. 5,33f), es ist neuer Wein in neuen Schläuchen (vgl. 5,37-
39), es ist ein neues Gebet (vgl. 11,1ff).

Mit Jesus, der ja bei Lukas erst nach Johannes auftritt (vgl. Lk
3,20f), beginnt die Verkündigung vom Reich Gottes. Dadurch sind weder das Gesetz noch die Propheten oder die Verkündigung des Täufers
für ungültig erklärt, aber ihre Heilswirksamkeit ist relativiert. Die Erzählungen vom reichen Mann und armen Lazarus (16,19-31) und vom
„Knechtslohn" (17,7-10) zeigen, daß Mose und die Propheten nicht
ausreichen, um bestimmte Menschen zur Umkehr zu bewegen, und daß
selbst aus dem Einhalten der Gebote keinerlei Anspruch auf einen
Platz am Tisch im Reich Gottes abzuleiten ist. Die Begegnung mit Jesus dagegen kann Umkehr und Heilung bewirken (17,11-19).

Das, was für das Gesetz, die Propheten und Johannes noch verheißene Zukunft ist, erfüllt sich in der Gegenwart des Menschensohnes.
Deshalb läßt sich das Kommen des Gottesreiches auch nicht an irgendwelchen Zeichen, sondern ausschließlich in und durch diesen erkennen
(17,20f). Die von der Schrift verheißene Zu-kunft der Herrschaft Gottes beginnt mit dem Auftreten Jesu[59], das wiederum mit dem Auftreten
(oder Abtreten?) des Täufers, dem Ankündiger Jesu, zusammenfällt[60].

Die Formel μέχρι Ἰωάννου ist also theologisch sowohl inklusiv als
auch exklusiv zu verstehen[61]. Das Gesetz, die Propheten und auch Jo-

---

stitutiv für die lukanische Theologie bezeichnet (vgl. BAER, Geist, 209f u.ö.);
vgl. auch LOHSE, Lukas, 266, der von „Abschnitten der Heilsgeschichte"
spricht und dies unabhängig von CONZELMANN ebenfalls mit Lk 16,16 begründet.

[59] MERKEL, Gottesherrschaft, versucht nachzuweisen, daß in der Verkündigung
Jesu die Gegenwart bereits als Heilszeit bezeichnet wurde, dabei führt er inter-
essanterweise gerade die Stellen an, in denen einen Gegensatz zu Johannes dem
Täufer und seinen Anhängern angedeutet wird, nämlich das Wort Jesu über das
Fasten der Hochzeitsgäste Mk 2,18-19a (vgl. a.a.O. 147: „Damit setzt Jesus
doch wohl voraus, daß seine Jünger im Unterschied zu den Johannesjüngern in
einer Freudenzeit leben. Sie warten nicht bang auf den richtenden Gott, sondern
haben den heilschaffenden Gott bereits erfahren."), die Täuferanfrage in Mt
11,1-6 par (a.a.O. 148) und den „Stürmerspruch" in Mt 11,12f und Lk 16,16
(a.a.O. 148f).

[60] WILCKENS, Missionsreden, 101-106, zeigt, daß auch in der Apostelgeschichte
eine „heilsgeschichtlich wichtige zeitliche Vorordnung des Täufers vor Jesus"
(a.a.O. 102) ausgesprochen wird (vgl. Apg 10,37; 13,24f).

[61] Vgl. auch BACHMANN, Johannes, 140-143, der zeigt, daß sich weder für μέχρι
noch für ἀπὸ τότε ein eindeutig inklusiver oder ausschließlich exklusiver

hannes haben das verheißen, was sich von der Zeit des Johannes an erfüllen sollte, nämlich die Verkündigung der Herrschaft Gottes durch
Jesus. Johannes gehört also in den Bereich der Verkündigung der kommenden Gottesherrschaft, denn er verkündigt *den Kommenden*, aber er
hat keinen Anteil am Reich Gottes. Der Kleinste im Reich Gottes ist
größer als er (7,28). Dennoch verwendet Lukas viel Mühe und rhetorisches Geschick, um zu zeigen, daß sich in der Verkündigung der Herrschaft Gottes gerade die Verheißungen der Schrift und die Ankündigung des Täufers erfüllen. Dies mag darin begründet liegen, daß er mit
seinem Evangelium und der Botschaft Jesu von der Herrschaft Gottes
auch um die Anhänger des Täufers werben möchte (vgl. Apg 19,1-8).

b) Die räumliche Dimension

In Lk 23,42f kontrastiert Lukas die zeitlichen Vorstellung von einem
zukünftigen Reich Gottes mit dem eher räumlich zu denkenden Paradies. Der neben Jesus gekreuzigte Verbrecher bittet ihn, seiner zu gedenken, wenn er in sein Reich (εἰς τὴν βασιλείαν σου)[62] komme, und
Jesus antwortet: *„Wahrlich, ich sage dir, heute wirst du mit mir im Paradies sein.“* (V.43). Schneider macht zu dieser Stelle nun die zutreffende Beobachtung, daß die Bitte noch den zeitlichen Aspekt (ὅταν)
der βασιλεία implizierte, dieser aber in der Antwort Jesu durch einen
räumlichen Aspekt verdrängt wurde[63]. Ob diese Korrektur der Erwartung nun „Bestandteil der lukanischen Bewältigung des eschatologischen Verzögerungsproblems“[64] ist, mag zutreffen[65]. Deutlich ist in je-

---

Sprachgebrauch nachweisen läßt. Allerdings stellt die polemische Art, in der
sich BACHMANN mit den Thesen CONZELMANNS zur heilsgeschichtlichen Konzeption des Lukas auseinandersetzt, die wissenschaftliche Seriosität seines eigenen Ansatzes sehr in Frage, zumal er inhaltlich gegenüber der sachlichen
Kritik KÜMMELS, Gesetz, kaum Neues bringt.

[62] Gutbezeugt ist auch die Lesart ἐν τῇ βασιλείᾳ σου, der SCHNEIDER, Evangelium II, 485, und HUCK / GREEVEN, Synopse, 268, den Vorzug geben. Doch implizieren beide Lesarten, daß Jesus erst im Eschaton die Herrschaft im Reich
Gottes antreten wird.

[63] Vgl. SCHNEIDER, Evangelium II, 485; J. JEREMIAS, Art.: παράδεισος, 768f;
und ähnlich auch BALZ, Art.: παράδεισος, Sp.41: „Nach Lk 23,43 sagt der
Gekreuzigte dem mitgekreuzigten Übeltäter auf seine Bitte um Annahme im
Endgericht (...) die Gemeinschaft im Paradies schon ‚heute‘ zu (...). Damit wird
Schuld endgültig vergeben und das Endheil in der Verborgenheit eines Raumes
jenseits des Todes bereits eröffnet“.

[64] SCHNEIDER, Evangelium II, 485.

[65] Vgl. DUPONT, Eschatologie, 45: „... das Heil, das der Schächer für das Ende der
Zeiten erbittet, wird ihm heute noch, im Augenblick seines Todes, zuteil werden.“. DUPONT vertritt die m.E. einleuchtende These, daß Lukas eine eher zu-

dem Fall, daß die räumliche Dimension des Gottesreiches bei Lukas der zeitlichen zumindest gleichgestellt ist[66]. Jesus bekommt hier eine Funktion zugeschrieben, die etwa in TestLev 18,10f der eschatologische Priestermessias hat: Er öffnet die Tore des Paradieses[67], allerdings nicht erst im Eschaton, sondern im Moment seines Todes. Damit demonstriert Lukas denjenigen, die auf das Kommen des Gottesreiches warteten - und damit wahrscheinlich auch den Anhängern des Täufers -, den Anbruch der Herrschaft Gottes durch die Überwindung des Todes in Christus.

Das räumlich vorgestellte Reich Gottes kann man sehen (Lk 9,27), man kann hineinkommen (16,16?; 18,17.24f; 23,42; Apg 14,22) und ißt und trinkt in ihm (Lk 13,29; 14,15; 22,16.18.30). Es wird bei Lukas anschaulich beschrieben als große Festtafel, deren Vorsitz Abraham führt (13,28; 16,22f). Diese räumliche Dimension des Gottesreiches scheint nun bei Lukas auch in der Auseinandersetzung mit Johannes dem Täufer eine Rolle zu spielen, denn eine Formulierung wie ὁ δὲ μικρότερος ἐν τῇ βασιλείᾳ τοῦ θεοῦ μείζον αὐτοῦ ἐστιν (7,28) grenzt ja Johannes - wenn auch in metaphorischer Redeweise - von dem Raum Gottesreich aus. Möglicherweise könnte auch Lk 16,16 ähnlich verstanden werden. Die von Johannes in Frage gestellte Traditionslinie zu Abraham (3,8) wird durch die Verheißung Jesu an seine Nachfolger, daß sie zusammen mit Menschen aus aller Welt, mit ihm an einem Tisch sitzen werden (13,28f), wiederhergestellt. Wenn Jesus seinen Jüngern vorhersagt, daß sie mit ihm in seinem Reich essen und trinken und das Gericht über die Stämme Israels ausüben werden (22,29f), wird dies als Absage an die Gerichtsvorstellungen der Täuferanhänger verstanden werden können.

Die metaphorische Redeweise vom Reich Gottes als Raum, von dem Johannes ausgeschlossen ist, wird auch den Sinn gehabt haben, den Gruppen, die Johannes favorisierten, deutlich zu machen, daß nicht in dessen Verkündigung und Taufe, sondern im Evangelium Jesu Christi der Schlüssel zum Heil zu suchen ist.

---

künftig ausgerichtete kollektive Eschatologie, die mit der Erwartung des Gerichts und des Weltendes verbunden war, zugunsten einer individuellen Eschatologie zurücktreten läßt, die sich auf die Zeit nach dem Tod jedes einzelnen bezog.

[66] Vgl. die unter 8.2.2 aufgeführten Stellen, S.289f. In der Auseinandersetzung mit den Vorstellungen CONZELMANNS, betont besonders ROBINSON die räumliche Dimension der Gottesreiches bei Lukas (DERS, Weg, 66f).

[67] Darauf verweist J. JEREMIAS, Art.: παράδεισος, 764, Anm. 16.

c) Die ontologische Dimension

Scheinbare Widersprüche zwischen präsentischer und futurischer, zwischen zeitlicher und räumlicher Auffassung des Reiches Gottes bei Lukas lösen sich auf, berücksichtigt man, daß das Reich Gottes bei Lukas nicht nur zeitlich und räumlich, sondern auch ontologisch qualifiziert wird[68]. Reich Gottes kann man „haben"; mehrfach wird es den Nachfolgern Jesu zugesprochen (6,20; 12,32; 18,16; 22,29). Sie sollen nach dem Reich Gottes trachten (12,31), es wie Kinder annehmen (18,17) und zum inneren Grund ihrer Jüngerschaft machen (9,60. 62; 18,29).

Die Zeit Jesu ist dann insofern „Mitte der Zeit" (Conzelmann), als in ihr durch die Predigt und das Wirken Jesu die Herrschaft Gottes in diesen Äon hereinbricht (vgl. 11,20; 17,21), aber eben nicht anbricht[69]. Durch das Austreiben von Dämonen demonstriert und praktiziert Jesus die Herrschaft Gottes über die Macht Satans (vgl. 11,18-20). In diesem Sinne ist wohl auch das ἐντὸς ὑμῶν in Lk 17,21 zu verstehen. Im Anschluß an die Heilung der zehn Aussätzigen (17,11-19) verweist Jesus die Pharisäer darauf, daß sich in seinem Heilshandeln bereits die Herrschaft Gottes ereignet[70]. Jesus befreit die Menschen von den Fesseln Satans und läßt sie rein werden. Dadurch macht Lukas aber deutlich, daß die von Johannes im Endgericht erwartete Befreiung und die durch seine Taufe vorweggenommene Reinigung von den Sünden sich sowohl in der Verkündigung Jesu als auch in seinem Handeln ereignen.

Dieses Ereigniswerden in Raum und Zeit zeigt, daß Lukas das Reich Gottes eben nicht nur unter einem rein zeitlichen oder nur räumlichen Aspekt betrachtet, sondern daß es bei ihm einen Raum und Zeit übergreifenden ontologischen Aspekt hat[71]. In Jesu Handeln und in seiner

---

[68] Vgl. DUPONT, Eschatologie, 47, der in seiner Untersuchung der lukanischen Eschatologie zeigt, daß rein zeitliche Kategorien nicht ausreichen, um diese zu erfassen: „Müßten wir nicht vielmehr in der vom Evangelisten eingeschlagenen Richtung weiterdenken und uns fragen, ob das, was uns in den Kategorien einer zeitlichen Antithese von Gegenwart und Zukunft dargestellt wurde, in anderen Denkkategorien verständlicher würde?"

[69] Zur scheinbaren Spannung zwischen dem künftigen und dem gegenwärtigen Reich Gottes in den beiden Eschatologiereden des Lukasevangeliums (Lk 17,20-37; 21,5-36) vgl. ZMIJEWSKI, Eschatologiereden, 557.

[70] Vgl. GRUNDMANNS, Evangelium des Lukas, 340f.

[71] Vgl. GRÄSSER, der in seiner Untersuchung der „Parusieerwartung in der Apostelgeschichte" zu einem ähnlichen Ergebnis kommt: „Im übrigen ist die Erwartung des nahen Gottesreiches ersetzt durch die *Verkündigung* seines Wesens, das sich in Wort und Wunder des *Christus* und seiner Apostel manifestiert. Den Platz der Eschatologie nimmt nun das Konzept einer kontinuierlichen geschichtlichen Verwirklichung des göttlichen Heilsplanes ein." (a.a.O. 124).

Botschaft, die von seinen Jüngern als Evangelium verkündet wurde, ist
die Herrschaft Gottes „präsent"[72].

Dies ist aber nur die eine, nämlich die göttliche Seite der ontologischen Dimension des Gottesreiches. Es gibt bei Lukas noch eine weitere Möglichkeit für den Menschen, am Reich Gottes zu partizipieren,
die über das Hören des Evangeliums hinausgeht: Wer an Jesu Worten
und Taten partizipiert, der schmeckt - symbolisch gesprochen - das
Brot im Reich Gottes (vgl. Lk 14,15-17.24). Die Gemeinde partizipiert
am Reich Gottes, indem sie Abendmahl feiert; es wird ihr zugeeignet
(22,29f). Das heißt aber, über ihre Teilhabe am Leib Christi hat sie Zugang zum Reich Gottes. Die durch die Gegenwart Jesu Christi und die
von ihm bewirkte Befreiung von der Macht des Bösen erlangte Partizipation am Reich Gottes wird in der Zeit der Kirche durch das Abendmahl fortgeführt. Deshalb betont Lukas in der Apostelgeschichte die
Mahlgemeinschaft der ersten Christen. In ihr wiederholt sich, was
Jesus durch seine Mahlgemeinschaft mit Sündern demonstriert, nämlich die Teilhabe am Reich Gottes. Die lukanische Vorliebe für das
Motiv der Mahlgemeinschaft erklärt sich aus seinem Reich-Gottes-
Verständnis.

Dies alles wäre in unserem Zusammenhang ohne Bedeutung, wenn
Lukas nicht auch diesen Aspekt des Gottesreiches gegenüber Johannes
betonen würde. In Lk 5,33f heißt es ausdrücklich im Kontrast zu der
Fastenpraxis der Täuferjünger, daß die Hochzeitsgäste nicht fasten sollen, wenn der Bräutigam bei ihnen ist. Das kann nun so verstanden
werden, daß Jesu Gegenwart bereits die Erfüllung der eschatologischen
Ereignisse (Hochzeit) bedeutete, auf die die Täuferjünger sich durch
ihr Fasten vorbereiteten. Erst nach seinem Tod werden auch sie trauern
(5,35), allerdings, und dies scheint mir von Lukas bewußt so gestaltet
zu sein, nur einige Tage lang (ἐκείναις ταῖς ἡμέραις; vgl. ἡμέρᾳ in
Mk 2,20), danach gibt es wieder neuen Wein in neuen Schläuchen (Lk
5,37-39). Lukas könnte diese Rede Jesu (5,34-39) als Vorwegnahme
der Ereignisse nach seinem Tod verstanden haben, denn er berichtet ja,
daß die Emmausjünger nach Jesu Tod drei Tage lang trauerten, weil

---

[72] Vgl. ELLIS, Funktion, 396, zum präsentischen Aspekt der lukanischen Eschatologie: „Da die eschatologische Realität gegenwärtig ist, ist die Länge der
zeitlichen Erstreckung bis zur Vollendung keineswegs von entscheidender Bedeutung." Ähnlich argumentiert auch GRÄSSER, Parusieerwartung, 125: „Da
Lukas die Durchlässigkeit dieser Konzeption für eine Individualeschatologie
mehrmals deutlich markiert hat, ist es völlig gleichgültig, wie lange die Parusie
verzieht. ... Die Entscheidung bezüglich der Heilszukunft fällt entsprechend bereits in der Gegenwart an der Annahme oder Ablehnung des ‚Evangeliums vom
Reich Gottes' ".

sie ihre eschatologischen Hoffnungen enttäuscht sahen (24,17-21). Als Jesus dann aber mit ihnen das Brot bricht, also sein Abendmahl mit ihnen feiert, erkennen sie ihn (24,30-35).

Auch die Bemerkung Jesu über Johannes den Täufer in Lk 7,33, daß er kein Brot aß und keinen Wein trank, kann unabhängig von historischen Spekulationen über das Nasiräat des Täufers[73] als Verbalisierung des lukanischen Theologumenons verstanden werden, daß Johannes und seine Anhänger, weil sie sich vom christlichen Abendmahl ausschlossen, auch nicht am Reich Gottes partizipierten. In den Mahlgemeinschaften Jesu mit Zöllnern, Sündern und den Verlorenen realisiert sich das von Johannes und seinen Anhängern am Ende der Zeit erwartete eschatologische Heil[74].

8.3 Ergebnisse

Johannes der Täufer hat für Lukas seinen festen Platz in der Heilsgeschichte Gottes. Er symbolisiert den Fixpunkt, mit dem die Verkündigung vom Reich Gottes beginnt[75]. Für Lukas verkündet Johannes insofern das Heil, als er Jesus Christus ankündigt.

Die Eschatologie des Täufers war geprägt von der Naherwartung des Gerichts und der Hoffnung auf die Vergebung der Sünden. Lukas koppelt nun in seiner Darstellung des Wirkens und der Verkündigung Jesu die Vergebung der Sünden von der Vorstellung des Gerichts ab. Die von Johannes erwarteten eschatologischen Ereignisse (Vergebung der Sünden, Reinwaschung durch den heiligen Geist, das Kommen des Richters) erfüllen sich bereits in der Predigt Jesu von der befreienden Herrschaft Gottes. Jesus ermöglicht durch seine Worte und Taten bereits eine Partizipation am Gottesreich, die dessen zukünftiges Kommen thematisch zwar etwas zurückdrängt, aber keineswegs ausschließt.

Durch die Verkündigung Jesu wird das Reich Gottes proklamiert. Durch Jesu von der Macht Satans befreiende Exorzismen wird die Herrschaft Gottes demonstriert. Und in der Mahlgemeinschaft mit Jesus wird Partizipation am Reich Gottes ermöglicht. Dies gilt zu Lebzeiten Jesu ebenso wie zur Zeit der Kirche, in der durch die Verkün-

---

[73] Vgl. BÖCHER: *„Aß Johannes kein Brot?"*.

[74] Vgl. dazu die ertragreiche Untersuchung BÖSENS zum Symbol des Mahles bei Lukas, bes. den Abschnit über das Mahl „im Dienste der Reich-Gottes-Botschaft" (BÖSEN, Jesusmahl, 91-108).

[75] KAESTLI, Eschatologie, 26, spricht in Anknüpfung an die Terminologie CONZELMANNS von „la limite entre deux époques".

digung des Evangeliums, die Wundertaten der Apostel und das Feiern des Abendmahls die Herrschaft Gottes weiterhin präsent bleibt.

Die Botschaft vom Reich Gottes ist neben der Taufe mit heiligem Geist das entscheidende Proprium der christlich-lukanischen Theologie, mit dem Lukas an die eschatologischen Erwartungen der Täuferanhänger anknüpft und sich zugleich von ihnen abgrenzt. Nicht die Wassertaufe, sondern das Empfangen des heiligen Geistes bewirkt eine Partizipation am Reich Gottes[76]. Und diese Partizipation ist sowohl zukünftig eschatologisch als auch präsentisch ekklesiologisch gedacht. Die Taufe der zwölf Anhänger des Apollos und des Johannes in Ephesus und die anschließende Überzeugungsarbeit des Paulus für das Reich Gottes (vgl. Apg 19,18) können als Paradigma für diesen theologischen Sachverhalt betrachtet werden.

Die in der Verkündigung des Täufers angekündigten „letzten Dinge" erfüllen sich in Jesu Verkündigung vom Reich Gottes. In seinem geisterfüllten Wirken und in seiner Mahlgemeinschaft mit den Verlorenen ereignet sich die Befreiung von der Macht der Sünde. Kraft heiligen Geistes partizipiert auch nach seinem Tod die Gemeinde im Abendmahl und in der Verkündigung des Evangeliums Christi am Reich Gottes. Deshalb ist die ungehinderte Predigt des Paulus in Rom über das Reich Gottes und über Jesus Christus am Ende der Apostelgeschichte (Apg 28,31) eine der von Gesetz, Propheten und Johannes verheißenen „Tatsachen, die sich unter uns erfüllt haben" (Lk 1,1).

Die lukanische Eschatologie führt also als Lehre von den letzten Dingen wieder an den Anfang - auch an den Anfang unserer Arbeit - zurück. Vergangenheit und Zukunft werden bei Lukas nicht aufgehoben, aber sie fallen in Christus zusammen. Das Gesetz und die vergangenen Verheißungen der Propheten und des Propheten Johannes behalten ihre Gültigkeit auch in Zukunft. Doch in Jesus Christus hat sich bereits erfüllt, was diese angekündigt haben. Jesus ist der Prophet, Menschensohn und Messias, der kommen soll, und er wird als Heiland wiederkommen. Durch ihn partizipiert die Gemeinde bereits am kommen-

---

[76] Auf den Zusammenhang von Reich-Gottes-Verkündigung und Erfülltsein Jesu und der Gemeinde mit heiligem Geist verweist MERK, Reich, 209-219: „Die nach Jesu Botschaft im LkEv Gegenwart und Zukunft umfassende βασιλεία τοῦ θεοῦ ist durch das Wirken des Geistes in der von Gott gelenkten Heilsgeschichte in Jesus bleibend gegenwärtig." Ähnlich ELLIS, Funktion, 397: „Jesus, der den Geist verleiht (Apg 1,5; 2,33), repräsentiert in seiner Auferstehung die individuelle Erfüllung des kommenden Äons. Seine Nachfolger offenbaren nicht nur dieselben *eschatologischen Kräfte des Geistes* wie er, sondern stehen auch in *korporativer Identifikation mit dem (auferstandenen) Herrn*. Durch beides bestimmt Lukas den neuen Äon als eine gegenwärtige Realität."

den Reich Gottes und ist von der Macht der Sünde und des Todes befreit. Deshalb ist die lukanische Eschatologie in Weiterführung der
Eschatologie des Täufers universal und individuell zugleich. Jeder, der
im Abendmahl am Tod Christi partizipiert, steht unter der Herrschaft
Gottes, und für ihn erfüllt sich, was Jesus über Johannes den Täufer
sagt: *„Der Kleinste im Reich Gottes ist größer als er"* (Lk 7,28).

SCHLUSS

Vergleicht man den in dieser Arbeit versuchten Gang durch das Werk und die Theologie des Lukas mit dem Gang durch einen orientalischen Weinberg, wäre Kapitel 1 die Analyse von Lk 1-4, sozusagen als Schlüssel zum Gartentor und als erster orientierender Gang durch den Eingangsbereich des Geländes zu verstehen. In den folgenden Kapiteln 2-8 wären dann kreuz und quer durch den ganzen Garten verschiedene Pflanzenarten mit ihren jeweiligen Früchten gesichtet worden, wobei besonderes Augenmerk einem Feigenbaum galt. Es fehlt eigentlich nur noch ein abschließender Rundgang, der die Besonderheiten dieses Weinbergs nun *in der richtigen Reihenfolge*, so wie sie Lukas in seinem Garten präsentiert (vgl. Lk 1,3), abschreitet und einen Vergleich mit anderen Gärten erlaubt, um schließlich zu einem Überblick über das ganze Gelände zu gelangen.

Daher folgt nun zunächst eine chronologische Auflistung und Zusammenfassung der Passagen, in denen *die Gegenüberstellung von Johannes und Jesus im lukanischen Doppelwerk* (1.) besonders eklatant erscheint. Danach wird in Form eines kurzen Ausblicks auf das Thema *Johannes und Jesus im Neuen Testament* (2.) hingewiesen. Schließlich folgt eine Art abschließende Würdigung der *Bedeutung des Täufers für die lukanische Theologie* (3.).

1. Johannes und Jesus im lukanischen Doppelwerk

Im zweiten Teil dieser Arbeit habe ich zu zeigen versucht, daß die Auseinandersetzung mit Johannes beziehungsweise seinen Anhängern ein hermeneutischer Schlüssel für das Verständnis der lukanischen Theologie ist. Dabei fiel auf, daß es sich nicht nur um einzelne subtile Anspielungen auf Johannes den Täufer handelt, sondern daß ganze Textgruppen von diesem Thema durchzogen sind. Im folgenden werden daher noch einmal *der Reihe nach* die Passagen bei Lukas genannt, in denen eine Auseinandersetzung mit dem Täufer besonders virulent ist[77].

Die einzelnen Stellen unterstreichen dabei nicht nur rein quantitativ, wie bedeutsam diese Auseinandersetzung für die lukanische Theologie ist, sondern sie lassen zugleich auch erkennen, daß Lukas an fast allen Schlüsselstellen seines Werkes auf Johannes den Täufer zu sprechen kommt. Die Auseinandersetzung mit ihm hat nahezu für das gesamte lukanische Werk eine gliedernde Funktion.

Lk 1-2: Die in Lk 1f berichteten Kindheitsgeschichten des Johannes und Jesu entsprechen sich bezüglich ihrer Struktur bis ins Detail. Mit hoher Wahrscheinlichkeit hat Lukas hier eine „Täuferquelle" verwendet und ihr seinen Bericht von der Geburt und dem Heranwachsen Jesu nachgestaltet. Dabei hat er zum Teil Überlieferungsstücke hinzugenommen, die zeigen, wie sehr Jesus schon als Kind Johannes übertraf (Jungfrauengeburt, Jesus im Tempel), zum Teil hat er auch „Täufertexte" uminterpretiert und auf Jesus bezogen (vgl. Magnifikat und Benediktus).

Lk 3-4: Auch die Berichte vom ersten öffentlichen Auftreten und der Verkündigung der beiden ähneln sich. Zwar sind die wörtlichen Entsprechungen nicht mehr ganz so zahlreich, doch sowohl bei Johannes als auch bei Jesus teilt Lukas zunächst den Zeitpunkt ihres Auftretens und ihre Herkunft väterlicherseits mit (Lk 3,1f.22-38), bevor er von einem Wüstenaufenthalt (3,2b.; 4,1-13) berichtet, auf den eine durch ein Jesajazitat eingeleitete Predigt (3,4-17; 4,18-27), eine Zusammenfassung der Tätigkeit (3,18; 4,31-33) und negative Reaktionen von Gegnern (3,19f; 4,28-30) folgen. Die überbietende Parallelität von Jesus und Johannes ist also das strukturierende Prinzip für die vier ersten Kapitel des Lukasevangeliums.

Lk 5,12-39: Lukas folgt in Lk 5,12-39 weitgehend seiner markinischen Vorlage (vgl. Mk 1,40-2,22). Ich halte es nun nicht für ausgeschlossen, daß bereits Markus mit diesen Texten bewußt an „Täufermotive" anknüpfte; denn die Heilungen des Aussätzigen (Mk 1,40-45) und des Querschnittgelähmten (Mk 2,1-12) zeigen, wie Jesus Menschen äußerlich und innerlich „rein" werden läßt, und Jesus bewirkt hier das, was als Thema der Verkündigung des Täufers angegeben wird (Mk 1,4), nämlich die Vergebung der Sünden. Auch der Auf-

---

[77] Hier werden keineswegs alle in dieser Arbeit behandelten Stellen genannt, in denen die Auseinandersetzung mit Johannes dem Täufer eine Rolle spielt; es werden vielmehr lediglich die längeren Blöcke aufgeführt, die *mehrere* Assoziationen zu Johannes oder seiner Verkündigung nahelegen.

enthalt Jesu an „wüsten Orten" (Mk 1,45: ἐπ᾽ ἐρήμοις τόποις; Lk 5,16: ἐν ταῖς ἐρήμοις) erinnert an den Aufenthaltsort des Täufers (vgl. Mk 1,3f par). Schließlich werden in Mk 2,18 ausdrücklich die Jünger des Täufers erwähnt. Im lukanischen Kontext kommt nun hinzu, daß Lukas bereits in Lk 3,12f von dem besonderen Verhältnis der Zöllner zu Johannes berichtet hat und durch die Erwähnung der Heilung eines Aussätzigen (Lk 4,27), die durch Untertauchen im Jordan geschah, auf die Taufpraxis des Johannes anspielte. Die „Reinigung" eines Aussätzigen (Lk 5,12-16), die Heilung eines Gelähmten, dem Jesus die Sündenvergebung zuspricht (5,17-26), und die Erwähnung der „vielen Zöllner"[78], mit denen Jesus zusammenkommt, um ihnen die Umkehr zu ermöglichen (5,27-32), sind deshalb als Anspielungen auf Johannes den Täufer zu verstehen. Jesu Worte in Lk 5,33-39 können jedenfalls hier bei Lukas nur so interpretiert werden, daß die „neue" Verkündigung Jesu nicht mehr zu den „alten" Formen der Glaubenspraxis der Täuferjünger paßt[79]. Sollte in Täuferkreisen eine ähnlich strenge Einhaltung des Sabbats wie bei der Gemeinschaft in Qumran propagiert worden sein, werden auch die beiden in Lk 6,1-11 folgenden Episoden eine Rolle in der Auseinandersetzung mit ihnen gespielt haben[80].

Lk 6,20-8,3: In Lk 6,20-8,3 verläßt Lukas die markinische Vorlage und läßt verschiedene Texte aus der Logienquelle und seinem Sondergut folgen (die sogenannte „kleine Einschaltung"). Die „Feldrede" Jesu (6,20-49) knüpft thematisch an einige Motive der Täuferpredigt an. Die in den Seligpreisungen zum Ausdruck kommende Solidarität mit den Armen und Hungernden (6,20f.24f) erinnert an die Ständepredigt des Täufers. Die Forderung des Täufers, daß diejenigen, die zwei Hemden haben, eines abgeben sollen (3,11), wird von Jesu Forderung, dem Bedürftigen weder Hemd noch Gewand zu verweigern (6,29), noch überboten. Die nur von Lukas so berichtete Verheißung Jesu: καὶ ἔσεσθε υἱοὶ ὑψίστου (6,35) erinnert natürlich an die Gegenüberstellung der beiden Titel υἱὸς ὑψίστου und προπήτης ὑψίστου in den Kindheitsgeschichten Jesu und Johannes (vgl. 1,32.76). Die Worte Jesu in Lk 6,36-45 können in ihrer durchgehenden Tendenz *gegen* das Richten von Menschen, die keine guten Früchte bringen, als kritische

---

[78] Lukas akzentuiert hier etwas anders als Markus; vgl. καὶ πολλοὶ τελῶναι καὶ ἁμαρτωλοὶ in Mk 2,15 mit ὄχλος πολὺς τελωνῶν καὶ ἄλλων in Lk 5,29.

[79] Vgl. 6.3.1.b (*Fasten und Gebet bei den Täuferschülern*), S.203f und 6.3.2.b (*Essen und Beten der Nachfolger Jesu*), S.206f.

[80] Vgl. dazu 6.3.2.c (*Politik und Gesetz*), S.207-209.

Auseinandersetzung mit der Umkehrpredigt des Täufers gewertet werden[81].

Den Hinweis auf die Wasserflut in Lk 6,48f und die „Soldatenepisode" in Lk 7,1-10 als Anspielungen auf den „Wassertäufer" und die zu ihm gekommenen Soldaten (3,14) zu interpretieren, erscheint mir recht hypothetisch. Dagegen ist der Sondergutbericht in Lk 7,11-17, wo Jesus wie Elia einen Toten auferweckt (vgl. 1 Kön 17,17-24) und als „großer Prophet" bezeichnet wird, durch den Gott sein Volk besucht (7,16; vgl. 1,15.68.76), ein sehr augenscheinliches Produkt der lukanischen Auseinandersetzung mit Johannes dem Täufer, welcher in Kreisen seiner Anhänger wahrscheinlich sowohl als Elia als auch als „großer Prophet" verehrt wurde[82].

In der Antwort Jesu auf die Frage der Täuferjünger, ob er der Kommende sei, wird zumindest den christlichen Lesern deutlich, daß Jesus derjenige ist, auf den die Jünger des Täufers warten, daß er aber als Retter und nicht als Richter gekommen ist[83] (Lk 7,18-23; vgl. Mt 11,7-19). Bemerkenswerte lukanische Eigentümlichkeiten in dieser Episode sind die zweifache Betonung dessen, daß Johannes seine Jünger *zu dem Herrn gesandt* hat (Lk 7,19f), und die doppelte Erwähnung der messianischen Heilstaten Jesu (7,21f).

In der Rede Jesu über den Täufer (7,24-35) wird dieser zwar „mehr als ein Prophet" genannt, aber die Kleineren im Reich Gottes sind größer als er (7,26-28). Die Fußwaschung Jesu durch eine Sünderin und seine anschließende Salbung (7,36-50) wird Lukas als Illustration der Worte Jesu über die Kleineren im Himmelreich (7,28) und die Kinder der Weisheit (7,35) und als subtile Spitze gegen den Täufer verstanden haben; denn Jesus erweist sich hier als der Messias, für den die Leute Johannes hielten (vgl. 3,15), und über den Johannes sagte, daß er nicht wert sei, seine Füße zu waschen (vgl. 3,16; Apg 13,25).

Sollte Johannes auch Frauen getauft, aber nur Männer um sich gesammelt haben[84], wird verständlich, warum Lukas noch die Notiz über die Frauen in der Nachfolge Jesu anfügt (Lk 8,1-3), bevor er den markinischen Text wieder aufgreift (8,4ff; vgl. Mk 4,1ff). Auch diese Notiz unterstreicht den Unterschied zwischen Jesus und Johannes.

---

[81] Vgl. zur Baum-Frucht-Metaphorik in der „Feldrede" unter 5.1 (*Die Axt am Baum*), S.161.

[82] Vgl. 7.2.2 (*Johannes als Prophet*), S.245-253.

[83] Vgl. FITZMYER, Gospel I, 667: "In effect his answer is, 'Yes, I have come, but not in the sense that you mean it, not as a fiery reformer.'"

[84] Zum Verhältnis von Johannes und Jesus zu den Frauen vgl. 6.2.3, S.197-202.

Lk 9,1-20: Auch in Lk 9,1-20 erklärt sich die lukanische Abweichung von der markinischen Vorlage aus dem besonderen Interesse des Lukas an einem Vergleich von Jesus und Johannes. Schon in dem von Markus (Mk 6,7-13) übernommenen Bericht von der Aussendung der Jünger Jesu (Lk 9,1-6) spielt er durch die Formulierung μήτε δύο χιτῶνας ἔχειν (V.3) auf die Verkündigung des Täufers an (vgl. 3,11: ὁ ἔχων δύο χιτῶνας μεταδότω τῷ μὴ ἔχοντι). Und dann ändert er die Gleichsetzung von Johannes und Jesus durch Herodes in seiner Vorlage (Mk 6,14-16) dahingehend, daß Herodes nun nicht mehr die populäre Identifikation Jesu mit dem wiederauferstandenen Elia oder „dem Propheten" ablehnt, sondern mit Johannes (Lk 9,7-9).

Die in Mk 6,17-29 folgende Erzählung von der Ermordung des Johannes übergeht Lukas aus erklärlichen Gründen. Er möchte Johannes nicht als Märtyrer erscheinen lassen, sondern statt dessen Jesu Messianität im Vergleich zu Johannes herausstellen. Deshalb läßt er die folgende Erzählung von der Speisung der Fünftausend (Lk 9,10-17) in der Gegend des Täufers, nämlich in der Wüste *und* in Bethanien, das am Jordan lag, spielen und läßt Jesus so, wie es zuvor Johannes forderte, für das Essen der Hungrigen sorgen (vgl. βρώματα in 3,11 und 9,13)[85]. Jesus gebietet den Jüngern, daß sie keine zwei Hemden haben (9,3) und ihre wenigen Speisen mit den Hungrigen teilen sollen. Der Leser des Lukasevangeliums wird dadurch an die fast gleichlautenden Formulierungen der Standespredigt des Täufers erinnert. Indem Lukas nun Mk 6,45-8,26 ausläßt und das Petrusbekenntnis (Mk 8,27-29) auf das Speisungswunder folgen läßt (Lk 9,18-20), macht er den Vergleich von Johannes und Jesus perfekt und beantwortet die Frage des Herodes: „Johannes habe ich enthauptet. Wer aber ist dieser?" (9,9). Jesus ist kein auferstandener Johannes, sondern der Christus Gottes (9,19f).

Lk 9,46-10,2: In Lk 9,51-18,14 folgt die sogenannte „große Einschaltung" des Lukas. Auch hierfür könnte die lukanische Auseinandersetzung mit Johannes dem Täufer ein redaktioneller Grund sein, denn Lukas ergänzt in der Episode vom Rangstreit der Jünger (Mk 9,33-40 par) das Logion Jesu: ὁ γὰρ μικρότερος ἐν πᾶσιν ὑμῖν ὑπάρχων οὗτός ἐστιν μέγας (Lk 9,48; vgl. Mk 9,37) und erinnert so an die Verheißung, daß Johannes groß sein werde (Lk 1,15), und an das Wort, daß der Kleinere im Himmelreich größer als er sei (7,26). In

---

[85] Vgl. zu den Anspielungen in Lk 9,10-17 auf Johannes den Täufer in dieser Arbeit unter 6.1.2.a (*Das Evangelium für die Armen*), S.182f.

Lk 9,51ff folgen dann mehrere Anspielungen auf Johannes den Täufer, von denen hier nur einige genannt seien[86]:

- Jesu Aussendung von Boten (V.52: καὶ ἀπέστειλεν ἀγγέλους πρὸ προσώπου αὐτοῦ) erinnert im Wortlaut an das in Lk 7,27 auf Johannes bezogene Maleachizitat (Mal 3,1): ἀποστέλλω τὸν ἄγγελόν μου πρὸ προσώπου σου. Lukas zeigt dadurch, daß Johannes nicht mehr ist als jeder Jünger Jesu.

- Die Jünger bitten Jesus, das ungastfreundliche samaritanische Dorf durch Feuer vom Himmel zu vernichten (Lk 9,54). Dies erinnert nicht nur an Elia (2 Kön 1,10-12), sondern auch an den von Johannes angekündigten kommenden Feuertäufer. Durch die Ablehnung dieser Bitte durch Jesus (Lk 9,55) unterstreicht Lukas, daß Jesus nicht gekommen ist, um mit Feuer zu richten und zu vernichten.

- In den beiden Sondergut-Versen Lk 9,61f spielt Lukas auf eine Elia-Erzählung an (vgl. 1 Kön 19,19f), läßt aber Jesu Ruf in die Nachfolge ungleich radikaler als den des Elia an Elisa erscheinen. Weil Jesus nun aber vorher mehrfach mit Elia und Johannes verglichen wurde (vgl. Lk 9,7-9.18-20), kann auch diese Stelle als rhetorischer Seitenhieb gegen Johannes verstanden werden, der ja im Geist und in der Kraft Elias auftreten sollte (Lk 1,17).

- Die Einsetzung der Jünger durch Jesus (10,1: ἀνέδειξεν) erinnert an die Einsetzung des Johannes (vgl. 1,80: ἀναδείξεως), ihre Aussendung (10,1b) erinnert erneut an Lk 7,27. Das Motiv vom Herrn der Ernte, der seine Ernte einbringt (10,2) weckt Assoziationen zu dem von Johannes angekündigten Stärkeren, der seinen Weizen sammelt (vgl. 3,17). Ein Vergleich von Lk 10,2 mit Joh 4,35-38 zeigt, daß Jesu Wort über die Erntearbeiter seinen Ort in der frühchristlichen Auseinandersetzung mit den Täuferanhängern gehabt haben könnte[87].

Lk 11,1-36: Lukas leitet die Worte Jesu zum rechten Beten und Bitten in Lk 11,1-13 damit ein, daß einer der Jünger ihn bittet, sie so wie Johannes beten zu lehren (Lk 11,1). Die Motive *Vater-Kinder* (V.1.2.7.11.13), *Schlange* und bei einigen Textzeugen auch *Stein* (V.11) und *heiliger Geist* (V.13) begegneten auch in der Rede des Täufers (vgl. 3,7f.16)[88].

Die Ablehnung der Zeichenforderung durch Jesus und das zweifache: „Hier ist mehr als ...“ (Lk 11,29-32) wird Lukas als erneute „De-

---

[86] Vgl. zu Lk 9,51-62 unter 7.2.3.b (*Prophet wie Elia*), S.258f.

[87] Vgl. unter 8.2.1.a (*Der universale Anspruch ...*) zu Lk 10,1f, S.284-286.

[88] Zu Lk 11,1-11 vgl. 2.3.1, S.90f, und KATZ, Beobachtungen, 292-294.

klassierung" des Täufers durch Jesus verstanden haben. Nicht nur die hinzudrängende Menge (V.29; vgl. 3,7), auch die Erwähnung des Gerichts, der Weisheit Salomos und der Umkehr aufgrund der Predigt des Jona weisen darauf hin[89].

Lk 12,49-13,17: Johannes hatte den kommenden Stärkeren als jemanden angekündigt, der mit Feuer und heiligem Geist taufen würde (3,16). Seine Anhänger werden die Taufe mit Feuer als Synonym für das endzeitliche Gericht und die Taufe mit heiligem Geist als Synonym für die Abwaschung der Sünden und die Rettung im Endgericht verstanden haben[90]. Lukas stellt nun diese Vorstellungen auf den Kopf, wenn er Jesus, der bei ihm ja eindeutig als der von Johannes angekündigte Kommende auftritt, das Feuer herbeisehnen und die Taufe fürchten läßt (12,49f). Diese an paulinische Terminologie erinnernde paradoxale Sprechweise (vgl. Röm 6,3f) hat den Sinn, die Gerichts- und Heilserwartungen der Täuferanhänger zu relativieren[91]. Denn die Worte Jesu deuten an, daß nicht die Wassertaufe des Johannes, sondern erst die durch Jesu „Taufe in den Tod" ermöglichte Ausgießung des heiligen Geistes „wie Feuer" (vgl. Apg 2,3.19) wirklich retten kann[92].

Jesus spricht in Lk 12,54f zu der Menge, die ihm zuhört, von den Zeichen der Zeit. Die beiden erwähnten „Prophezeiungen": „Es wird Regen kommen." und „Es wird heiß werden.", können lukanische Anspielungen[93] auf die von den Anhängern des Täufers erwartete eschatologische Taufe mit heiligem Geist oder mit Feuer sein. Wenn es - wie in den nachfolgenden Versen (Lk 12,57-59) von Jesus betont wird - besser ist, sich von denjenigen zu trennen, die einen vor den Richter zerren wollen, dann heißt das für die Nachfolger Jesu, daß nicht erst im Gericht über ihre Freiheit entschieden wird[94].

In Lk 13,1-9 macht Lukas deutlich, daß eine nichterfolgte Umkehr zwar den Tod bedeutet, so wie es Johannes gepredigt hat, daß aber denen, die aus eigener Kraft nicht in der Lage sind, Frucht zu bringen, geholfen wird. Das in V.8 angedeutete und in Lk 4,19.21 von Jesus proklamierte Gnadenjahr des Herrn ermöglicht Umkehr und Befrei-

---

[89] Zu Lk 11,32 vgl. unter 3.3, S.104f; zur möglichen Weisheit des Täufers vgl. 4.4.1 (*Johannes und die Weisheit*), dort unter Lk 11,31, S.149f.

[90] Vgl. 2.2.3.a und b, S.79-84.

[91] Vgl. zu Lk 12,49f unter 7.2.3.b (*Prophet wie Elia*), S.259.

[92] Vgl. (*Feuer*) zu Lk 9,52-55, S.168f, und zu Apg 2,1-21, S.169.

[93] Vgl. dagegen Mt 16,2f.

[94] Vgl. zu Lk 12,49-59 unter 7.2.3.b, S.259f.

ung[95]. Dies illustriert Lukas durch die Befreiung der verkrümmten Frau von den Fesseln Satans (13,10-17). Mit der Bezeichnung dieser Frau als Tochter Abrahams knüpft Lukas an ein weiteres Motiv der Verkündigung des Täufers (vgl. 3,8) an[96].

Lk 15,1-32: Auch Lk 15 wird für Lukas eine besondere Bedeutung in der Auseinandersetzung mit den Anhängern des Täufers gehabt haben. Hier illustriert er, was Umkehr für ihn bedeutet, nämlich nicht nur das Erfüllen der Gebote des Vaters (vgl. 15,29), sondern das Gefundenwerden eines Verlorenen von Gott selbst. Das Stichwort „Zöllner und Sünder" (15,1f) und die Neunundneunzig in der *Wüste* (15,4) lassen an das Publikum und den Aufenthaltsort Johannes des Täufers denken.

Lk 16,15-17,37: Im Rahmen dieser Arbeit wurde dem Vers Lk 16,16 kein übermäßiges Gewicht beigemessen; dennoch erscheint es mir nicht unerheblich, daß Lukas auf diesen Vers mehrere Texte folgen läßt, in denen er sich mit Motiven und Themen der Täuferpredigt auseinandersetzt. Schon die Einleitung der Rede Jesu (16,15-17,10) mit der nur bei Lukas vorliegenden Aussage, daß das, was Menschen für hoch erachten, vor Gott ein Greuel sei (V.15: τὸ ἐν ἀνθρώποις ὑψηλὸν βδέλυγμα ἐνώπιον τοῦ θεοῦ), erinnert an das Motiv der Größe des Täufers (vgl. 1,15: ἔσται γὰρ μέγας ἐνώπιον [τοῦ] κυρίου)[97], und dann begegnen in der Erzählung vom reichen Mann und armen Lazarus neben den Motiven *Armut*, *Hunger* und *Reichtum* noch das Thema *Umkehr* und *Abrahamskindschaft*. Lukas zeigt in Lk 16,15-31, daß Jesus durchaus positiv an die Themen der Verkündigung des Täufers anknüpft und daß das Gesetz seine Gültigkeit und die Propheten wie Johannes ihre Bedeutung behalten; aber er deutet durch den Hinweis auf die Auferstehung eines Toten bereits die durch den Tod und die Auferstehung Jesu geschaffene Möglichkeit einer Umkehr derjenigen an, die weder vom Gesetz noch von den Propheten dazu bewegt wurden.

In Lk 17,1-4 nimmt Jesus dann erneut Partei ein für die „Kleinen" (V.2; vgl. 7,28) und distanziert sich nun aber deutlich von dem Umkehrverständnis des Täufers, denn er betont, daß Umkehr und Sündenvergebung untereinander nicht nur einmal, sondern siebenmal am Tag möglich sei (V.3f). Das folgende Gleichnis vom „Sklavenlohn" (17,7-10) unterstreicht, daß sich aus der Erfüllung der von Gott gebotenen

---

[95]   Zu Lk 13,1ff vgl. 3.3, dort unter Lk 13,3.5, S.105-108.

[96]   Vgl. 4.1.2.b zu Lk 13,16, S.134-136.

[97]   Vgl. 4.3 (*Groß und klein*), S.143-147.

Leistungen für seine Diener keinerlei Ansprüche auf einen Platz am Tisch des Herrn ableiten lassen[98]. Daß Lukas hier tatsächlich an die Forderungen des Täufers denkt, legt der unmittelbar folgende Bericht von der Reinigung der zehn Aussätzigen und der Heilung und Umkehr des einen Samaritaners (17,11-19)[99] nahe. Hier erinnert nicht nur das Motiv der Reinigung und der Umkehr an Johannes den Täufer. Auch die von Lukas wohl beabsichtigte Nachgestaltung der Erzählung der Heilung Naamans (vgl. 2 Kön 5,8-19a)[100] knüpft an die lukanische Auseinandersetzung mit Johannes an; denn schon in Lk 4,27 war diese Erzählung als Anspielung auf die Johannestaufe verwendet worden.

In der Rede Jesu über das Kommen und die Tage des Menschensohns (17,20-37) könnten die Erwähnung der Sintflut in den Tagen Noahs (17,27) und des Feuerregens in den Tagen Lots (17,28f SG) subtile Anspielungen auf die Verkündigung Johannes des Täufers sein[101].

Apg 1f: Ähnlich wie der Beginn des Evangeliums ist auch der Beginn der Apostelgeschichte durch das Gegenüber von Jesus und Johannes bestimmt. War es dort die parallele Darstellung der Kindheit der beiden, ist es nun die von ihnen jeweils verkündigte besondere Art der Taufe. Die Wassertaufe des Johannes wird ausdrücklich als wichtiges Anfangsdatum erwähnt (Apg 1,22), aber ihr wird die Taufe mit heiligem Geist überbietend gegenübergestellt (1,5). Bei seinem Bericht der Pfingstereignisse knüpft Lukas an das Motiv des Feuers in der Täuferpredigt an und macht so deutlich, daß das von Jesus gebrachte Feuer kein vernichtendes Gerichtsfeuer ist, sondern die Ausgießung des heiligen Geistes[102]. Wie Johannes fordert auch Petrus die Menschen auf, umzukehren und sich taufen zu lassen (2,38; vgl. 3,19). Sein motivierender Ruf: „Laßt euch erretten von diesem krummen Geschlecht!" (2,40b) läßt die Pfingstereignisse als Erfüllung der mit dem Auftreten des Täufers verbunden Verheißung erscheinen: „Krummes soll gerade werden." (Lk 3,5c). Mit der idealisierenden Beschreibung der Gütergemeinschaft der ersten getauften Christen (Apg 2,41-47) zeigt Lukas, daß sich die an die Umkehr geknüpften ethischen Forderungen des Täufers durch das Wirken des heiligen Geistes und die im gemeinsa-

---

[98] Zu meiner Deutung von Lk 16,16-17,10 vgl. in dieser Arbeit 3.3 unter Lk 16,30, S.111f, und unter Lk 17,3f, S.113.

[99] Vgl. dazu auch 3.5 (*Umkehr als Reinigung oder Heilung*), S.118-120.

[100] Vgl. BRUNERS, Reinigung, 103-118.

[101] Vgl. unter 7.3.2.b, S.268-270.

[102] Zum Motiv des Feuers in der Verkündigung des Täufers und als Symbol für den heiligen Geist vgl. bes. 5.2 (Feuer) , S.166-170, vgl. auch 2.2.3.b, S.80-84.

men Brotbrechen realisierte Gemeinschaft mit Christus mehr als erfüllen[103].

Apg 6,1-7,60: Es ist sicher eines der anfechtbarsten Ergebnisse dieser Arbeit, hinter der Rede des Stephanus ältere Täuferüberlieferungen zu vermuten, weil Johannes in dem ganzen Stephanus-Komplex (Apg 6,1-7,60) nicht erwähnt wird. Dennoch sollen hier noch einmal einige der Indizien, die auf eine lukanische Auseinandersetzung mit Täufermotiven schließen lassen, zusammenhängend aufgelistet werden: Dazu zählt zunächst die Betonung des Erfülltseins des Stephanus mit Weisheit (6,3.10), Geist (6,3.5.10; 7,55) und Kraft (6,5), das an vergleichbare Eigenschaften des Johannes erinnert (vgl. Lk 1,17 u. 80)[104]. Ob die Bekehrung „vieler Priester" in Jerusalem (Apg 6,7) auf ehemalige Essener[105] oder gar Anhänger des Täufers, der ja wahrscheinlich von Essenern als Priester erzogen wurde[106], anspielt, vermag ich nicht zu sagen, halte es aber nicht für ausgeschlossen[107].

Die gegen Stephanus erhobenen Vorwürfe, er habe gegen Mose und den Tempel geredet (6,11-14), lassen erwarten, daß es in der folgenden Verteidigungsrede des Stephanus um das Verhältnis der Christen zum Tempel und zum Gesetz gehen wird (vgl. 6,13f). Da in der Rede jedoch viel stärker die *Person* des Mose als sein Gesetz thematisiert wird, drängt sich die Konsequenz auf, in dem Namen Mose nicht eine Chiffre für das Gesetz, sondern für etwas anderes zu vermuten.

Die in der Rede erwähnte Ankündigung des Mose, Gott werde einen Propheten wie ihn erwecken (7,37; vgl. Dtn 18,15), bezieht Lukas zwar auf Jesus (vgl. Apg 3,19-26), doch liegt auch die Assoziation zu Johannes dem Täufer nahe[108], denn von beiden werden eine außergewöhnliche Kindheit und besondere geistige Fähigkeiten berichtet (vgl. Apg 7,20-22; Lk 1,80), beide halten sich in der Wüste auf und werden dort vom Wort Gottes erreicht, bevor sie vor Israel treten (vgl. Apg 7,30-36; Lk 3,1-3).

Möglicherweise wird hier eine ursprünglich auf Johannes angewandte Mose-Typologie von Lukas auf Jesus uminterpretiert. Ähnlich

---

[103] Vgl. 6.1.2.b (*Teilen und Besitzverzicht*), S.181-184.
[104] Zum Geistbesitz des Täufers vgl. 2.1.1, S.68-71, zu einer möglichen Tradition über seine Weisheit vgl. 4.4.1 (*Johannes und die Weisheit*), S.147-152.
[105] Vgl. CULLMANN, Significance, 29; JOHNSON, Dead Sea Manual, 134f.
[106] Vgl. BROWNLEE, John, 35, mit Anm. 5 auf S. 253.
[107] Auch die Bezeichnung der Gemeinde als τὸ πλῆθος in Apg 6,2.5 und die Erwähnung der „Gemeinde in der Wüste" in Apg 7,38 erinnern an die Qumran-Essener (vgl. MAIER / SCHUBERT, Qumran-Essener, 128-130).
[108] Vgl. 7.2.2.b (*Johannes als Prophet wie Mose*), S.247-250.

wie im Benediktus, wo ἐποίησεν λύτρωσιν τῷ λαῷ αὐτοῦ (Lk 1,68) ursprünglich auf Johannes und erst im lukanischen Kontext auf Jesus zu beziehen war, könnte die Bezeichnung des Mose als λυτρωτής (Apg 7,35) und ἄρχων (7,27.35) zunächst auf Johannes und erst bei Lukas auf Jesus verweisen.

Sollte Johannes in Kreisen seiner Anhänger als ein Prophet wie Mose und als ein Weiser wie Salomo verehrt worden sein, dann kann die Erwähnung Davids, der Gnade vor Gott fand (7,45f), ebenfalls als Hinweis auf die Überordnung des königlich-davidischen Messias über den priesterlich-mosaischen Johannes gewertet werden[109]. Die Vision des Stephanus (7,55f), der den Himmel offen und die Herrlichkeit Gottes sieht, erinnert an die in Joh 1,51 ehemaligen Johannesjüngern verheißene Vision[110]. Die für ein Mitglied der sich bei Lukas im Tempel versammelnden Jerusalemer Urgemeinde überraschende kritische Haltung des Stephanus zum Tempel, die mehrfache Erwähnung von Engelvisionen (vgl. Apg 6,15; 7,30.38.53) und die Hinweise auf Gericht (7,27.35.55f) und Sündenvergebung (7,60) sind weitere Motive, die eine Entstehung von Teilen der Stephanuserzählung in Täuferkreisen beziehungsweise eine Auseinandersetzung des Lukas mit Täufermotiven wahrscheinlich machen.

Apg 10,1-11,18: In Apg 10,1-11,18 setzt Lukas sich am Beispiel der Bekehrung des Hauptmanns Kornelius mit Themen auseinander, die in der Abgrenzung zu den Anhängern des Täufers eine zentrale Bedeutung hatten: Umkehr (11,18), Reinheit-Unreinheit (10,15.28; 11,9), Gebet (10,9.30), Vergebung der Sünden (10,43) und die Befreiung aus der Gewalt des Teufels (10,38), die Ausgießung des heiligen Geistes (10,44-47; 11,15f), die Salbung Jesu mit heiligem Geist zum Messias (10,38), der Gegensatz zwischen Johannes und Jesus (10,37f) und der Gegensatz zwischen der Wassertaufe des Johannes und der Taufe mit heiligem Geist (11,16; vgl. 10,47f).

Es mag Zufall sein, daß es sich bei Kornelius um einen Soldaten handelt, also um eine Berufsgruppe, die wie die Zöllner bei Lukas ein besonderes Verhältnis zu Johannes dem Täufer hatte (vgl. Lk 3,14). Kein Zufall ist es aber, daß in der Rede des Petrus im Haus des Kornelius die von Johannes gepredigte Taufe erwähnt wird (Apg 10,37); denn Lukas zeigt hier, daß nur durch Christus die Befreiung von den Sünden möglich ist und die Ausgießung des heiligen Geistes durch Gott unabhängig von der Taufe mit Wasser geschieht. Anders als bei

---

[109] Vgl. 7.1.1.c (*Messianische Typologien in der Stephanusrede*), S.222-228.
[110] Vgl. 7.3.2.a (*Die Anhänger des Täufers und der Menschensohn*), S.265.

Johannes erscheint die Rettung hier also nicht als Folge der Taufe, sondern die Taufe ist Folge und Zeichen der in Christus geschehenen Rettung.

Apg 13,13-52: Das erste öffentliche Auftreten des Paulus in Kleinasien hat Ähnlichkeiten mit dem Auftreten Jesu in Nazareth. Wie Jesus predigt auch Paulus in einer Synagoge (Apg 13,14ff; Lk 4,16ff), und die verärgerte Reaktion der Zuhörer führt dazu, daß Paulus seinen Weg zu den Heiden beginnt, so wie Jesus seinen Weg zu den Juden begann (Apg 13,45-51; Lk 4,28-30).

Während in der Rede des Stephanus das Gegenüber von Johannes und Jesus nur verschlüsselt in den Gestalten des Mose und Davids zu erkennen war, so vergleicht Paulus nun ganz offen Johannes mit Jesus, dem Sohn Davids (13,22-25), und die Möglichkeit einer Rechtfertigung durch das Gesetz des Mose mit der Befreiung von den Sünden durch Christi Heilstat (V.38f). Die beiden Sätze, die Paulus Johannes sprechen läßt: „Das, wofür ihr mich haltet, bin ich nicht", und „Nach mir kommt der, bei dem ich es nicht wert bin, die Riemen seiner Sandalen zu lösen" (V.25), implizieren, daß Johannes in bestimmten Kreisen für mehr gehalten wurde, als es Lukas für angemessen hält und lassen ihn zugleich lediglich als den Ankündiger dessen erscheinen, der Heil bedeutet (vgl. V.26). Die Erwähnung der Erwählung (V.17) und der Abrahamskindschaft (V.26) und die Betonung, daß es nur durch Christus, nicht aber durch das Gesetz des Mose möglich ist, Sündenvergebung zu erlangen (V.38f), lassen an den Inhalt der Predigt des Täufers denken. Die Worte des Paulus können also auch als Absage an das Heilsverständnis des Täufers verstanden werden.

Apg 18,24-19,7: Die missionarische Tätigkeit des Apollos in Ephesus und Achaja wird von Lukas sehr positiv beschrieben. Er lehrte richtig von Jesus als dem Christus und war brennend im Geist und von der Gnade Gottes ergriffen (vgl. 18,25-28). Allerdings fehlte ihm das Wissen über den heiligen Geist, denn er kannte nur die Taufe des Johannes (18,25; 19,2-6). Deshalb ist es nötig, daß Paulus die von Apollos getauften Männer auf den Namen Jesu tauft, erst danach erfahren sie die Wirkung des heiligen Geistes. Vermutlich berichtet Lukas die Episode in Ephesus als Musterbeispiel für die Menschen im Umfeld seiner eigenen Gemeinde, die Johannes verehrten und bereits von Jesus gehört hatten, sich aber noch nicht als Gemeinde Christi verstanden. Es ist ein Hauptanliegen der Theologie des Lukas, gerade diesen Menschen zu zeigen, daß nur in Christus die Möglichkeit besteht, Befreiung von den Sünden und das Wirken des Geistes zu erfahren.

Fazit: Die Unterscheidung von Jesus und Johannes spielt nicht nur am Anfang des Evangeliums und am Anfang der Apostelgeschichte eine wichtige Rolle (vgl. Apg 1,5), sie ist zugleich auch ein Thema, das zu Beginn aller größeren Gliederungsabschnitte des gesamten Werkes steht. Die Kindheitserzählungen (Lk 1f) fangen mit der Kindheit des Johannes an. Der Bericht von Jesu Auftreten in Israel beginnt mit der Verkündigung des Täufers (Lk 3f), und in Jesu Antrittspredigt (4,16ff) spielt er auf den Täufer an (4,24-27). Die beiden Berichte von der Berufung der zwölf Jünger (5,1-11; 6,12-16) umrahmen Erzählungen, die sich deutlich mit der Lehre des Täufers auseinandersetzen. Zu Beginn der Reise Jesu nach Jerusalem (9,51ff) begegnen mehrfach Anspielungen auf Elia und Johannes. Den Hinweis auf die Taufe des Johannes im ersten der Streitgespräche Jesu in Jerusalem konnte Lukas von Markus übernehmen (Lk 20,1-8; Mk 11,27-33). In der Apostelgeschichte wird Johannes am Anfang des Buches (Apg 1,5), bei der ersten Bekehrung von Heiden (10,37) und zu Beginn der ersten und dritten Missionsreise des Paulus (13,25; 18,25) namentlich erwähnt. Es ließe sich nur mit Hilfe der „Täuferstellen" eine plausible Gliederung des gesamten lukanischen Doppelwerkes erstellen.

Zudem haben die genannten Texte auch für die Theologie des Lukas entscheidende Bedeutung, denn sie zeigen, wie er seiner Theologie in Abgrenzung von Johannes dem Täufer und im Werben um seine Anhänger theologische Tiefe und systematisches Profil verleiht.

2. Johannes und Jesus im Neuen Testament

Die Auseinandersetzung mit der Verkündigung des Täufers ist im Neuen Testament keine lukanische Eigentümlichkeit.

Schon *Markus* beschreibt das Auftreten Jesu als Erfüllung der Verheißungen der Propheten und der Ankündigung des Täufers (vgl. Mk 1,2-15) und läßt Jesu Wirken in Parallelität zu Johannes in der Wüste beginnen (vgl. Mk 1,4.12f). Beide fordern zur Umkehr auf, aber Jesus predigt darüber hinaus die Botschaft von der Herrschaft Gottes (1,14f). Auch bei Markus beginnt Jesu öffentliche Tätigkeit erst mit dem „Abtreten" des Johannes (1,14), und zwar indem er seine Fähigkeit, von unreinen Geistern und Aussatz zu reinigen (1,21-44), und seine Vollmacht zur Sündenvergebung (2,1-12) unter Beweis stellt, bevor er erklärt, warum seine Jünger sich anders verhalten sollen als die Jünger des Täufers (2,18-22). Ich halte es daher für möglich, daß Markus den ganzen Block Mk 1,2-2,22 in dieser Reihenfolge konzipiert hat, um zu

zeigen, wie sehr Jesus die Erwartungen des Täufers erfüllt und überbietet. Der Bericht vom Ende des Johannes (6,14-29), die populäre
Gleichsetzung Jesu mit Elia und Johannes (8,27f) und Jesu rhetorische
Verbindung der eigenen Vollmacht mit der Autorität des Johannes
(11,27-33) unterstreichen die Bedeutung, die dem Täufer von Markus
beigemessen wurde. Für Markus ist Johannes der wiederauferstandene
Prophet Elia, der den Messias ankündigt (vgl. 9,11-13).

Es ist wohl kaum möglich, ein schlüssiges Täuferbild der *Logienquelle* zu rekonstruieren. Dennoch ist auffällig, daß Johannes in zwei
großen Textblöcken begegnet, die gewöhnlich Q zugeschrieben werden (Mt 3,1-11 / Lk 3,7-9.16f; Mt 11,2-19 / Lk 7,18-35; 16,16). Da
sich in diesen Texten positive (Mt 11,9-11a / Lk 7,26-28a) und negative Worte über den Täufer (Mt 11,11b / Lk 7,28b) gegenüberstehen,
könnte die Einschätzung Ernsts zutreffen, der vermutet, daß die Trägergruppe von Q sich „sowohl Jesus als auch dem Täufer verpflichtet"[111] wußte. Eine andere Lösung bietet Katz an, der versucht, verschiedene Stufen einer „hellenistisch-judenchristlichen Redaktion" von
Q herauszuarbeiten[112]. Ohne die redaktionsgeschichtlichen Hypothesen
von Katz im einzelnen zu teilen, halte ich seine Beobachtungen für
zutreffend, daß hinter einigen Q-Texten eine Redaktion zu erkennen
sei, für die „die Konkurrenz der Täufergemeinden"[113] ein besonderes
Problem darstellte[114].

Matthäus hatte wahrscheinlich am wenigsten theologische Einwände gegen die Lehren des Täufers. Er kann die Verkündigung des Johannes und die Predigt Jesu mit denselben Worten zusammenfassen
(vgl. Mt 3,2; 4,17), und nur bei ihm heißt es von Johannes, daß er auf
dem Weg der Gerechtigkeit gekommen sei (21,32). Vermutlich besteht
bei Matthäus eine größere Affinität zur Theologie der Täuferbewegung
als bei Lukas, denn ähnlich wie der Täufer, betont Jesus bei ihm die
Notwendigkeit guter Taten, um dem Gericht zu entgehen; und die
Drohung des Täufers, daß jeder Baum, der keine gute Frucht bringt,
abgehauen und ins Feuer geworfen wird (3,10b), begegnet bei Matthäus wörtlich wieder in der Bergpredigt Jesu (7,19).

---

[111] ERNST, Johannes, 80.
[112] Vgl. KATZ, Beobachtungen.
[113] A.a.O. 313.
[114] KATZ weist überzeugend nach, daß hinter Lk 11,1-13; 12,10-12 (vgl. DERS.,
Beobachtungen, 287-296) und 7,18-35 (a.a.O. 297-313) die Auseinandersetzung mit Täuferkreisen als „aktuelles Missionsproblem" (a.a.O.
295) der christlichen Gemeinde zu erkennen ist.

Im *Johannesevangelium* ist die Konkurrenz von Jesus und Johannes besonders offensichtlich[115]: Täuferjünger laufen zu Jesus über (Joh 1,35ff), Jesus tauft mehr Menschen als Johannes (vgl. 3,22; 4,1f) und von Anfang an wird dem Mißverständnis gewehrt, irgendwelche messianischen Prädikationen seien dem Täufer und nicht Jesus zuzuschreiben (vgl. 1,6-8.15.19-27; 3,28-30; 10,41). Einige Bemerkungen über Johannes den Täufer und sein Verhältnis zu Jesus könnten redaktioneller Natur sein: In Joh 1,8 wird eine Art redaktionelle Lesehilfe eingeschoben, die darauf hinweist, daß nicht Johannes das Licht war, von dem zuvor die Rede war (1,4f)[116]; in Joh 5,35 nennt aber Jesus selbst Johannes einen „brennenden und scheinenden Leuchter" und spricht von seinem „Licht". In Joh 1,19-34 ordnet sich Johannes mehrfach gegenüber Jesus unter, und zweimal wird betont, daß Johannes weder der Christus noch Elia noch der Prophet sei[117]. Wie bei Lukas wird auch hier die Taufe mit heiligem Geist als das Unterscheidungsmerkmal von Jesus und Johannes benannt. Das Hören der Täuferverkündigung führt zur Nachfolge Jesu (1,35-37). In Joh 4,1f heißt es erst, daß Jesus taufte, und dann, daß nicht er, sondern seine Jünger tauften. Auch die Bemerkung in Joh 10,41 über Johannes, der im Gegensatz zu Jesus keine Zeichen tat, aber in dem, was er über Jesus sagte, Recht hatte, wirkt

---

[115] THYEN, ΒΑΠΤΙΣΜΑ, 119f, vermutet, daß das Wasser-zu-Wein-Wunder in Kana, die Tempelreinigung, Jesu Gespräch mit Nikodemus über die Taufe mit Wasser und Geist, die Auseinandersetzung zwischen Jesus- und Johannesjüngern und das Gespräch mit der Samaritanerin über das lebendige Wasser in Joh 2-4 von der „Auseinandersetzung mit der Täufersekte" (a.a.O. 120) geprägt sind. Dazu paßt die Beobachtung, daß das Wort Jesu am Ende dieses Blocks (Joh 2-4) über die Frucht der Ernte und die Arbeiter, die dort schon gearbeitet haben (Joh 4,35ff), auf Johannes und seine Jünger bezogen werden kann. Joh 1,1-4,42 scheint also von der Auseinandersetzung mit Täufermotiven bestimmt zu sein. Vermutlich würde eine gründlichere Untersuchung des Johannesevangeliums noch sehr viel mehr in dieser Richtung entdecken können.

[116] Vgl. VIELHAUER, Benedictus, 43: „Wenn es Johannes 1,8 vom Täufer heißt: ‚nicht er war das Licht, sondern er sollte (nur) zeugen vom Licht', so klingt das wie eine Polemik gegen die Aussage des Benedictus, er sei das aufgehende himmlische Licht, das denen scheint, die in Finsternis und Todesschatten sitzen (vgl. auch Joh 1,4f.9)." Schon BALDENSPERGER, Prolog, vermutete, daß der Prolog des Johannesevangeliums als Polemik gegen eine mögliche Heilsmittlerschaft des Täufers zu verstehen ist; vgl. auch VON OSTEN-SACKEN, „*Der erste Christ. Johannes der Täufer als Schlüssel zum Prolog des vierten Evangeliums*".

[117] Vgl. auch THYEN, ΒΑΠΤΙΣΜΑ, 104, der von einer „Abwertung des Täufers und seiner Taufe" im Johannesevangelium spricht, dort werde „das Kind mit dem Bade ausgeschüttet" (ebd.).

reichlich deplaziert. Diese Beobachtungen könnten darauf zurückzuführen sein, daß Johannes in seinem Evangelium ähnlich wie Lukas
schriftliche und mündliche Überlieferungsstücke über den Täufer verwendet und sich mit ihnen auseinandersetzt. Dazu könnten die Bezeichnung des Täufers als Licht (vgl. Joh 1,4-8; 5,35 und Lk 1,78f)
ebenso gehören wie das Wissen über die Jünger des Täufers (vgl. Joh
1,35-51) und den Taufort (3,23)[118]. Richtig und wichtig ist meines Erachtens das Ergebnis der Untersuchung Ottilingers, daß die „theologische Auseinandersetzung innerhalb der christlichen Gemeinde"[119] mit
„Täufergemeinden" äußerst relevant für den gemeindlichen Hintergrund der Gemeinde des Evangelisten ist[120]. Zu einem ähnlichen Ergebnis kommt auch Knut Backhaus in seiner Dissertation zur möglichen Existenz von „Täuferkreisen". Er vermutet, daß „... sich Johannes
mit einer sich auf den Täufer Johannes berufenden Formation des Judentums auseinanderzusetzen hat"[121] und unterscheidet zwischen einer
Täuferbewegung in Samaria, um die in der Semaia-Quelle geworben
worden sei[122], und dem Evangelisten, der gegen eine wohl in Syrien
anzusiedelnden Täufergemeinde polemisiert haben könnte[123].

Als eines der ältesten Zeugnisse für eine mögliche Auseinandersetzung mit Gruppen innerhalb des Christentums, in denen Johannes der
Täufer verehrt worden sein könnte, ist der *erste Brief des Paulus an
die Korinther* zu nennen. Die von Paulus erwähnten Parteien in Korinth (vgl. 1 Kor 1,10-17; 3,1-23) sind Parteien, die auch in der Apostelgeschichte begegnen, und zwar sowohl die judenchristlichen Anhänger des *Petrus* (vgl. etwa Apg 15,4ff) als auch die Anhänger des
Apollos in Ephesus und Korinth (Apg 18,24-19,1) und die von *Paulus*
gegründeten Gemeinden.

---

[118] In diesem Zusammenhang möchte ich auch die Dissertation von Angelika Ottillinger erwähnen: *„Vorläufer, Vorbild oder Zeuge? Zum Wandel des Täuferbildes im Johannesevangelium"*, deren Ergebnis ich allerdings nicht teile, daß anhand der Täuferstellen bei Johannes drei verschiedene redaktionsgeschichtliche
Schichten des Evangeliums zu erkennen seien, nämlich eine σημεῖα-Quelle,
der Evangelist selbst und eine spätere Redaktion, „in der möglicherweise verschiedene redigierende Überarbeitungen zusammengefaßt sind" (a.a.O. 292).
[119] OTTILINGER, Vorläufer, 294.
[120] OTTILINGER übersieht allerdings, daß auch Joh 4,35-38 auf den Täufer und
seine Jünger bezogen werden können (vgl. DIES., Vorläufer, 63).
[121] BACKHAUS, „Jüngerkreise", 265.
[122] Vgl. a.a.O. 357-366.
[123] Vgl. a.a.O. 356f.

Sowohl in Apg 19,1-7 als auch in 1 Kor 1,12-17; 3,5-8 scheint im Hintergrund der Streit um die Gültigkeit der jeweiligen Taufe zu stehen. Paulus wählt allerdings eine andere Lösung als später Lukas. Während Lukas berichtet, daß Paulus die von Apollos mit der Taufe des Johannes getauften Menschen auf den Namen Jesu tauft, dankt Paulus, daß er selbst niemanden getauft und so Streitigkeiten vermieden hat (1 Kor 1,14f). Offensichtlich erkennt Paulus die Taufen des Apollos an (vgl. 1 Kor 3,6: Ἀπολλῶς ἐπότισεν), denn für ihn kommt es nicht so sehr auf die Art der Taufe, sondern auf das Evangelium Jesu Christi an (vgl. 3,17). Doch wie für Lukas ist auch für ihn entscheidend, daß Jesus Christus der Grund ist (3,11), auf dem Gott das Gedeihen schenkt (3,6b); und seine Frage: „Wißt ihr nicht, ... daß der Geist Gottes in euch wohnt?" erinnert an die Aussage der Apollos-Jünger in Ephesus: „Wir haben nie gehört, daß es einen heiligen Geist gibt." (Apg 19,2). Die Aufzählung der Parteien in Korinth und die Tatsache, daß Paulus deren Streitigkeiten sehr ernst nimmt, zeigen, daß es in den frühen Gemeinden durchaus verschiedene Richtungen gab. Der Name Apollos könnte dabei für eine Richtung stehen, die aus der Täuferbewegung erwuchs.

In dieser Arbeit konnte unter 7.1 (*Johannes und Jesus und die Frage der Messianität*) gezeigt werden, daß Johannes der Täufer in Kreisen seiner Anhänger wahrscheinlich mit priesterlich-messianischen Prädikationen bedacht wurde, die Lukas dann auf Jesus, den er ansonsten eher als königlich-davidischen Messias darstellt, übertragen haben könnte. Die Idee, Jesus als hohenpriesterlichen Messias darzustellen, ist nun aber das zentrale Anliegen des *Hebräerbriefes*[124]. Die ausdrücklich betonte Überordnung Jesu über Mose (Hebr 3,1-6) wäre vor dem Hintergrund einer Mose-Johannes-Typologie verständlich. Der Hinweis auf Gottes Zorn, der denen galt, die mit Mose durch die Wüste zogen (3,7-17), könnte sich auf die Anhänger des Täufers beziehen (vgl. Lk 7,24; 15,4; Apg 7,38-43). Schließlich erinnert die Gottesbezeichnung ὁ ὕψιστος in Hebr 7,1 an die Gottesbezeichnung der Täufertexte bei Lukas (vgl. Lk 1,76) und die Abwertung von Speise-, Trank- und „Tauf"-Vorschriften (vgl. Hebr 9,10: μόνον ἐπὶ βρώμασιν καὶ πόμασιν καὶ διαφόροις βαπτισμοῖς) an die Forderungen des Johannes. Die vielfache Betonung der Reinigung von den Sünden durch den Hohenpriester Jesus Christus im Hebräerbrief könnte also auf eine Auseinandersetzung des Verfassers mit Gruppen, die Johannes den

---

[124] Vgl. dazu auch den Exkurs IV von HAHN, Hoheitstitel, 231-241.

Täufer als wahren aaronidischen Hohenpriester verehrten, schließen lassen[125].

Die oben geschilderten Überlegungen zu einer möglichen Auseinandersetzung mit Täufermotiven in den nicht-lukanischen Schriften des Neuen Testaments wären im einzelnen noch exegetisch zu vertiefen. Sie zeigen aber trotz ihrer wissenschaftlichen Unzulänglichkeiten bereits, daß die Bedeutung des Täufers und seiner Anhänger über die Theologie des Lukas hinaus auch für die Entstehung des Christentums sehr hoch angesetzt werden muß[126].

3. Die Bedeutung des Täufers für die lukanische Theologie

Bisher wurde fast ausschließlich von einer polemischen oder apologetischen Auseinandersetzung mit Anhängern des Täufers gesprochen. Dabei konnte gelegentlich der Eindruck entstehen, als sei die Täuferbewegung das feindliche Gegenüber der ersten Christen gewesen, von denen sich diese zu distanzieren hatten. Dieser Eindruck würde jedoch der anzunehmenden historischen Entwicklung des Christentums nicht gerecht. Sowohl Jesus als auch die ersten Gemeinden und auch die Verfasser der neutestamentlichen Schriften konnten positiv an die Verkündigung des Täufers anknüpfen. Dies geschah nicht nur durch die Übernahme der Taufe, sondern auch durch die theologische Ausweitung des in der Predigt und der Tätigkeit des Täufers angelegten Heilsuniversalismus. Wenn nämlich jeder einzelne für seine Rettung beziehungsweise seine Vernichtung im Gericht persönlich verantwortlich gemacht wurde, weil er sich nicht auf seine Abrahamskindschaft berufen konnte, dann liegt der Schritt zu einer Ausweitung dieser Verkündigung auf die Heiden theologisch nahe.

Ernst Bammel bezeichnet Johannes und Jesus für die Entstehung des Christentums als „the two points of origin"[127]. Dem ist insofern zuzustimmen, als in der Tat damit zu rechnen ist, daß im ersten Jahrhundert die Übergänge zwischen der Täuferbewegung und der Jesusbewegung durchaus fließend waren. Schwierigkeiten gab es nur dort,

---

[125] Wieder ist es THYEN, der diese These klangvoll vertritt: „... der Verfasser des Hebräerbriefes hätte dann - entschlossen den Stier bei den Hörnern packend - in direkter und polemischer Auseinandersetzung die Hohepriesterchristologie der Täuferleute aufgegriffen, überboten und die einzigartige Würde seines Herrn darin zum Ausdruck gebracht." (THYEN, ΒΑΠΤΙΣΜΑ, 124).

[126] Vgl. auch BÖCHER, Johannes, 53-56, der in Offb 11,3-14, die beiden Zeugen, den Elia und den Mose redivivus, auf Jesus und Johannes deutet.

[127] BAMMEL, Baptist, 122.

wo die Größe und Bedeutung des Täufers gegen die messianische Würde Jesu ausgespielt wurde. Es wird noch zur Zeit des Lukas Gruppen gegeben haben, die sowohl Johannes als auch Jesus verehrten. Lukas verwendet die Episode mit Apollos in Ephesus als Paradigma, um bei solchen Gruppen für den mit der Taufe auf den Namen Christi verbundenen heiligen Geist in der christlichen Gemeinde zu werben. Wenn Lukas sich mit diesen Gruppen apologetisch auseinandersetzt, handelt es sich nicht um Streitereien mit einer verschwindend kleinen Sekte am Rande des Christentums, sondern um eine Auseinandersetzung mit den Anfängen der eigenen Gemeinde[128].

Lukas konnte dabei positiv an die individuelle Zuwendung des Täufers zum einzelnen Menschen anknüpfen. Er teilte die radikale Botschaft des Johannes, daß nur die Umkehr eine Befreiung von den Sünden ermöglicht. Für Lukas ereignet sich diese Befreiung jedoch nicht erst im Endgericht, sondern in der von Jesus bereits zugesprochenen Vergebung der Sünden. Lukas teilt die ethischen Forderungen des Täufers für ein gerechteres Zusammenleben. Aber er zeigt auch, daß die Erfüllung dieser Forderungen nicht die Bedingung für eine Partizipation am Heil ist, sondern Folge der Befreiung durch Christus. Wie für Johannes ist der Mensch auch für Lukas gefangen von der Sünde. Seine Befreiung geschieht allerdings nicht durch die Werke der Umkehr, sondern durch die Heilstat Gottes in Christus. Der unfruchtbare Feigenbaum in dem Gleichnis Jesu wäre gefällt worden, wenn nicht der Gärtner als sein Fürsprecher gekommen wäre, um für ihn zu sorgen. Durch die Austeilung von Brot und Wein[129] und die Ausgießung des heiligen Geistes erhalten Nachfolger und Nachfolgerinnen Jesu die nötige Kraft, um gute Früchte der Umkehr zu bringen.

Am Ende dieser Arbeit bleibt festzuhalten, daß Lukas in seinem Werk in Aufnahme von Motiven aus der Verkündigung des Täufers und in Abgrenzung von diesen eine eigene für das Evangelium Jesu Christi werbende Theologie der Befreiung entfaltet. Wie der Täufer tritt auch Jesus bei ihm in den Garten des Herrn[130], aber Jesus weist die Drohung mit dem Gericht von sich und verlangt anders als der Täufer von unfruchtbaren Bäumen keine guten Früchte, sondern er sorgt selbst für die besten Bedingungen, damit sich die Pflanzen Gottes in aller Freiheit entfalten können.

---

[128] Vgl. BACKHAUS, „Jüngerkreise", 370, der von einer „Ursprungseinheit von Täufertum und dem Anhang Jesu bzw. der frühesten Kirche" spricht.

[129] Vgl. dagegen die Aussage über Johannes in Lk 7,33.

[130] Das Bild von dem Garten Jahwes begegnet schon in Jes 61,1-11, ein Text, der für Lukas eine programmatische Bedeutung hat (vgl. Lk 4,18f).

Ein abschließender Blick über den Garten der lukanischen Theologie läßt viele verschieden Pflanzen erkennen. An einem unscheinbaren Baum bleibt der Blick hängen:

Seht den Feigenbaum und alle anderen Bäume: wenn sie jetzt schon ausschlagen, und ihr seht es, wißt ihr, daß der Sommer nahe ist. So auch ihr: wenn ihr dies geschehen seht, so wißt, daß das Reich Gottes nahe ist (Lk 21,29f).

LITERATURVERZEICHNIS

Die **Abkürzungen** folgen in der Regel dem von S. Schwertner zusammengestellten Abkürzungsverzeichnis der TRE (Berlin - New York 1976). Die Bezeichnung der biblischen Bücher orientiert sich an den in der exegetischen Literatur üblichen Abkürzungen (vgl. etwa RGG 1, Tübingen ³1986, S. XVI-XVII). In den Anmerkungen wird nach dem Verfassernamen und dem ersten Substantiv des Titels zitiert.

Quellen:

Achtzehn-Gebet   O. HOLTZMANN (Hg.), Berakot (Gebete). Text, Übersetzung und Erklärung, in: BEER, G. / HOLTZMANN, O. (Hg.), Die Mischna, I. Seder, 1. Traktat, Gießen 1912 (bes.: Das Tagesgebet, S. 10-27)

Arist   MEISNER, N., Der Aristeasbrief, JSHRZ II/1, Gütersloh 1973, 35-87

äthHen   UHLIG, S., Das äthiopische Henochbuch, JSHRZ V/6, Gütersloh 1984, 461-780

Did   LINDEMANN, A. / PAULSEN, H., Die Apostolischen Väter. Griechisch-deutsche Parallelausgabe auf der Grundlage der Ausgaben von F.X. Funk / K. Bihlmeyer u. M. Whittaker, Tübingen 1992 (S.1-21)

Gregor von Nyssa   BARDENHEWER O. u.a. (Hg.), Des Heiligen Bischofs Gregor von Nyssa Schriften. Aus dem Griechischen übersetzt, BKV² 56, München 1927 (bes.: Das Gebet des Herrn, S.87-150)

JosAs   BURCHARD, C., Joseph und Aseneth, JSHRZ II/4, Gütersloh 1983, 577-735

Josephus   FLAVIUS JOSEPHUS, Flavii Josephi opera, hg.v. B. NIESE (1887-1895), 6 Bde., 1 Index, Nachdruck, Berlin 1955

Josephus   FLAVIUS JOSEPHUS, De Bello Judaico. Der Jüdische Krieg, zweisprachige Ausgabe der sieben Bücher, Vol. I-III, hg.v. O. MICHEL / O. BAUERNFEIND, Darmstadt 1959-1969
FLAVIUS JOSEPHUS, Geschichte des judäischen Krieges, Leipzig ⁵1990

Jub   BERGER, K., Das Buch der Jubiläen, JSHRZ II/3, Gütersloh 1981, 273-575

Livius   LIVIUS, T., Römische Geschichte. Buch I-III, lateinisch u. deutsch hg.v. H.J. HILLEN, Darmstadt 1987

PsSal   HOLM-NIELSEN, S., Die Psalmen Salomos, JSHRZ IV/2, Gütersloh 1977, 49-112

Qumran   EISENMAN, R. / WISE, M., Jesus und die Urchristen. Die Qumran-Rollen entschlüsselt, Gütersloh 1993
FITZMYER, J.A., The Genesis-Apocryphon of Qumran Cave I. A Commentary, 2nd rev. ed., BibOr 18 A, Rom 1971
DE JONGE, M. / VAN DER WOUDE, A.S., 11 Q Melchizedek and the New Testament, NTS 12 (1965/1966), 301-326
LOHSE, E., Die Texte aus Qumran. Hebräisch und Deutsch, Darmstadt ⁴1986
MAIER, J., Die Tempelrolle vom Toten Meer, UTB 829, München - Basel 1978
MAIER, J. / SCHUBERT, K., Die Qumran-Essener, UTB 224, München - Basel 1982
SANDERS, J.A., The Psalm Scroll of Qumrân Cave 11 (11QPsª), DJD III, Oxford 1965

Rec   REHM, B. (Hg.), Die Pseudoklementinen, Bd.II, Rekognitionen in Rufins Übersetzung, GCS 51, Berlin 1965

ShirR   WÜNSCHE, A. (Hg.), Der Midrasch Schir Ha Schirim, Bibliotheca Rabbinica II, Hildesheim 1967, 1-208

TestXII   DE JONGE, M., The Testaments of the Twelve Patriarchs. A Critical Edition of the Greek Text, PVGT I/2, Leiden 1978
BECKER, J., Die Testamente der zwölf Patriarchen, JSHRZ III/1, Gütersloh 1974, 15-163

4 Esr   VIOLET, B., Die Esra-Apokalypse (IV. Esra), 1. Teil. Die Überlieferung, GCS 18, Leipzig 1910

Quellensammlungen und Übersetzungen:

BARRETT, C.K. / THORNTON, C.-J. (Hg.), Texte zur Umwelt des Neuen Testaments, UTB 1591, Tübingen [2]1991
BERGER, K. / COLPE, C. (Hg.), Religionsgeschichtliches Textbuch zum Neuen Testament, Texte zum Neuen Testament (NTD Textreihe) Bd.1, Göttingen - Zürich 1987
KÜMMEL, W.G. (Hg.), Jüdische Schriften aus hellenistisch-römischer Zeit, Vol. I-V, Gütersloh 1973-1984 (JSHRZ I/1-V/6)
LINDEMANN, A. / PAULSEN, H., Die Apostolischen Väter. Griechisch-deutsche Parallelausgabe auf der Grundlage der Ausgaben von F.X. Funk / K. Bihlmeyer u. M. Whittaker, Tübingen 1992

Bibelausgaben:

Die BIBEL nach der Übersetzung Martin Luthers. Mit Apokryphen, Stuttgart 1985
BIBLICA HEBRAICA STUTTGARTENSIA, Editio funditus renovata, hg.v. K. ELLIGER u. W. RUDOLPH, Stuttgart 1967-1977
THE GREEK NEW TESTAMENT, hg.v. K. ALAND u.a., Stuttgart [3]1983
NOVUM TESTAMENTUM GRAECE, begr. v. E. NESTLE, hg.v. K. ALAND u.a., Stuttgart [26]1979
SEPTUAGINTA. Id est Vetus Testamentum graece iuxta LXX interpretes, hg.v. A. RAHLFS, 2 Bde., Stuttgart [9]1979

Hilfsmittel:

ALAND, K. (Hg.), Synopsis Quattuor Evangeliorum, Stuttgart [13]1985
ALAND, K., Vollständige Konkordanz zum griechischen Neuen Testament, 2 Bde., ANTT IV, Berlin - New York 1975/1983
ARS GRAECA. Griechische Sprachlehre, neu bearb. v. R. MEHRLEIN, F. RICHTER, W. SEELBACH, Paderborn [4]1981
BALZ, H. / SCHNEIDER, G. (Hg.), Exegetisches Wörterbuch zum Neuen Testament, 3 Bde., Stuttgart - Berlin - Köln [2]1992
BAUER, W., Griechisch-deutsches Wörterbuch zu den Schriften des Neuen Testaments und der frühchristlichen Literatur, hg.v. ALAND, K. u. B., Berlin - New York [6]1988
BLASS, F. / DEBRUNNER, A., Grammatik des neutestamentlichen Griechisch, Göttingen, bearb. v. F. REHKOPF, [17]1990
DEMGENSKY, N. (Hg.), Elbikon V2.0. Elektronische Bibel-Konkordanz, Berlin [2]1989

GALLING, K. (Hg.), Die Religion in Geschichte und Gegenwart. Handwörterbuch für Theologie und Religionswissenschaft, 7 Bde., Tübingen ³1986 (= 1957-1965)

GESENIUS, W., Hebräisches und Aramäisches Handwörterbuch über das Alte Testament, Berlin - Göttingen - Heidelberg 1962, (unv. Neudr. der 1915 erschienenen 17. Auflage)

HUCK, A. / GREEVEN, H., Synopse der drei ersten Evangelien mit Beigabe der johanneischen Parallelstellen, Tübingen ¹³1981

KITTEL, G. / FRIEDRICH, G. (Hg.), Theologisches Wörterbuch zum Neuen Testament, Bd. I-X,2, Stuttgart 1933-1979

KRAUSE, G. / MÜLLER, G. (Hg), Theologische Realenzyklopädie, Berlin - New York 1976ff

MENGE, H., Langenscheidts Großwörterbuch Griechisch Deutsch, Berlin - München - Wien - Zürich ²⁴1981

NEIRYNCK, F., Q-Synopsis. The Double Tradition Passages in Greek, Studiorum Novi Testamenti Auxilia XIII, Leuven 1988

RIENECKER, F., Sprachlicher Schlüssel zum Griechischen Neuen Testament, Gießen - Basel ¹⁸1987

SCHWERTNER, S., TRE. Abkürzungsverzeichnis, Berlin - New York 1976

Sekundärliteratur:

BAARLINK, H., Die Eschatologie der synoptischen Evangelien, BWANT 6, 20, Stuttgart - Berlin - Köln - Mainz 1986

BACHMANN, M., Johannes der Täufer bei Lukas: Nachzügler oder Vorläufer? in: W. HAUBECK / M. BACHMANN (Hg.), Wort in der Zeit. Neutestamentliche Studien, FS K.H. Rengstorf, Leiden 1980, 123-155

BACKHAUS, K., Die „Jüngerkreise" des Täufers Johannes. Eine Studie zu den religionsgeschichtlichen Ursprüngen des Christentums, Paderborner Theologische Studien 19, Paderborn 1991

VON BAER, H., Der Heilige Geist in den Lukasschriften, BWMANT 39, Stuttgart 1926

BALDENSPERGER, W., Der Prolog des vierten Evangeliums. Sein polemisch-apologetischer Zweck, Freiburg i. Br. 1898

BALTENSWEILER, H., Die Ehe im Neuen Testament. Exegetische Untersuchungen über Ehe, Ehelosigkeit und Ehescheidung, AThANT 52, Zürich 1967

BALZ, H., Art.: παράδεισος, in: H. BALZ / G. SCHNEIDER (Hg.), Exegetisches Wörterbuch zum Neuen Testament III, Stuttgart - Berlin - Köln ²1992

BAMMEL, E. The Baptist in Early Christian Tradition, NTS 18 (1971/1972), 95-128

BARRETT, C.K., The Holy Spirit and the Gospel Tradition, SPCK 11, London ⁵1970

BARRETT, C.K., Luke the Historian in recent study, London 1961

BARTH, G., Die Taufe in frühchristlicher Zeit, BThSt 4, Neukirchen-Vluyn 1981

BARTH, K., Gesetz und Evangelium, ThEx 32, NF 50, 1965

BECKER, J. Das Heil Gottes, Heils- und Sündenbegriffe in den Qumrantexten und im Neuen Testament, SUNT 3, Göttingen 1964

BECKER, J., Johannes der Täufer und Jesus von Nazareth, BSt 63, Neukirchen-Vluyn 1972

BECKER, J., Untersuchungen zur Entstehungsgeschichte der Testamente der zwölf Patriarchen, AGSU 8, Leiden 1970

BEHM, J., Art.: νοέω κτλ., ThWNT IV, 947-976.985-1016

BEMILE, P., The Magnificat within the Context and Framework of Lukan Theology. An Exegetical Theological Study of Lk 1:46-55, Regensburger Studien zur Theologie 34, Frankfurt a.M. 1986

BENOIT, P., L'enfance de Jean-Baptiste selon Luc I, NTS 3 (1956/ 1957), 169-194

BERGER, K., Art.: Abraham. II. Im Frühjudentum und Neuem Testament, TRE 1, Berlin - New York 1977, 372-382

BERGER, K., Die Auferstehung des Propheten und die Erhöhung des Menschensohns. Traditionsgeschichtliche Untersuchungen zur Deutung des Geschicks Jesu in frühchristlichen Texten, SUNT 13, Göttingen 1976

BERGER, K., Die impliziten Gegner. Zur Methode der Erschließung von „Gegnern" in neutestamentlichen Texten, in: D. LÜHRMANN / G. STRECKER (Hg.), Kirche, FS G. Bornkamm, Tübingen 1980, 373-400

BERGER, K., Art.: Geist / Heiliger Geist / Geistesgaben III. Neues Testament, TRE 12, Berlin - New York 1984, 178-196

BERGER, K., Die königlichen Messiastraditionen des Neuen Testaments, NTS 20 (1974), 1-44

BERTRAM, Art.: στρέφω κτλ., ThWNT VII, 714-729

BETZ, O., Art.: Essener und Therapeuten, in: TRE 10, Berlin-New-York 1982, 386-391

BLANK, J., Frauen in den Jesusüberlieferungen, in: G. DAUTZENBERG /
H. MERKLEIN / K. MÜLLER (Hg.), Die Frau im Urchristentum, QD
95, Freiburg - Basel - Wien 1983, 9-91

BÖCHER, O., Aß Johannes der Täufer kein Brot (Luk. VII,33)?, NTS
18 (1971/1972), 90-92

BÖCHER, O., Art.: Johannes der Täufer, in: TRE 17, Berlin - New
York 1988, 172-181

BÖCHER, O., Johannes der Täufer in der neutestamentlichen Überlieferung, in: G. MÜLLER (Hg.), Rechtfertigung-Realismus-Universalis-
mus in biblischer Sicht. FS A. Köberle, Darmstadt 1978, 45-68

BÖCHER, O., Lukas und Johannes der Täufer, in: SNTU A 4, Linz
1979, 27-44

BÖCHER, O., Wasser und Geist, in: O. BÖCHER / K. HAACKER (Hg.),
Verborum Veritas, FS G. Stählin, Wuppertal 1970, 197-209

BÖSEN, W., Jesusmahl, eucharistisches Mahl, Endzeitmahl. Ein Beitrag zur Theologie des Lukas, SBS 97, Stuttgart 1980

BOUWMAN, G., Le 'premier livre' (Act.,I,1) et la date des Actes des
Apôtres, in: F. NEIRYNCK (Hg.), L'Évangile de Luc. The Gospel of
Luke, BETL 32, Leuven ²1989, 553-565

BOVON, F. Aktuelle Linien lukanischer Forschung, in: DERS., Lukas in
neuer Sicht. Gesammelte Aufsätze, BThSt 8, Neukirchen-Vluyn
1985, 9-43

BOVON, F., Das Evangelium nach Lukas (Lk 1,1-9,50), EKK III/1, Zürich - Neukirchen-Vluyn 1989

BOVON, F. Lukas-Chronik, in: DERS., Lukas in neuer Sicht. Gesammelte Aufsätze, BThSt 8, Neukirchen-Vluyn 1985, 44-60

BRANDENBURGER, E., Gerichtskonzeptionen im Urchristentum und ihre Voraussetzungen. Eine Problemstudie, in: SNTU A 16, Linz
1991, 5-54

BRAUMANN, G. (Hg.), Das Lukas-Evangelium. Die redaktions- und
kompositionsgeschichtliche Forschung, WdF 280, Darmstadt 1974

BROER, I., Der Geist und die Gemeinde. Zur Auslegung der lukanischen Pfingstgeschichte (Apg 2,1-13), Bibel und Leben 13, Düsseldorf 1972, 261-283

BROER, I., Das Gleichnis vom verlorenen Sohn un die Theologie des
Lukas, NTS 20 (1974), 453-462

BROWN, R.E., The Birth of the Messiah. A Commentary on the Infancy
Narratives in Matthew and Luke, New York - London 1977

BROWNLEE, W.H., John the Baptist in the New Light of Ancient
Scrolls, in: K. STENDAHL (Hg.), The Scrolls and the New Testament, New York 1957, 33-53

BROWNLEE, W.H., Messianic Motifs of Qumran and the New Testament, NTS 3 (1956/1957), 12-30 u. 195-210.

BROX, N., Das messianische Selbstverständnis des historischen Jesus, in: SCHUBERT, K., (Hg.), Vom Messias zum Christus. Die Fülle der Zeit in religionsgeschichtlicher und theologischer Sicht, Wien - Freiburg - Basel 1964, 165-201

BRUCE, F.F., The Holy Spirit in the Acts of the Apostels, Interp. 27 (1973), 166-183

BRUNERS, W., Die Reinigung der zehn Aussätzigen und die Heilung des Samariters - Lk 17,11-19. Ein Beitrag zur lukanischen Interpretation der Reinigung von Aussätzigen, FzB 23, Stuttgart 1977

BULTMANN, R., Art.: ἀγαλλιάομαι, ἀγαλλίασις, ThWNT I, 18-20

BULTMANN, R., Die Geschichte der synoptischen Tradition, FRLANT 29, Göttingen ⁹1979

BULTMANN, R., Theologie des Neuen Testaments, durchg. u. erg. v. O. MERK, UTB 630, Tübingen ⁹1984

BURCHARD, C., Der dreizehnte Zeuge. Traditions- und kompositionsgeschichtliche Untersuchungen zu Lukas' Darstellung der Frühzeit des Paulus, FRLANT 103, Göttingen 1970

BURGMANN, H., Die essenischen Gemeinden von Qumran und Damaskus in der Zeit der Hasmonäer und Herodier (130 ante - 68 post), Arbeiten zum Neuen Testament und Judentum 8, Frankfurt am Main - Bern - New York - Paris 1988

BUSSE, U., Das „Evangelium" des Lukas. Die Funktion der Vorgeschichte im lukanischen Doppelwerk, in: C. BUSSMANN / W. RADL (Hg.), Der Treue Gottes trauen. Beiträge zum Werk des Lukas, FS G. SCHNEIDER, Freiburg - Basel - Wien 1991, 161-179

BUSSE, U., Das Nazareth-Manifest. Eine Einführung in das lukanische Jesusbild nach Lk 4,16-30, SBS 91, Stuttgart 1978

CADBURY, H.J., The Style and Literary Method of Luke, 2. The Treatment of Sources in the Gospel, Harvard Theological Studies 6, Cambridge 1920

CADBURY, H.J., 'We' and 'I' Passages in Luke-Acts, NTS 3 (1956/1957), 128-132

CAMPONOVO, O., Königtum, Königsherrschaft und Reich Gottes in den frühjüdischen Schriften, OBO 58, Göttingen 1984

CHRIST, F., Jesus Sophia. Die Sophia-Christologie bei den Synoptikern, AThANT 57, Zürich 1970

COLPE, C., Der Spruch von der Lästerung des Geistes, in: LOHSE, E. / BURCHARD, C. / SCHALLER, B. (Hg.), Der Ruf Jesu und die Antwort der Gemeinde, FS J. Jeremias, Göttingen 1970, 63-79

CONZELMANN, H., Grundriß der Theologie des Neuen Testaments, bearb. v. A. LINDEMANN, UTB 1446, Tübingen ⁴1987

CONZELMANN, H., Zur Lukasanalyse (1952), in: G. BRAUMANN (Hg.), Das Lukas-Evangelium. Die redaktions- und kompositionsgeschichtliche Forschung, WdF 280, Darmstadt 1974, 43-63

CONZELMANN, H., Die Mitte der Zeit. Studien zur Theologie des Lukas, BHTh 17, Tübingen ⁵1964

CONZELMANN, H., Der geschichtliche Ort der lukanischen Schriften im Urchristentum (1966), in: G. BRAUMANN (Hg.), Das Lukas-Evangelium. Die redaktions- und kompositionsgeschichtliche Forschung, WdF 280, Darmstadt 1974, 236-260

CONZELMANN, H. / LINDEMANN, A., Arbeitsbuch zum Neuen Testament, UTB 52, Tübingen ⁴1987

COTTER, W.J., The Parable of the Children in the Market-Place, Q (Lk) 7:31-35: An Examination of the Parable's Image and Significance, NT 29 (1987), 289-304

CULLMANN, O., Von Jesus zum Stephanuskreis und zum Johannesevangelium, in: E.E. ELLIS / E. GRÄSSER (Hg.), Jesus und Paulus, FS W.G. Kümmel, Göttingen ²1978, 44-56

CULLMANN, O., The Significance of the Qumran Texts for Research into the Beginnings of Christianity, in: K. STENDAHL (Hg.), The Scrolls and the New Testament, New York 1957, 18-32

DAHL, N.A., Eschatologie und Geschichte im Lichte der Qumrantexte, in: E. DINKLER (Hg.), Zeit und Geschichte, FS R. Bultmann, Tübingen 1964, 3-18

DEGENHARDT, H.J., Lukas - Evangelist der Armen. Besitz und Besitzverzicht in den lukanischen Schriften, Stuttgart 1964

DEISSLER, A., Der Menschensohn und das Volk der Heiligen des Höchsten in Dan 7, in: R. PESCH / R. SCHNACKENBURG (Hg.), Jesus und der Menschensohn, FS A. Vögtle, Freiburg - Basel - Wien 1975, 81-91

DEXINGER, F., Art.: Erwählung. II. Judentum, TRE 10, Berlin - New York 1982, 189-192

DIETRICH, E.K., Die Umkehr (Bekehrung und Buße) im Alten Testament und im Judentum bei besonderer Berücksichtigung der neutestamentlichen Zeit, Stuttgart 1936

DIETRICH, W., „... den Armen das Evangelium verkünden". Vom befreienden Sinn biblischer Gesetze, ThZ 41 (1985), 31-43

DIBELIUS, M., Die Formgeschichte des Evangeliums, Tübingen ³1959

DIBELIUS, M., Die urchristliche Überlieferung von Johannes dem Täufer, FRLANT 15, Göttingen 1911

VON DOBBELER, S., Das Gericht und das Erbarmen Gottes. Die Botschaft des Täufers und ihre Rezeption bei den Johannesjüngern im Rahmen der Theologiegeschichte des Frühjudentums, BBB 70, Frankfurt a.M. 1988

DÖMER, M., Das Heil Gottes. Studien zur Theologie des lukanischen Doppelwerkes, BBB 51, Köln - Bonn 1978

DUPONT, J., Die individuelle Eschatologie im Lukas-Evangelium und in der Apostelgeschichte, in: P. HOFFMANN (Hg.), Orientierung an Jesus. Zur Theologie der Synoptiker, FS J. Schmid, Freiburg - Basel - Wien 1973, 37-47

ECKERT, J., Art.: Erwählung. III. Neues Testament, TRE 10, Berlin - New York 1982, 192-197

ELLIS, E.E., Die Funktion der Eschatologie im Lukasevangelium (1969), in: G. BRAUMANN (Hg.), Das Lukas-Evangelium. Die redaktions- und kompositionsgeschichtliche Forschung, WdF 280, Darmstadt 1974, 378-397

ERNST, J., Johannes der Täufer. Interpretation - Geschichte - Wirkungsgeschichte, BZNW 53, Berlin - New York 1989

ERNST, J., Lukas: ein theologisches Porträt, Düsseldorf 1985

FLENDER, H., Heil und Geschichte in der Theologie des Lukas, BEvTh 41, München 1965

FITZMYER, J.A., The Contribution of Qumran Aramaic to the Study of the New Testament, NTS 20 (1974), 382-407

FITZMYER, J.A., The Gospel According to Luke, Vol. I-II, Anchor Bible 28/28A, New York 1981/1985

FITZMYER, J.A., Luke the Theologian. Aspects of His Teaching, London 1989

FITZMYER, J.A., Mary in Lucan Salvation History, in: DERS., Luke the Theologian. Aspects of His Teaching, London 1989, 57-85

FITZMYER, J.A., Qumran und der eingefügte Abschnitt 2 Kor 6,14-7,1 (1961), in: E. GRÖZINGER u.a. (Hg.), Qumran, WdF 410, Darmstadt 1981, 385-398

FOHRER, G., Art.: Levi und Leviten, RGG I, Tübingen ³1986, Sp. 336f

FRIEDLÄNDER, M. Die religiösen Bewegungen innerhalb des Judentums im Zeitalter Jesu, (Magnus Verlag), o.O u. J., (unv. Neuauflage der Ausgabe v. 1905)

FUCHS, A., Intention und Adressaten der Bußpredigt des Täufers bei Mt 3,7-10, in: DERS. (Hg.), Jesus in der Verkündigung der Kirche, SNTU A 1, Linz 1976, 62-75

FUCHS, A., Versuchung Jesu, in: SNTU A 9, Linz 1984, 95-159

GARDNER, R.B., Jesus' Appraisal of John the Baptist. An Analysis of the Sayings of Jesus Concerning John the Baptist in the Synoptic Tradition, Diss. Würzburg, Bamberg 1973

GEMÜNDEN, P. von, Die Palme in jüdischer und christlicher Kunst und Literatur - eine Skizze, in: In Dubio Pro Deo. Heidelberger Resonanzen auf den 50. Geburtstag von Gerd Theißen, festgehalten von D. Trobisch, Tübingen 1993, 85-96

GEMÜNDEN, P. von, Vegetationsmetaphorik im Neuen Testament und seiner Umwelt. Eine Bildfelduntersuchung, Diss. masch., Heidelberg 1989 (überarb. 1992)

GLÖCKNER, R., Die Verkündigung des Heils beim Evangelisten Lukas, Diss., Bonn 1974

GRÄSSER, E., Die Parusieerwartung in der Apostelgeschichte, in: J. KREMER (Hg.), Les Actes des Apôtres. Traditions, rédaction, théologie, BETL 48, 99-127

GRUNDMANN, W., Das Evangelium nach Lukas, ThHK III, Berlin [10]1984

GRUNDMANN, W., Das Evangelium nach Markus, ThHK II, Berlin [9]1984

GRUNDMANN, W., Das Evangelium nach Matthäus, ThHK I, Berlin [5]1981

GRUNDMANN, W., Weisheit im Horizont des Reiches Gottes. Erwägungen zur Christusbotschaft und zum Christusverständnis im Lichte der Weisheit in Israel, Stuttgart 1988

GUEURET, A., L'engendrement d'un récit. L'Évangile de l'enfance selon saint Luc, LeDiv 113, Paris 1983

HAENCHEN, E., Die Apostelgeschichte, KEK III[16], Göttingen [7]1977

HAENCHEN, E., Historie und Verkündigung bei Markus und Lukas, in: DERS., Die Bibel und wir. Gesammelte Aufsätze, Bd. 2, Tübingen 1968, 156-181

HAENCHEN, E., Judentum und Christentum in der Apostelgeschichte, in: DERS., Die Bibel und wir. Gesammelte Aufsätze, Bd. 2, Tübingen 1968, 338-374

HAENCHEN, E., Das „Wir" in der Apostelgeschichte und das Itinerar, in: DERS., Gott und Mensch. Gesammelte Aufsätze, Bd. 1, Tübingen 1965, 227-264

HAHN, F., Christologische Hoheitstitel. Ihre Geschichte im frühen Christentum, FRLANT 83, Göttingen [4]1974

HAHN, F., Das Problem alter christologischer Überlieferungen in der Apostelgeschichte unter besonderer Berücksichtigung von Act 3,

19-21, in: J. KREMER (Hg.), Les Actes des Apôtres. Traditions, rédaction, théologie, BETL 48, 129-154

HAHN, F., Das biblische Verständnis des Heiligen Geistes. Soteriologische Funktion und „Personalität" des Heiligen Geistes, in: C. HEITMANN / H. MÜHLEN (Hg.), Erfahrung und Theologie des Heiligen Geistes, München 1974, 131-147

HAUFE, G., Taufe und Heiliger Geist im Urchristentum, ThLZ 101 (1976), 561-566

HENGEL, M., Judentum und Hellenismus, WUNT 10, Tübingen 1969

HENGEL, M. / SCHWEMER, A.M., Vorwort, in: DIES. (Hg.), Königsherrschaft Gottes und himmlischer Kult im Judentum, Urchristentum und in der hellenistischen Welt, Tübingen 1991, 1-19

HERRENBRÜCK, F., Jesus und die Zöllner. Historische und neutestamentlich-exegetische Untersuchungen, WUNT II/41, Tübingen 1990

HERTZBERG, H.-W., Art.: Bethsaida, RGG 1, Tübingen ³1986, Sp. 1098

HINTZEN, J., Verkündigung und Wahrnehmung. Über das Verhältnis von Evangelium und Leser am Beispiel Lk 16,19-31 im Rahmen des lukanischen Doppelwerkes, BBB 81, Frankfurt a.M. 1991

HOFFMANN, P., Studien zur Theologie der Logienquelle, NTA NF 8, Münster 1972

HOFFMANN, P., Die Versuchungsgeschichte in der Logienquelle. Zur Auseinandersetzung der Judenchristen mit dem politischen Messianismus, BZ 13 (1969), 207-223

HORN, F.W., Glaube und Handeln in der Theologie des Lukas, GTA 26, Göttingen 1983

JACOBS, L., Art.: Herrschaft Gottes / Reich Gottes III. Judentum, TRE 15, Berlin - New York 1986, 190-196

JENSEN, H.J.L., Diesseits und Jenseits des Raumes eines Textes, Textsemiotische Bemerkungen zur Erzählung „Vom reichen Mann und armen Lazarus" (Lk 16,19-31), LingBib 47 (1980), 39-60

JEREMIAS, G., Der Lehrer der Gerechtigkeit, SUNT 2, Göttingen 1963

JEREMIAS, J., Art.: παράδεισος, THWNT V, 763-771

JEREMIAS, J., Art.: πολλοί, THWNT VI, 536-545

JEREMIAS, J., Die Gleichnisse Jesu, Göttingen ⁴1956

JEREMIAS, J., Neutestamentliche Theologie. Erster Teil. Die Verkündigung Jesu, Gütersloh ³1979

JEREMIAS, J., Die Sprache des Lukasevangeliums. Redaktion und Tradition im Nicht-Markusstoff des dritten Evangeliums, KEK-Sonderband, Göttingen 1980

JOHNSON, S.E., The Dead Sea Manual of Discipline and the Jerusalem Church of Acts, in: K. STENDAHL (Hg.), The Scrolls and the New Testament, New York 1957, 129-142

JONGE, H.J. de, Sonship, Wisdom, Infancy: Luke II,41-51a, NTS 24 (1978), 317-354

JONGE, M., Christology in Context. The Earliest Christian Response to Jesus, Philadelphia 1988

JONGE, M. de, Jesus, Son of David an Son of God, in: H.J. DE JONGE (Hg.), Jewish Eschatology, Early Christian Christology and the Testaments of the Twelve Patriarchs. Collected Essays of Marinus de Jonge, NT.S 63, Leiden 1991, 135-144

JONGE, M. de, Two Messiahs in the Testaments of the Twelve Patriarchs, in: H.J. DE JONGE (Hg.), Jewish Eschatology, Early Christian Christology and the Testaments of the Twelve Patriarchs. Collected Essays of Marinus de Jonge, NT.S 63, Leiden 1991, 191-203

JONGE, M. de, The Use of *ho Christos* in the Passion Narratives, in: H.J. DE JONGE (Hg.), Jewish Eschatology, Early Christian Christology and the Testaments of the Twelve Patriarchs. Collected Essays of Marinus de Jonge, NT.S 63, Leiden 1991, 63-86

JONGE, M. de, The Earliest Christian Use of *Christos*: Some Suggestions, in: H.J. DE JONGE (Hg.), Jewish Eschatology, Early Christian Christology and the Testaments of the Twelve Patriarchs. Collected Essays of Marinus de Jonge, NT.S 63, Leiden 1991, 102-124

JONGE, M. de / VAN DER WOUDE, A.S., 11 Q Melchizedek and the New Testament, NTS 12 (1965/1966), 301-326

JÜLICHER, A., Die Gleichnisreden Jesu, Darmstadt 1963 (= Tübingen 1910)

KÄSEMANN, E., Die Johannesjünger in Ephesus (1952), in: DERS., Exegetische Versuche und Besinnungen I., Göttingen 1960, 158-168

KAESTLI, J.-D., L'eschatologie dans l'oeuvre de Luc. Ses caractéristiques et sa place dans le développement du Christianisme primitif, Genf 1969

KATZ, F., Beobachtungen zur Logienquelle und ihrer hellenistisch-judenchristlichen Redaktion. Lk 9,52-11,36, Diss., Mainz 1973

KARRER, M., Der Gesalbte. Die Grundlagen des Christustitels, FRLANT 151, Göttingen 1990

KAUT, Th., Befreier und befreites Volk. Traditions- und redaktionsgeschichtliche Untersuchung zu Magnifikat und Benediktus im Kontext der vorlukanischen Kindheitsgeschichte, BBB 77, Frankfurt a.M. 1990

KIM, M.-S., Die Trägergruppe von Q. Sozialgeschichtliche Forschung zur Q-Überlieferung in den synoptischen Evangelien, Wissenschaftliche Beiträge aus Europäischen Hochschulen 01/1, Hamburg 1990

KLEIN, G., Die zwölf Apostel, Ursprung und Gehalt einer Idee, Göttingen 1961

KLEIN, G., Lukas 1,1-4 als theologisches Programm, in: G. BRAUMANN (Hg.), Das Lukas-Evangelium. Die redaktions- und kompositionsgeschichtliche Forschung, WdF 280, Darmstadt 1974, 170-203

KLEIN, H., Barmherzigkeit gegenüber den Elenden und Geächteten. Studien zur Botschaft des lukanischen Sonderguts, BThSt 10, Neukirchen-Vluyn 1987

KLINGHARDT, M., Gesetz und Volk Gottes. Das lukanische Verständnis des Gesetzes nach Herkunft, Funktion und seinem Ort in der Geschichte des Urchristentums, WUNT II/32, Tübingen 1988

KLOSTERMANN, E., Das Lukasevangelium, HNT 5, Tübingen ²1929

KOET, B., Simeons Worte (Lk 2,29-32.34c-35) und Israels Geschick, in: F. van SEGBROECK u.a. (Hg.), The Four Gospels 1992, FS F. Neirynck, Vol. II, Leuven 1992, 1549-1569

KRAFT, H., Die Entstehung des Christentums, Darmstadt ²1986

KREMER, J., Pfingstbericht und Pfingstgeschehen. Eine exegetische Untersuchung zu Apg 2,1-13, SBS 63/64, Stuttgart 1973

KÜCHLER, M., „Wir haben seinen Stern gesehen ...“ (Mt 2,2), in: BiKi 44,4 (1989), 179-186

KÜCHLER, M., Frühjüdische Weisheitstraditionen. Zum Fortgang weisheitlichen Denkens im Bereich des frühjüdischen Jahweglaubens, OBO 26, Freiburg (Schweiz) - Göttingen 1979

KÜMMEL, W.G., „Das Gesetz und die Propheten gehen bis Johannes“ - Lukas 16,16 im Zusammenhang der heilsgeschichtlichen Theologie der Lukasschriften (1970), in: G. BRAUMANN (Hg.), Das Lukas-Evangelium. Die redaktions- und kompositionsgeschichtliche Forschung, WdF 280, Darmstadt 1974, 398-415

KÜMMEL, W.G., Lukas in der Anklage der heutigen Theologie (1970/1972), in: G. BRAUMANN (Hg.), Das Lukas-Evangelium. Die redaktions- und kompositionsgeschichtliche Forschung, WdF 280, Darmstadt 1974, 416-436

KUHN, K.G., The Two Messiahs of Aron and Israel, in: K. STENDAHL (Hg.), The Scrolls and the New Testament, New York 1957, 54-64

LAMPE, G.W.H., The Holy Spirit in the Writings of St. Luke, in: D. E. NINEHAM (Hg.), Studies in the Gospels. Essays in Memory of R.H. Lightfoot, Oxford ²1957, 159-200

LANG, F., Erwägungen zur eschatologischen Verkündigung Johannes des Täufers, in: G. STRECKER (Hg.), Jesus Christus in Historie und Theologie, FS H. Conzelmann, Tübingen 1975, 459-473

LAPIDE, P., Sprengstoff in den Schriftrollen, in: Rheinischer Merkur Nr. 28, 47. Jahrgang (Bonn, 10. Juli 1992)

LAURENTIN, R., Struktur und Theologie der lukanischen Kindheitsgeschichte, Stuttgart 1967

LEANEY, A.R.C., The Birth Narratives in St Luke and St Matthew, NTS 8 (1961/1962), 158-166

LEGRAND, L., L'annonce a Marie (Lc 1,26-38), Une apocalypse aux origines de l'Évangile, LeDiv 106, Paris 1981

LICHTENBERGER, H., Täufergemeinden und frühchristliche Täuferpolemik im letzten Drittel des ersten Jahrhunderts, ZThK 84 (1987), 36-57

LINDEMANN, A., Erwägungen zum Problem einer „Theologie der synoptischen Evangelien", ZNW 77 (1976), 1-33

LINDEMANN, A., Art.: Herrschaft Gottes / Reich Gottes IV. Neues Testament und spätantikes Judentum, TRE 15, Berlin - New York 1986, 196-218

LINDEMANN, A., Literaturbericht zu den synoptischen Evangelien 1978-1983, ThR 49 (1984), 223-276 u. 311-371

LINDEMANN, A., Paulus im ältesten Christentum. Das Bild des Apostels und die Rezeption der paulinischen Theologie in der frühchristlichen Literatur bis Marcion, BHTh 58, Tübingen 1979

LINDEMANN, A., Die Versuchungsgeschichte Jesu nach der Logienquelle und das Vaterunser, in: D.-A. KOCH / G. SELLIN / A. LINDEMANN (Hg.), Jesu Rede von Gott und ihre Nachgeschichte im frühen Christentum, FS W. Marxsen, Gütersloh 1989, 91-100

LINNEMANN, E., Jesus und der Täufer, in: G. EBELING / E. JÜNGEL / G. SCHUNACK (Hg.), FS E. Fuchs, Tübingen 1973, 219-236

LINTON, O., The Parable of the Children's Game, NTS 22 (1976), 159-179

LIPS, H. von, Weisheitliche Traditionen im Neuen Testament, WMANT 64, Neukirchen-Vluyn 1990

LOHMEYER, E., Galiläa und Jerusalem bei Lukas (1936), in: G. BRAUMANN (Hg.), Das Lukas-Evangelium. Die redaktions- und kompositionsgeschichtliche Forschung, WdF 280, Darmstadt 1974, 7-12

LOHSE, E., Lukas als Theologe der Heilsgeschichte, EvTh 14 (1954), 256-276

LOHSE, E., Theologische Ethik des Neuen Testaments, ThW 5,2, Stuttgart - Berlin - Köln - Mainz 1988

LUCK, U., Kerygma, Tradition und Geschichte bei Lukas, ZThK 57 (1960), 51-66

MACK, B.L., Logos und Sophia. Untersuchungen zur Weisheitstheologie im hellenistischen Judentum, SUNT 10, Göttingen 1973

MAIER, J. / SCHUBERT, K., Die Qumran-Essener, UTB 224, München - Basel 1982

Marshall, I.H., The Gospel of Luke. A Commentary on the Greek Text, New International Greek Testament Commentary, Exeter 1978

MARTIN-ACHARD, R., Art.: Abraham. I. Im Alten Testament, TRE 1, Berlin - New York 1977, 364-372

MARXSEN, W., "Christliche" und christliche Ethik im Neuen Testament, Gütersloh 1989

MAYER, G., Die jüdische Frau in der hellenistisch-römischen Antike, Stuttgart -Berlin - Köln - Mainz 1987

McCOWN, C.C., Geographie der Evangelien; Fiktion, Tatsache und Wahrheit (1941), in: G. BRAUMANN (Hg.), Das Lukas-Evangelium. Die redaktions- und kompositionsgeschichtliche Forschung, WdF 280, Darmstadt 1974, 13-42

MERK, O., Das Reich Gottes in den lukanischen Schriften, in: E.E. ELLIS / E. GRÄSSER, Jesus und Paulus, FS W.G. Kümmel, Göttingen ²1978, 201-220

MERKEL, M., Die Gottesherrschaft in der Verkündigung Jesu, in: M. HENGEL / A.M. SCHWEMER (Hg.), Königsherrschaft Gottes und himmlischer Kult im Judentum, Urchristentum und in der hellenistischen Welt, Tübingen 1991, 119-161

MERKLEIN, H., Der erste Brief an die Korinther. Kapitel 1-4, ÖTK 7/1, Gütersloh 1992

MERKLEIN, H., Die Gottesherrschaft als Handlungsprinzip. Untersuchung zur Ethik Jesu, Forschung zur Bibel Bd. 34, Würzburg ²1981

MERKLEIN, H., Jesu Botschaft von der Gottesherrschaft. Eine Skizze, SBS 111, Stuttgart 1983

MERKLEIN, H., Die Umkehrpredigt bei Johannes dem Täufers und Jesus von Nazaret, BZ 25 (1981), 29-46

MICHAELIS, W., Täufer, Jesus, Urgemeinde. Die Predigt vom Reiche Gottes vor und nach Pfingsten, Neutestamentliche Forschungen (hg.v. O. SCHMITZ) 2. Reihe: Untersuchungen zum Kirchenproblem des Urchristentums, 3. Heft, Gütersloh 1928

MILLER, R.J., Elijah, John, and Jesus in the Gospel of Luke, NTS 34 (1988), 611-622

MINEAR, P.S., Die Funktion der Kindheitsgeschichten im Werk des Lukas, in: G. BRAUMANN (Hg.), Das Lukas-Evangelium. Die redaktions- und kompositionsgeschichtliche Forschung, WdF 280, Darmstadt 1974, 204-235

MOESSNER, C.P., The Meaning of καθεξῆς in the Lukan Prolog as a Key to the Distinctive Contribution of Luke's Narrative among the "Many", in: F. van SEGBROECK u.a. (Hg.), The Four Gospels 1992, FS F. Neirynck, Vol. II, Leuven 1992, 1513-1528

MOLTMANN-WENDEL, E., Ein eigener Mensch werden: Frauen um Jesus, Gütersloh [3]1982

MÜLLER, M., Der Ausdruck „Menschensohn" in den Evangelien. Voraussetzungen und Bedeutung, AThD 17, Leiden 1984

MUSSNER, F., Die Gemeinde des Lukasprologs, in: SNTU A 6/7, Linz 1981/1982, 113-130

MUSSNER, F., Καθεξῆς im Lukasprolog, in: E.E. ELLIS / E. GRÄSSER, Jesus und Paulus, FS W.G. Kümmel, Göttingen [2]1978, 253-255

MUSSNER, F., Wohnung Gottes und Menschensohn nach der Stephanusperikope (Apg 6,8-8,2), in: R. PESCH / R. SCHNACKENBURG (Hg.), Jesus und der Menschensohn, FS A. Vögtle, Freiburg - Basel - Wien 1975, 283-299

NEBE, G., Prophetische Züge im Bild Jesu bei Lukas, BWANT 127, Stuttgart 1989

NÖTSCHER, F., Zur theologischen Terminologie der Qumran-Texte, BBB 10, Bonn 1956

NORDEN, E., Agnostos Theos. Untersuchungen zur Formgeschichte religiöser Rede, Leipzig - Berlin 1913 (Nachdr. Darmstadt [4]1956)

OSTEN-SACKEN, P. von der, Der erste Christ. Johannes der Täufer als Schlüssel zum Prolog des vierten Evangeliums, in: ThViat 13 (1975/76), Berlin 155-173

OTTILLINGER, A., Vorläufer, Vorbild oder Zeuge? Zum Wandel des Täuferbildes im Johannesevangelium, DiTh 45, St. Ottilien 1991

PERSSON, L., Theology od Conversion. A Study in the Concept of Repentance. Conversion in the Lukan Writings, Diss., Singapore 1973

PESCH, R., Die Vision des Stephanus. Apg 7,55-56 im Rahmen der Apostelgeschichte, SBS 12, Stuttgart 1966

POKORNY, P., The Temptation Stories and their Intention, NTS 20 (1974), 115-127

POLAG, A., Die Christologie der Logienquelle, WMANT 45, Neukirchen-Vluyn 1977

PUMMER, R., The Samaritan Pentateuch and the New Testament, NTS 22 (1976), 441-443

RADL, W., Das Lukas-Evangelium, EdF 261, Darmstadt 1988

REBELL, W., Erfüllung und Erwartung. Erfahrungen mit dem Geist im Urchristentum, München 1991

REICKE, B., Die jüdischen Baptisten und Johannes der Täufer, in: A. FUCHS (Hg.), Jesus in der Verkündigung der Kirche, SNTU A 1, Linz 1976, 76-88

REICKE, B., Die Fastenfrage nach Lk 5,33-39, ThZ 30 (1974), 321-328

REICKE, B., Die Verkündigung des Täufers nach Lukas, in: A. FUCHS (Hg.), Jesus in der Verkündigung der Kirche, SNTU A 1, Linz 1976, 50-61

REISER, M., Die Gerichtspredigt Jesu. Eine Untersuchung zur eschatologischen Verkündigung Jesu und ihrem frühjüdischen Hintergrund, NTA NF 29, Münster 1990

RENGSTORF, K.H., Das Evangelium nach Lukas, NTD 3, Göttingen [13]1968

RICHTER, G., «Bist du Elias?» (Joh 1,21), BZ NF 6 (1962), 79-92.238-256

ROBINSON, J.A.T, Elijah, John and Jesus: An Essay in Detection, NTS 4 (1957-1958), 263-281

ROBINSON (Jr.), W.C., Der Weg des Herrn. Studien zur Geschichte und Eschatologie im Lukas-Evangelium. Ein Gespräch mit Hans Conzelmann, ThF 36, Hamburg 1964

SAHLIN, H., Die Früchte der Umkehr, StTh 1 (1947/1948), 54-68

SAHLIN, H., Der Messias und das Gottesvolk. Studien zur protolukanischen Theologie, ASNU 12, Uppsala 1945

SAHLIN, H., Studien zum dritten Kapitel des Lukasevangeliums, Uppsala - Leipzig 1949

SAMAIN, É., La notion de ΑΡΧΗ dans l'œuvre lucanienne, in: F. NEIRYNCK (Hg.), L'Évangile de Luc. The Gospel of Luke, BETL 32, Leuven [2]1989, 209-238

SANDERS, E.P., Paulus und das palästinensische Judentum. Ein Vergleich zweier Religionsstrukturen, SUNT 17, Göttingen 1985

SANDERS, J.T., Ethics in the New Testament. Change and Development, London 1975

SATO, M., Q und Prophetie. Studien zur Gattungs- und Traditionsgeschichte der Quelle Q, WUNT II/29, Tübingen 1988

SCHENKE, L., Die Urgemeinde: geschichtliche und theologischen Entwicklung, Stuttgart - Berlin - Köln 1990

SCHILLE, G., Die Apostelgeschichte des Lukas, ThHK 5, Berlin [2]1984

SCHIMANOWSKI, G., Weisheit und Messias. Die jüdischen Voraussetzungen der urchristlichen Präexistenzchristologie, WUNT II/17, Tübingen 1985

SCHLATTER, A., Das Evangelium des Lukas aus seinen Quellen erklärt, Stuttgart (1931) ³1975

SCHLIER, H., Herkunft und Wirkungen des Heiligen Geistes im Neuen Testament, in: C. HEITMANN / H. MÜHLEN (Hg.), Erfahrung und Theologie des Heiligen Geistes, München 1974, 118-130

SCHMITHALS, W., Das Evangelium nach Lukas, Zürcher Bibelkommentare NT 3.1, Zürich 1980

SCHMITHALS, W., Geisterfahrung als Christuserfahrung, in: C. HEITMANN / H. MÜHLEN (Hg.), Erfahrung und Theologie des Heiligen Geistes, München 1974, 101-117

SCHMITHALS, W., Lukas - Evangelist der Armen, ThViat 12 (1973/1974),153-167

SCHNEIDER, G., Zur Bedeutung von καθεξῆς im lukanischen Doppelwerk, in: DERS., Lukas, Theologe der Heilsgeschichte. Aufsätze zum lukanischen Doppelwerk, BBB 59, 31-34

SCHNEIDER, G., Das Evangelium nach Lukas, ÖTK 3/1-2, Gütersloh - Würzburg ²1984

SCHNEIDER, G., Jesu geistgewirkte Empfängnis (Lk 1,34f). Zur Interpretation einer christologischen Aussage [1971], in: DERS., Lukas, Theologe der Heilsgeschichte. Aufsätze zum lukanischen Doppelwerk, BBB 59, Bonn 1985, 86-97

SCHNEIDER, G., „Der Menschensohn" in der lukanischen Christologie (1995), in: DERS., Lukas, Theologe der Heilgeschichte. Aufsätze zum lukanischen Doppelwerk, BBB 59, Bonn 1985, 98-113

SCHNEIDER, G., Parusiegleichnisse im Lukas-Evangelium, SBS 74, Stuttgart 1975

SCHNEIDER, G., Stephanus, die Hellenisten und Samaria (1979), in: DERS., Lukas, Theologe der Heilgeschichte. Aufsätze zum lukanischen Doppelwerk, BBB 59, Bonn 1985, 227-252

SCHNEIDER, G., Der Zweck des lukanischen Doppelwerks [1977], in: DERS., Lukas, Theologe der Heilsgeschichte. Aufsätze zum lukanischen Doppelwerk, BBB 59, Bonn 1985, 9-30

SCHOTTROFF, L., Das Gleichnis vom verlorenen Sohn, ZThK 68 (1971), 27-52

SCHOTTROFF, L., Frauen in der Nachfolge Jesu in neutestamentlicher Zeit, in: W. SCHOTTROFF / W. STEGEMANN (Hg.), Traditionen der Befreiung. Sozialgeschichtliche Bibelauslegungen Bd. 2: Frauen in der Bibel, München 1980, 91-133

SCHRAGE, W., Ethik des Neuen Testaments, GNT 4 (NTD Ergänzungsreihe), Göttingen ⁵1989 (2. Aufl. der neuen Fassung)

SCHRECK, C.J., The Nazareth Pericope: Luke 4,16-30 in Recent Study, in: F. NEIRYNCK (Hg.), L'Évangile de Luc. The Gospel of Luke, BETL 32, Leuven ²1989, 399-471

SCHUBERT, K., Die Entwicklung der eschatologischen Naherwartung im Frühjudentum, in: DERS. (Hg.), Messias, 1-54

SCHUBERT, K., (Hg.), Vom Messias zum Christus. Die Fülle der Zeit in religionsgeschichtlicher und theologischer Sicht, Wien - Freiburg - Basel 1964

SCHUBERT, K., Die Messiaslehre in den Texten von Chirbet Qumran, in: K.E. Grözinger, ... (Hg.), Qumran, WdF 410, Darmstadt 1981, 341-364

SCHÜRMANN, H., Beobachtungen zum Menschensohn-Titel in der Redequelle. Sein Vorkommen in Abschluß- und Einleitungswendungen, in: R. PESCH / R. SCHNACKENBURG (Hg.), Jesus und der Menschensohn, FS A. Vögtle, Freiburg - Basel - Wien 1975, 124-147

SCHÜRMANN, H., Evangelienschrift und kirchliche Unterweisung. Die repräsentative Funktion der Schrift nach Lk 1,1-4 [1962/1968], in: G. BRAUMANN (Hg.), Das Lukas-Evangelium. Die redaktions- und kompositionsgeschichtliche Forschung, WdF 280, Darmstadt 1974, 135-169

SCHÜRMANN, H., Das Lukasevangelium. Erster Teil. Kommentar zu Kap. 1,1-9,50, HThK III/1, Freiburg i. Br. 1969

SCHÜSSLER-FIORENZA, E., Der Beitrag der Frau zur urchristlichen Bewegung. Kritische Überlegungen zur Rekonstruktion urchristlicher Geschichte, in: W. SCHOTTROFF / W. STEGEMANN (Hg.), Traditionen der Befreiung. Sozialgeschichtliche Bibelauslegungen Bd. 2: Frauen in der Bibel, München 1980, 60-90

SCHULZ, S., Neutestamentliche Ethik, Zürcher Grundrisse zur Bibel, Zürich 1987

SCHULZ, S., Q. Die Spruchquelle der Evangelisten, Zürich 1972

SCHWEIZER, E., Art.: πνεῦμα, πνευματικός D-F, ThWBNT VI (1959), 387-450

SCHWEIZER, E., Die Bekehrung des Apollos, Apg 18,24-26, in: DERS., Beiträge zur Theologie des Neuen Testaments. Neutestamentliche Aufsätze (1955-1970), Zürich 1970, 71-79 (= ZThK 1952, 144ff)

SEGBROECK, F. van, The Gospel of Luke. A Cumulative Bibliography 1973-1988, BETL 88, Leuven 1989

SINT, J.A., Die Eschatologie des Täufers, die Täufergruppen und die Polemik der Evangelien, in: K. SCHUBERT (Hg.), Vom Messias zum

Christus. Die Fülle der Zeit in religionsgeschichtlicher und theologischer Sicht, Wien 1964

STÄHLIN, G., Die Apostelgeschichte, NTD 5, Göttingen [10]1962

STÄHLIN, G., Τὸ πνεῦμα Ἰησοῦ (Apostelgeschichte 16:7), in: B. LINDARS / S.S. SMALLEY (Hg.), Christ and Spirit in the New Testament. FS C.F.D. Moule, Cambridge 1973, 229-251

STAUFFER, E., Probleme der Priestertradition, ThLZ 81 (1956/3), 135-150

STEGEMANN, H., Die Essener, Qumran, Johannes der Täufer und Jesus. Ein Sachbuch, Freiburg - Basel - Wien [4]1994

STEGEMANN, W., „Licht der Völker" bei Lukas, in: C. BUSSMANN / W. RADL (Hg.) Der Treue Gottes trauen. Beiträge zum Werk des Lukas, FS G. Schneider, Freiburg - Basel - Wien 1991, 81-97

STEGEMANN, W., Zwischen Synagoge und Obrigkeit. Zur historischen Situation der lukanischen Christen, FRLANT 152, Göttingen 1991

STEMBERGER, G., Pharisäer, Sadduzäer, Essener, SBS 144, Stuttgart 1991

STEMBERGER, G., Die Stephanusrede (Apg 7) und die jüdische Tradition, in: A. FUCHS (Hg.), Jesus in der Verkündigung der Kirche, SNTU A 1, Linz 1976, 154-174

STRACK, H.L. / BILLERBECK, P., Kommentar zum Neuen Testament aus Talmud und Midrasch; Bd. 2, Das Evangelium nach Markus, Lukas und Johannes und die Apostelgeschichte: erläutert aus Talmud und Midrasch, München [7]1978

STUHLMACHER, P., Biblische Theologie des Neuen Testaments Bd. 1: Grundlegung. Von Jesus zu Paulus, Göttingen 1992

SUGGS, M.J., Wisdom, Christology, and Law in Matthew's Gospel, Cambridge, Massachusetts 1970

TAEGER, J.-W., Der Mensch und sein Heil. Studien zum Bild des Menschen und zur Sicht der Bekehrung bei Lukas, StNT 14, Gütersloh 1982

TALBERT, C.A., Die antidoketische Frontstellung der lukanischen Christologie, WdF 280, 354-377

TANNEHILL, R.C., The Magnificat as Poem, JBiblLit 93 (1974), 263-275

TANNEHILL, R.C., The Narrative Unity of Luke-Acts. A Literary Interpretation. Volume 1: The Gospel according to Luke, Philadelphia 1994

TANNEHILL, R.C., The Narrative Unity of Luke-Acts. A Literary Interpretation. Volume 2: The Acts of the Apostles, Minneapolis 1991

TATUM, W.B., Die Zeit Israels. Lukas 1-2 und die theologische Intention der lukanischen Schriften, in: G. BRAUMANN (Hg.), Das Lukas-Evangelium. Die redaktions- und kompositionsgeschichtliche Forschung, WdF 280, Darmstadt 1974, 317-326

THEISON, J., Der auserwählte Richter. Untersuchungen zum traditionsgeschichtlichen Ort der Menschensohngestalt der Bilderreden des Äthiopischen Henoch, SUNT 12, Göttingen 1975

THYEN, H., ΒΑΠΤΙΣΜΑ ΜΕΤΑΝΟΙΑΣ ΕΙΣ ΑΦΕΣΙΝ ΑΜΑΡΤΙΩΝ, in: E. DINKLER (Hg.), Zeit und Geschichte, FS R. Bultmann, Tübingen 1964, 97-125

TILLICH, P., Systematische Theologie Bd. III, Teil 4. Das Leben und der Geist, Stuttgart, ⁴1984

TILLY, M., Johannes der Täufer und die Biographie der Propheten. Die synoptische Täuferüberlieferung und das jüdische Prophetenbild zur Zeit des Täufers, BWANT 137, Stuttgart - Berlin - Köln 1993

TÖDT, H.E., Der Menschensohn in der synoptischen Überlieferung, Gütersloh 1959

TOLBERT, M., Die Hauptinteressen des Evangelisten Lukas, in: G. BRAUMANN (Hg.), Das Lukas-Evangelium. Die redaktions- und kompositionsgeschichtliche Forschung, WdF 280, Darmstadt 1974, 337-377

UNNIK, W.C. van, Die Apostelgeschichte und die Häresien, in: DERS., SPARSA COLLECTA. The collected Essays of W.C. Van Unnik; Part One, NT.S 29, Leiden 1973, 402-409

UNNIK, W.C. van, Die rechte Bedeutung des Wortes treffen, Lukas ii 19, in: DERS., SPARSA COLLECTA. The Collected Essays of W.C. van Unnik; Part one, NT.S 29, Leiden 1973, 72-91.

UNNIK, W.C. van, The "Book of Acts" - The Confirmation of the Gospel, in: DERS., SPARSA COLLECTA. The collected Essays of W.C. Van Unnik; Part One, NT.S 29, Leiden 1973, 340-373

UNNIK, W.C. van, Remarks on the Purpose of Luke's Historical Writing (Luke i 1-4), in: DERS., SPARSA COLLECTA. The collected Essays of W.C. Van Unnik; Part One, NT.S 29, Leiden 1973, 6-15

VIA, D.O., Die Gleichnisse Jesu. Ihre literarische und existentiale Dimension, BEvTh 57, München 1970

VIELHAUER, P., Das Benedictus des Zacharias (Luk. 1,68-79), in: DERS., Aufsätze zum Neuen Testament, TB 31, München 1965, 28-46 (= ZThK 49, 1952, 255-272)

VIELHAUER, P., Gottesreich und Menschensohn in der Verkündigung Jesu, 55-91

VIELHAUER, P., Jesus und der Menschensohn. Zur Diskussion mit Heinz Eduard Tödt und Eduard Schweizer, in: DERS., Aufsätze zum Neuen Testament, TB 31, München 1965, 92-140

VIELHAUER, P., Art.: Johannes, der Täufer, RGG³ 3, Sp. 804-808

VIELHAUER, P., Tracht und Speise Johannes des Täufers, in: DERS., Aufsätze zum Neuen Testament, TB 31, München 1965, 47-54

VIELHAUER, P., Ein Weg zur neutestamentlichen Christologie? Prüfung der Thesen Ferdinand Hahns, in: DERS., Aufsätze zum Neuen Testament, TB 31, München 1965,

VÖLKEL, M., Der Anfang Jesu in Galiläa. Bemerkungen zum Gebrauch und zur Funktion Galiläas in den lukanischen Schriften, ZNW 64 (1973), 222-232

VÖLKEL, M., Zur Deutung des »Reiches Gottes« bei Lukas, ZNW 65 (1974), 57-70

VÖLKEL, M., Exegetische Erwägungen zum Verständnis des Begriffs κατεξής im lukanischen Prolog, NTS 20 (1974), 289-299

VOSS, G., Jesusverkündigung im Lukasevangelium, SBS 45, Stuttgart 1970, 127-147

WEBB, R.L., John the Baptizer and Prophet. A Socio-Historical Study, JSNTS 62, Sheffield 1991

WEISER, A., Die Apostelgeschichte, ÖTK 5/1-2, Gütersloh - Würzburg 1981/1985

WEISER, A., Theologie des Neuen Testaments II. Die Theologie der Evangelien, Kohlhammer Studienbücher Theologie 8, Stuttgart - Berlin - Köln 1993

WENDLAND, H.-D., Ethik des Neuen Testaments. Eine Einführung, NTD Ergänzungsreihe 4, Göttingen 1970

WIEFEL, W., Das Evangelium nach Lukas, ThHK 3, Berlin 1988 (1. Auflage der Neubearbeitung)

WIESER, F.E., Die Abrahamvorstellungen im Neuen Testament, Europäische Hochschulschriften 23/317, Bern - Frankfurt am Main - New York - Paris 1987

WILCKENS, U., Die Missionsreden der Apostelgeschichte. Form- und traditionsgeschichtliche Untersuchungen, WMANT 5, Neukirchen-Vluyn ²1963

WILCKENS, U., Vergebung für die Sünderin (Lk 7,36-50), in: P. HOFFMANN (Hg.), Orientierung an Jesus. Zur Theologie der Synoptiker, FS J. Schmid, Freiburg - Basel - Wien 1973, 394-424

WILKENS, W., Die Versuchungsgeschichte, Luk. 4,1-13, und die Komposition des Evangeliums, ThZ 30 (1974), 262-272

WILKENS, W., Wassertaufe und Geistempfang bei Lukas, ThZ 23 (1967), 26-47

WINK, W., John the Baptist in the Gospel Tradition, MSSNTS 7, Cambridge 1968

WÜRTHWEIN, E., Art.: νοέω κτλ.. Buße und Umkehr im AT, ThWNT IV, 976-985

ZELLER, D., Kommentar zur Logienquelle, SKK NT 21, Stuttgart ²1986

ZENGER, E., Art.: Herrschaft Gottes / Reich Gottes II. Altes Testament, TRE 15, Berlin - New York 1986, 176-189

ZMIJEWSKI, J., Die Eschatologiereden des Lukas-Evangeliums. Eine traditions- und redaktionsgeschichtliche Untersuchung zu Lk 21,5-36 und Lk 17,20-37, BBB 40, Bonn 1972

STELLENVERZEICHNIS

NAMEN- UND SACHREGISTER

Aaron 18; 39; 41; 63; 216;
  217; 226; 229; 231
Abendmahl 14; 90; 171; 183;
  184; 206; 211; 235; 236;
  297-298; 299; 300
Abraham 23; 49; 50; 65; 91;
  103; 108; 110; 111; 113;
  122; **124-142**; 143; 146;
  147; 148; 150; 151; 156;
  157; 158; 160; 167; 172;
  175; 179; 192; 194; 195;
  200; 208; 216; 221; 223;
  224; 225; 227; 244; 246;
  249; 257; 270; 271; 273;
  287; 295; 308; 312; 318
Apollos 52; 63; 70; 242; 299;
  312; 316; 317; 319
Arme 23; 31; 33; 48; 49; 58;
  114; 138; 139; 146; 151;
  177; **178-188**; 191; 192;
  194; 195; 203; 204; 205;
  208; 211; 212; 287; 288;
  303; 305
Armut 23; 177; **178-188**; 308
Askese 177; **202-206**
Auferstehung 15; 32; 54; 58;
  83; 87; 95; 114; 122; 139;
  140; 141; 143; 147; 158;
  184; 186; 243; 247; 249;
  251; 252; 254; 265; 276;
  284; 285; 299; 308

Aussätzige 48; 59; 97; **118-120**; 182; 260; 284; 296;
  302; 303; 309
Axt 66; 106; **160-166**; 171;
  172; 304
Baum 58; 66; 106-108; 111;
  114; 160-166; 171-173;
  279; 304; 315; 320
Bekehrung 40; 97; 101; 104;
  117; 197; 310; 311; 313
Benediktus 13; **24-27**; 32; 33;
  34; 36; 37; 38; 39; 127;
  129; 130; 131; 180; 224;
  233; 246; 302; 311
Beschneidung 10; 12; 24; 29;
  32
Betsaida 48; 104; 182; 284
Brot 55; 91; 183; 184; 203;
  206; 217; 235; 257; 297;
  298; 310; 319; 326
Buße 97; 98; 100; 113; 116;
  176; 192; 196; 210; 329;
  343
Bußprediger 54; 105; 149;
  269; 280
David 18; 20; 39; 41; 49; 70;
  71; 133; 134; 156; 217-219; 222; 225-228; 232-235; 238; 240; 242; 245;
  247; 286; 311; 312
Ekklesiologie 2; 10

Elia 17; 21; 23; 29; 42; 50; 51;
58; 59; 82-84; 90; 148;
149; 166-169; 183; 198;
199; 202; 214; 237; 244-
247; **249-262**; 267-269;
271-273; 283; 304-307;
313-315; 318
Elias redivivus 17; 82; 250;
252; 253; 256; 257; 261;
272
Elisabeth 12; **20-22**; 24; 25;
34; 37; 39; 70; 71; 127;
198
Engel 11-15; 17-21; 23-25;
27; 29; 31; 32; 37; 41; 68;
71; 101; 128; 129; 144;
180; 196; 203; 221; 224;
229; 231; 234; 236; 238;
242; 250; 259; 265; 267;
311
Enthaltsamkeit 203; **205-206**;
211
Ephesus 1; 2; 40; 70; 78; 80;
86; 228; 242; 289; 299;
312; 316; 319
Erlöser 34; 133; 145; 147;
170; 207; 224; 231; 239;
255; 256
Erlösung 34; 41; 108; 128;
136; 168; 180; 182; 184;
193; 205; 220; 224; 233
Erwählung 8; 23; 32; 36; 41;
65; 121; **124-159**; 173;
179; 180; 192; 283; 285;
312
Essener 19; 28; 35; 38; 43;
63; 81; 118; 127; 151;
179; 201; 209; 210; 217-
219; 240; 272; 286; 310
Fasten 34; 55; 57; 58; 62; 90;
100; 103; 104; 118; 119;

121; 177; 190; 192; 195;
202-207; 211; 236; 266;
278; 293; 297; 303
Feigenbaum 58; **105-108**; 135;
162-165; 279; 288; 301;
319; **320**
Feldrede 161-162; 181; 303;
304
Feuer 52; 58; 66; 69; 73; 75;
79-85; 87; 88; 106; 160;
166-174; 210; 250; 258;
259; 261; 263; 267-269;
277-279; 306; 307; 309;
315
Friede 32; 33; 36; 41; 221;
222; 230; 259
Früchte der Umkehr 62; 75;
100; 107; 108; 115; 120;
123; 126; 161; 164; 174;
175; 231; 319
Galiläa 29; 56; 60; 284; 335;
342
Gebet 13; 47; 62; 67; 70; 72;
88-95; 100; 103; 118;
119; 121; 171; 177; 192;
203-205; 207; 211; 259;
266; 284; 293; 303; 311;
321
Gefängnis 153; 197
Gerechtigkeit 51; 56; 107;
119; 127; 128; 130; 135;
141; 151; 156; 188; 196;
204; 205; 210; 213; 218;
222; 244; 245; 247; 248;
274; 314
Gericht 50; 52; 55; 57; 58; 61;
62; 65; 66; 69; 70; 74-76;
79; 80; 81; 83; 84; 91; 92;
94; 96; 99-102; 104-107;
113; 114; 118; 119; 121;
126; 149; **160-174**; 175;